Neue Kölner Rechtswissenschaftliche Abhandlungen

Herausgegeben von
der Rechtswissenschaftlichen Fakultät der Universität zu Köln

HEFT 53

Harm Peter Westermann

Die causa im französischen und deutschen Zivilrecht

Berlin 1967

WALTER DE GRUYTER & CO.

VORM. G. J. GÖSCHEN'SCHE VERLAGSHANDLUNG / J. GUTTENTAG, VERLAGSBUCHHANDLUNG / GEORG REIMER / KARL J. TRÜBNER VEIT & COMP.

HARM PETER WESTERMANN

Die causa im französischen und deutschen Zivilrecht

NEUE KÖLNER RECHTSWISSENSCHAFTLICHE ABHANDLUNGEN

HERAUSGEGEBEN VON
DER RECHTSWISSENSCHAFTLICHEN FAKULTÄT
DER UNIVERSITÄT ZU KÖLN

HEFT 53

Berlin 1967

WALTER DE GRUYTER & CO.
vormals G. J. Göschen'sche Verlagshandlung · J. Guttentag, Verlagsbuchhandlung
Georg Reimer · Karl J. Trübner · Veit & Comp.

Die causa im französischen und deutschen Zivilrecht

Von

Harm Peter Westermann

Köln

Berlin 1967

WALTER DE GRUYTER & CO.

vormals G. J. Göschen'sche Verlagshandlung · J. Guttentag, Verlagsbuchhandlung
Georg Reimer · Karl J. Trübner · Veit & Comp.

VORWORT

Die Abhandlung hat einen schon von altersher schillernden Begriff der Rechtswissenschaft und -praxis zum Gegenstand und versucht, darzutun, daß dieser Begriff auch für das heutige Recht mehr als nur historische Bedeutung hat.

Jede Rechtsordnung muß sich mit der Frage auseinandersetzen, inwieweit sie von den Zwecken, die hinter einer Vermögenszuwendung obligatorischer oder dinglicher Natur stehen, Kenntnis nimmt. Die Rechtsvergleichung zeigt (Zweigert, JZ 1964, 352 ff.), daß häufig der Zweck nur ein Kriterium für die Ernstlichkeit des Geschäftswillens darstellt. Aber er kann auch in verfeinerter Weise die rechtliche Wirksamkeit des Willensakts und sein späteres Schicksal beeinflussen. Im Begriff der causa bzw. in den damit angesprochenen normativen Vorstellungen lassen sich die Lösungen dieses Problemkreises brennpunktartig zusammenfassen.

Das Anliegen der Arbeit bestand demgemäß neben einer vorgängigen Begriffsbestimmung darin, der Bedeutung der causa als des Zwecks der Vermögenszuwendung nachzugehen. Als Fundstellen für die Untersuchung des allgemeinen Problems dienten die französische Rechtsordnung mit ihrer gesetzlichen Regelung des causa-Problems und als Gegenpol das deutsche Recht, das die causa als allgemeine Erscheinung nicht im Gesetz erwähnt. Für die Behandlung des ersteren erschien es unumgänglich, auf das systematische Verhältnis mehrerer Rechtsinstitute zur cause der Artikel 1108, 1131 Code civil einzugehen. Darüber hinaus hat es der Verfasser aber nicht als seine Aufgabe angesehen, in den im romanischen Rechtskreis ausgetragenen Streit um die Aufrechterhaltung der causa einzugreifen. Der Institutionenvergleich innerhalb des französischen Rechts gab jedoch Anregungen für die Ausbildung einer eigenständigen Auffassung von der causa für das deutsche Recht. Bei der Gegenüberstellung der beiden Systeme — und dies ist das wichtigste Ergebnis des Vergleichs — zeigte sich, daß der causa-Gedanke als allgemeines Dogma in beiden Rechtsordnungen an Einfluß verloren hat, während er hier wie dort fast gleichermaßen in verschiedenen anderen positiven Rechtsinstituten seinen Niederschlag gefunden hat. Er vermag somit zur Auslegung und Anwendung der betreffenden Rechtsinstitute Wesentliches beizutragen.

Trotz der Anlehnung an Gedankengänge des französischen Rechtskreises lag der Schwerpunkt schließlich auf dem Nachweis der genannten These im deutschen Recht. Die verbreitete Ansicht, die causa sei hier nur auf dem Feld der ungerechtfertigten Bereicherung wirksam und sei im übrigen überholt (Zweigert, JZ 1964, 353), erwies sich aus diesem Blickwinkel als voreilig. Wegen seines von der Rechtsvergleichung beeinflußten Ausgangspunktes konnte sich der Verfasser nicht auf eine unkritische Bestandsaufnahme beschränken, sondern mußte versuchen, die beispielhaft herausgegriffenen Institute des Irrtums- und Bereicherungsrechts vom Standpunkt eines übergeordneten causa-Gedankens zu beleuchten und sie von dorther auszulegen. Da das Bereicherungsrecht nach alledem systematisch nicht im Mittelpunkt der Untersuchung steht, erscheint es unschädlich, daß aus Gründen, die nicht in der Person des Verfassers liegen, die neueste Entwicklung auf diesem Gebiet nur teilweise nachgetragen worden ist. Die in jüngster Zeit mehr und mehr in den Vordergrund gerückte Problematik der Eingriffskondiktion umfaßt die Fragestellung der Arbeit ohnehin nicht.

Für die Anregung zur Bearbeitung des Themas und viele wertvolle Hinweise schulde ich Herrn Professor Dr. Kegel herzlichen Dank.

Köln, September 1967 — Harm Peter Westermann

INHALTSÜBERSICHT

VERZEICHNIS DER BENUTZTEN LITERATUR

A. AUSLÄNDISCHES RECHT

I. Gesamtdarstellungen und Kommentare

Aubry et Rau	Cours de Droit Civil Français d'après la Methode de Zachariä. IV. Band (Bearb. Bartin), 6. Aufl., Paris. IX. Band (Bearb. Esmein), 6. Aufl., Paris, 1953.
Carbonnier	Droit Civil. 2. Band (Les biens et les Obligations), Paris, 1959.
Colin-Capitant	Droit Civil (Bearb. J. d. la Morandière): 2. Band (Obligations, Droits réels principaux), Paris, 1959.
Demogue	Traité des Obligations en général. I. Sources des Obligations, Paris, 1923. III. Sources des Obligations, Paris, 1923.
Fuzier-Herman (Hrsg. Demogue)	Code Civil annoté. I. Band (Art. 1—636), Paris, 1935. II. Band (Art. 637—1047), Paris, 1936. III. Band (Art. 1048—1314), Paris, 1936. IV. Band (Art. 1315—1386), Paris, 1938. V. Band (Art. 1387—1707), Paris, 1940. VI. Band (Art. 1708—2091), Paris, 1940.
Heinsheimer	Code civil mit Übersetzung, Einleitung und Anmerkungen. Mannheim, Berlin, Leipzig, 1932.
Mazeaud, Henri, Léon, Jean	Leçons de Droit Civil. 2. Band (Obligations, Biens), Paris, 1956.
Planiol-Ripert	Traité pratique de Droit Civil Français. I. Band (Les personnes), bearb. von Savatier, 2. Aufl., Paris, 1952. III. Band (Les Biens), bearb. von Picard, 2. Aufl., Paris, 1952. VI. Band (Obligations I), bearb. von Esmein, Paris, 1952 (2. Aufl.).
Ripert-Boulanger (d'après Planiol)	Traité de Droit Civil. I. Band (Introduction générale), Paris, 1956. II. Band (Obligations. Droits réels), Paris, 1957.
Pothier	Traité des Obligations (Band I der gesammelten Werke). Paris, 1821.

Savatier	Cours de Droit Civil. Band II. Paris 1951.
Travaux	de la Commission de Réforme du Code civil. 2e. année, 1946—1947. 3e. année, 1947—1948.
Zachariä v. Lingenthal-Crome	Handbuch des Französischen Zivilrechts. 8. Aufl., Freiburg, 1894.

II. Einzeldarstellungen

Boulanger	Artikel „erreur" im Répertoire de Droit Civil, Band II, Paris, 1952.
Capitant	De la cause des obligations. 3. Aufl., Paris, 1927.
Catala	La nature juridique du payement. Paris, 1961.
Chevallier	Observations sur la répétition des enrichissements non causés dans le droit privé français au milieu du XX. siécle. Etudes Ripert, Band II, S. 237 (1950).
David	Cause et considération. Mélanges Maury, Band II, Paris, 1960.
Goré	L'enrichissement aux dépens d'autrui. Paris, 1949.
Grauer	Die ungerechtfertigte Bereicherung im französischen Privatrecht unter Berücksichtigung des deutschen bürgerlichen Rechts. Heidelberg, 1930.
Ionasco	Les récentes destinées de la théorie de la cause dans les obligations. Rev. Trim. 1931, 29.
Janner	Wandlungen der Bereicherungslehre im schweizerischen Recht. Basel, 1943.
Josserand	Les mobiles dans les actes juridiques du Droit privé. Paris, 1928.
Loussouarn	La condition de l'erreur du „solvens" dans la répétition de l'indu. Rev. Trim. 1949, 212.
Maury	Artikel „cause" im Répertoire de Droit Civil, Band I. Paris, 1951.
Maury	Le concept et le rôle de la cause des Obligations dans la jurisprudence, rapport journées franco-latino-américaines de Toulouse, 1950. Revue internationale de Droit Comparé 1951, 485.
Pérot-Morel	L'équilibre des prestations dans la conclusion du contrat. Paris, 1961.
Renard	La notion d'enrichissement sans cause dans le Droit français moderne. Rev. Trim. 1920, 243.
Ripert	La Règle Morale dans les Obligations Civiles. 4. Aufl., Paris, 1949.
Rouast	L'enrichissement sans cause dans la jurisprudence civile. Rev. Trim. 1922, 35.
Saleilles	De la déclaration de volonté (d'apres le Code civil Allemand). Paris, 1902.

III. Urteilsanmerkungen

A. T.	Anmerkung im D 1952.712.
Colin	Anmerkung zu DP 1907.1.137.
Esmein	Anmerkung zu S 1941.1.122.
Josserand	Anmerkung zu D 1932.1.129.
Laurent	Anmerkung zu D 1932.1.161.
Petiton	Anmerkung zu D 1889.1.393.
Planiol	Anmerkung zu DP 1911.1.353.
Ripert	Anmerkung zu DC 1944.18.

B. DEUTSCHES RECHT

I. Gesamtdarstellungen und Kommentare

Brodmann	Handelsgeschäfte. Ehrenbergs Handbuch des gesamten Handelsrechts, Band IV, Abt. 2. Leipzig, 1918.
Dernburg	Pandekten. 1. Band (Allgemeiner Teil und Sachenrecht). 5. Aufl., Berlin 1896.
Endemann	Lehrbuch des bürgerlichen Rechts. I. Band, §§ 1 bis 102. 8. Aufl., Berlin, 1903.
Enneccerus-Lehmann	Recht der Schuldverhältnisse. 15. Aufl., Tübingen, 1958.
Enneccerus-Nipperdey	Allgemeiner Teil des BGB. 1. Band. 15. Aufl., Tübingen, 1959. 2. Band. 15. Aufl., Tübingen, 1960.
Erman (Hrsg.)	Handkommentar zum Bürgerlichen Gesetzbuch. 3. Aufl., Münster, 1962.
Esser	Schuldrecht. Ein Lehrbuch. 2. Aufl., Karlsruhe, 1960.
Fikentscher	Das Schuldrecht. Berlin, 1965.
Heck	Grundriß des Sachenrechts. Tübingen, 1930.
Heck	Grundriß des Schuldrechts. Tübingen, 1929.
Kreß	Lehrbuch des Allgemeinen Schuldrechts. München, 1929.
Lange	BGB. Allgemeiner Teil. 6. Aufl., München, 1963.
Larenz	Lehrbuch des Schuldrechts. 1. Band. 5. Aufl., 1962. 2. Band. 5. Aufl., 1962.
Lehmann	Allgemeiner Teil des BGB. 12. Aufl., Berlin, 1960.
Leonhard	Allgemeines Schuldrecht des BGB. München und Leipzig, 1929.
Leonhard	Besonderes Schuldrecht des BGB. München und Leipzig, 1931.
Molitor	Schuldrecht. Besonderer Teil. 3. Aufl., München, 1956.

Motive	zu dem Entwurf eines Bürgerlichen Gesetzbuches für das Deutsche Reich. Band II (Schuldverhältnisse), Berlin, 1885
Mugdan	Materialien zum Bürgerlichen Gesetzbuch. I. Band, Berlin, 1899. II. Band, Berlin, 1899.
Oertmann	Bürgerliches Gesetzbuch (Kommentar). Allgemeiner Teil. 3. Aufl., Berlin, 1927. Recht der Schuldverhältnisse. 1. Abt., 5. Aufl., Berlin, 1928. 2. Abt., 5. Aufl., Berlin, 1929.
Palandt (Hrsg.)	Bürgerliches Gesetzbuch. 22. Aufl., München,1963.
Planck	Kommentar zum BGB. I. Band (Allg. Teil), 4. Aufl., Berlin, 1913. II. Band (SchuR), 2. Teil, 4. Aufl., Berlin, 1928. II. Band (SchuR), 3. Teil, 4. Aufl., Berlin, 1928.
Protokolle	der Kommission für die zweite Lesung des Entwurfes des BGB, herausgegeben von Achilles, Gebhard, Spahn. II. Band, Berlin, 1898.
Reichsgerichtsräte	Kommentar zum BGB (herausgegeben von Bundesgerichtsräten). I. Band, 1. Teil (§§ 1—240). 11. Aufl., Berlin, 1959. I. Band, 2. Teil (§§ 241—432). 11. Aufl., Berlin, 1960. II. Band, 1. Teil (§§ 433—704). 11. Aufl., Berlin, 1953. II. Band, 2. Teil (§§ 705—853). 11. Aufl., Berlin, 1960.
Reichsgerichtsräte	Kommentar zum HGB. II. Band (§§ 107—177, 335—342). 2. Aufl., Berlin, 1950. III. Band (Handelsgeschäfte). 2. Aufl., Berlin, 1953.
Siber	Schuldrecht, Leipzig, 1931.
Soergel-Siebert	Bürgerliches Gesetzbuch (Kommentar). I. Band (Allgemeiner Teil, Allgemeines Schuldrecht). Stuttgart, 1959. II. Band, Besonderes Schuldrecht, Stuttgart, 1962.
Staudinger	Kommentar zum Bürgerlichen Gesetzbuch. I. Band (Allgemeiner Teil), 10. Aufl., München, Berlin, Leipzig, 1936. 11. Aufl., Berlin, 1957. II. Band (Schuldrecht), Teil 1 b (§ 242). 11. Aufl., Berlin, 1961. II. Band, Teil 2 (§§ 433—610). 11. Aufl., Berlin, 1955. II. Band, Teil 3 (§§ 611—704). 11. Aufl., Berlin, 1958. II. Band, Teil 4 (§§ 705—811). 11. Aufl., Berlin, 1958.

	II. Band, Teil 4, Lieferung 3 (§§ 812—822). 11. Aufl., Berlin, 1960.
	III. Band (Sachenrecht), Teil 1 (§§ 854—1017). 11. Aufl., Berlin, 1960.
	V. Band (Erbrecht), Teil 2 (§§ 2197—2385). 11. Aufl., Berlin, 1960.
Titze	Bürgerliches Recht. Recht der Schuldverhältnisse. 4. Aufl., Berlin, 1948.
von Tuhr	Der Allgemeine Teil des Deutschen Bürgerlichen Rechts. II. Band, 2. Hälfte. München und Leipzig, 1918.
Westermann	Sachenrecht. Ein Lehrbuch. 4. Aufl., Karlsruhe, 1960.
Windscheid	Lehrbuch des Pandektenrechts. 2. Band. 8. Aufl., Frankfurt, 1900.
Wolff-Raiser	Sachenrecht. 10. Aufl., Tübingen, 1957.

II. Einzeldarstellungen

Barnstedt	Das Merkmal der Rechtsgrundlosigkeit in der ungerechtfertigten Bereicherung. 1940.
Berg	Bereicherung durch Leistung und in sonstiger Weise. AcP 160, 505.
Blomeyer, Arwed	Studien zur Bedingungslehre. Berlin, 1939.
Boehmer	Der Erfüllungswille. München, 1910.
Boehmer	Doppelkondiktion oder Einheitskondiktion. Grundlagen der Bürgerlichen Rechtsordnung, Band II, 2. Teil, S. 6. Tübingen, 1952.
Boehmer	Realverträge im heutigen Recht. Archiv für Bürgerliches Recht 38, 314.
Brauer	Der Eigenschaftsirrtum (Eigenschaftsirrtum und Fehlspekulation). Ein Beitrag zur Auslegung und zur Kritik des § 119 II BGB. Hamburg, 1941.
Breyhan	Abstrakte Übereignung und Parteiwille in der Rechtsprechung. Leipzig, 1929.
Brox	Die Einschränkung der Irrtumsanfechtung. Karlsruhe, 1960.
von Caemmerer	Bereicherung und unerlaubte Handlung. Festschrift für Rabel, S. 333. Tübingen, 1954.
von Caemmerer	Irrtümliche Zahlung fremder Schulden. Festschrift für Dölle, I, 135 ff.
von Caemmerer	Leistungsrückgewähr bei gutgläubigem Erwerb. Festschrift für Boehmer, S. 145. Bonn, 1954.
de Chapeaurouge	Rechtsgrund- und Vollzugsgeschäfte im französischen und deutschen Recht. Leipziger Diss., Düsseldorf, 1935.
Cohn	Zur Lehre vom Wesen abstrakter Geschäfte. AcP 135, 67.

Collatz	Ungerechtfertigte Vermögensverschiebung. Berlin, 1899.
Fitting	Über das Wesen des Titels bei der Ersitzung (Schluß). AcP 52, 381.
Flad	Der Geschäftsirrtum in der neueren Rechtsprechung des Reichsgerichts. Festschrift für Bumke, S. 233. Berlin, 1939.
Flume	Eigenschaftsirrtum und Kauf. Münster, 1948.
Flume	Rechtsgeschäft und Privatautonomie. Festschrift Deutscher Juristentag, Band 1, S. 135. Karlsruhe, 1960.
v. Gierke	Sachmängelhaftung und Irrtum beim Kauf. ZHR 114, 73.
Hartmann	Die Obligation. Untersuchungen über ihren Zweck und Bau. Erlangen, 1875.
Haymann	Zuwendungen aus fremdem Vermögen. Iherings Jahrbücher, 77, 188.
Henle	Irrtum über die Rechtsfolgen. Festschrift für Krüger, S. 293. Berlin, 1911.
Henle	Unterstellung und Versicherung. Mannheim, Berlin, Leipzig, 1922.
Hueck	Das Recht der offenen Handelsgesellschaft. 2. Aufl., Berlin, 1950.
von Ihering	Der Zweck im Recht. Band I. Leipzig, 1877.
Jakobs	Eingriffserwerb und Vermögensverschiebung in der Lehre von der ungerechtfertigten Bereicherung. Bonn, 1964.
Jung	Die Bereicherungsansprüche und der Mangel des rechtlichen Grundes. Leipzig-Tübingen, 1902.
Kegel	Aktuelle Grenzfragen der Geschäftsgrundlage. Beiheft 7 zur DRZ (1949).
Kegel	Die Abwicklung von Vorkriegsverträgen der deutschen Wirtschaft mit dem Ausland. Zugleich ein Beitrag zum Problem der Geschäftsgrundlage. Beiheft 3 zur DRZ (1948).
Kegel	Empfiehlt es sich, den Einfluß grundlegender Veränderungen des Wirtschaftslebens auf Verträge gesetzlich zu regeln und in welchem Sinn? Gutachten für den 40. Deutschen Juristentag, Verhandlungen, Band I, S. 135 (1953).
Kegel-Rupp-Zweigert	Die Einwirkung des Krieges auf Verträge. Berlin, 1941.
Klein, Peter	Die Rechtsnatur der causa solvendi. Bonner Diss., 1903.
Klingmüller	Causa und Schuldversprechen. ZHR 58, 152.
Klingmüller	Der Begriff des Rechtsgrundes. Seine Herstellung und Anwendung. Breslau, 1901.

Kötter — Zur Rechtsnatur der Leistungskondiktion. AcP 153, 193.

Krawielicki — Grundlagen des Bereicherungsanspruchs. Breslau, 1936.

Krawielicki — Unentgeltlichkeit im Bereicherungsrecht. Iherings Jahrbücher, 81, 257.

Kriegsmann — Der Rechtsgrund (causa) der Eigenstumsübertragung nach dem Recht des BGB. Berlin, 1905.

Krückmann — Einführung in das Recht. Tübingen, 1912.

Krückmann — Die Voraussetzung als virtueller Vorbehalt. AcP 131, 1.

Lange — Das kausale Element im Tatbestand der klassischen Eigentumstradition. Leipzig, 1930.

Lange — Rechtsgrundabhängigkeit der Verfügung im Boden- und Fahrnisrecht. AcP 146, 28.

Lange — Rechtswirklichkeit und Abstraktion. AcP 148, 188.

Larenz — Geschäftsgrundlage und Vertragserfüllung. 2. Aufl., München, 1957. (Im folgenden: Larenz, GG).

Lenel — Die Lehre von der Voraussetzung (im Hinblick auf den Entwurf eines bürgerlichen Gesetzbuches). AcP 74, 213.

Lenel — Nochmals die Lehre von der Voraussetzung, AcP 79, 49.

Locher — Artikel „causa“ im Rechtsvergleichenden Handwörterbuch, Band II, Berlin, 1929.

Locher — Geschäftsgrundlage und Geschäftszweck. AcP 121, 1.

Lotmar — Über causa im Römischen Recht. München, 1875.

v. Lübtow — Beiträge zur Lehre von der Condictio nach römischem und geltendem Recht. Berlin, 1952.

Maier — Irrtümliche Zahlung fremder Schulden. AcP 152, 97 ff.

Mölders — Nichtigkeit von Grund- und Erfüllungsgeschäft wegen Sittenwidrigkeit. Diss. Münster, 1959.

Neubecker — Der abstrakte Vertrag in seinen historischen und dogmatischen Grundzügen. Archiv für bürgerliches Recht, 22, 34.

Oertmann — Artikel „Geschäftsgrundlage“, Handwörterbuch der Rechtswissenschaft, Band II. Berlin und Leipzig, 1927.

Oertmann — Entgeltliche Geschäfte. München, 1912.

Oertmann — Die Geschäftsgrundlage. Ein neuer Rechtsbegriff. Leipzig, Erlangen, 1921. (Im folgenden: Oertmann, GG).

Raape — Sachmängelhaftung und Irrtum beim Kauf. AcP 150, 481.

Rhode	Die beiderseitige Voraussetzung als Vertragsinhalt. AcP 124, 257.
Rothoeft	Vermögensverlust und Bereicherungsausgleich. AcP 163, 215 ff.
Rümelin	Zur Lehre von den Schuldversprechen und Schuldanerkenntnissen des BGB. AcP 97, 211.
Scheyhing	Leistungskondiktion und Bereicherung „in sonstiger Weise". AcP 157, 371.
Schöninger	Die Leistungsgeschäfte des Bürgerlichen Rechts. Tübingen, 1906.
Schlesinger	Zur Lehre von den Formalcontracten. Leipzig, 1858.
Schloßmann	Zur Lehre von der causa obligatorischer Verträge. Diss. Breslau, Greifswald, 1868.
Schmidt-Rimpler	Eigenschaftsirrtum und Erklärungsirrtum. Festschrift für Lehmann, Band I, S. 213. Berlin, Tübingen Frankfurt, 1956.
Schmidt-Rimpler	Zum Problem der Geschäftsgrundlage. Festschrift für Nipperdey, München, 1955.
Siber	Die schuldrechtliche Vertragsfreiheit. Iherings Jahrbücher, 70, 223.
Söllner	Der Bereicherungsanspruch wegen Nichteintritts des mit einer Leistung bezweckten Erfolgs. AcP 163, 20.
Stampe	Das causa-Problem des Zivilrechts. Eine rechtspolitische Studie zu § 364 BGB. Greifswald, 1904.
Stampe	Grundriß der Wertbewegungslehre. Tübingen, 1912.
Titze	Die Lehre vom Mißverständnis. Berlin, 1910.
Titze	Vom sogenannten Motivirrtum. Festschrift für Heymann, Band II., S. 72. Weimar, 1940.
Wieland	Der Wechsel und seine civilrechtlichen Grundlagen. Basel, 1901.
Wilburg	Die Lehre von der ungerechtfertigten Bereicherung nach österrreichischem und deutschem Recht. Kritik und Aufbau. Graz, 1934.
Windscheid	Die Lehre des Römischen Rechts von der Voraussetzung. Düsseldorf, 1850.
Windscheid	Die Voraussetzung. AcP 78, 161.
Zeiß	Leistungsverhältnis und Insolvenzrisiko bei irrtümlicher Tilgung fremder Schulden. AcP 165, 332 ff.

III. Kleinere Aufsätze und Anmerkungen

Baur-Wolf	Bereicherungsansprüche bei irrtümlicher Leistung auf fremde Schuld. JuS 1966, 393 ff.
Berg	Anmerkung zu BGH, NJW 1962, 101.
Berg	Anmerkung zu BGH, NJW 1964, 399; NJW 1964, 720.

v. Caemmerer	Bereicherungsansprüche und Drittbeziehungen. JZ 1962, 385.
v. Caemmerer	Übereignung durch Anweisung zur Übergabe. JZ 63, 587.
Dietrich	Handgeschäfte. Gruchot 48, 222.
Esser	Fortschritte und Grenzen der Theorie von der Geschäftsgrundlage bei Larenz. JZ 1958, 115.
Flume	Anmerkung zu BGH, JZ 1962, 280.
Grunsky	Bereicherungsansprüche bei rechtsgrundloser Verfügung eines Nichtberechtigten. JZ 1962, 207.
Kegel	Anmerkung zu BGH, JZ 1952, 145.
Kegel	Besprechung von Flume: Eigenschaftsirrtum und Kauf. AcP 150, 356.
Lange	Lage und Zukunft der Sicherungsübertragung. NJW 1950, 569.
Leonhard	Besprechung von Kindel: Das Rechtsgeschäft und sein Rechtsgrund. Gruchot 38, 503.
Mölders	Die Erstattung des vom Mieter geleisteten Baukostenzuschusses bei vorzeitiger Beendigung des Mietverhältnisses. NJW 1955, 777.
Müller	Die Behandlung der verlorenen Baukostenzuschüsse bei vorzeitiger Beendigung des Mietverhältnisses. NJW 1958, 571.
Neumann	Zur Lehre vom Verpflichtungsgrunde. Gruchot 45, 508.
Oertmann	Verfügung ohne Rechtsgrund über fremde Sachen. Recht 1915, 510.
Plum	Ein praktischer Fall zur Lehre von der Geschäftsgrundlage. AcP 130, 214.
Scheyhing	Zum Bereicherungsanspruch nach § 951 BGB. JZ 1956, 14.
Schlosser	Bereicherungsansprüche bei unentgeltlichen sowie rechtsgrundlosen Verfügungen. JuS 1963, 141 ff.
Süß	Anmerkung zu RG JW 1934, 3124.
von Tuhr	Irrtum über die Grundlage des Vertrages. LZ 1921, 153.
Westermann	Anmerkung zu BGH, JZ 1955, 243.
Zeiß	Leistung, Zuwendungszweck und Erfüllung. JZ 1963, 7.
Zweigert	Seriositätsindizien. JZ 1964, 349.

VERZEICHNIS DER WENIGER GEBRÄUCHLICHEN ABKÜRZUNGEN

ArchBR	Archiv für Bürgerliches Recht, Jahrgang und Seite.
Cass.	Cour de Cassation.
C. civ.	Code civil.

Civ.	Chambre civile der Cour de Cassation.
D	Recueil Dalloz. Paris, Jahrgang, Teil, Seite
D. H.	Dalloz, Recueil Hebdomadaire de Jurisprudence. Paris. Jahrgang, Teil, Seite.
D. C.	Recueil Critique de Jurisprudence (Dalloz). Paris. Jahrgang, Teil, Seite.
D. P.	Recueil Périodique et Critique de Jurisprudence, de Législation et de Doctrine, fondé par M. Dalloz. Paris. Jahrgang, Teil, Seite.
DR	Deutsches Recht, Berlin, Leipzig, Wien. Jahrgang, Seite.
Gaz. Pal.	La Gazette du Palais. Supplément au journal Judiciaire. Paris. Jahrgang, Teil, Seite.
Gruchot	Gruchots Beiträge zur Erläuterung des Deutschen Rechts. Band, Seite.
HRR	Höchstrichterliche Rechtsprechung, Ergänzungsblatt zur Deutschen Justiz und zur Amtlichen Sammlung der Reichsgerichtsentscheidungen. Jahrgang, Nummer.
JhJb	Iherings Jahrbücher für die Dogmatik des heutigen römischen und deutschen Privatrechts, Band und Seite.
LM	Lindenmaier-Möhring, Nachschlagewerk des Bundesgerichtshofes.
LZ	Leipziger Zeitschrift für Deutsches Recht. München, Berlin, Leipzig. Jahrgang und Seite.
OLG	Die Rechtsprechung der Oberlandesgerichte auf dem Gebiet des Zivilrechts. Leipzig. Jahrgang, Seite.
Recht	Das Recht, Rundschau für den deutschen Juristenstand (Zentralblatt für Praktiker). Berlin. Jahrgang, Seite.
Req.	Chambre de Requêtes der Cour de Cassation.
Rev. Int.	Revue Internationale de Droit Comparé. Paris. Jahrgang, Seite.
Rev. Trim.	Revue Trimestrielle de Droit Civil. Paris. Jahrgang, Seite.
Rvgl. HWB	Rechtsvergleichendes Handwörterbuch, Berlin.
S.	Recueil général des Lois et des Arrêts, fondé par J. B. Sirey.
Seuff. A.	Seufferts Archiv für Entscheidungen der obersten Gerichte in den deutschen Staaten. Band, Nummer.
WarnRspr.	Die Rechtsprechung des Reichsgerichts auf dem Gebiete des Zivilrechts, herausgegeben von O. Warneyer.

EINLEITUNG

In der Epoche der Interessenjurisprudenz eine rechtswissenschaftliche Untersuchung mit einer Begriffsbestimmung zu beginnen, wird nur bei flüchtigem Hinsehen als Rückfall in die angeblich überwundene sog. Begriffsjurisprudenz angesehen werden können. Kaum ein juristischer Begriff bedarf nämlich einer genauen Prüfung hinsichtlich seines systematischen Standorts, seiner genauen Definition, seiner Ausprägung in gesetzlichen Vorschriften und der Folgen seiner Anwendung so sehr wie der der causa.

Die Vieldeutigkeit des Wortes und die Vielschichtigkeit des durch das Wort angesprochenen Fragenkreises lassen ernste Zweifel darüber aufkommen, ob ein derartiger Begriff überhaupt genügend faßbar ist, um Gegenstand fruchtbarer juristischer Erörterung zu sein. So wird in Frankreich die technische Möglichkeit und die rechtspolitische Zweckmäßigkeit einer cause-Lehre z. T. überhaupt bestritten[1]. Die gänzlich verschiedenen Übersetzungen, die die herrschende deutsche Dogmatik für das Wort „causa" angibt, geben zu ähnlichen Bedenken Anlaß. Bereits einige wenige Zitate illustrieren diese Behauptung auf das eindringlichste: Unter causa verstehen Stampe[2]: Festellung des wirtschaftlichen Gesamterfolgs einer Güterschiebung — auch Grundgeschäft genannt; Leonhard[3]: Wirtschaftliche Erläuterung von Zuwendungsakten; Rümelin[4]: einerseits Abmachungen der Parteien über die spezielle Funktion des Hilfsgeschäfts, andererseits die Grundobligation selber, zu deren Abwicklung das Hilfsgeschäft dienen soll; Klingmüller[5]: Den rechtlich zureichenden Grund, die vom Rechte verlangte Motivierung; Lehmann[6]: Der übliche (typische) mit einer Zuwendung verfolgte Verkehrszweck, der mittelbare mit ihr erstrebte Rechtserfolg; Enneccerus-Nipperdey[7]: „Die auf einen mittelbaren Rechtserfolg einer Zuwendung gerichtete Absicht nennen wir ihre Kausa, d. h. ihren Rechtszweck oder, da die Absicht, den Zweck zu erreichen, zugleich den Beweggrund für die Zuwendung bildet, ihren

---

1 Nachweise im einzelnen bei Capitant, a. a. O., Nr. 12.
2 Causaproblem, S. 24; Wertbewegungslehre, S. 22.
3 Allg. Schuldrecht, S. 387.
4 AcP 97, 219.
5 Rechtsgrund, S. 21.
6 Allg. Teil, § 25 III c.
7 Allg. Teil, II, § 148 I 2.

Rechtsgrund." Die Feststellung Leonhards[8], man habe es sich angewöhnt, sehr verschiedenartige Dinge als causa zu bezeichnen, trifft also noch heute in vollem Umfange zu[9].

Immerhin weist die soeben genannte Definition Nipperdeys einen Weg zur Entwirrung des vielgestaltigen Begriffsbildes, indem sie bereits eine der wesentlichen Schwierigkeiten aufzeigt, die einer Begriffsbestimmung des Wortes causa im Wege stehen: Es ist unklar, ob es sich systematisch um einen Begriff der Rechtsgeschäftslehre („Beweggrund" einer Zuwendung, vgl. auch die mitgeteilte Definition von Klingmüller) oder des Bereicherungsrechts („Rechtsgrund" für die Zuwendung, siehe auch dazu Klingmüller) handelt. Wenn — was nach der Definition Nipperdeys naheliegt — der Begriff beiden Rechtsgebieten zugehört, welche Bedeutung hat er dann noch neben dem weitgehend umgrenzten und auf das Bereicherungsrecht beschränkten Begriff des „rechtlichen Grundes" in § 812 BGB? Etwa nur den, den er nach fast allen neueren Gesamtdarstellungen, die auf ihn zu sprechen kommen, vorwiegend zu haben scheint: Nämlich die Erläuterung des Unterschieds zwischen abstrakten und kausalen Geschäften[10]?

Mit der Einordnung des Begriffs in die Rechtsgeschäfts- bzw. Bereicherungslehre sind noch nicht alle Möglichkeiten aufgezählt, denn es kommt ein weiteres Rechtsgebiet in Betracht: Aus der Rechtsgeschichte, insbesondere aus dem Römischen Recht, stammt die Vorstellung, die causa trete als eine ihrer Voraussetzungen zur Eigentumsübertragung in Beziehung. Sie trägt insoweit die Gestalt der sog. iusta causa traditionis[11], mit der sich die geplante Erörterung also ebenfalls wird auseinandersetzen müssen.

Angesichts dieser Ungewißheit, die sich schon bei der ersten Betrachtung aufdrängt, erscheint es unumgänglich, die Untersuchung über den causa-Begriff mit der Prüfung der Frage zu beginnen, ob dieser Begriff seinen Standort in der Rechtsgeschäfts-, der Kondiktionenlehre oder bei der Eigentumsübertragung hat; darüber deshalb im ersten Kapitel. Erst die Lösung dieser Frage kann den Rahmen für eine — dann im zweiten Kapitel versuchte — Bestimmung des Begriffs abgeben.

Wie sich sogleich zeigen wird, folgt aus der Standortbestimmung für das französische Recht eine zwar nicht unstreitige, aber doch soweit ausreichende Begriffsbestimmung der cause, daß im zweiten Kapitel dann bereits auf die Einzelheiten der cause-Lehre eingegangen werden kann. Dagegen macht es die aus den oben wiedergegebenen

---

[8] A. a. O., S. 382; siehe auch FIKENTSCHER, S. 88.

[9] Vgl. dazu auch die Zusammenstellung bei JUNG, S. 20 ff.

[10] Hier nur NIPPERDEY, a. a. O.; LEHMANN, a. a. O.; STAUDINGER-COING, Einl. vor § 104 Anm. 57 ff.

[11] Vgl. statt aller LANGE, Das kausale Element im Tatbestand der klassischen Eigentumstradition.

Zitaten ersichtliche Begriffsverwirrung in der deutschen Lehre erforderlich, zur Definition so weit auszuholen, daß die rechtsvergleichende Untersuchung hierbei vorläufig in den Hintergrund gedrängt wird. Somit geht die vorliegende Untersuchung eigentlich nur im letzten Kapitel, in dem die Ausprägungen der causa bzw. der cause in einigen gesetzlichen Institutionen analysiert werden sollen, rechtsvergleichend vor.

Noch eine weitere Bemerkung sei gleich vorweg gestattet: Im folgenden wird der Einfachheit halber mit dem Begriff der „Vermögenszuwendung" gearbeitet werden, der als Oberbegriff die rechtsübertragenden Verfügungsgeschäfte, die Verpflichtungsbegründungen[12], aber auch die Leistungen umfaßt, die nicht in der Form eines Rechtsgeschäfts erfolgen, also z. B. Dienstleistungen.

---

[12] Insoweit identisch mit dem Begriff der Zuwendung, wie ihn BREYHAN, a. a. O., S. 3, Anm. 4, versteht; anders noch v. TUHR, II 2, S. 71.

ERSTES KAPITEL

Standort des Begriffs in der Rechtsgeschäfts-, Bereicherungs- oder Traditionslehre?

§ 1. Standort im französischen Recht

Da das französische Recht im Gegensatz zum deutschen gesetzliche Vorschriften über die causa („cause") kennt, ist die Frage nach dem Standort verhältnismäßig leicht zu beantworten.

I.
Die gesetzliche Lehre von der cause

Der Code Civil kennt bekanntlich keinen Allgemeinen Teil, in dem Institutionen behandelt würden, die im ganzen bürgerlichen Recht eine Rolle spielen. Vielmehr findet sich die gesetzliche Lehre von der cause im dritten Buch, das die verschiedenen Arten des Eigentumserwerbs behandelt, dort wieder ist sie im dritten Titel untergebracht, der von den Verträgen oder vertraglichen Verpflichtungen im allgemeinen handelt. Hält man sich vor Augen, daß das dritte Buch als Eigentumserwerbsarten neben den Verträgen die Erbschaften (erster Titel), die Schenkungen unter Lebenden und von Todes wegen (zweiter Titel), die außervertraglichen Verpflichtungen (vierter Titel), die Eheverträge (fünfter Titel) und schließlich die einzelnen schuldrechtlichen Vertragstypen behandelt[13], so ist einzusehen, daß aus der Stellung des cause-Begriffs im Aufbau des Code Civil nicht viel zu entnehmen ist.

Das Gesetz nennt aber in in Art. 1108 unter den Wirksamkeitsvoraussetzungen einer Vereinbarung eine „cause licite dans l'obligation", stellt die cause dabei in eine Linie mit der Einigung (consentement), der Fähigkeit, Verträge zu schließen (capacité de contracter) und dem Vorhandensein eines bestimmten Gegenstandes, der den Inhalt der Verpflichtung bildet (objet certain qui forme la matière de l'engagement). Somit deutet die Formulierung des Art. 1108

[13] Die Gliederung des dritten Buches wird deshalb auch als verfehlt bezeichnet, RIPERT-BOULANGER I, Nr. 107; M. WOLFF in Heinsheimer, Code civ., Vorbem. Art. 711.

C. civ. darauf hin, daß die cause ein Begriff des Vertragsrechts, nicht der Rechtsgeschäftslehre ist. Da aber der Code eine zusammenfassende Lehre vom Rechtsgeschäft überhaupt nicht enthält, ebensowenig allgemeine Vorschriften über Willenserklärungen, wird man den Unterschied zwischen Vertragsrecht und Rechtsgeschäftslehre hier vernachlässigen dürfen.

II.
Die cause in der Darstellung durch Rechtsprechung und Lehre (Übersicht)

Die französische Rechtswissenschaft übersetzt „cause“ mit „but“, d. h. Zweck, Ziel. Nach Esmein[14] ist unter cause zu verstehen: „Das unmittelbare und direkte Ziel, das sich derjenige setzt, der sich verpflichtet“. Capitant, Verfasser der grundlegenden Darstellung über die cause, fordert überhaupt Ersetzung des Wortes cause durch „but“.[15] Nach Ripert-Boulanger[16] ist unter der cause zu verstehen „die Erwägung eines Ziels, die die Schaffung einer Verpflichtung durch den Parteiwillen *erklärt* und *rechtfertigt*“. Daß die cause einerseits die Verpflichtung erklären, andererseits aber ihr Bestehen rechtfertigen soll, eine Art Doppelwirkung also, verdient hervorgehoben zu werden, da diese Bedeutung der causa im deutschen Recht besonders in den Vordergrund tritt.

Die Literatur erörtert die Unterscheidung zwischen „cause du contrat“ und „cause de l’obligation“, auf die es für die Behandlung der oben gestellten Frage im einzelnen nicht ankommt. Vorweggenommen sei nur, daß unter der cause du contrat Motive eines Vertragsschlusses verstanden werden, die den Anhaltspunkt für die Frage der Erlaubtheit des Vertrages abgeben. Die cause de l’obligation hingegen ist der Grund für die Vertragsverpflichtung eines Partners[17]; im gegenseitigen Vertrag gilt z. B. als cause de l’obligation der Empfang der Gegenleistung[18]. Beide Arten der cause gehören aber systematisch dem Vertragsrecht an.

Sein praktisch weitestes Wirkungsfeld entfaltet der cause-Begriff bei der Überprüfung der Frage, ob ein Vertrag wegen eines unerlaubten Zwecks nach Art. 1131 C. civ. unwirksam ist. Hier wendet

---

[14] Planiol, Bd. VI (Bearbeiter Esmein), Nr. 251.

[15] A. a. O., Nr. 3.

[16] Bd. II, Nr. 275.

[17] Vgl. zu den beiden Begriffen Carbonnier, S. 369, 374; Mazeaud II, Nr. 255/271.

[18] Capitant, a. a. O., Nr. 14.

ihn die Rechtsprechung an[19], und die Literatur billigt diese Anwendung weitgehend[20]. Weit größeren Einfluß hat dagegen Capitant der cause zugedacht: Er will mit der cause, die bei gegenseitigen Verträgen im Empfang der Gegenleistung bestehe[21], bei aleatorischen Verträgen im Risiko[22], bei Realkontrakten in der Übergabe der Sache[23], bei unentgeltlichen Zuwendungen im animus donandi[24], wozu bei sog. intuitu personae geschlossenen Verträgen noch die Einschätzung der Person hinzutritt[25], eine Reihe von Instituten des C. civ. dogmatisch begründen und ihre Probleme z. T. neu lösen. Dazu gehören u. a. das Irrtumsrecht des Art. 1110 C. civ[26], die exceptio non adimpleti contractus, die nach seiner Meinung überhaupt nur aus dem cause-Gedanken folgen könne[27], das Recht der Leistungsstörungen mit seinen z. T. recht umstrittenen Rechtsfolgen[28]. Da es im Rahmen dieser Arbeit ausgeschlossen ist, auf alle diese Punkte noch im einzelnen einzugehen, muß als Überblick über die Bedeutung der cause diese kurze Inhaltsangabe genügen. Zu den Einzelheiten muß auf die Erörterungen in den §§ 4, 14, 16 dieser Arbeit verwiesen werden.

III.
Die cause im Sinne der actio de in rem verso

Neben der cause als Wirksamkeitsvoraussetzung eines Vertrages (so Art. 1108 C. civ.) bzw. einer Vertragsverbindlichkeit (cause de l'obligation) kennt das französische Recht einen cause-Begriff des Bereicherungsrechts.

a) Die actio de in rem verso

Dieser Begriff ist allerdings nicht wie der des Vertragsrechts gesetzlich gesichert, da es allgemeine Regeln über ungerechtfertigte Bereicherung im C. civ. nicht gibt[29], überhaupt der heute gebräuchliche Ausdruck „enrichissement sans cause“ im Code nicht auftaucht. Dennoch darf die auf eine ungerechtfertigte Bereicherung zurückgehende „actio

---

[19] Paris, S. 81.2.51.; Limoges DP 89.2.38.; D 1895.1.263.; Req. DP 91.1.484.; D 1923.1.172.; DH 1940, 174.; Paris S. 40.2.121.

[20] Capitant, Nr. 112; Ripert-Boulanger II, Nr. 278.

[21] Capitant, Nr. 14.

[22] Capitant, Nr. 18.

[23] Capitant, Nr. 22.

[24] Capitant, Nr. 34.

[25] Capitant, Nr. 20.

[26] Capitant, Nr. 102—106.

[27] Capitant, Nr. 121—131.

[28] Capitant, Nr. 132.

[29] Grauer, a. a. O., S. 9; Chevallier, Etudes Ripert II, S. 238.

de in rem verso" als gewohnheitsrechtlich anerkannt gelten, seit die Cour de Cassation in einer Grundsatzentscheidung[30] aus dem Prinzip der Billigkeit („principe d'équité") die Regel hergeleitet hat, es sei unzulässig, sich auf Kosten Anderer zu bereichern. Rechtsprechung und Lehre[31] haben genaue Tatbestandsmerkmale dieser actio aufgestellt, die denen des § 812 I BGB in etwa entsprechen: Sie verlangen eine Bereicherung des Beklagten, eine Entreicherung des Klägers, die Einheit des Gewinn und Verlust begründenden Ereignisses, das Fehlen einer cause, schließlich das Fehlen eines sonstigen Anspruchs, insbesondere aus Vertrag[32].

Welche Bedeutung nun das Wort „cause" in diesem Zusammenhang hat, ist streitig[33]. Gelegentlich wird behauptet, daß es sich nicht um die cause des Art. 1108 C. civ. handele, sondern, um die schlagwortartige Bezeichnung von Ripert-Boulanger[34] zu gebrauchen, um die „causa efficiens".[35] Andere[36] identifizieren die beiden cause-Begriffe.

Da die actio de in rem verso aus dem principe d'équité entwickelt wurde, liegt es nahe, als cause hier einen Tatbestand anzusehen, der die Billigung der Bereicherung durch die Rechtsordnung sicherstellt. Deshalb findet sich[37] bei dem Ausdruck cause die Kennzeichnung „juste". Es werden gemeinhin zwei Gruppen von Tatbeständen genannt, bei deren Vorliegen die Rechtsordnung die Bereicherung billige: Rechtsgeschäfte und Eingreifen gesetzlicher[38] Vorschriften. Der so umrissene cause-Begriff ist — wie häufig betont wird[39] — der des römischen Kondiktionenrechts, baut aber, wie gezeigt, auf ähnlichen Elementen auf wie der Begriff des „rechtlichen Grundes" in § 812 I BGB und kann deshalb mit diesem etwa auf eine Stufe gestellt werden. Das ändert nichts daran, daß er wegen der geringeren Bedeutung abstrakter Akte im französischen Recht[40] eine viel geringere Tragweite hat, als § 812 I BGB dem rechtlichen Grund einer Leistung zuweist. Insoweit trügt die Ähnlichkeit mit dem römischen Kondiktionenrecht.

---

[30] Entscheidung vom 15. Juni 1892, D. 92.1.596.

[31] Zusammenfassung bei Ripert-Boulanger II, Nr. 1276—1281.

[32] Letztere Voraussetzung ist streitig. Dafür Aubry et Rau IV, § 577, Nr. 5; Mazeaud II, Nr. 706; Ripert-Boulanger II, Nr. 1286.

[33] Zum Streitstand siehe Goré, a. a. O., Nr. 85—89.

[34] II, Nr. 1280; von Grauer, S. 55, allerdings anders verwandt.

[35] Oder auch: „source efficiente" (Mazeaud II, Nr. 703).

[36] Rouast, Rev. Trim. 1922, S. 80 (Nr. 25).

[37] Vgl. z. B. Colin-Capitant II, Nr. 1321.

[38] Mazeaud II, Nr. 702, nennt noch gewohnheitsrechtliche Vorschriften von den gesetzlichen getrennt.

[39] Ripert-Boulanger II, Nr. 1280; Colin-Capitant II, Nr. 1321; Mazeaud, a. a. O.

[40] Grauer, a. a. O., S. 52.

b) Abgrenzung zum gesetzlichen cause-Begriff

Die über die beiden bisher genannten cause-Begriffe gewonnene Klarheit erweist sich so lange als trügerisch, als es nicht gelingt, die Bedeutung der cause des Art. 1108 C. civ. für die actio de in rem verso herauszuarbeiten. Dafür eignet sich am besten das Beispiel des gesetzlich geregelten paiement de l'indu, Art. 1376 ff. C. civ.

Wenn das Vorliegen einer cause licite dans l'obligation Wirksamkeitsvoraussetzung der Verbindlichkeit ist, so muß bei Fehlen dieser als „Zweck" gekennzeichneten cause (absence de cause) und bei Unerlaubtheit des Zwecks (cause illicite) die Verbindlichkeit hinfällig sein. Diese Folgerung zieht der Code in Art. 1131. Wenn auf eine solche unwirksame Verbindlichkeit eine Leistung erfolgt, so kann die Leistung zurückgefordert werden. Das spricht das Gesetz zwar nicht allgemein aus, sondern verfährt nur in Einzelfällen entsprechend.

Ein Beispiel bietet Art. 1235 al. 1 C. civ.: „tout paiement suppose une dette: ce qui a été payé sans être dû, est sujet à répétition". Dieselbe Rechtsfolge spricht der Code noch einmal in Art. 1376 aus, wo von der Verpflichtung des Leistungsempfängers die Rede ist. Die répétition de l'indu geht also darauf zurück, daß die Leistung, die nicht von einer Verpflichtung getragen ist, z. B. weil diese Verpflichtung selber „sans cause" ist, nicht gebilligt werden kann; was gezahlt wurde, ohne geschuldet zu ein, wurde „sans cause" gezahlt[41].

An dieser Stelle nun lassen sich vielleicht die beiden cause-Begriffe des französischen Rechts unterscheiden: cause du contrat bzw. de l'obligation wäre als Zweck des Vertrages bzw. der Verbindlichkeit ein Ansatzpunkt zur Beurteilung der Wirksamkeit von Verträgen bzw. Verbindlichkeiten; das Vorliegen einer juste cause de l'enrichissement dann der Grund, warum jemand eine ihm erbrachte Leistung behalten darf[42].

Wäre auf Grund einer absence de cause oder einer cause illicite gem. Art. 1131 C. civ. eine Verpflichtung als unwirksam zu betrachten, so könnte die auf die Verpflichtung hin erfolgte Leistung keinen Bestand haben und müßte zurückgegeben werden. Die Rückforderung hinge also vom Bestand der Verpflichtung ab, diese wieder vom Vorhandensein eines gültigen Zwecks. Diese Verkettung der beiden cause-Begriffe[43] scheint die einzig mögliche saubere Abgrenzung zu sein.

In dieser Form leuchtet die Abgrenzung dem deutschen Juristen ein, der von der Leistung als abstraktem Geschäft ausgeht. Die Unterscheidung würde sogar starke Verwandtschaft mit dem deutschen

---

[41] Ripert-Boulanger II, Nr. 1241.

[42] Bei Fehlen einer cause steht fest, daß der „défendeur n'a pas le droit de conserver l'enrichissement", Req., D. 1924.1.129.

[43] Vgl. dazu Grauer, a. a. O., S. 56.

Recht aufweisen. Vielleicht deshalb vertrat z. B. Crome[44] diese Ansicht auch für das französische Recht. Dadurch aber, daß die Leistung nach herrschender Ansicht ein kausales Geschäft ist, untersteht sie dem Art. 1131 C. civ.; auch ihre Wirkung hängt einfach vom Vorhandensein eines gültigen Zwecks ab. Zweck einer Leistung ist aber Erfüllung; wenn die Schuld nicht bestand, hatte die Leistung keinen Zweck und war folglich wegen absence de cause unwirksam. Daraus wird der erwähnte Rückforderungsanspruch der Art. 1235 und 1376 C. civ. hergeleitet[45].

Hier zeigt sich, daß die französische Dogmatik das Problem der Erfüllung einer nicht bestehenden Schuld allein mit dem cause-Begriff des Art. 1108 C. civ. durchaus bewältigen könnte. Der cause-Begriff der actio de in rem verso ist somit in diesem Rahmen überflüssig.

Die causa efficiens spielt aber eine Rolle in all den Fällen — aber auch nur in diesen[46] — in denen eine Bereicherung und eine entsprechende Entreicherung geschehen sind, ohne daß zwischen dem Bereicherten und einem anderen[47] ein Rechtsgeschäft stattgefunden hat. Ist ein Rechtsgeschäft abgeschlossen worden, so nimmt die Lehre an, daß die Bereicherung von einer „juste cause" gerechtfertigt werde; bei Scheitern einer ordnungsmäßigen Vertragsabwicklung seien die Regeln über den Vertrag anzuwenden[48]. Zum Teil wird die Ausklammerung der actio de in rem verso aus allen Fällen fehlgeschlagener Vertragsabwicklung auch mit der Subsidiarität dieser actio begründet[49].

Man kann also sagen, daß die causa efficiens im französischen Recht eine praktisch untergeordnete Rolle spielt. Ihrer genauen Bedeutung soll im § 16 dieser Arbeit noch nachgegangen werden.

IV.
Kein cause-Begriff bei der Eigentumsübertragung

Einen besonderen cause-Begriff der Lehre von der Eigentumsübertragung kann es im französischen Recht nicht geben. Der C. civ. bestimmt nämlich in Art. 1138, daß die Verpflichtung, eine Sache zu liefern,

---

[44] Zachariae v. Lingenthal-Crome II, S. 754, Anm. 13.

[45] So eindeutig Demogue -de la Massue, Art. 1235, Anm. 4; ferner Colin-Capitant II, Nr. 1430; Goré, Nr. 238.

[46] Goré, Nr. 29; Pérot-Morel, S. 163; Demogue, Bd. 3, Nr. 144; Renard, Rev. Trim. 1920, 279.

[47] Dem Entreicherten oder einem Dritten, Req., DH 1939.307; Mazeaud II, Nr. 704; Ripert-Boulanger II, Nr. 1282; Goré, a. a. O., Nr. 23 ff.

[48] Mazeaud II, Nr. 703.

[49] Ripert-Boulanger II, Nr. 1286.

„den Gläubiger zum Eigentümer macht und die Gefahr auf ihn übergehen läßt von dem Augenblick an, wo die Sache geliefert werden sollte, wenn auch die Übergabe noch nicht erfolgt ist."

Das Eigentum geht also mit dem Augenblick über, in dem die Verpflichtung zur Eigentumsübertragung entsteht. Daß obligatorische und dingliche Rechtsgeschäfte nicht getrennt werden[50], wiederholt der Code noch einmal, wenn er für den wichtigsten Fall der Eigentumsübertragung, den Kaufvertrag, in Art. 1583 bestimmt:

(Der Kauf) „ist unter den Parteien zustandegekommen, und das Eigentum ist von Rechts wegen auf den Käufer gegenüber dem Verkäufer übergegangen, sobald sie über Ware und Preis einig geworden sind, wenn auch die Sache noch nicht geliefert und der Preis noch nicht gezahlt ist."

Ähnliches bestimmt Art. 938 C. civ. für die Schenkung. Das bedeutet, daß nicht wie im deutschen Recht die Verpflichtung zur Eigentumsübertragung und die Eigentumsübertragung selber zweier Verträge bedürfen, sondern daß die Verpflichtung in einem Vertrage entsteht und erfüllt wird[51]. Wenn also die Verpflichtung nach Art. 1131 C. civ. wegen Fehlens oder Unerlaubtheit der cause unwirksam ist, entfällt auch die Eigentumsübertragung, sonst nicht. Der cause-Begriff des Vertragsrechts, den Art. 1108 C. civ. aufstellt, gilt also auch im Recht der Eigentumsübertragung.

V.

Als *Ergebnis zu § 1* ist festzuhalten, daß im Code civil der Zweck der Obligation zu den Wirksamkeitsvoraussetzungen des Vertrages, also in die Rechtsgeschäftslehre, gehört; demgegenüber kann die causa efficiens zunächst vernachlässigt werden, während es eine iusta causa traditionis überhaupt nicht gibt.

§ 2. Standort im Deutschen Recht

Im deutschen Recht liegt die Frage nach dem Standort des causa-Begriffs genau umgekehrt wie im französischen: Während der Code civil die cause nur bei den Wirksamkeitsvoraussetzungen von Verbindlichkeiten vorsieht, die causa efficiens aber nicht erwähnt, nennt das BGB weder in der Lehre vom Rechtsgeschäft noch bei den Regeln über den Vertrag die causa, hat aber den Begriff des „rechtlichen Grundes" in § 812 I BGB. Da § 812 I eine deutsche Formu-

---

[50] Über die Tragweite dieses Grundsatzes und die Ausnahmen vgl. im einzelnen de Chapeaurouge (Diss.), S. 7 ff.

[51] Ripert-Boulanger II, Nr. 2444.

lierung der condictio sine causa enthält, kann man das Wort „rechtlicher Grund" als Übersetzung für „causa" ansehen.[52]

I.
Der „rechtliche Grund"

Den rechtlichen Grund i. S. des § 812 I BGB hat das Gesetz nicht näher erläutert. Bei seiner Bestimmung ist davon auszugehen, daß § 812 I zwei Fälle regelt: Den Erwerb einer Vermögensposition „durch die Leistung eines anderen" und den Erwerb „in sonstiger Weise", d. h. auf Grund gesetzlicher Vorschrift, durch Naturereignis, Eingriff von seiten des Bereicherten, sogar durch Tathandlung des Entreicherten, die nicht Leistung war. Die wohl h. M.[53] versucht wegen der Verschiedenheit der betrachteten Vorgänge nicht, den Begriff des rechtlichen Grundes für beide Fälle einheitlich zu bestimmen.

Sie nimmt die Rechtfertigung eines Erwerbs in sonstiger Weise — Erwerb durch Eingriff in ein fremdes Recht oder auf Grund gesetzlicher Vorschrift — dann an, wenn der Erwerb „nach der rechtlichen Güterzuordnung einem anderen gebührt".[54] Der Rechtsgrund ist also „aus dem Gesamtinhalt der Rechtsordnung"[55], mithin nach objektiven Kriterien, zu bestimmen. Es braucht dann nur die Frage beantwortet zu werden, ob die Rechtsordnung die gegenwärtige Vermögenssituation für die Dauer billigt oder nicht. Es handelt sich also hierbei um eine *objektive* Beurteilung der Rechtmäßigkeit.

Ob im Rahmen der Leistungskondiktion die Bestimmung des rechtlichen Grundes in ähnlich objektiver Weise vor sich gehen kann, scheint nach der Literatur zweifelhaft. Eindeutig äußert sich insoweit nur Larenz[56]: Rechtsgrund einer Leistung i. S. des § 812 I sei dasjenige Rechtsverhältnis, „aus dem sich ergibt, daß die Leistung dem Empfänger gebührt, der Grund, aus dem er sie behalten darf." Larenz nennt dieses Schuldverhältnis auch die causa der Leistung im

---

[52] JUNG, a. a. O., S. 20, mit Nachw.; KLINGMÜLLER a. a. O., S. 102; LEONHARD, GRUCHOT 38, 305; FIKENTSCHER, S. 88.

[53] LARENZ, Schuldrecht II, § 62 vor I; ENNECCERUS-LEHMANN, § 222 vor I; STAUDINGER-SEUFERT, § 812 Anm. 16; a. A. HECK, SchuR, S. 422; KRAWIELICKI, Grundlagen, S. 2; KLINGMÜLLER, S. 12 mit gewagter Begründung.

[54] LARENZ II, § 62 I b; STAUDINGER-SEUFERT, § 812 Anm. 52; ähnlich ESSER, Schuldrecht, § 195, 4.

[55] STAUDINGER-SEUFERT, a. a. O.; KLINGMÜLLER, S. 12.

[56] SchuR II, § 62 I a.

objektiven Sinn. Andere[57] bezeichnen als Rechtsgrund einer Leistung jeden *Zweck*, der nach dem Willen der Beteiligten für das Rechtsgeschäft bestimmend war, wollen also wohl auf ein *subjektives* Kriterium hinaus. Hier ist Sibers[58] Begriff des „äußeren Rechtsgrunds", der auf einer Zweckbestimmung aufbaut, aber nicht zum Inhalt des Geschäfts gehört, besonders erwähnenswert, weil Siber neben der Zweckbestimmung durch den Leistenden die durch das ergänzende Recht hervorhebt. Larenz a. a. O. übernimmt diesen Begriff unter der Bezeichnung „causa in subjektiven Sinn", ohne ihn jedoch auszuwerten. Die Einzelheiten der Terminologie kann aber die hier versuchte reine Standortbestimmung übergehen. Da feststeht, daß es sich immer nur um den Zweck einer „Leistung", nicht sonstiger Rechtsgeschäfte, handelt[59], geht der Begriff des rechtlichen Grundes in § 812 I BGB, gleichgültig, ob man ihn objektiv oder subjektiv interpretiert, in seiner Bedeutung über den Rahmen des Kondiktionenrechts auf keinen Fall hinaus.

II.
Der „mit der Leistung bezweckte Erfolg"

Die Vorschrift des § 812 I BGB, die schon in dem „rechtlichen Grund" eine Erscheinungsform der causa enthält, bringt in Abs. I S. 2 gleich noch eine weitere Erscheinungsform. Dieser gemeinhin als condictio causa data causa non secuta[60] bezeichnete — Bereicherungsanspruch beruht auf dem Nichteintritt des mit einer Leistung bezweckten Erfolges. Gemeint ist nur ein in der Vereinbarung zwischen dem Leistenden und dem Leistungsempfänger zum Ausdruck gekommener[61] Zweck, der über den Empfang einer etwaigen Gegenleistung hinausgeht.[62] Hier wird also die causa mit „Zweck" gleichgesetzt, allerdings immer nur mit dem Zweck einer Leistung.

Gerade aus dieser Vorschrift ergibt sich, daß trotz Nichteintritts des Zwecks einer Leistung diese wirksam bleibt und nur ein schuldrechtlicher Anspruch auf Rückübertragung entsteht. Man wird also

---

[57] Staudinger-Seufert, § 812 Anm. 17; Palandt-Gramm, § 812 Anm. 6; Erman-Seiler, § 812 Anm. 5; Siber, Schuldrecht, S. 172; Klingmüller, S. 113; Locher, AcP 121, 36; Jung, S. 129 und passim; Kriegsmann, S. 52; RG JW 1917, 104.

[58] Schuldrecht, S. 172.

[59] Staudinger-Seufert, § 812 Anm. 17.

[60] Staudinger-Seufert, § 812 Anm. 14; Palandt-Gramm, § 812, Anm. 6 d.

[61] Larenz, Schuldrecht II, § 63 II; Staudinger-Seufert, § 812 Anm. 43; Heck, SchuR, § 41, 6.

[62] RG 132, 238 (242).

auch unter Berücksichtigung des § 812 I S. 2 zweiter Halbsatz nicht daran irre werden dürfen, daß der causa-Begriff des deutschen Bereicherungsrechts vom cause-Begriff des Art. 1108 C. civ. durchaus verschieden ist.

III.
Der Zweck i. S. von §§ 705, 726 BGB

Hat also die causa im BGB nur im Bereicherungsrecht einen Platz? Nach dem Wortlaut der Vorschriften des Allgemeinen Teils scheint es so[63], doch könnte sich etwas anderes aus § 705 BGB ergeben, wonach sich die Gesellschafter zur Erreichung eines gemeinschaftlichen Zwecks verpflichten, ferner aus § 726, wonach die Gesellschaft endigt, wenn der vereinbarte Zweck erreicht oder seine Erreichung unmöglich geworden ist[64].

Allerdings ergeben sich aus §§ 705, 726 BGB Ähnlichkeiten zur cause des Art. 1108 C. civ., wenn man annimmt, die Parteien verpflichteten sich nur zu den fördernden Handlungen, „insbesondere die vereinbarten Beiträge zu leisten"; diese Handlungen seien also Gegenstand ihrer Verpflichtung, hinter dem der gemeinsame Zweck stehe.

Gegen diese Deutung spricht aber der Wortlaut des § 705 insofern, als es sich in Art. 1108 C.civ. um den Zweck einer Verpflichtung handelt, der vom Gegenstand (objet) unterschieden wird[65], § 705 aber die Förderung des gemeinsamen Zwecks als Gegenstand der Verpflichtung bezeichnet. Einen allgemeinen causa-Begriff des Schuldrechts, vergleichbar dem des französischen Rechts, vermögen danach §§ 705, 726 BGB kaum zu liefern, erst recht dann nicht, wenn man den „gemeinsamen Zweck" in § 705 BGB an den oben S. 1 weitergegebenen Übersetzungen des causa-Begriffs von Lehmann und Nipperdey mißt, die doch offensichtlich einen allgemeinen causa-Begriff aufstellen wollen: Es handelte sich dort immer nur um den mit einer Zuwendung mittelbar erstrebten *Rechtserfolg*, während § 705 den mit den Förderungshandlungen, insbesondere Beitragsleistung, verfolgten *wirtschaftlichen* Erfolg betrifft[66].

---

[63] JUNG, S. 70, ist denn auch dieser Ansicht.

[64] Auf diese Vorschrift weist ESSER, Schuldrecht, § 14, 4, hin. In seiner umfassenden Erörterung der causa-Lehre (§§ 14, 15, ferner 85) bezeichnet er den Gesellschaftsvertrag als einen seinem Wesen nach zweckgebundenen Vertrag, vgl. dazu im einzelnen, unten S. 65.

[65] Vgl. oben S. 5.

[66] Hiermit ist freilich über die Beziehung der causa zum wirtschaftlichen Erfolg noch nicht das letzte Wort gesprochen. Die Arbeit wird an anderer Stelle — vgl. unten S. 59 ff. — noch auf diese Beziehung zu sprechen kommen.

V.
Allgemeiner causa-Begriff des BGB?

Wer einen allgemeinen causa-Begriff des deutschen Rechts sucht, wird im Gesetz wenig Erfolg haben. Deshalb müssen die Arbeiten der Rechtslehre hinzugezogen werden, und zwar finden sich Erörterungen über die causa vorwiegend in der Literatur zum Gemeinen Recht, aber auch noch nach Inkrafttreten des BGB.

a) Gemeines Recht

Im Gemeinen Recht war die Vorstellung der causa als Zweck einer Rechtshandlung, insbesondere einer Vermögenszuwendung, durchaus lebendig[67]. So arbeitet *Lotmar*[68], allerdings im Hinblick auf den Sprachgebrauch der Römer, einen Zweckbegriff heraus, der dem Anschein nach für alle Rechtsgeschäfte gilt, den Lotmar selber allerdings hauptsächlich für die Bestimmung der iusta causa traditionis benutzen will. Er verwendet aber daneben den Begriff des sog. „zusammengesetzten Rechtsgeschäfts“, in dessen Grenzen auch der Zweck liegt, d. h. wörtlich, „daß der Zweck als erreichter, die Erreichung des Zwecks zum Begriff des Rechtsgeschäfts gehört“.[69] Hier hat der Zweck in die Lehre vom Rechtsgeschäft Eingang gefunden, er bildet sogar eine der Wirksamkeitsvoraussetzungen des Rechtsgeschäfts.

Wesentlich klarer als bei Lotmar kommt dies bei *Schloßmann*[70] zum Ausdruck. Auch er geht von der Gleichstellung causa-Zweck aus und stellt dann[71] fest, daß jede Rechtshandlung einen Zweck haben müsse, daß insbesondere ohne diesen Zweck ein Vertrag nicht vorhanden sei. An späterer Stelle verdeutlicht Schloßmann den bei Lotmar und ihm fast wie im französischen Recht[72] vorhandenen Gedanken von der causa als Wirksamkeitsvoraussetzung einer Verpflichtung, indem er ausführt: „Auch bei Verpflichtungen muß angenommen werden, daß ich mich einem Zwange zur Leistung nur insoweit habe unterwerfen wollen, als durch dieselbe mein Zweck zur Erfüllung gelangt ...“[73]. Bemerkenswert für die notwendige Unterscheidung von causa und Motiv ist, daß Schloßmann so viele causae anerkennen will, als es Zwecke menschlicher Handlungen gebe[74].

---

[67] Windscheid, Pandekten, 8. Aufl., § 318; Dernburg, Pandekten, 5. Aufl., § 95; Schlesinger, a. a. O., S. 4.

[68] Über causa im röm. Recht, passim.

[69] Ebenda S. 36.

[70] Zur Lehre von der causa obligat. Verträge.

[71] Ebenda S. 34.

[72] Auf die Arbeit von Schlossmann verweist daher Capitant, Nr. 2.

[73] A. a. O., S. 39.

[74] Ebenda S. 35.

Ohne daß eine nähere Inhaltsangabe dieser Arbeiten erforderlich wäre, läßt sich aus den hier wiedergegebenen Ergebnissen zweier recht willkürlich herausgegriffener Abhandlungen der Schluß ziehen, daß im Gemeinen Recht die Gleichstellung von causa und Zweck, ferner die Betrachtung der causa als Wirksamkeitsvoraussetzung einer Verbindlichkeit bekannt war. Die causa gehört demnach zur Rechtsgeschäftslehre, wenn auch eine klare Abgrenzung zur Kondiktionenlehre schwierig ist[75], wenn ferner auch einer genauen Sonderung vom Motiv die allgemeine und sehr weite Fassung insbesondere der Thesen Schloßmanns im Wege steht.

b) Die herrschende Meinung zum BGB

Nach Inkrafttreten des BGB war an eine Einreihung der causa unter die Voraussetzungen eines Vertrages nicht mehr zu denken[76]; die Rechtswirksamkeit von Verträgen hängt vielmehr allein von der Willenseinigung der Parteien ab. In abgewandelter, dem BGB angepaßter Form, finden sich die Gedanken der gemeinrechtlichen Lehre jedoch wieder.

Die Lehre kann sich der Erkenntnis Schloßmanns[77] nicht verschließen, daß jedes willensgetragene menschliche Verhalten notwendig zweckgebunden sei[78]. Das gilt natürlich sowohl für die Zuwendung obligatorischer Ansprüche als auch für Verfügungen. Dennoch faßt man allgemein nur den Zweck der herkömmlich als kausal bezeichneten Zuwendungen ins Auge und nennt ihn den Geschäftszweck, Verkehrszweck[79], den inneren Rechtsgrund[80] u. dgl. Der Ausdruck „innerer Rechtsgrund“ bestätigt, daß es sich hier um einen *vertragsinternen Zweck* handelt. Gemeinhin werden als Hauptbeispiele genannt der Austauschzweck bei Kauf und anderen gegenseitigen Verträgen[81], der Liberalitätszweck bei Schenkungen[82], der Sicherungszweck bei obligatorischen Sicherungsgeschäften (hier werden allerdings gelegentlich auch die abstrakten Verträge, die verpflichtenden Leistungsgeschäfte[83], in die Erörterung einbezogen[84]). Streitig ist dabei, ob der Zweck den erstrebten Rechtserfolg der Zuwendung oder

---

[75] Was insbesondere bei LOTMAR überall zum Ausdruck kommt.

[76] JUNG, a. a. O., S. 57.

[77] A. a. O., S. 34.

[78] IHERING, Zweck I, S. 14; LEHMANN, Allg. Teil, § 25 III 1; KRIEGSMANN, a. a. O., S. 7; KLEIN (Diss.), S. 10; ähnlich mit abweichenden Ergebnissen OERTMANN, Geschäftsgrundlage, S. 17.

[79] ENNECCERUS-NIPPERDEY II, § 148 I 2.

[80] SIBER, Schuldrecht, S. 171.

[81] Ebenda; KRESS, SchuR, S. 36.

[82] Ebenda.

[83] Ausdruck von SIBER, S. 175.

[84] KRESS, a. a. O.

nur ihr wirtschaftliches Ziel bezeichnet; die wohl herrschende Meinung versteht allerdings unter causa den Rechtserfolg der Zuwendung[85]. Die Frage wird bei den verschiedenen Zwecktypen noch besonders zu erörtern sein.

Man spricht i. ü. vom „mittelbaren" Rechtserfolg der Zuwendung[86]. Freilich hilft die Unterscheidung von mittelbaren und unmittelbaren Folgen nicht viel weiter: Soll beim Angebot im gegenseitigen Vertrag das Zustandekommen des Austausches von Verpflichtungserklärungen der mittelbare Rechtserfolg sein, worin will man dann den unmittelbaren Rechtserfolg erblicken? Die Unterscheidung hat nur Sinn bei den abstrakten Geschäften; sie sei deshalb bei der causa von Verpflichtungen übergangen.

1. Subjektiver und objektiver causa-Begriff

Bereits hier läßt sich einsehen, warum die so umrissene causa einer Verpflichtung kaum als von der Einigung unabhängige Wirksamkeitsvoraussetzung des Vetrages angesehen werden kann: Mit Zustandekommen einer gültigen Einigung über den Austausch zweier Verpflichtungen, über eine Schenkung, eine Bürgschaft, wird der Zweck ohne weiteres erreicht. So kommt es aber auch, daß die praktische Bedeutung der causa einer Verpflichtung (des „inneren Rechtsgrundes" i. S. von Siber) immer sehr unklar geblieben ist.

Eine wesentliche Bedeutung legt die Lehre aber der causa in diesem Sinne bei: Das Zustandekommen der Einigung, das gleichzeitig Zweckerreichung herbeiführt, wirkt als objektiv-rechtlicher Rechtsgrund für den Bestand des durch die Verpflichtungserklärung zugewendeten obligatorischen Anspruchs[87]. Wenn der mit der Verpflichtungserklärung verfolgte Zweck erreicht ist, billigt die Rechtsordnung dem Zuwendungsempfänger zu, daß er den Anspruch behalten darf. Diese Wirkung nannten wir oben[88] bei der Behandlung des cause-Begriffs des französichen Rechts Doppelwirkung. So wird aus dem subjektiven Verkehrszweck, den man als „causa im subjektiven Sinne" bezeichnen könnte[89], der Rechtsgrund des Behaltendürfens, der die

---

[85] Siber, Iher. Jb. 70, 230 f.; Jung, a. a. O., S. 9; Klingmüller, ZHR 58, 164 f.; Lehmann, Allg. Teil, § 25 III c; Enneccerus-Nipperdey II, § 148 I 2 (hier wird allerdings auch mit dem Ausdruck „Verkehrszweck" gearbeitet, der andere Bedeutung haben könnte); a. A. Kress, a. a. O., S. 35; wohl auch Leonhard, S. 387.

[86] Cohn, AcP 135, 67; Oertmann, GG, S. 12.

[87] Oertmann, GG, S. 22; Klingmüller, S. 22; Kriegsmann, S. 14; Breyhan, S. 5; Lange, AcP 146, 42.

[88] S. 6.

[89] Locher, Rvgl. HWB, S. 614; anders Larenz II, § 62 I a.

Bezeichnung „causa im objektiven Sinn" verdienen würde. Dieser Name ist zwar an sich bereits für den Rechtsgrund des Behaltendürfens von Leistungen und verpflichtenden Leistungsgeschäften im Bereicherungsrecht vergeben[90]; doch handelt es sich bei der soeben vorgeführten Umwandlung des (subjektiven) Zwecks in den (objektiven) Rechtsgrund um denselben Vorgang, der im Bereicherungsrecht vorkommt, wenn man den Rechtsgrund bei der Leistungskondiktion subjektiv bestimmt[91]. Wie so oft eignet sich auch hier die Unterscheidung zwischen objektiver und subjektiver Begriffsbildung nicht, Verwirrung zu vermeiden. Unklarheit entsteht auch hier, wenn Wieland[92] für die Beurteilung und Regelung eines Schuldverhältnisses durch die Rechtsordnung auf den typischen Verkehrszweck abstellt, diesen causa im subjektiven Sinn nennt und unter causa im objektiven Sinn das auf Grund der Berücksichtigung des subjektiven Zwecks von der Rechtsordnung normierte objektive Rechtsverhältnis versteht. Wieder anders Klingmüller, der als objektiven Rechtsgrund „eine bestimmte Tatsache bezeichnet, an welche die Rechtsordnung bestimmte rechtliche Folgen knüpft"[93], unter subjektivem Rechtsgrund „den rechtlichen Grund zum Handeln" versteht[94].

Angesichts dieser Begriffsverwirrung verdient m. E. folgende — zugegeben etwas umständliche — Begriffsskala den Vorzug: Causa (Zweck) einer Verpflichtung; Rechtsgrund (des Behaltendürfens[95]) einer Verpflichtung; ferner im Bereicherungsrecht causa (Zweck) einer Leistung; Rechtsgrund (des Behaltendürfens) einer Leistung[96]. Aus dieser Skala fällt der Rechtsgrund i. S. der Eingriffskondiktion nur insofern heraus, als es nicht um das Behaltendürfen einer Leistung, sondern einer sonstigen tatsächlichen Vermögensverschiebung geht. Die hier vorgeschlagene Verwendung des Ausdrucks „Rechtsgrund" läßt die Frage offen, ob der Rechtsgrund des Behaltendürfens sich immer nur aus der Erfüllung eines Anspruchs ergeben kann, oder ob es auch einen reinen (verpflichtungsfreien) Rechtsgrund gibt, der zum Behalten einer freiwilligen Leistung berechtigt[97]. Die zentrale Fragestellung der Arbeit von *Krawielicki* bleibt also aus der vorliegenden Arbeit heraus.

---

[90] Locher, ebenda.

[91] Was z. T. geschieht, vgl. oben S. 13 und Anm. 57.

[92] A. a. O., S. 4.

[93] Klingmüller, S. 4; in ZHR 58, 165, legt er den Ton mehr auf den Rechtsgrund des Behaltendürfens.

[94] Ebenda S. 10.

[95] Treffend spricht Krawielicki, S. 3, von „Behaltenstitel".

[96] Ähnlich Breyhan, S. 16.

[97] Krawielicki, S. 51.

2. Besondere Merkmale dieses causa-Begriffs

Dem in vorigen skizzierten causa-Begriff legt die Lehre noch einige für den weiteren Verlauf der Abhandlung wesentliche Merkmale bei: Es handelt sich *wesensmäßig* um ein *Motiv* einer Vermögenszuwendung[98]. Zwar trifft die Zweckbestimmung eines Geschäfts seine Richtung auf seinen (künftigen) Erfolg, die Motivierung dagegen erfolgt aus den vergangenen oder gegenwärtigen Umständen. Jedoch überschneiden sich Motiv und Zweck insoweit, als die Vorstellung der Änderung einer gegebenen Lage[99] Zweck einer Erklärung[100] ist. Zu dieser Gleichstellung von causa und Motiv berechtigt schon rein sprachlich der Umstand, daß das lateinische Wort causa sowohl „Grund" als auch „Zweck" heißt[101].

Sodann ist festzustellen, daß es sich hier unzweifelhaft um einen Begriff der Rechtsgeschäftslehre handelt[102]. Die Motivierung einer Vermögenszuwendung sowie die Frage, welchen Einfluß ein Motiv allgemein auf Wirksamkeit und Bestand der Verpflichtung haben kann, gehört nicht ins Bereicherungsrecht, sondern wäre im Allgemeinen Teil zu behandeln[103]. Die Standortbestimmung des causa-Begriffs hat hiermit zu einem Ergebnis geführt.

Endlich verdient die — streng genommen nicht hierher gehörige — Tatsache Erwähnung, daß nicht nur die Begründung von Schuldverhältnissen, sondern auch ihre Abwicklung vom causa-Begriff her verstanden werden muß, weil auch die Abwicklung zur Zweckerreichung erfolgt. Die Tatsache, daß der Zweck mit Zustandekommen der Einigung erreicht wird, kann nämlich nicht den Umstand verbergen, daß nachträgliche Leistungsstörungen, Sachmängel und dgl. auch eine Verfehlung des Zwecks nach sich ziehen können. So kommt es zu dem Satz von Kreß[104]: „Der Zweck bleibt die Seele des Schuldverhältnisses." Die schon oben S. 17 hervorgehobene geringe praktische Bedeutung der causa bzw. des inneren Rechtsgrundes einer Verpflichtung erklärt sich daraus, daß die Rolle der causa bei der Abwicklung über ihrer Funktion bei der Begründung des Schuldverhältnisses fast

---

[98] Grundlegend IHERING, Zweck I, S. 15; ENNECCERUS-NIPPERDEY II, § 148 Anm. 3; LEHMANN, Allg. Teil, § 25 III 1 b; LOCHER, Rvgl. HWB II, S. 614; KEGEL, a. a. O., S. 147, Anm. 36, unter Aufgabe der in AcP 150, 361, vertretenen abweichenden Ansicht; WIELAND, a. a. O., S. 11; KLINGMÜLLER, a. a. O., S. 21; KRÜCKMANN, AcP 131, 25; KRIEGSMANN, a. a. O., S. 2 ff.; JUNG, a. a. O., S. 110.

[99] KEGEL, a. a. O., S. 148: Ein Vertrag will die Wirklichkeit ändern.

[100] Ähnlich WINDSCHEID, Voraussetzungslehre, S. 42.

[101] KLINGMÜLLER, a. a. O., S. 14 ff. mit Nachw.

[102] LOCHER, a. a. O.

[103] A. A. wegen der Unterschiedlichkeit der Rechtsfolgen KRIEGSMANN, a. a. O., S. 48.

[104] Allg. Schuldrecht, S. 59.

vergessen worden ist. Demgegenüber könnte es in etwas überspitzter Form geradezu heißen, daß der Zweck ein Moment beim Abschluß von Vermögenszuwendungen ist, dessen Vorhandensein als selbstverständlich gilt, bei dem nur die Verfehlung rechtliche Folgen auslöst[105]. In weniger pointierter Form läßt sich die bisherige Erörterung mit Kriegsmann[106] dahin zusammenfassen: „Causa eines Rechtsgeschäfts ist eine es begleitende Zwecksvorstellung, welche in dem Sinne rechtlich relevant ist, daß die Nichterreichung des Zwecks die Wirkung des Geschäfts irgendwie alteriert."

V.
Causa und Eigentumsübertragung

Gegenüber der grundsätzlichen Bejahung eines causa-Begriffs des Allgemeinen Teils, also außerhalb des Bereicherungsrechts, bedarf es keiner eingehenden Begründung dafür, daß die iusta causa traditionis des Römischen Rechts, gleichgültig, wie man dieses vielumkämpfte Gebilde verstehen möchte, im BGB keine Bleibe hat: Die causa einer Übereignung ist der causa bzw. dem Rechtsgrund einer Leistung gleichzuachten[107]. Im deutschen Recht verfließen also die causa des Kondiktionenrechts und die iusta causa traditionis ebenso ineinander wie im französichen die cause des Art. 1108 C. civ. und die cause der Eigentumsübertragung[108]. In dieser unterschiedlichen Verknüpfung der Begriffe spiegelt sich übrigens der bekannte Gegensatz zwischen der Bevorzugung abstrakter Geschäfte im deutschen Recht und der in dieser Hinsicht auffälligen Skepsis des C. civ. wider.

§ 3. Ergebnis der Standortbestimmung

Die im vorigen versuchte Standortbestimmung des causa-Begriffes hat einige Gemeinsamkeiten im deutschen und französischen Recht aufgezeigt. Die causa ist — im französischen Recht in erster, im deutschen Recht in zweiter Linie — eine Institution des Vertragsrechts. Beide Rechtsordnungen kennen und verwenden einen causa-Begriff des Kondiktionenrechts; beide haben die iusta causa traditionis aufgegeben.

Der causa-Begriff der Rechtsgeschäftslehre erhält in beiden Rechtsordnungen die Übersetzung „Zweck". Diese Übersetzung wird teil-

---

[105] Vgl. Cohn, AcP 135, 72.
[106] A. a. O., S. 6 f.
[107] Jung, a. a. O., S. 72.
[108] Vgl. dazu oben S. 10 f.

weise auch zur Charakterisierung des Rechtsgrunds des Behaltendürfens im deutschen Bereicherungsrecht verwandt.

Die causa in der Rechtsgeschäftslehre interessiert in der vorliegenden Arbeit zunächst am meisten, ohne daß allerdings, insbesondere bei der Behandlung von in der Literatur herangezogenen Beispielen, die causa eines Leistungsgeschäfts außer acht gelassen werden könnte. Es sei hier vorläufig dahingestellt, in welcher Beziehung die causa zum rechtlichen Grund i. S. des § 812 I BGB steht. Diese Beziehung wird nach der hier vertretenen Auffassung aus einer genauen Analyse des Zwecks im Sinne einer causa-Lehre unmittelbar hervorgehen. Diese Analyse mußte sich deshalb der Verfasser in erster Linie zur Aufgabe stellen.

ZWEITES KAPITEL

Nähere Kennzeichnung des „Zwecks" einer Vermögenszuwendung

Schon oben auf S. 2 wurde darauf hingewiesen, daß die nähere Definition der cause des französischen Rechts sich bereits aus der Standortbestimmung ergeben werde. Die genauere Umschreibung dieses cause-Begriffs müßte daher auch leichter fallen als die der causa im deutschen Recht und soll deshalb (im ersten Abschnitt dieses Kapitels, im § 4) vorangestellt werden.

Schwieriger ist die hier geplante Kennzeichnung der causa einer Verpflichtung im deutschen Recht: Da das Gesetz bei diesem Versuch nicht weiterhilft, müssen in erster Linie die in der Rechtslehre — z. T. unter dem Namen „Voraussetzungslehre" — gefundenen causa-Begriffe überprüft werden (darüber in §§ 5, 6). Im Anschluß daran soll auf der Grundlage der heute herrschenden Auffassungen (in § 7) die eigene Ansicht des Verfassers kurz umrissen werden. Diese beiden Erörterungen bilden die weiteren Abschnitte des vorliegenden Kapitels.

Erster Abschnitt

§ 4. Die cause in Art. 1108, 1131 Code civil

Der Code civil hat im Gegensatz zum BGB einen besonderen causa-Begriff des Vertragsrechts ausgebildet. Dieser wurde im ersten Kapitel so umrissen[109], daß die cause des französischen Rechts vom Gesetz als Wirksamkeitsvoraussetzung einer Verpflichtung vorgesehen ist. Danach tritt die cause neben das consentement (Einigung) als zusätzliche Wirksamkeitsvoraussetzung der Verbindlichkeit (Art. 1108 C. civ.), ist also kein Mermal der Einigung. Dem am deutschen Recht geschulten Juristen fällt das Verständnis dieser Institution schwer: Nach deutschem Recht kommt eine Vertragsverbindlichkeit allein durch Willenseinigung zustande, die ihrerseits aus Angebot und Annahme besteht (§ 151 BGB); weder für eine zusätzliche Wirksamkeitsvoraussetzung für das Entstehen einer Verbindlichkeit noch für ein bestimmtes Merkmal der Willenseinigung ist also Platz.

---

[109] Oben S. 4—11, vgl. insbesondere S. 9 ff.

Ein festes Bild von der systematischen Bedeutung der cause zu gewinnen, ist schwierig. Zwar läßt das Gesetz keinen Zweifel darüber, daß eine Verpflichtung „sans cause, ou sur une fausse cause, ou sur une cause illicite" keinerlei Wirkung haben könne (Art. 1131 C. civ.), doch ist mit dieser reinen Rechtsfolgenbestimmung die systematische Stellung der cause im Obligationsbegriff keineswegs geklärt. Die Lehre betont, daß das französische Recht auf dem Boden der Vertragsfreiheit und des Prinzips „solus consensus obligat" stehe[110]; die cause wird dementsprechend als Korrektiv der Vertragsfreiheit aufgefaßt[111], und zwar in zwei Richtungen: Einmal soll verhindert werden, daß jemand sich durch eine Willenserklärung in ungerechtfertigter Weise verpflichtet[112]; zum anderen geht es darum, Verpflichtungen, die den guten Sitten, den Interessen der Allgemeinheit zuwiderlaufen, die Wirkung zu nehmen[113]. Es handelt sich bei diesen beiden Funktionen der cause um die Wirkungen, die gelegentlich[114] auf die cause de l'obligation und die cause du contrat verteilt werden, vgl. oben S. 6.

Daß die letztere Bedeutung der cause in der Praxis erheblich die erstere überwiegt, ist schon oben S. 6 ausgeführt und an Hand der Rechtsprechung belegt; auf die Einzelheiten soll unten S. 28 ff. noch eingegangen werden.

I.
Die klassische cause-Theorie

Hier geht es zunächst um die Bedeutung der cause, eine eingegangene Verpflichtung derart zu rechtfertigen, daß sie rechtsgültig entsteht. Schwierigkeiten macht bei der Beurteilung dieser Seite der cause der Umstand, daß die cause bekanntlich allgemein als Zweck (but) oder Beweggrund (motif)[115] angesehen wird, so daß man nicht umhin kann, die rechtfertigende und nach Art. 1108 C. civ. erst endgültig verpflichtende Wirkung einer Willenserklärung in der Erreichung des mit ihr verfolgten Zwecks bzw. der Richtigkeit der mit ihr verfolgten Motivierung zu erblicken. Daß die Abhängigkeit der Verpflichtung von der Erreichung des subjektiven Ziels des Erklä-

---

[110] David, a. a. O., S. 112, 117; Janner, a. a. O., S. 15.

[111] „Un élément justificatif de la force obligatoire attaché à l'accord des volontés", Maury, Rev. Int. 195, 486; Répertoire Anm. 5; Saleilles, a. a. O., S. 252: „La théorie de la cause ... constitue, à la fois, une atteinte et une garantie, à l'égard du principe de l'autonomie de la volonté."

[112] Vgl. dazu oben S. 5.

[113] Zu dieser Unterscheidung vgl. Maury, S. 486; David, a. a. O., S. 133; Niboyet, Kommission III, S. 46.

[114] Mazeaud II, Nr. 225, 271; Carbonnier, S. 369, 374.

[115] Capitant, Nr. 2; David, S. 134; Maury, S. 494; Mazeaud II, Nr. 254; Planiol-Esmein, Nr. 251, 252.

renden sich mit der Rechtssicherheit kaum vereinbaren läßt, ist denn auch nicht verkannt worden[116] und hat später auch dazu geführt, daß als cause weitgehend nur der unmittelbare Zweck (but immédiat[117]) oder der bestimmende Beweggrund (mobile déterminant[118]) angesehen wird. Zunächst ist aber unter der cause das Motiv zu verstehen, das bei einer bestimmten Art von Vermögenszuwendungen *jeden* Zuwendenden beherrscht, die *cause abstraite* oder causa proxima[119]. Im Unterschied zum Motiv ist die cause abstraite bei jedem Vertrag die gleiche[120] und ergibt sich ohne weiteres aus der Natur des Vertrags, ist also ein typisches Gebilde. Wer z. B. eine Sache verkauft, tut das immer zunächst um des Preises willen; cause abstraite ist also die Zahlung des Kaufpreises. Was der Verkäufer mit dem Kaufpreis anfangen will, ist dagegen reines Motiv, „ne fait pas partie de l'acte de volition du débiteur"[121]. Dieser cause-Begriff soll das Ergebnis der klassischen Theorie darstellen[122]; er entspricht übrigens auch teilweise der im folgenden noch dargestellten Auffassung der deutschen Lehre. So erinnert die Zurückführung der cause auf die unmittelbaren Zwecke stark an die Windscheidsche Kategorie der „ersten Absicht[123]" und die Typisierung der beachtlichen Zwecke[124].

a) Die cause als Äquivalent für ein Versprechen

Als Sinn dieser Institution der cause wurde oben das Anliegen bezeichnet, zu verhindern, daß sich jemand durch eine Willenserklärung in ungerechtfertigter Weise verpflichtet[125]. Diese Tendenz findet ihren Ausdruck in der Art, wie die cause abstraite in den verschiedenen Vertragstypen umschrieben wird. Allgemein geht es darum, sicherzustellen, daß derjenige, der eine Verpflichtung eingeht, ein *Äquivalent* für die versprochene Leistung anstrebt. Freilich sollen durch dieses Erfordernis nicht Schenkungen, Zuwendungen ohne Äquivalent, unterbunden werden. Man nimmt also nicht eine Unterscheidung von cause credendi, solvendi, donandi vor[126], sondern untersucht vor-

---

[116] Maury, S. 492; Ionasco, a. a. O., S. 41.
[117] Colin-Capitant II, Nr. 715; Planiol-Esmein, a. a. O.
[118] Maury, ebenda; Kommission III, S. 51 ff., 58 ff., 255 ff.
[119] Vgl. Reformkommission, Bd. III, S. 266; Capitant, Nr. 4.
[120] Planiol-Esmein, Nr. 251; Planiol-Ripert-Boulanger II, Nr. 292; Mazeaud II, Nr. 263; Maury, S. 496; Josserand, Nr. 112; Niboyet, Kommission III, S. 273; Colin-Capitant II, Nr. 721.
[121] Capitant, Nr. 4.
[122] Mazeaud, a. a. O., Pérot-Morel, S. 235.
[123] Unten S. 42.
[124] Unten S. 54.
[125] So deutlich Planiol-Esmein, Nr. 252.
[126] Vgl. zum deutschen Recht von Tuhr II, 2, S. 67.

wiegend die cause „dans les engagements à titre onéreux[127]“ und in den „contrats à titre gratuit[128]“. Seit Capitant, dessen verschiedene cause-Typen bereits oben S. 7 mitgeteilt wurden, ist allerdings das System erheblich verfeinert worden, indem die Literatur noch die „cause dans les engagements unilatéraux réels“[129], in den „contrats aléatoires“, den „contrats accessoires“ und in einigen Spezialformen (transaction = Vergleich; délégation = eine Art Anweisung[130]) untersucht. So kommt es zu der Rolle der cause, die Vertragstypen zu charakterisieren und zu unterscheiden[131], zu katalogisieren, wie sich Niboyet[132] ausdrückt.

Ein Blick auf Art. 1108 C. civ., der die cause zur Wirksamkeitsvoraussetzung der Verpflichtung erhebt, lehrt, daß diese katalogisierende Wirkung nicht die eigentliche der cause sein kann; denn das liefe auf einen Typenzwang im Schuldrecht hinaus, den die cause, Instrument des Konsensualismus[133], gerade nicht bewirken soll. Hauptbedeutung der cause bleibt es nach der klassischen Theorie, die Äquivalenz zwischen Leistung und Gegenleistung herzustellen. Natürlich ist keine objektive Äquivalenz erforderlich, sondern es genügt, wenn der Verpflichtete eine Gegenleistung erstrebt: „Dans les contrats à titre onéreux, la cause est l'équivalent voulu par l'obligé“ (Maury[134]); oder [135]: „dans un contrat à titre onéreux, le motif déterminant est l'équivalent.“

Es liegt auch auf der Hand, daß die cause abstraite keinesfalls mit objektiver Äquivalenz gleichgesetzt werden darf, da sich Art. 1108 C. civ. sonst in offenem Widerspruch zu Art. 1118 C. civ. befinden würde: Dort wird die „lésion“ (das Geschäft, insgesamt betrachtet, vermittelt einem Geschäftspartner Gegenleistungen von geringerem Wert als er selbst verspricht[136]) grundsätzlich nicht als Nichtigkeitsgrund des Geschäfts angesehen; eine Ausnahme bildet zwar der Grundstückskaufvertrag, doch macht insoweit Art. 1674 C. civ die Vertragsauflösung von einer lésion in Höhe von 7/10 des Grundstückswerts abhängig.

---

[127] Planiol-Esmein, Nr. 253; ähnlich Colin-Capitant II, Nr. 715.

[128] Mazeaud II, Nr. 263; die Unterscheidung findet sich schon bei Pothier, Obl. II, Nr. 42; dagegen im Rahmen der cause David, a. a. O., S. 135.

[129] Mazeaud, a. a. O., Colin-Capitant II, Nr. 717, 718.

[130] Planiol-Esmein, Nr. 254, 255, 257, 259.

[131] Maury, Rev. Int. S. 490, 496; Répertoire, Anm. 27.

[132] Kommission III, S. 271; ähnlich Pérot-Morel, S. 236.

[133] Oben S. 23; vgl. ferner Maury, S. 489; Josserand, a. a. O., Nr. 118.

[134] A. a. O., S. 494; ähnlich Mazeaud II, Nr. 265.

[135] Julliot de la Morandière, Kommission III, S. 269.

[136] Demogue-Loup, Art. 1118, Anm. 2.

Im übrigen kommt es beim Kauf und den sonstigen schuldrechtlichen Geschäften[137] nur auf das subjektive Bestreben der Parteien, die Äquivalenz herzustellen, nicht auf eine objektive Gleichwertigkeit der ausgetauschten Gegenstände an. „De façon générale, l'équivalence subjective suffit[138].“ Es kommt also für das Vorliegen einer cause im Zeitpunkt des Vertragsabschlusses auch nicht darauf an, ob der Versprechende später überhaupt eine Gegenleistung erhält[139], wenn er nur den Empfang einer solchen ins Auge faßt.

b) Die „cause abstraite“ im übrigen

Freilich ist die Gegenleistung nur eine der möglichen causae eines Versprechens. In den „contrats à titre gratuit“ will die Lehre die cause in der „intention libérale“, d. h. in der „absence voulue d'equivalent économique[140]“, dem animus donandi[141] erblicken. Daß hierbei besondere Schwierigkeiten der Unterscheidung von cause und motif auftreten, versteht sich. Abgesehen davon, dürfte aber auch hier das unmittelbare Ziel, das bekanntlich den Inhalt der cause bildet, richtig getroffen sein.

II.
Die moderne cause-Theorie

Ohne daß die anderen cause-Typen im einzelnen behandelt werden müßten, läßt sich schon an Hand der bisher gezeigten cause-Fälle nicht verschweigen, daß die Bestimmung des Begriffs der absence de cause, die nach Art. 1131 C. civ. die Unwirksamkeit der Verpflichtung nach sich zieht, auf der bisherigen Grundlage schwerfällt. Es geht angesichts der Bestimmung des animus donandi als cause der unentgeltlichen Geschäfte nicht an, einfach eine Verpflichtung ohne Erwägung einer Gegenleistung als „sans cause“ anzusehen, da ja die Schenkung dann immer „sans cause“ wäre. Auch Versprechen, die — ohne vom animus donandi getragen zu sein — doch nicht in Erwägung einer Gegenleistung, wenn auch aus durchaus wirtschaftlichen Gründen gegeben werden, sollen von Art. 1131 C. civ. nicht ohne weiteres betroffen werden. Wenn z. B.[142] jemand in einem Ver-

---

[137] Von Art. 1854 (Bestimmung der Gewinn- und Verlustbeteiligung durch einen Dritten) kann hier abgesehen werden.

[138] MAURY, a. a. O., S. 496.

[139] MAZEAUD II, Nr. 265.

[140] Vgl. auch MAURY, S. 497; Répertoire, Anm. 66.

[141] CAPITANT, Nr. 34 f.; COLIN-CAPITANT II, Nr. 719; DEMOGUE-DE LA MASSUE, Art. 1131, Anm. 4.

[142] Beispiel von JOSSERAND, a. a. O., Nr. 117.

trag seinem Schuldner, um ihn vor dem Konkurs zu retten, einen teilweisen Schulderlaß verspricht oder ihm ein Zahlungsziel gewährt, so bringt er zwar ein Vermögensopfer, ohne eine Gegenleistung zu erwarten, tut das aber keineswegs in Schenkungsabsicht, sondern „im wohlverstandenen Eigeninteresse“. Die cause allein aus dem Gegensatz zwischen Entgeltlichkeit und Unentgeltlichkeit zu begründen[143], und zwar so, daß die „absence de cause“ in Art. 1131 C. civ. einen Sinn hat, läßt sich also nicht verwirklichen. Man muß den cause-Begriff also auf eine breitere Basis stellen, was denn z. T. auch geschehen ist.

a) Erweiterung des cause-Begriffs

Besispiele für eine absence de cause sind beim entgeltlichen Geschäft die Nichtexistenz der gekauften Sache[144]; die entgeltliche Übernahme einer längst bekannten Erfindung durch eine Gesellschaft[145]; der Verkauf eines Hauses auf Rentenbasis, wenn die vereinbarte Rente unter dem normalen Ertrag des Hauses liegt[146]. Beim letzten Fall liegt auf der Hand, daß der Verkäufer durchaus eine Äquivalent anstrebte, es nur nicht bekommen konnte, weil er den Wert des Hauses völlig falsch einschätzte.

Zu einer ersten Verallgemeinerung des Begriffs der absence de cause ist die Reformkommission vorgestoßen, indem sie für das neue Gesetzbuch einen Artikel folgenden Wortlauts vorschlug[147]:

„L’acte juridique est réputé sans cause lorsque ses effets sont subordonnés à une situation juridique qui n’existe pas.“

Leider fehlt eine Erläuterung, wie man sich die „Unterordnung“ unter eine „juristische Situation“ vorzustellen hat; die Tendenz der *Erweiterung des cause-Begriffs* auf außerhalb der cause abstraite gelegene *Motive* kommt in dieser Formel jedenfalls zum Ausdruck; eine Tendenz, der im übrigen manche Mitglieder der Kommission sich widersetzten[148]. Weiterhin wird hier klar, daß es sich um ein Auseinanderfallen der gedachten und der tatsächlichen Lage, also einen Irrtumsfall[149], handelt, und zwar, nach der gängigen deutschen Ter-

---

[143] Die Konsequenz aus dieser Theorie zieht für den Fall, daß man an der cause abstraite festhält, de Lapanouse, Kommission III, S. 289: „En réalité, la donation est un acte sans cause, au sens abstrait du mot.“

[144] Capitant, Nr. 91; Planiol-Esmein, Nr. 262.

[145] Cass. Req. S. 1933.1.242.

[146] Capitant, a. a. O.; Req. DP 1908.1.480; DP 11.1.353 (Anm. Planiol).

[147] Bd. III, S. 56.

[148] Vgl. Mazeaud, Kommission III, S. 268 ff.

[149] Maury, Répertoire, Anm. 11; Planiol-Ripert-Boulanger II, Nr. 294.

minologie, um einen *Motivirrtum,* der grundsätzlich auch im französischen Recht unbeachtlich ist[150].

Diese Erkenntnis öffnet m. E. schon den Blick für das ganze Dilemma der französischen cause-Lehre: Die Theorie von der cause abstraite ist nicht in der Lage, die Vielfalt der Lebensvorgänge so zu ordnen, daß die Anerkennung der absence de cause als Ursache der Hinfälligkeit der Vertragsverpflichtung nicht auf die Berücksichtigung eines Motivirrtums hinausläuft! Zwar ergeben sich im Bereich der entgeltlichen Geschäfte mit dem Begriff der équivalence brauchbare Lösungen, doch steht dahin, ob hier nicht die Theorie des Synallagma dieselben Dienste tun könnte[151]. Andererseits ist der Gedanke der cause abstraite — worin viele[152] übereinstimmen — fruchtbar, wenn es darum geht, die exceptio non adimpleti contractus und andere wichtige Rechtsfolgen der Leistungsstörungen zu erläutern und ihre Tragweite womöglich festzulegen. Es geht also offensichtlich ein Bruch durch die Lehre von der cause.

b) Die „cause illicite“

Diesen Riß hat die weitaus überwiegende Rechtsprechung erweitert, indem sie, wie schon häufiger erwähnt, im Kampf gegen rechts- und sittenwidrige Verträge unter dem Gesichtspunkt der cause illicite auf eine Untersuchung der Motive zurückgreift[153]. Das gilt für unentgeltliche, aber auch für entgeltliche Geschäfte[154]. Man wird nicht die Richtigkeit der Behauptung Mazeauds[155] bestreiten können, daß die cause abstraite auf keinen Fall sittenwidrig sein kann; also muß die Sittenwidrigkeit, wenn sie überhaupt im Subjektiven liegt, auf den Motiven beruhen. Es geht weitgehend gerade darum, versteckte Zwecke der Parteien zu vereiteln; dieses Ziel läßt sich auf keinen Fall erreichen, wenn die Überprüfung der subjektiven Seite sich auf die cause abstraite — d. h. den Willen, einen Gegenwert zu erlangen bzw. ein Geschenk zu machen — beschränken müßte.

---

[150] Cass. Civ. S. 1939.1.260; Capitant, Nr. 112 (S. 245); Mazeaud II, Nr. 166, Demogue I, Nr. 236 m. w. N.; Ripert-Boulanger II, Nr. 286; Demogue-Loup, Art. 1110, Anm. 65 bis m. w. N.

[151] Dieser Ansicht war (Josserand, Nr. 114) u. a. Planiol.

[152] Capitant, Nr. 6; Josserand, Nr. 116; Ionasco, a. a. O., S. 48; Colin-Capitant II, Nr. 731; Mazeaud II, Nr. 266.

[153] Angaben vgl. S. 7 und Anm. 19 ebenda.

[154] Civ. DP 1907.1.137 (Anm. A. Colin); Req. DH 1939.132 einerseits, Req. DP 1891.1.484; Paris S. 1926.2.77 andererseits. Abweichend aber Poitiers DP 1922.2.33; Paris DP 1923.2.118; DP 1928.2.187, die an der cause abstraite festhalten.

[155] Kommission III, S. 269; vgl. auch A. Colin, Anm. zu DP 1907.1.137; Pérot-Morel, S. 236.

A. Colin drückt dies in einer Entscheidungsanmerkung (DP 1907. 1.138) so aus: „En effet, le but, l'intention plus ou moins apparente, plus ou moins cachée des parties, tel est l'élément essentiel qu'il s'agit toujours d'envisager quand il y a lieu de soumettre un acte juridique au contrôle de la justice".

In der Entscheidung DH 1939. 132 annullierte die Cour de Cassation wegen cause illicite die Vermögensübertragung eines Mannes an seine Frau, die einverständlich zu dem Zweck erfolgte, die Vererbung des Vermögens an den gemeinsamen Sohn zu verhindern, weil dieser das Geld fast vollständig hätte aufwenden müssen, um einen bestimmten Gläubiger zu befriedigen. Daß das Ziel, den künftigen Verlust des Vermögens durch eine Zahlung des Sohnes zu verhindern, für das Schenkungsgeschäft der Eltern untereinander nur ein Motiv darstellt, liegt auf der Hand. Nicht anders lag es bei vielen wegen cause illicite für ungültig erklärten entgeltlichen Geschäften, beispielsweise in dem häufig erwähnten Fall des Darlehens an eine verheiratete Frau, damit sie mit ihrem Geliebten fliehen und sich im Ausland niederlassen könne[156]: Der Verwendungszweck der Darlehnsnehmerin war Motiv ihrer Verpflichtung; die Tatsache, daß der Gläubiger um dieses Motiv wußte (daß er sich etwa besonders hohe Zinsen oder sonstige Vorteile hätte versprechen lassen, geht aus der Entscheidung nicht hervor), genügte dem Gericht zur Annulierung der Rückzahlungspflicht.

c) Das „mobile déterminant" als cause

Seit langem hat die Literatur das Auseinanderklaffen der klassischen Theorie der cause und des Gebrauchs, den die Rechtsprechung von Art. 1108, 1131 C. civ. macht, erkannt und sich darauf einzustellen versucht[157]. Hierbei hat sie zwei Forderungen zu erfüllen: Der cause-Begriff muß erstens faßbar genug sein, um die Feststellung einer absence de cause zu ermöglichen, ohne daß dem Willen der Parteien, die gesetzlichen Vertragstypen der wirtschaftlichen Situation anzupassen, Zwang angetran wird. Zweitens aber darf er den Durchgriff auf individuelle und teilweise versteckte sittenwidrige Motive der Parteien nicht versperren, damit die moralische Kontrolle, zu der sich die Juristen verpflichtet fühlen[158], wirksam durchgeführt werden kann.

Da sowohl im Fall der absence de cause als auch bei der cause illicite Motive für das Geschäft Bedeutung erlangen, ohne daß

---

[156] Req. DP 1923.1.172; vgl. dazu Josserand, Nr. 154; Planiol-Esmein, Nr. 276, Anm. 1.

[157] Capitant, Nr. 34, 109 ff.; Josserand, Nr. 120, 121; Ionasco, a. a. O., S. 52 ff.; Mazeaud II, Nr. 267.

[158] Capitant, Nr. 107; Josserand, Nr. 153.

gewisse, in der cause abstaite zusammengefaßte typische Zwecke den erweiterten cause-Begriff schon ausfüllen könnten, hätte es nahegelegen, unter der cause *vereinbarte Zwecke* zu verstehen.

1. Anwendung auf die „cause illicite“

Diesen klaren Weg ist die Lehre aber nicht gegangen. So soll es beispielsweise im Bereich der cause illicite darauf ankommen, ob das Motiv in den Vertrag eingedrungen sei, „intervenu dans le champ contractuel, autrement dit a été envisagé par les deux parties comme étant un des éléments essentiels de l'acte[159]“. Mazeaud[160] spricht von „mobiles illicites déterminants, ceux sans lesquels le contrat n'aurait pas été conclu“. Capitant[161] führt aus, die Parteien könnten „introduire dans le cercle de leur accord telle ou telle considération, qui en devient alors un élément constitutif“, sie könnten also zum „but juridique poursuivi par chaque contractant“, d. h. zur typischen causa, die gemeinsame Verfolgung eines wirtschaftlichen Zwecks hinzufügen.

Diese Stellen geben noch keine klare Auskunft darüber, ob das Motiv, um „mobile déterminant“ zu werden, Gegenstand einer echten Vereinbarung im Sinne des deutschen Vertragsrechts sein muß, oder was sonst unter dem „Eingehen in den Vertrag“ zu verstehen ist. Hingegen stellt Maury[162] klar, daß eine Vereinbarung nicht erforderlich sei. Diese Entscheidung ist auch nicht verwunderlich, da Art. 1108 C. civ. eine die Verbindlichkeit allein hervorrufende Vereinbarung (consentement) gar nicht kennt, die Einigung vielmehr ihre verpflichtende Kraft erst von der cause her erhält. Wollte man nun eine Vereinbarung über die cause verlangen, so würde man die Verbindlichkeit der Einigung (consentement) von einer weiteren Vereinbarung abhängig machen, eine sehr künstliche Konstruktion.

Wenn aber auch keine Vereinbarung über die Bedeutsamkeit eines Motivs gefordert wird, so verlangen Rechtsprechung und -lehre doch, daß bei entgeltlichen Geschäften das Motiv für beide Teile bestimmend gewesen ist: In dem schon erwähnten Darlehnsfall ging das Gericht davon aus, daß der Darlehnsgläubiger „pleine connaissance“ der Gründe gehabt habe, die die Schuldnerin zur Aufnahme des Kredits bewogen. Einen Bordellkauf annullierte die Cour de Cassation, weil „chacune des parties a pris une part égale à cette

---

[159] JULLIOT DE LA MORANDIÈRE, Kommission III, S. 269.

[160] MAZEAUD, Kommission III, S. 268; ähnlich MAURY, Répertoire, Anm. 149.

[161] Nr. 112; ähnlich COLIN-CAPITANT II, Nr. 741.

[162] Répertoire, Anm. 156.

convention[163]". Im gleichen Sinne äußert sich die Literatur: Es komme bei entgeltlichen Geschäften nur der gemeinsame Zweck in Betracht[164]; es müßten entweder beide Parteien ein gemeinsames Ziel verfolgen, oder es müsse wenigstens das von der einen Partei verfolgte Ziel der anderen bekannt gewesen sein[165].

Dagegen genügt es bei den unentgeltlichen Geschäften nach wohl h. M. in der Literatur, wenn nur der Zuwendende einen unsittlichen Zweck verfolgt; gemeinsame Verfolgung dieses Zwecks oder auch nur Kenntnis des Zuwendungsempfängers vom Ziel des Zuwendenden ist nicht erforderlich[166]. Die Rechtsprechung scheint indes anderer Meinung zu sein[167].

Im Rahmen der Annullierung unsittlicher Verträge kommt man also mit der Gleichstellung von cause und „mobile déterminant" durchaus zu brauchbaren Ergebnissen.

2. Anwendung auf die „absence de cause"

Darüber, ob auch bei der Frage nach der absence bzw. der fausseté de cause die Gleichsetzung von mobile déterminant und cause die klassische Auffassung von der cause verdrängt hat, ist ein eindeutiges Urteil weniger leicht zu gewinnen. Erinnert man sich jedoch daran, daß die Wirkung und Bedeutung der cause abstraite bei den verschiedenen Vertragsarten getrennt untersucht werden, so wird klar, daß eine Erweiterung des cause-Begriffs auf die Motive bei den gegenseitigen, bei den aleatorischen Verträgen und bei den Realkontrakten für die Feststellung der absence de cause nicht so notwendig ist, weil das Vorliegen einer cause — die bekanntlich[168] in der Gegenleistung, im Risiko, in der Übergabe der Sache bestehen soll — hier an Hand von tatsächlichen, faßbaren Momenten überprüft werden kann. Dagegen ist bei unentgeltlichen Zuwendungen eine trotz des Vorliegens einer Einigung eingreifende absence oder gar fausseté des animus donandi kaum vorstellbar; hier mußte also notwendig auf die psychologisch vor der cause liegenden Motive zurückgegriffen werden[169], wenn nicht die vom C. civ. vorgesehene Möglichkeit einer absence de cause gänzlich ausgeschlossen sein sollte.

---

[163] Req. DP 1895.1.263; vgl. ferner Grenoble, S. 1946.2.22.

[164] CAPITANT, Nr. 109; JOSSERAND, Nr. 160, IONASCO, a. a. O., S. 57; COLIN-CAPITANT II, Nr. 741; MAZEAUD II, Nr. 269.

[165] MAURY, Répertoire, Anm. 152.

[166] JOSSERAND, Nr. 160; MAURY, Répertoire, Anm. 162; MAZEAUD, a. a. O.; a. A. wohl CAPITANT, Nr. 220.

[167] Req. S. 1936.1.348.

[168] Vgl. schon oben S. 7.

[169] RIPERT-BOULANGER II, Nr. 289.

So hat eindeutig Ionasco[170] im Anschluß an die bereits oben zitierte Äußerung Capitants[171] die cause allgemein, also auch für die Frage der absence de cause, auf die Motive erweitert. Die Begründung hierfür leitet er aus der Irrtumsregelung des Art. 1110 C. civ. ab: Zwar habe die Beschränkung der Nichtigkeitswirkung der Art. 1108, 1131 C. civ. auf die cause abstraite ihre Ursache im notwendigen Verkehrsschutz[172]; doch berücksichtige Art. 1110 C. civ. eine Reihe von Motiven des Erklärenden, soweit sie die „substance même de la chose" oder die Person des Vertragspartners betreffen. Insoweit, als die Überlegungen des Erklärenden sich auf Eigenschaften der Person des Vertragspartners oder seiner Leistung beziehen, existiere das Verkehrsschutzinteresse nicht, da es sich für den Vertragspartner um „circonstances strictement personelles" handle, „qu'elle connait forcément[173]".

Im Ergebnis hat Ionasco also die cause de l'obligation über den typischen Zweck — also z. B. den Zweck, die Gegenleistung zu erlangen — auf die Erwägung der „Eigenschaften der Person oder Sache[174]" ausgedehnt. Ähnlich Capitant, der diesen Schritt aber — wohl aus den oben angegebenen Gründen — ausdrücklich nur für die unentgeltlichen Zuwendungen getan hat[175]: „Ainsi, on peut affirmer ... que la cause de l'obligation du donateur est l'animus donandi, non pas un animus donandi abstrait, mais s'appliquant à la personne que le donateur a l'intention de gratifier." Zu betonen ist noch, daß diese Ansicht eine Stütze im Wortlaut des Art. 1110 C. civ. findet, wo es heißt, daß der Irrtum über die Person des Vertragspartners kein Nichtigkeitsgrund ist, „à moins que la considération de cette personne ne soit la cause principale de la convention[176]"!

Von diesem Standpunkt aus schwinden die Gegensätze zwischen der cause de l'obligation — mit deren Hilfe die Rechtfertigung der Verpflichtung zu untersuchen war — und der cause du contrat — die der Kontrolle der Sittengemäßheit der Verpflichtung dient — dahin. Cpitant (Nr. 5) betont denn auch, daß es eine selbständige Untersuchung der cause du contrat im Code civil nicht gebe: „La cause du contrat, cela ne signifie rien." Ähnlich umfassende Formulierungen gebraucht David[177], der allgemein cause und Motiv gleichsetzen will,

---

[170] A. a. O., S. 52 ff.

[171] Siehe S. 30 und Anm. 161.

[172] IONASCO, S. 55: „La psychologie trop concrète et personelle d'une partie — et dont l'ordre juridique assurerait la satisfaction — peut amener la surprise de l'autre partie."

[173] IONASCO, a. a. O., S. 56.

[174] Vgl. § 119 II BGB.

[175] Nr. 34.

[176] Vgl. IONASCO, a. a. O., S. 45.

[177] A. a. O., S. 134.

und zwar ohne Rücksicht auf die Unterscheidung zwischen entgeltlichen und unentgeltlichen Geschäften.

Diese Erweiterung des cause-Begriffs erschwert die Abgrenzung zum reinen Motiv, das auf die Vermögenszuwendung gar keinen Einfluß haben soll. Nicht ganz überzeugend wirkt darum auch in dieser Hinsicht der Versuch Capitants, die cause — mobile déterminant — vom motif — but médiat de l'obligation[178] — zu unterscheiden. „Le motif est un facteur psychologique qui n'est pas compris dans l'acte der volonté créateur de l'obligation, et par conséquent n'est pas un élément constitutif de l'accord des volontés, tandis que la cause est partie intégrante de cet acte de volonté et par suite du contrat[179]." Die Feststellung, daß das Motiv sich außerhalb, die cause innerhalb des Vertrages befinde, reicht ihm freilich auch nicht aus. Deshalb legt sich Capitant später[180] dahin fest, daß die cause in der Zukunft liege, das Motiv dagegen schon vor der Einigung der Parteien vorhanden sei[181]: „Le motif est antérieur à l'accord des volontés; il reste . . . dans le for intérieur de l'individu. Tout au contraire, la fin visée est dans l'avenir; le contrat est fait pour y conduire." Der Unterscheidung von Gründen einer Handlung, die in der Vergangenheit liegen, und solchen Gründen, die in einer erwünschten Gestaltung der Zukunft bestehen, war schon oben[182] die Bedeutsamkeit abgesprochen worden; die Abgrenzungsmethode Capitants begegnet denn auch in der französischen Literatur Bedenken: Während Ionasco[183] die Richtigkeit der grundsätzlichen Unterscheidung dahingestellt sein läßt und sich für die Trennung von cause und motif auf die von Art. 1110 C. civ. gegebenen Kriterien zurückzieht, lehnen Planiol-Ripert-Boulanger[184] die Überlegung Capitants offen ab, weil es sich beim mobile déterminant ebenso um ein gewöhnliches Motiv handle, um eine „représentation actuelle des conséquences futures du contrat."

III.
Die Einordnung der cause in das System des Vertragsrechts

Die im vorigen beschriebene Erweiterung des cause-Begriffs auf das bestimmende Motiv erschwert die Einordnung der cause in die

[178] IONASCO, a. a. O., S. 57.

[179] CAPITANT, Nr. 4.

[180] Nr. 112 (S. 245).

[181] Also etwa im Sinne der Unterscheidung (vgl. JOSSERAND, Nr. 16, S. 25) zwischen „motifs . . . antécédents de l'acte (causa impulsiva)" und den „mobiles téléologiques", die „plongent dans l'avenir".

[182] S. 19 m. w. N.

[183] A. a. O., S. 56.

[184] II, Nr. 290; seine Zweifel in dieser Richtung unterdrückt CAPITANT in Anm. 1 zu Nr. 5.

Systematik des Vertrags, also das Verständnis der Art. 1108, 1131 C. civ., außerordentlich.

a) Das „mobile déterminant“ im Verhältnis zum Irrtumsrecht

Wenn man davon ausgeht, daß Art. 1108 C.civ. eine gültige cause neben dem consentement als Wirksamkeitsvoraussetzung der Verpflichtung aufführt, den Motiven aber grundsätzlich keinen Einfluß auf die Gültigkeit der Verpflichtung einräumt, so müssen sich die Willenselemente nach der Reihenfolge ihres Einflusses auf die Vermögenszuwendung etwa folgendermaßen ordnen lassen[185]: Die von Vertrag zu Vertrag stets wechselnden Motive — das bestimmende Motiv (mobile déterminant) — das typische, abstrakte Motiv (cause abstraite) — schließlich die Einigung (consentement). Letztere ist dann lediglich die rein äußerliche Entscheidung über das Wollen der Verbindlichkeit[186]. Die absence de cause ist dann ein Irrtumsfall, bei dem das mobile déterminant, nicht nur das abstrakte Motiv, falsch ist. Von diesem Standpunkt aus erscheint der Versuch, die Irrtumsregelung des Code covil aus der cause-Lehre herzuleiten[187], durchaus aussichtsreich, wenn auch die gesetzliche Bezeichnung des Irrtums als „vice du consentement“ (Art. 1110) irreführend wirken könnte. Andererseits besteht die Gefahr, daß die cause-Lehre in dieser Fassung das Irrtumsrecht sprengt:

Wenn allgemein die Falschheit des mobile déterminant — die Unerreichbarkeit des bestimmenden Zwecks — die Nichtigkeit des Geschäfts hervorruft[188], so ist Art. 1110 C. civ., der nur einige Motive, mögen es auch mobiles déterminants i. S. der cause-Lehre sein, für beachtlich erklärt, durchbrochen; denn was alles als mobile déterminant angesehen werden könnte, ist unübersehbar. Das von Capitant Nr. 102 gebildete Beispiel, daß ich mir ein Reitpferd kaufe im Glauben, mein jetziges sei eingegangen, ist womöglich doch ein Fall der Falschheit des bestimmenden Motivs. Um diese Schwierigkeiten bei der Abgrenzung zu vermeiden, bleibt nichts übrig, als eine gegenständliche Beschränkung der beachtlichen Motive auf die in Art. 1110 C. civ. genannten vorzunehmen (so wohl Ionasco), oder aber Verfolgung des Zwecks durch beide Parteien zu verlangen. Vielleicht hat man in diesem Sinne die etwas unklaren Formulierungen über die Aufnahme des Zwecks „dans le champ contractuel“ aufzufassen.

---

185 Vgl. JOSSERAND, a. a. O., Nr. 16.

186 IONASCO, S. 36, 40: „Décision matérialisée“; CAPITANT Nr. 5: „Le consentement c'est... l'accord des volontés considéré d'une façon abstraite.“

187 CAPITANT, Nr. 102; IONASCO, a. a. O., S. 44; ferner unten S. 155 ff.

188 CAPITANT, Nr. 6: „Une obligation n'est valable qu'autant que le but visé est, d'une part, susceptible d'être atteint et, d'autre part, licite...“

Dagegen rechtfertigt sich dann die sonst gerügte[189] Gleichbehandlung von cause illicite und absence de cause im Gesetz daraus, daß auch im Rahmen der cause illicite unter der cause das mobile déterminant zu verstehen ist. Die unterschiedliche Behandlung von cause de l'obligation und cause du contrat, die sich aus der verschiedenen Auffassung des cause-Begriffs bei der Frage nach der absence de cause und der licéité ergibt, ist dann aber nicht recht verständlich. Dennoch behält sie ein Teil der Lehre bei[190].

b) Klassische cause-Theorie und Irrtumsrecht

Hält man hingegen an der klassischen Theorie von der cause fest, so läßt sich die Irrtumsregelung des Art. 1110 C. civ. nicht als Ausfluß der cause auffassen, weil die substance de la chose und die Eigenschaften des Vertragspartners keine bei jedem Vertrag wiederkehrenden Momente sind, ihre Erwägung folglich keine zur cause abstraite gehörige Überlegung ist. Bei der absence de cause handelt es sich dann ferner um einen besonderen Irrtumsfall, der allerdings, ebenso wie der in Art. 1110 C. civ. geregelte Eigenschaftsirrtum, Nichtigkeit zur Folge hat.

Nach diesem System ist ferner die Gleichbehandlung von absence und illicéité de cause durch das Gesetz nicht zu halten, da die cause abstraite ja nicht sittenwidrig sein kann[191]; auch verletzt die Rechtsprechung, die in dieser Frage die Motive überprüft, das Gesetz.

c) Ergebnis

Nach keiner der Theorien läßt sich also die Systemantik des Code civil uneingeschränkt übernehmen. Entweder man ist gezwungen, die absence de cause als einen Fall des Motivirrtums anzusehen und die anders gedachte Regelung des Art. 1110 C. civ. dem anzupassen, wenn man der Ausweitung des Irrtumsrechts entgehen will (so die Lösung von Capitant, Ionasco und der wohl h. M.); man sollte dann ferner nicht mehr zwischen cause du contrat und cause de l'obligation unterscheiden. Oder aber es klafft zwischen cause absente und cause illicite eine unübersehbare Lücke[192], ohne daß zum Ausgleich dafür eine völlig befriedigende Lösung des Irrtumsproblems gewonnen wäre.

Leider macht sich die h. M. in der Literatur weder die eine noch die andere Lösung ganz zu eigen, sondern unterscheidet einerseits die

---

[189] Planiol-Esmein, Nr. 262; Niboyet, Kommission III, S. 274.

[190] Mazeaud II, Nr. 255; Kommission III, S. 274; Carbonnier, S. 369, 374.

[191] Siehe S. 28 und Anm. 155.

[192] Dies legt Planiol-Esmein, Nr. 262, ziemlich deutlich dar.

Frage nach der absence de cause — wo sie die klassische Theorie weitgehend beibehält[193] — und der cause illicite — wo sich die Ausweitung des cause-Begriffs durchgesetzt hat[194].

Vielleicht rührt aus der Erkenntnis dieser Unsicherheit und fehlenden Folgerichtigkeit die tiefgreifende Skepsis gegenüber der ganzen cause-Lehre[195]; sicherlich hat sie zum Entstehen der Meinung der sog. Antikausalisten beigetragen.

Das Ergebnis der Erörterung ist unbefriedigend: Nach dem Code civil ist das Vorliegen einer cause, und zwar einer cause licite, als Wirksamkeitsvoraussetzung der Obligation anzusehen, Art. 1108. Keine Schwierigkeiten bereitet dem Verständnis eigentlich die Anforderung, daß die Verpflichtung dem zwingenden Recht und den guten Sitten entsprechen müsse: §§ 134 f., 138 BGB enthalten die gleiche Lösung. Nur müßte noch besonders geprüft werden, wie weit die (ein- oder zweiseitigen) Motive der Handelnden die Wirksamkeit des Geschäfts beeinflussen können. Wenn der Code die Verpflichtung aber auch wegen absence de cause oder fausse cause annulliert, so läßt sich nach der h. L. nicht bezweifeln, daß hierdurch tatsächlich die Richtigkeit der Motivation und die Erreichbarkeit des mit der Verpflichtung vom Schuldner verfolgten Zwecks in den Tatbestand der Verpflichtung aufgenommen sind. Dabei läßt sich nach dem heutigen Stand der Lehre nicht recht ermitteln, ob die Erheblichkeit des Motivs, dessen fehlerhafte Erwägung das Geschäft vernichtet, sich nach dem Gegenstand der Überlegung richtet (Eigenschaftsirrtum) oder aber nach einer irgendwie gearteten (?) Übereinstimmung der Parteien über das Motiv. Das volle Verständnis der cause-Lehre verlangt also eine Einbeziehung des Irrtumsrechts, die unten (§ 14) auch erfolgen soll.

IV.
Die Kritik der Antikausalisten

Wie im vorigen dargestellt, macht die Einordnung der cause in das System des Obligationenrechts solche Schwierigkeiten, daß es nicht Wunder nimmt, daß manche Autoren — entgegen dem Wortlaut des Gesetzes — auf die cause ganz verzichten wollen, und zwar offensichtlich[196] nicht nur de lege ferenda, sondern wohl schon de lege lata. Weder über die Berechtigung des Gesetzesvorschlages noch über die

---

[193] Planiol-Esmein ebenda; Mazeaud II, Nr. 272; Colin-Capitant, Nr. 724, 725.

[194] Mazeaud II, Nr. 267; Planiol-Esmein, Nr. 262.

[195] Vgl. z. B. Maury, Répertoire, Anm. 3, 4.

[196] Die Arbeiten der sog. „Antikausalisten“ lagen mir größtenteils nicht vor; ihre Grundgedanken sind jedoch bei Capitant (Nr. 12, 16) und in den meisten Lehrbüchern wiedergegeben worden.

Richtigkeit dieser Lehre überhaupt kann vom Standpunkt des deutschen Juristen aus ein Urteil abgegeben werden; deshalb kann sich die vorliegende Arbeit auf die kurze Wiedergabe der Kritiken und ihrer Widerlegung beschränken.

Die Kritik knüpft an zwei im vorigen bereits erwähnte Punkte an: Zunächst erscheint es fraglich, welche Rolle die cause neben den übrigen in Art. 1108 C. civ. vorgesehenen Elementen der Verpflichtung (consentement und objet certain) noch spielen kann; zweitens stößt man sich daran, daß sich eine absence de cause i. S. des Art. 1131 C.civ. eigentlich nur im Falle der synallagmatischen Verträge vorstellen läßt.

a) Argumente gegen die cause-Lehre

Der erste Einwand geht — wenn man den Darstellungen von Ripert-Boulanger und Capitant[197] folgt — auf Gedanken zur belgischen Rechtsreform zurück, wurde dann aber von mehreren Kommentatoren des Code civil übernommen[198]. In jedem Fall, in dem der Code mit dem Begriff der cause arbeite, genüge schon die Anwendung der anderen Elemente des Art. 1108 C. civ., so vor allem das Erfordernis des „objet[199]". Dies ist namentlich die Ansicht von Demogue, der seine Theorie von der „utilité subjective de l'engagement" dem Erfordernis des „objet certain" im Gesetz entnehmen will[200]. Die cause lasse sich namentlich dann durch das objet ersetzen, wenn es um die Sittenwidrigkeit von Verträgen geht, so z. B. beim Bordellkauf: Muß hier zur Qualifikation des Geschäfts als sittenwidrig der Zweck, das Motiv der Parteien überhaupt herangezogen werden oder genügt nicht vielmehr die Feststellung, daß das Objekt sittenwidrig ist[201]? Lassen sich die sonst der cause unterstellten Fälle des Untergangs der gekauften Sache[202] nicht ebensogut mit dem Gedanken lösen, daß das Objekt der Verpflichtung nicht fehlen dürfe[203]?

Aber nicht nur die Anwendung des Erfordernisses eines „objet certain" könne die cause ersetzen: In einigen Fällen, so z. B. bei den Realverträgen, sei der als cause bezeichnete Umstand, die Übergabe der Sache, nichts anderes als „le fait générateur de l'obligation[204]",

---

[197] Planiol-Ripert-Boulanger II, Nr. 287; Capitant, Nr. 12.

[198] Genannt werden der Kommentar von Huc, ferner die Thèses von Artur, Paris, 1878; Timbal, Toulouse, 1882; Brissaud, Bordeaux, 1879.

[199] Planiol-Ripert-Boulanger II, Nr. 287; Capitant, Nr. 16 (S. 48).

[200] Obligations, I, 2, Nr. 746 bis; ähnlich Planiol, zitiert bei Josserand, Nr. 114.

[201] Capitant, a. a. O.; Planiol-Ripert-Boulanger, a. a. O.

[202] Capitant, Nr. 91.

[203] Planiol-Esmein, Nr. 260.

[204] Planiol-Ripert-Boulanger II, Nr. 287.

man verwechsle also cause und Vertragsschluß. Daß cause und consentement ununterscheidbar ineinander übergehen, ist ein weiterer Einwand, dessen Beachtlichkeit sich aus den vorhergegangenen Darstellungen ergibt. So bedeutet die Bezeichnung des animus donandi als cause der unentgeltlichen Zuwendungen eine Gleichstellung von cause und consentement[205]. Schwerwiegend ist auch ein Einwand von Dabin[206], zwischen Motiv und Einigung könne ein Zwischenglied, eben die cause, nicht gedacht werden. Die Kritik gipfelt in dieser Hinsicht in der Ersetzung des cause-Gedankens durch den des Sygnallagma[207].

Nur von hier aus gesehen hat nach Ansicht der Antikausalisten auch die Vorschrift des Art. 1131 C. civ., die die absence de cause regelt, einen vernünftigen Sinn, da im synallagmatischen Vertrag bei Nichtexistenz oder Untergang des „objet" der einen Verpflichtung die Gegenverpflichtung allein auf Grund eines „rapport de dépendance mutuelle tout à fait distinct d'un rapport de causalité" unwirksam werde[208]. Bei unentgeltlichen Geschäften würde die absence de cause der Abwesenheit einer Einigung völlig gleichkommen[209]. Ein Einwand, der nach dem im vorigen Dargelegten gerade an Hand der Annullierung einer Verbindlichkeit wegen absence de cause leicht gemacht werden könnte, findet sich hingegen höchstens in Andeutungen[210]: Die Erkenntnis nämlich, daß durch die große Bedeutung der absence de cause das Irrtumsrecht ausgedehnt, wenn nicht gar gesprengt werden könnte. Vielmehr wird gerade — wie wir bereits gesehen haben — die Regelung des Irrtumsrechts als Gegenargument der Kausalisten verwendet.

b) Argumente für eine cause-Lehre

Ohne daß auf das Für und Wider der cause nun noch einmal im einzelnen eingegangen werden müßte, genügt die Feststellung, daß sich die Kritik der Antikausalisten nicht durchgesetzt hat. Die Rechtsprechung hat — wie gezeigt — von der absence de cause, mehr noch von der cause illicite, Gebrauch gemacht; die Literatur folgt ihr im allgemeinen. Auch bei den Beratungen über den Entwurf eines neuen Zivilgesetzbuches wurde der cause-Gedanke aufrechterhalten[211].

---

[205] Ebenda.
[206] Zitiert nach Ionasco, S. 34.
[207] Timbal, zitiert bei Capitant, Nr. 17.
[208] So wohl die Argumentation von Planiol, siehe Ripert-Boulanger II, Nr. 287.
[209] Planiol-Ripert-Boulanger, a. a. O.
[210] Vgl. die Zitate der Arbeit von Dabin bei Ionasco, S. 29 ff.
[211] Kommission III, S. 277.

Dem Einwand, in der Frage der Sittenwidrigkeit von Verpflichtungen, die praktisch im Vordergrund der cause-Lehre steht, genüge die C. civ., begegnet Josserand (Nr. 115) mit dem Hinweis, daß in manchen Fällen die Unerlaubtheit des Objekts zur Erfassung sozial unerwünschter Vorgänge — was bekanntlich eines der Anliegen der cause ist — nicht ausreiche. Josserand nennt als Beispiel den Fall, daß sich jemand eine Geldsumme dafür versprechen läßt, daß er ein bestimmtes Verbrechen unterläßt: Hier die Sittenwidrigkeit des Objekts seiner Anwendung des Erfordernisses eines „objet certain“ in Art. 1108 Verpflichtung, der genannten Unterlassung, zu behaupten, dürfte in der Tat schwerfallen. Vielmehr zeigt sich hier, daß die Sittenwidrigkeit häufig im Zweck-Mittel-Verhältnis liegt; so ist es z. B. auch dann, wenn sich ein Beamter Vorteile versprechen läßt für den Vollzug „einer in sein Amt einschlagenden, an sich nicht pflichtwidrigen Handlung[212]“.

Die Gleichstellung von cause und objet im Bereich der Frage nach der absence de cause, gleichzeitig den erwähnten Gedanken, die cause weitgehend durch die Vorstellung des Synalagma zu ersetzen, bekämpft Capitant[213] durch Erwähnung solcher Fälle, in denen die Folge einer Vertragsverletzung sich nicht allein aus dem Gegenseitigkeitsverhältnis[214] zwischen Verpflichtungen ergibt. Beispielsweise lag einem französischen Gericht[215] folgender Fall vor: Sämtliche Fleischer einer Kleinstadt hatten eine bestimmt Ladenschlußpraxis untereinander abgesprochen. Der Nachfolger eines der Vertragspartner, der selber an der Vereinbarung nicht teilgenommen hatte, hielt sich nicht an die Abmachungen, und die übrigen Vertragspartner wurden wegen „absence de cause“ von ihrer Verpflichtung befreit, und zwar in einem Prozeß der zunächst Vertragstreuen untereinander, so daß sich niemand auf Vertragsverletzungen des Gegners, also auch nicht auf den „rapport de dépendance mutuelle“ berufen konnte.

Hauptargument für die Beibehaltung der cause bleibt aber meist[216], daß sich nur aus dieser Kategorie die gegenseitige Abhängigkeit von Verpflichtungen, die sich in der exceptio non adimpleti contractus sowie in der „théorie des risques“ äußert, verstehen lasse. Nach Ansicht der überwiegenden Lehre genügt es nicht, den Vertrag einfach nur als Zusammensetzung von Einigung und Objekt zu sehen; der Zweck gehöre mit zum Rechtsgeschäft, oder, wie Capitant[217]

---

[212] § 332 StGB.

[213] Nr. 17, Anm. 1.

[214] Vgl. das oben S. 38 wiedergegebene Zitat bei PLANIOL-RIPERT-BOULANGER II, Nr. 287.

[215] Dijon, S. 1911.2.275.

[216] CAPITANT, Nr. 16; JOSSERAND, Nr. 116; IONASCO, S. 48; COLIN-CAPITANT II, Nr. 731; MAZEAUD II, Nr. 266.

[217] Nr. 16 (S. 49).

sich ausdrückt: „Séparer le consentement de la cause, c'est mutiler la manifestation de volonté du contractant". Man glaubt z. T., nur durch Beibehaltung der cause dem Konsensualismus gegenüber dem Formalismus zum Siege verhelfen zu können[218]. Folgt man dem, so ist die cause im französischen Recht ein Mittel der juristischen Technik[219], auf das nicht verzichtet werden kann; jede Rechtsordnung, die glaubte, ohne dieses Mittel auskommen zu können, muß auf andere Weise die sonst mit der cause gelösten Probleme bewältigen, wenn sie nicht im Stadium des Formalismus steckenbleiben will.

Im *Ergebnis* bleiben also Zweifel an der folgerichtigen Durchführung der in Art. 1108, 1131 C. civ. enthaltene Lösung bestehen; diese Zweifel beziehen sich allerdings nicht auf die Frage, ob es eine causa im modernen Zivilrecht überhaupt gibt, sondern nur darauf, ob der Gesetzgeber recht daran getan hat, die cause unter die Voraussetzungen des Entstehens einer Verpflichtung einzureihen. Mag aber eine einwandfreie Bestimmung des causa-Begriffs, der dieser Abschnitt dienen sollte, auch an diesen Schwierigkeiten gescheitert sein, so vermittelt die Untersuchung der cause des Art. 1108 C. civ. doch wertvolle Hinweise für die Kennzeichnung der causa im deutschen Recht, die in den folgenden Paragraphen versucht werden soll.

Zweiter Abschnitt

Der systematische Ausgangspunkt einer näheren Kennzeichnung der causa findet sich in dem oben auf S. 19—21 Gesagten. Der Zweck ist wesensmäßig ein Motiv, dessen Rolle bei der Vornahme der Zuwendung im Vergleich zum französischen Recht unausgebildet ist, der aber seine wesentlichen Wirkungen entfaltet, wenn er verfehlt wurde.

Hier drängt sich die Frage nach der Bedeutung des Dogmas[220] von der grundsätzlichen Unerheblichkeit der Motive einer Vermögenszuwendung unter Lebenden auf. Will man der causa, die ein Motiv ist, Rechtserheblichkeit zusprechen, so wird man sie aus der Fülle der unerheblichen Beweggründe herausheben[221] müssen, die jede Vermö-

---

[218] DAVID, a. a .O., S. 132.

[219] MAZEAUD II, Nr. 271.

[220] Statt aller LEHMANN, Allg. Teil, § 34 III 1 e.

[221] RÜMELIN, AcP 97, 217: „Damit man ... von der causa eines Rechtsgeschäfts reden kann, ist es notwendig, daß man schon eine gewisse Abstraktion vollzogen hat und eine gesonderte Betrachtung einer einzelnen Rechtsgeschäftswirkung eintreten läßt." Vgl. auch KRIEGSMANN, S. 5, Anm. 3.

genszuwendung hervorrufen. Hier liegt überhaupt das Hauptproblem jeder causa-Lehre[222].

§ 5. *Die Voraussetzungslehre*

Es ist anerkannt, daß der Urheber einer Vermögenszuwendung den erklärten Willen von seinen Beweggründen derart abhängig machen kann, daß er sie zur Bedingung setzt[223]. Eine derartige Willensbeschränkung[224] oder besser, einem Ausdruck von Schmidt-Rimpler folgend[225], Vertragsmodalität, die wie die Bedingung mit dem erklärten Willen eine untrennbare Einheit bildet[226], könnte auch die causa sein. Dies hat in seiner berühmten und heftig bekämpften Voraussetzungslehre Windscheid behauptet.

Die Lehre von der Voraussetzung sucht Windscheid im Römischen Recht nachzuweisen. Dieser Versuch, dessen Gelingen hier nicht geprüft werden soll und kann, ist in unserem Zusammenhang deshalb mitteilenswert, weil Windscheid meint, die Voraussetzung im dargestellten Sinne sei von den Römern manchmal durch das Wort „causa" wiedergegeben worden[227], so daß man mit Lenel[228] die Voraussetzungslehre tatsächlich als eine causa-Lehre ansehen darf.

I.
Die Lehre Windscheids

Wenn nach *Windscheid* jemand bei einer Willenserklärung seinen Willen an eine Voraussetzung knüpft, so macht er sein Wollen von der gegenwärtigen oder künftigen Gestaltung einer bestimmten Sachlage abhängig[229]. Das geschieht aber nicht in der Weise, daß bei Fehlen oder Nichteintritt dieser Sachlage der erklärte Wille überhaupt keine Rechtswirksamkeit mehr haben soll — das wäre Bedingung — sondern derart, daß bei Fehlen oder Nichteintritt der vorausgesetzten Sachlage der Wille zwar weiterbestehen soll, der durch die Erklärung Berechtigte aber dennoch keine Rechte daraus soll geltend machen können, daß er sogar auf Grund der Erklärung Erhaltenes zurück-

---

222 LOCHER, Rvgl. HWB II, S. 614; KLINGMÜLLER, Rechtsgrund, S. 21; PLANCK-FLAD vor § 104 Anm. IV 2; ähnlich JUNG, a. a. O., S. 65.

223 LEHMANN, a. a. O., § 25 III 2 a.

224 WINDSCHEID, Vorauss., S. 1.

225 Festschrift NIPPERDEY, S. 12.

226 STAUDINGER-COING, vor § 158 Anm. 4.

227 Voraussetzungslehre, S. 50.

228 AcP 74, 221; ebenso JUNG, a. a. O., S. 61.

229 Voraussetzungslehre, S. 1.

erstatten muß[230]. Die Voraussetzung ist nach dem Gesagten eine *Willensbeschränkung*, die eine schwächere Wirkung hat als die Bedingung; sie ist eine *unentwickelte Bedingung*[231]. Ihr Unterschied zur Bedingung liegt einmal darin, daß sie den Willen in geringerem Maße abschwächt; der Erklärende sagt nicht: „Ich will, wenn ... (bzw.: ich will nicht mehr, wenn ...)", sondern er sagt gewissermaßen: „Ich will, würde aber nicht mehr wollen, wenn nicht ...[232]". Weniger scharf drückte Windscheid diesen Unterschied aus, als er ausführte, bei Ermangeln der Voraussetzung entspreche die Erklärung zwar dem wirklichen, nicht aber dem eigentlichen Willen des Erklärenden[233]. Voraussetzung und Bedingung unterscheiden sich außerdem dadurch, daß der Erklärende gegewärtige, vergangene und zukünftige Umstände voraussetzen, aber nur zukünftige Umstände zur Bedingung setzen kann[234].

Die Voraussetzung kann ausdrücklich erklärt werden — in diesem Fall muß sich der Erklärungsgegner das Entfallen der vorausgesetzten Sachlage entgegenhalten lassen. Sie kann aber mit derselben Wirkung auch stillschweigend erklärt werden, bei Willenserklärungen unter Lebenden aber nur, wenn sie dem Erklärungsgegner als Willensbeschränkung erkennbar entgegengetreten ist[235].

Wann dies regelmäßig eintritt, ist die entscheidende Frage der Windscheidschen Lehre. Eine allgemeingültige Antwort geben zu können, behauptet Windscheid nicht[236]; er glaubt aber, über gewisse Kriterien zu verfügen, bei deren Vorliegen eine Voraussetzung gehörig ausgedrückt sei. Voraussetzung ist nach seiner Meinung immer die Erreichung der sog. „ersten Absicht" einer Vermögenszuwendung[237]: Jeder Mensch macht eine Vermögenszuwendung nur für den Fall der Erreichung der ersten Absicht; deshalb muß sich auch jeder Erklärungsgegner auf ihre Nichterreichung einlassen. Als erste Absichten in diesem Sinne bezeichnet Windscheid z. B. die Absichten zu schenken, eine Gegenleistung zu erlangen, eine Verbindlichkeit zu tilgen (animus donandi, obligandi bzw. credendi, solvendi). Wenn eine dieser Absichten nicht erreicht werden konnte — wenn z. B. die Schuld, auf die gezahlt wurde, nicht bestand, die testamentarische Auflage, auf Grund deren der Erbe eine Leistung versprach, unwirk-

---

[230] Ebenda S. 2.
[231] Ebenda S. 1; AcP 78, 195.
[232] Voraussetzungslehre, S. 2.
[233] Ebenda. Die Ungenauigkeit dieser Formulierung räumt WINDSCHEID in AcP 78, 167 ein.
[234] STAUDINGER-COING, vor § 158 Anm. 17.
[235] Voraussetzungslehre, S. 83.
[236] Voraussetzungslehre, S. 84.
[237] Ebenda S. 87.

sam war — so kann der Zuwendende seine Leistung zurückverlangen bzw. die Erfüllung seines Versprechens verweigern.

II.
Die Umgestaltung durch *Lenel*

Lenel hat die Zielsetzung der Windscheidschen Lehre aufgegriffen und auch den Ausdruck „Voraussetzung“ übernommen, hat sich aber im übrigen, da ihm Windscheids Meinung als „offensichtlich unhaltbar[238]“ erschien, um eine Umgestaltung der Voraussetzungslehre bemüht.

Den wesentlichen Fehler der Lehre Windscheids erblickt Lenel in der Deutung der Voraussetzung als einer Willensbeschränkung. Lenel argumentiert[239], Windscheid habe zwischen der Voraussetzung und einem reinen Motiv einerseits, zwischen der Voraussetzung und der Bedingung andererseits nicht zu unterscheiden vermocht, weil es ein Mittelding zwischen Motiv und Bedingung nicht gebe. Ursprung dieses Fehlers sei eine falsche Würdigung der römischen Quellen gewesen. Windscheid habe die römisch-rechtliche Kondiktionenlehre insofern mißverstanden, als er angenommen habe, eine condictio, z. B. die condictio indebiti, beruhe auf einem Irrtum in der Voraussetzung. In Wirklichkeit habe aber nicht die „Tatsache, daß der als gültig vorausgesetzte Vergleich usw. in Wirklichkeit nicht gültig war“, die condictio hervorgerufen, „sondern einzig vielmehr die Zweckbeziehung der geschehenen Leistung auf die Erfüllung dieses nicht vorhandenen Vertrags usw.[240]“. Die falsche Voraussetzung komme „nur insofern in Betracht, als ohne dieselbe die Partei sich den Zweck der Erfüllung nicht gesetzt haben würde und nicht hätte setzen können[241]“.

Lenel setzt damit an Stelle der bei Windscheid vorhandenen Vorstellung vom Zweck als einer Beschränkung des Willens, also als etwas neben dem Willen Stehendes, eine untrennbare Verbindung von Zweck und Vermögenszuwendung: „Unter Vertragszweck verstehe ich hier nicht einen außerhalb des Vertrags, sondern im Vertragsbegriff selbst liegenden Zweck, dessen Verfehlung alle Kausalgeschäfte ungültig macht[242]“. Davon ausgehend verschiebt sich für Lenel

---

[238] AcP 74, 226.

[239] AcP 74, 213 ff.; ähnlich KRIEGSMANN, S. 9.

[240] AcP 74, 229.

[241] Ebenda S. 230.

[242] AcP 79, 81. Diese Bemerkung macht LENEL allerdings aus Anlaß der Behandlung von Fällen der Vergleichsgrundlage. Dort unterscheidet er Vergleichsinhalt, d. h. die im Vertrag getroffene Feststellung (z. B.: „Ich erfülle das Vermächtnis, dessen Wirksamkeit mir zweifelhaft zu sein scheint.“) und Vergleichszweck (also in dem angegebenen Beispiel: „Ich

das Problem der Trennung beachtlicher und unbeachtlicher Zwecke von der subjektiven (Parteiwillen) auf die objektive Seite, d. h. auf den Wert, der den Parteizwecken für den Bestand einer Verpflichtung oder sonstigen Zuwendung beigemessen werden kann: „Der Unterschied in der rechtlichen Behandlung beruht daher nicht auf dem Parteiwillen, weder auf dem wirklichen noch auf dem wahren oder eigentlichen, sondern ... auf einer Verschiedenheit in der Bedeutung der Beweggründe selber[243]". Diese Bedeutung legt den Zwecken nach Lenels Ansicht die Rechtsordnung, oder, wie sich Kegel[244] ausdrückt, das dispositive Recht selber bei, und zwar trennt sie die rechtserheblichen von den bedeutungslosen Zwecken nach folgender Regel: „Rechtserheblich ist stets nur derjenige Zweck einer Leistung, der für die wirtschaftliche Natur der Leistung selbst bestimmend ist[245]".

Es gibt nach Lenel zwei große Gruppen von Zwecken, die die „wirtschaftliche Natur einer Leistung bestimmen, nämlich einerseits die Schenkungszwecke, andererseits die sog. „wirtschaftlichen Zwecke", bei denen „das Äquivalent, um deswillen die Leistung erfolgt, im wirtschaftlichen Verkehr als Austauschobjekt anerkannt ist[246]." Bei den Schenkungszwecken lehnt Lenel eine genaue Differenzierung ab und läßt nur den reinen Bereicherungszweck als erheblich gelten[247]. Bei den wirtschaftlichen Zwecken hat Lenel selber eine Aufteilung nicht vorgenommen[248], will aber für die Wesentlichkeit auf objektive Kriterien, nämlich die Verkehrsanschauung[249], ferner auf die subjektive Wertung der beteiligten Parteien[250] abstellen.

Lenels Untersuchung gipfelt im übrigen in einem Gesetzesvorschlag, der sich gegenüber der Windscheidschen Fassung der Voraus-

---

möchte dadurch einen unangenehmen und in seinem Ausgang ungewissen Prozeß vermeiden helfen."). Stellt sich nun heraus, daß der Erbe gar nicht auf Grund des — unwirksamen — Testaments erbt, sondern kraft gesetzlicher Erbfolge, so ist nach Lenel der Vergleich wegen Verfehlung des Vergleichszwecks nichtig. — Obwohl Lenel an der angeführten Stelle allgemein von „Kausalgeschäften" spricht, geht aus seinen dann folgenden Ausführungen, die immer nur Vergleiche betreffen, nicht zweifelsfrei hervor, ob er die Nichtigkeitsfolge auch bei anderen Geschäften als bei einem Vergleich vertreten will.

[243] AcP 74, 228; vgl. auch AcP 79, 71.

[244] A. a. O., S. 148; vgl. auch Kriegsmann, S. 7.

[245] AcP 74, 230.

[246] Ebenda S. 232; AcP 79, 69.

[247] AcP 74, 232; 79, 71; ähnlich Krückmann, AcP 131, 27 ff.

[248] Er weist allerdings die Forschung darauf hin (AcP 79, 70), daß die Lösung in einer „Untersuchung der einzelnen in Betracht kommenden Geschäftstypen" zu finden sei.

[249] AcP 74, 233.

[250] AcP 79, 71.

setzungslehre durchgesetzt hat und als eine der wichtigsten Quellen der §§ 812 ff. BGB betrachtet werden muß. Er lautet[251]:

„Derjenige, aus dessen Vermögen ein Anderer ohne rechtlichen Grund bereichert worden ist, kann von dem Anderen die Herausgabe der Bereicherung fordern."

Lenel schlägt vor, diesem allgemeinen, für sich allein bereits ausreichenden Satz klarstellende, das Grundprinzip anwendende Vorschriften über die verschiedenen Kondiktionen anzuschließen, so über die condictio indebiti, ob turpem causam u. dgl. Diese Fassung schlug Lenel vor, um der Wissenschaft die Klärung der causa-Lehre nicht durch eine zu sehr ins Einzelne gehende Kodifikation zu verbauen. Wenn sich dies nicht verwirklichen lasse, so wollte er die bis dahin im Entwurf[252] berücksichtigte Voraussetzungslehre folgendermaßen gefaßt wissen:

„Wer, nicht in Schenkungsabsicht, eine Leistung bewirkt hat, kann, wenn der Zweck der Leistung nicht erreicht wird oder die Leistung nachträglich ihren Zweck verliert, von dem Empfänger das Geleistete zurückfordern."

III.
Würdigung der Voraussetzungslehre

Wenn Lenel an Windscheids Ansicht, die Voraussetzung sei eine Willensbeschränkung, seine Kritik der Voraussetzungslehre ausgerichtet hat, so ist ihm die herrschende Meinung zwar in der Ablehnung der Windscheidschen Lehre, nicht aber in seiner Begründung gefolgt. Die herrschende Lehre[253] nimmt Anstoß daran, daß Windscheid für die Wirkung der Voraussetzung keine Vertragsvereinbarung gefordert, sondern die Erkennbarkeit für den Erklärungsgegner hat genügen lassen. Auch bei den Vorarbeiten zum BGB wurde die ursprünglich übernommene Voraussetzung aus diesem Grunde verworfen[254]. Dieser der Voraussetzungslehre gemachte Vorwurf dringt zwar im Ergebnis durch, steht aber nicht auf so sicheren Füßen, wie häufig angenommen wird.

a) Die Möglichkeit einer Willensbeschränkung

Keine stichhaltige Widerlegung Windscheids enthält die Behauptung Lenels, daß es ein Mittelding zwischen Motiv und Bedingung nicht gebe. Die moderne Dogmatik hat nämlich die Voraussetzungs-

---

[251] AcP 74, 237.

[252] §§ 742, 745.

[253] LEHMANN, Allg. Teil, § 35 A VII; ENNECCERUS-NIPPERDEY II, § 177 II; STAUDINGER-COING, vor § 158 Anm. 2; LENEL, AcP 74, 221; KEGEL, Gutachten, S. 150.

[254] Prot. II, 690.

lehre durch die Lehre vom Fehlen und Fortfall der Geschäftsgrundlage „abgelöst[255]", wobei sie versucht hat, den Vorstellungen einer oder beider Parteien über gegenwärtige oder zukünftige Umstände[256] gegenüber einem unbedingt erklärten Willen Geltung zu verschaffen. Nach h. M.[257] sind diese Vorstellungen nicht Vertragsinhalt geworden, treten vielmehr als „selbständiger Tatbestand neben den Vertrag[258]". Sie sind also wesensmäßig Motive[259], lösen aber dennoch Anfechtungs-, Rücktritts-, Kündigungsrecht oder eine Vertragsanpassung aus. Zu den Einzelheiten der Lehre von der Geschäftsgrundlage kann auf die Ausführungen im dritten Kapitel dieser Arbeit verwiesen werden; hier nur soviel, daß in der bekannten „Vereinigungsformel" Lehmanns[260] unter Ziffer 1 die Forderung Windscheids zurückkehrt, die Voraussetzung müsse, um Wirksamkeit zu entfalten, dem Gegner erkennbar gewesen sein. Unter Ziff. 2 verlangt Lehmann dann, daß Fortdauer oder Eintritt des fraglichen Umstandes nicht als Bedingung gesetzt worden seien. Wenn auch diese Vereinigungsformel Lehmanns, insbesondere ihr Verhältnis zur Bedingung, manchmal angegriffen wird[261], so kann doch nicht verkannt werden, daß die Lehre von der Geschäftsgrundlage das von Lenel geleugnete Mittelding zwischen Motiv und Bedingung, eine Art „unentwickelte Bedingung", eigentlich gefunden hat[262]. Der Ausspruch Windscheids[263], „zur Thüre hinausgeworfen", komme die Voraussetzung „zum Fenster wieder herein", findet hier eine Bestätigung[264].

Dennoch trifft Lenels Argumentation den schwachen Punkt der Voraussetzungslehre. Wem ein Motiv des Erklärungsgegners erkennbar wird, der braucht sich darum noch nicht darauf einzulassen, daß die Verfehlung dieses Motivs ein Rückforderungs- oder Leistungsverweigerungsrecht des Gegners begründet. Wer aber einen Vertrag geschlossen hat, in dem der Gegner die Fortdauer oder den Eintritt eines gewissen Umstandes zur Bedingung erhoben hat, muß sich den Nichteintritt oder den Fortfall dieses Umstandes entgegenhalten lassen. Der Fehler der Voraussetzungslehre liegt m. E. darin, daß sie keinen Ansatzpunkt für die Überlegung bietet, wann der Gegner sich

---

[255] Staudinger-Coing, vor § 158 Anm. 2.

[256] Lehmann, Allg. Teil, § 35 A VII 5.

[257] Hier nur: Soergel-Siebert, § 242 Anm. 240; Palandt-Danckelmann, § 242 Anm. 6 a.

[258] Flume, Rechtsgeschäft, S. 207.

[259] Schrifttum siehe unten S. 109.

[260] Enneccerus-Lehmann, § 41 II 4.

[261] Besonders von Enneccerus-Nipperdey, § 177 III.

[262] Hinweis von Larenz GG, S. 16.

[263] AcP 78, 197.

[264] Vgl. dazu Kegel, Gutachten, S. 150; der Kritik Lenels steht auch Brox, a. a. O., S. 72, skeptisch gegenüber.

auf eine Vorstellung des Erklärenden oder Leistenden einlassen muß und wann nicht[265].

Einzige Grundlage einer Pflicht des Zuwendungsempfängers, die Zweckverfehlung des Zuwendenden gegen sich gelten zu lassen, ist grundsätzlich die bei der Zuwendung getroffene Vereinbarung. Doch muß man mit Windscheid anerkennen, daß hinter einer bestimmten Art von Zuwendungen immer Vorstellungen stehen, die jeden Zuwendenden beherrschen und die jeder Zuwendungsempfänger erkennen kann, ohne daß es einer besonderen Vereinbarung über ihre Erheblichkeit bedarf. Es sind dies die neben dem vereinbarten stehenden typischen Zwecke, die Windscheid mit seiner Kategorie der „ersten Absicht" zu erfassen suchte[266]. Diese typisch erheblichen Zwekke können mangels abweichender Vereinbarung dem Zuwendungsempfänger immer entgegengehalten werden.

Bei den besonders abgesprochenen und bei den typisch mitvereinbarten Zwecken ist die Forderung nach beiderseitiger Erheblichkeit der Motive erfüllt. Keineswegs genügt Kenntnis des Zuwendungsempfängers vom Motiv des Zuwendenden; auch nicht — was aus Windscheids Theorie unausweichlich folgen würde — die bloße Mitteilung des Motivs an den Erklärungsgegner[267].

Zum Beweis bedarf es nur eines Hinweises auf das gern erwähnte Beispiel[268], daß ein Vater Möbel kauft mit der ausdrücklichen Erklärung, diese seien für die demnächst bevorstehende Heirat seiner Tochter bestimmt. Wenn nun der Bräutigam davonläuft, kann der Käufer kein Rückforderungsrecht haben. Wollte er das erreichen, so mußte er die Heirat zur Bedingung machen — worauf sich der Verkäufer eben schwerlich eingelassen hätte.

So gesehen, trifft die Ansicht Lenels, ein Mittelding zwischen Motiv und Bedingung gebe es nicht, allerdings zu, weil von den Vorstellungen, die Windscheid als Voraussetzung, damit als erheblich, anerkennen müßte, nur ein Teil so wesentlich ist, daß sie dem Zuwendungsempfänger entgegengehalten werden können. Gegegenüber den *psychologischen* Einwänden Lenels handelt es sich hier aber um eine mehr *normative* Betrachtungsweise.

---

265 Ähnlich Krückmann, AcP 131, 11: „Das Rätsel der Voraussetzungslehre liegt in der Nichtzumutbarkeit, in einem Anderswollendürfen, aber nicht in einem vermeintlichen Nichtgewollthaben."

266 Vgl. dazu Kegel, a. a. O., S. 146.

267 Lehmann, Allg. Teil, § 35 A VII; Enneccerus-Nipperdey II, § 177 III 1; Staudinger-Coing, § 119 Anm. 55; Kegel, a. a. O., S. 156; Locher, AcP 121, 67.

268 Larenz GG, S. 8; auch Windscheid AcP 78, 169, bringt diesen Fall, löst ihn aber, m. E. inkonsequent, wie die h. M. Inkonsequenz werfen ihm auch Kegel, S. 150, Anm. 45, und Brox, S. 74, vor.

b) Die Bedeutung der Geschäftstypen

Die Voraussetzungslehre Windscheids enthält also einen richtigen Kern[269], nämlich die Erkenntnis, daß die Erreichung gewisser Absichten und Zwecke für den Erklärenden in einer dem Erklärungsgegner erkennbaren Weise so wichtig ist, daß die Zweckverfehlung Folgen für die Verbindlichkeit des Erklärenden auslösen muß. Ferner ist das Bestreben anzuerkennen und durch die Entwicklung der Lehre vom Fehlen der Geschäftsgrundlage auch bestätigt worden, ein Mittel zur Anpassung des Rechtsfolgewillens an die Veränderung gegenwärtiger oder das Fehlen gegenwärtiger oder vergangener Umstände zu finden, ein Bedürfnis, das aber außerhalb der causa-Lehre befriedigt werden muß und deshalb vom Thema der vorliegenden Arbeit nicht umfaßt wird.

Im Sinne der Voraussetzungslehre weiterarbeiten, heißt also, die Lösung des Problems der Wesentlichkeit der Zwecke bei den von der Rechtsordnung anerkannten Geschäftstypen zu suchen. Dies führt zu einer Erörterung der Lehre Lenels, doch ist der Gedanke bei dessen mit viel Selbstbewußtsein vorgetragenen Ausführungen im Ansatz steckengeblieben, da sich auch dort nicht viel mehr als eine allgemeine Formel findet.

Allerdings hat auch sein Versuch, durch eine allgemeine Formel die Zwecke herauszuheben, deren Verfehlung das Recht mit einer Kondiktion oder einem Leistungsverweigerungsrecht ausgleicht, einen tragfähigen Gedanken hervorgebracht: Den Hinweis darauf nämlich[270], daß wirtschaftlicher Zweck die Erlangung eines *Äquivalents* sei, das im Verkehr als Austauschobjekt anerkannt ist, also auf die Beziehung zwischen causa-Lehre und Austauschzweck, die wir bereits oben[271] vorgefunden haben und die, wie oben in § 4 dargestellt, die cause-Lehre des Code civil entscheidend geprägt hat. Jedoch erscheint es sehr zweifelhaft, ob die Abgrenzung der rechtlich erheblichen von den unerheblichen Zwecken sich allein mit dem Kriterium der Erlangung eines wirtschaftlichen Äquivalents bewältigen läßt.

Ein von Lenel selber zur Widerlegung Windscheids gebildetes Beispiel[272] mag dies verdeutlichen:

Ein junger Kaufmann, der stark verschuldet ist, soll nach dem Wunsch seiner Familie ein begütertes Mädchen aus gutem Hause heiraten. Solange er ständig von Gäubigern bedrängt wird, wird die Verwandtschaft des Mädchens nie in die Heirat einwilligen; deshalb bezahlt der Onkel des jungen Mannes dessen Hauptschulden, unter anderen eine, deren

---

[269] Lehmann, Allg. Teil, § 35 A VII.

[270] AcP 74, 232.

[271] S. 16.

[272] AcP 79, 65.

Bestehen sehr zweifelhaft und streitig ist. Nun stellt sich heraus, daß eine der Forderungen, deren Bestehen O für gewiß hielt, nicht bestand, ebensowenig wie die zweifelhafte Schuld.

Wie Windscheid den Fall gelöst hätte, steht nicht fest, doch meint Lenel, die erste Absicht i. S. Windscheids, die Forderung zu tilgen, sei in beiden Fällen nicht erreicht, und doch sei es keineswegs sicher, „daß der Handelnde in Kenntnis der Wahrheit die Zuwendung nicht gemacht haben würde". Vielmehr müsse Windscheid dem Leistungsempfänger den Einwand gestatten, daß er auf alle Fälle geleistet haben würde. Lenel glaubt mit diesem Beispiel nachgewiesen zu haben, daß die Kategorie der ersten Absicht verfehlt sei, da es auf die psychologische Abgrenzung zwischen näheren und entfernteren Zwecken nicht ankommen könne. Führt denn nun aber Lenels objektive Kategorie von der wirtschaftlichen Bedeutung des Zwecks zu vernünftigeren Ergebnissen?

Lenel löst den Fall selbst leider nicht eindeutig; da er aber fragt, ob nicht Windscheid die condictio versagen müsse[273], scheint er sie selber doch in beiden Fällen geben zu wollen. Doch ist diese Lösung nach seinem eigenen System nicht zwingend: Zwar konnte O das typische wirtschaftliche Äquivalent seiner Leistung, die Tilgungswirkung, bei der Zahlung auf die nicht bestehenden Schulden nicht erreichen. Diese Nichterlangung eines wirtschaftlichen Äquivalents würde nach Lenels Ansicht eine Zweckverfehlung, folglich eine condictio begründen. Kannn man aber wirklich behaupten, besonders an Hand des vorliegenden Falles, daß der Verkehr die beabsichtigte Befreiung des Namens eines Kaufmanns von dem Makel der Überschuldung nicht auch als ein Äquivalent für eine Geldzahlung ansieht, und zwar ohne Rücksicht darauf, ob O an das Bestehen der Schuld glaubte oder nicht? Noch fragwürdiger wird Lenels Abgrenzungsmerkmal, wenn man annimmt, daß O die Schulden des Neffen bezahlte, um sein Unternehmen in den Augen eines um einen Kredit angegangenen Bankiers kreditwürdig erscheinen zu lassen, da bei dieser Fallgestaltung der Einwand ausscheidet, O habe im obigen Fall nur gesellschaftliche, rechtlicher Beurteilung entzogene Ziele verfolgt.

Das Ergebnis der vorangegangenen Untersuchung ist wenig ermutigend: Berücksichtigt man jeweils nur den begrifflich ersten Zweck des O, nämlich die Erfüllung, so kommt es in beiden Fällen zur Rückforderung der Leistung. Zu diesem Standpunkt zwingt übrigens auch § 812 BGB, solange man als „rechtlichen Grund" i. S. dieser Vorschrift das der Leistung zugrundeliegende Schuldverhältnis ansieht. Eine andere Lösung ist nur[274] denkbar, wenn die Leistung in

---

[273] AcP 79, 66.

[274] § 814 kommt nicht in Betracht, da nur positive Kenntnis der Nichtschuld die Rückforderung ausschließt, RG 59, 352; 72, 199; Staudinger-Seufert, § 814 Anm. 2 a.

Kenntnis der Zweifelhaftigkeit der Schuld als vertraglicher Verzicht auf das Rückforderungsrecht ausgelegt wird, was möglich ist[275]. Die Voraussetzungslehre gerät in Schwierigkeiten, wenn O dem Zuwendungsempfänger zu erkennen gab, welchen Zweck er mit der Zahlung verfolgte, weil damit noch nicht feststeht, ob sich der Zuwendungsempfänger hierauf auch berufen kann. Lenels Kriterium des wirtschaftlichen Zwecks, das auf die Erlangung eines Äquivalents durch den Leistenden, also auf ein objektives Merkmal, abstellte, versagt zur richtigen Würdigung des Leistungszwecks des O ebenfalls: Lenel müßte m. E. in beiden Fällen die Rückforderung ablehnen.

c) Die praktische Bedeutung der Voraussetzungslehre

Ist die Voraussetzungslehre theoretisch bei der Untersuchung der Geschäftstypen nicht sehr weit vorgestoßen, so wirft sie als zusätzliche praktische Schwierigkeit die Frage der *Ermittlung einer Voraussetzung* im Streitfall auf.

1. Die ausdrücklich erklärte Voraussetzung

Die ausdrücklich erklärte Voraussetzung i. S. Windscheids läßt sich kaum von einer Bedingung abgrenzen[276]. Wenn z. B. ein Beamter erklärt, er kaufe ein Haus in Frankfurt nur unter der Voraussetzung, daß er dorthin versetzt werde, so hat er wohl einen bedingten Willen erklärt, da er die Rechtswirkung an ein zukünftiges, ungewisses Ereignis geknüpft hat. Diese Schwierigkeit der Unterscheidung zwischen ausdrücklicher Voraussetzung und Bedingung hat auch das RG bewogen, die Kategorie der Voraussetzung zu verwerfen[277].

2. Die schlüssig erklärte Voraussetzung

Dies gilt erst recht bei der Feststellung einer Voraussetzung durch Auslegung. Kegel[278] weist darauf hin, daß bei der Voraussetzung i. S. Windscheids eine Beschränkung des wirklichen Willens durch den hypothetischen stattfinde, daß der Erklärende gewissermaßen unbedingt zu wollen erklärt, sich aber ein hypothetisches Rückforderungsrecht vorbehält[279]. Soll im Streitfall der Richter durch Auslegung

---

[275] RG 97, 140; Staudinger-Seufert, a. a. O.; Enneccerus-Lehmann, § 223 I 3.

[276] Oertmann GG, S. 19.

[277] RG 24, 270.

[278] A. a. O., S. 144.

[279] Man könnte die Voraussetzung geradezu als Vorbehalt eines Bereicherungsanspruchs wegen Zweckverfehlung bezeichnen.

einen derartigen hypothetischen Willen ermitteln, gerät er in die gefährliche Nähe der mehr oder weniger willkürlichen Ergänzung und Gestaltung des Parteiwillens. Er würde dann häufig in Fällen, wo er glaubt, helfen zu müssen, seine Zuflucht zur Voraussetzung nehmen[280].

Auch diese Schwierigkeiten stehen der Übernahme der Voraussetzungslehre als Grundlage des allgemeinen causa-Begriffes entgegen.

Wenn Windscheid dagegen darüber hinaus das Ziel verfolgt, das allgemeine Problem des Einflusses veränderter Umstände auf den Vertrag zu lösen, ist der Ansatzpunkt beim Parteiwillen, sogar die erwähnte Ergänzung und Gestaltung der Vereinbarungen derjenige vieler neuerer Autoren, wie unten (§ 10) erörtert werden wird. In diesem Sinne ist der Meinung Kegels[281] zuzustimmen, Windscheid habe mit einem Fuß in der Lehre von der causa, mit dem anderen in der Lehre von der Geschäftsgrundlage gestanden.

IV.

Ergebnis zu § 5

Aus dem im vorigen Festgestellten müssen die Folgerungen gezogen werden:

Systematischer Ausgangpunkt unserer Untersuchung war gewesen[282], daß der Zweck bzw. die causa beim Abschluß und bei der Abwicklung von Vermögenszuwendungen als Motiv wirkt. Es ging daher um die Sonderung der erheblichen von den unerheblichen Zwecken. Die Vorstellung einer z. T. stillschweigend erklärten und grundsätzlich dem freien Willen des Erklärenden unterworfenen Willensbeschränkung (Windscheid) hatte dieses Problem nicht lösen können, ebensowenig die objektive Abgrenzung nach der wirtschaftlichen Bedeutung des Zwecks (Lenel). Insbesondere die Behandlung der von Lenel vorgeschlagenen Lösungsmöglichkeit zeigt auf, daß es im Rahmen des BGB eine gemischt objektiv-subjektive Lösung zu finden gilt. Der Weg hierzu liegt in der Nähe des von Lenel gegebenen Hinweises: Erschließung der rechtserheblichen Zwecke durch Abstellung auf die von jedem Geschäftspartner mit einer Vermögenszuwendung typischerweise verfolgten Ziele. Das BGB schließt eine solche Untersuchung zumindest nicht aus: §§ 812 ff. als die einzige Stelle, wo die Lehre von der causa geregelt werden sollte, bauen auf der Vorstellung auf, daß der Zweck Bestandteil eines Leistungs-

---

280 Brox, a. a. O., S. 73.
281 A. a. O., S. 147.
282 Oben S. 40.

geschäfts sei[283]. Sie erlauben es also wenigstens, auch für die allgemeine causa-Lehre von den Zwecktypen auszugehen. Dieser Lösung, die als legitime Fortsetzung der von uns grundsätzlich gebilligten Untersuchung der „ersten Absicht" gelten darf, sollen die folgenden Paragraphen nachgehen.

§ 6. Der subjektiv-objektive causa-Begriff

Die nach den voraufgegangenen Untersuchungen über die Möglichkeiten und Grenzen der Voraussetzungslehre notwendige gemischt subjektiv-objektive Abgrenzung der wesentlichen und unwesentlichen Motive einer Vermögenszuwendung, die besonders eine Prüfung der Rolle der Geschäftstypen erfordert, kann auf verschiedenen in der neueren Literatur vorhandenen Vorstellungen über die causa aufbauen. Aus diesem Blickwinkel nehmen insbesondere die oben S. 1 erwähnten Definitionen von Lehmann und Nipperdey Gestalt an. Im folgenden soll daher versucht werden, ein aus den Äußerungen verschiedener Autoren zusammengesetztes Bild der Ergebnisse der neueren deutschen Rechtswissenschaft auf dem Gebiet der causa-Lehre zu zeichnen.

I.
Die Vereinbarung des Zwecks

Die neuere deutsche Lehre stimmt mit RG 24, 170 (Entscheidung aus dem Jahre 1890), bestätigt im Jahre 1906 in RG 62, 267, darin überein, daß die Voraussetzung, die beliebig (darauf legte das RG den Ton) gesetzte Willensbeschränkung, im BGB nicht anzuerkennen sei[284]. Sie weist demgegenüber auf das Erfordernis der Vereinbarung der wesentlichen Zwecke hin[285], was allerdings in mehrfacher Hinsicht der Richtigstellung bedarf.

a) Kritisches zur Zweckvereinbarung

Erstens: Im Bereich der Frage nach dem Einfluß veränderter Umstände auf den Vertrag, d. h. in der Lehre von der Geschäftsgrund-

---

[283] Protokolle, Bd. II, S. 689 f.; wenn sie es ablehnen, diesen Begriff dem Gesetz zugrundezulegen, so liegt das daran (a. a. O., S. 691), daß man annahm, bei der Frage nach der Zweckbestimmung der Leistung würden dieselben Bedenken erhoben werden wie bei der Voraussetzung.

[284] Staudinger-Coing vor § 158 Anm. 2; Lehmann, Allg. Teil, § 35 A VII; Enneccerus-Nipperdey II, § 148 I 3; Kress, a. a. O., S. 40; v. Tuhr II, 2, S. 81; Locher, AcP 121, 13; Kriegsmann, S. 61; a. A. Leonhard, a. a. O., S. 383 f.

[285] Kegel, Gutachten, S. 146.

lage, in der die Voraussetzungslehre entscheidenden Eingang fand, die aber nicht den Gegenstand dieser Arbeit bildet, läßt es die Lehre genügen, wenn ein gemeinsamer Beweggrund zur Vertragsgrundlage erhoben wird, und zwar auf Grund irgendwie zum Ausdruck gekommener Vorstellungen[286].

Diese Vertragsgrundlage gehört nicht zum Vertragsinhalt, was nach dem oben S. 16 Gesagten bei der causa gerade der Fall ist[287]. Daher ist es im Rahmen der Lehre vom Fortfall der Geschäftsgrundlage irreführend, von einer Vereinbarung der wesentlichen Motive oder Zwecke zu sprechen. Wenn sich auch die causa-Lehre und die Lehre von der Geschäftsgrundlage insofern fremd gegenüberstehen, als es sich hier um außerhalb des Geschäftsinhalts gebliebene Motive, dort aber um Vertragsinterna handelt, so geraten doch beide Institute mit dem Dogma von der grundsätzlichen Unerheblichkeit der Motive in Konflikt. Die Mittel, mit denen wesentliche und unwesentliche Motive getrennt werden, gleichen sich daher in vielem. Es darf also nicht überraschen, wenn im folgenden bei der Definition der causa hier und da Gesichtspunkte auftreten, die an sich zur Bestimmung der Geschäftsgrundlage gedacht waren.

Der Satz von der ausschließlichen Erheblichkeit vereinbarter Zwecke darf ferner nicht dahin verstanden werden, daß immer eine ausdrückliche oder konkludente Erklärung des Zwecks vorliegen müsse; vielmehr geht mit der Vornahme vieler Vermögenszuwendungen die Festsetzung eines typischen Zwecks Hand in Hand, was manche Autoren zum Ausdruck bringen, indem sie in ihre causa-Definition neben oder anstatt einer Vereinbarung die Vorstellung vom typischen Vorliegen des Zwecks aufnehmen[288].

Die Lehre erkennt aber noch weitere Besonderheiten der Zweckvereinbarung an: So weist Kegel[289] darauf hin, daß die Zweckvereinbarung eine Vereinbarung *ohne Festlegung der Rechtsfolgen* sei; die Rechtsfolgen regle vielmehr das Gesetz selber. Hiermit berührt er einen Punkt, über den sich schon Windscheid im klaren gewesen sein muß: Wenn nach Windscheid derjenige, der nur unter einer Voraussetzung zu wollen erklärt, praktisch einen wirklichen und einen eigentlichen, einen Eventualwillen[290] also (Kegel a. a. O. S. 144 nennt ihn „hypothetischen" Willen) zum Ausdruck bringt, so ist es weder mit der psychologischen Realität dieses Eventualwillens noch mit

---

[286] LEHMANN, a. a. O.

[287] OERTMANN GG, S. 17.

[288] KEGEL, a. a. O., S. 147; vgl. auch LEHMANN, Allg. Teil, § 25 III c; ZWEIGERT, JZ 1964, 352.

[289] A. a. O., S. 148; LOCHER, AcP 121, 31.

[290] Nach KRÜCKMANN, AcP 131, 4, handelt es sich sogar um einen „ganz neuen Willen", den die Partei nur nachträglich gefaßt haben kann, mit dem sie eine Bedingung nachholen will.

seiner äußeren Erkennbarkeit sehr weit her. Letzlich scheiterte die Annahme vereinbarter Voraussetzungen am fehlenden Zweifel an der Zweckerreichung, so daß Windscheid auf das Gebiet eines hypothetischen, einseitigen Willens abgedrängt wurde.

Wer nun die Zweckvereinbarung als Vereinbarung eines hypothetischen Anderswollens, als gemeinsame Willensbeschränkung, deuten wollte, würde unweigerlich in dasselbe Dilemma geraten wie Windscheid. Man kann also in Wahrheit weder eine Vereinbarung eines hypothetischen Anderswollens noch sonst eine Rechtsfolgenvereinbarung erwarten. Wenn sich umgekehrt die Parteien wirklich einmal über den mit einer Vermögenszuwendung verfolgten Zweck einig sind, werden sie im Regelfall auch Vorstellungen über die Rechtsfolgen einer Zweckverfehlung haben. In solchen Fällen wird häufig die Annahme einer Bedingung naheliegen, die sich von der Zweckvereinbarung gerade dadurch unterscheidet, daß sie die Rechtsfolgen festlegt[291]. Eine ausdrückliche Zweckvereinbarung wird sich darum selten finden.

Dies bestätigt unsere frühere Behauptung[292], daß der Zweck seine hauptsächliche Rolle bei der Abwicklung von Schuldverhältnissen, nicht bei ihrer Begründung spiele. Sein Vorhandensein beim Abschluß von Vermögenszuwendungen kann als mehr oder weniger selbstverständlich angesehen werden; erst seine Verfehlung bringt seine Wichtigkeit den Parteien recht zum Bewußtsein. Dies soll in den Paragraphen 13—16 dieser Arbeit, die sich mit dem Irrtums- und dem Bereicherungsrecht befassen, noch näher dargelegt werden.

Wer an dem Erfordernis einer ausdrücklichen oder schlüssigen Vereinbarung des Zwecks jedenfalls festhalten will, könnte nun, in Abwandlung eines Wortes von Oertmann[293], von einer „abgeblaßten" Vorstellung des Zwecks sprechen. Damit setzt man sich jedoch dem Einwand von Brox[294] aus, ein abgeblaßter psychologischer Vorgang sei überhaupt kein Vorgang. In Wirklichkeit geht nämlich die Sonderung der wesentlichen von den unwesentlichen Zwecken überhaupt nicht auf Grund psychologischer, sondern normativer Wertung vor sich. Da aber die normatie Wertung bei der Erkenntnis der Zwecktypen ansetzt, folgt hieraus die Behauptung, daß die causa ihren *Hauptsitz* gar *nicht bei den vereinbarten,* sondern *bei den typischen Zwecken* hat.

Man könnte nun, um den Gedanken der Zweckvereinbarung zu retten, einwenden, eine solche müsse eben, wie andere Vertragsvereinbarungen auch, durch Auslegung ermittelt werden, was schon Windscheid getan habe und was die §§ 157, 242 BGB auch heute zulassen.

---

[291] Kegel, a. a. O., S. 147.
[292] Vgl. oben S. 20.
[293] GG, S. 37.
[294] A. a. O., S. 76.

Auch die Auslegung muß aber an den Parteivorstellungen anknüpfen, sie darf nach § 157 den konkreten Parteiwillen nur „loyal vervollständigen“, wie sich Siebert[295] ausdrückt, nicht eine Berichtigung oder Korrektur des Vertragswillens vornehmen. Namentlich muß sie sich davor hüten, die Grenze zum fiktiven Vertrag[296] zu überschreiten, was bei der psychologischen „Abgeblaßtheit“ der Zweckvorstellung besonders leicht geschehen könnte. Es geht hier auch nicht an, mit BGH 9, 278 eine „richterliche Schaffung und Schöpfung dessen, was ... zwischen den Parteien rechtens sein soll“, vorzunehmen, da, wie erinnerlich, die Rechtsfolgen der Zweckvereinbarung nur am Gesetz auszurichten sind.

b) Die Verfehlung eines vereinbarten Zwecks

Indessen kann es vorkommen, daß in einwandfreier Weise eine Zweckvereinbarung geschlossen wird, daß sich also die Parteien über den Zweck der vorgenommenen Vermögenszuwendung einig sind, ohne sich über die Folgen einer eventuellen Zweckverfehlung Vorstellungen zu machen. Hierher gehören z. B. Fälle wie der folgende:

A — Inhaber eines beträchtlichen Pakets der Aktien der X-AG — kauft von B ausdrücklich „zur Erreichung der Mehrheit in der Hauptversammlung“ dessen Aktien auf.

Stellt sich nun heraus, daß B nur Vorzugsaktien ohne Stimmrecht (§ 139 AktG) besaß, so verfehlt A seinen Zweck, die Mehrheit der stimmberechtigten Aktien zu erwerben. Der Annahme einer Rechtsfolgenvereinbarung, insbesondere einer Bedingung, steht entgegen, daß durchaus nicht feststeht, ob dem A nicht die höheren Dividenden, die ihm die Aktien des B versprechen, auch ganz gelegen kamen. Es handelt sich vielmehr um eine Zweckvereinbarung, die sich übrigens wohl als Beschaffenheitsvereinbarung unter § 459 I BGB bringen lassen dürfte: Das an eine Aktie geknüpfte Stimmrecht (§ 134 AktG) gibt eine der Umweltsbeziehungen des in ihr verkörperten Mitgliedschaftsrechts an, „die zufolge ihrer Art und Dauer nach der Verkehrsanschauung einen Einfluß auf die Brauchbarkeit oder Wertschätzung der Sache auszuüben pflegen[297]“. Die Abrundung der Stimmenmehrheit ist der von A und B vertraglich vorausgesetzte Gebrauch, so daß § 459 I BGB eingreift.

Hier zeigt sich, in welcher Weise bei einer causa-Vereinbarung die Rechtsfolgen der Zweckverfehlung in der durch das Gesetz (§§ 320 ff.; 275 ff.) festgelegten Verteilung des Risikos der Zweckverfehlung

---

[295] Soergel-Siebert, § 157 Anm. 75.

[296] Gegen den stillschweigenden Vertrag besonders eindringlich Krückmann, Einführung, S. 113 f.

[297] RGRK-Kuhn, § 459 Anm. 17 unter Hinweis auf RG 96, 194.

aufgehen[298]. Dies liegt daran, daß es im deutschen Recht — im Unterschied zum Code civil — an einer einheitlichen Regelung der Folgen der Zweckverfehlung fehlt. Außerdem spielen bei allen Fällen der Zweckverfehlung noch andere Gesichtspunkte für die Wahl der adäquaten Rechtsfolge eine Rolle, so z. B. der Gedanke des Verschuldens, des Risikos (Betriebsrisikos), der Garantie und dgl. mehr. Da alle diese Momente im Verein mit dem Gedanken der Zweckverfehlung im Gesetz Berücksichtigung gefunden haben, erscheint es als keineswegs unmöglich, die Zweckvereinbarung, wie geschehen, als Vereinbarung ohne Festlegung der Rechtsfolgen zu deuten.

c) Ergebnis

Die vorangegangene Erörterung sollte zeigen, daß die Lehre, die für die Rechtserheblichkeit eines Zwecks eine Vereinbarung verlangt, dabei keine Vereinbarung von der üblichen Art im Auge haben kann. Die angestrebte objektiv-subjektive Abgrenzung der rechtserheblichen von den unwesentlichen Zwecken kann aber, wie ebenfalls dargestellt wurde, mit Aussicht auf ein befriedigendes Ergebnis auf dem Wege über das Erfordernis einer Zweckvereinbarung ohnehin nur selten erreicht werden. Das Schwergewicht der causa-Lehre verlagert sich somit in das Gebiet der typischen Zwecke.

II.
Die causa-Definition der herrschenden Lehre

So kommt es zu den z. T. eingangs bereits erwähnten Definitionen des causa-Begriffs der heute wohl überwiegenden Lehre[299]: Causa ist der typische mit einer Zuwendung verfolgte, von den Motiven dieser Zuwendung unterschiedene Verkehrszweck. Verbinden wir nun diese Gleichsetzung von causa und typischem Zweck mit der im vorigen im einzelnen gewürdigten Ansicht, daß die causa ein vereinbartes Motiv sei, kommen wir zu folgender vorläufiger Definition: Causa ist ein vom Recht auf Grund einer Parteivereinbarung oder wegen seines typischen Vorkommens beachteter, auf diese Weise aus der Reihe der Motive herausgehobener Zweck einer Vermögenszuwendung[300]. Die beiden Formen der causa unterscheiden sich dadurch, daß die typische

---

[298] Vgl. ESSER, Schuldrecht, § 85, 5.

[299] Siehe oben S. 1 die Definition von ENNECCERUS-NIPPERDEY und LEHMANN; ferner noch STAUDINGER-COING, vor § 104 Anm. 57 a; ebenso beschreibt RÜMELIN, AcP 97, 217, den causa-Begriff der seinerzeit h. L.

[300] Vgl. dazu LOTMAR, a. a. O., S. 66; KLINGMÜLLER, ZHR 58, 165; wohl auch KRIEGSMANN, S. 61; ähnlich übrigens im französischen Recht RIPERT-BOULANGER II, Nr. 292: „La cause est donc toujours la même pour une même catégorie de contrat"; vgl. auch CAPITANT, Nr. 4.

causa einer Zuwendung regelmäßig zusammen mit der Einigung über diese zustandekommt; eine darüber hinausgehende causa bedarf einer von der Einigung über die Zuwendung geschiedenen Vereinbarung. Der typische Zweck wirkt also als Vermutung für den im Rahmen der Vertragsfreiheit grundsätzlich maßgebenden vereinbarten Zweck. In diesem Sinne ist dann der Meinung Coings[301] zuzustimmen, die causa sei von den Parteien gewollt, insofern subjektiv, sie sei aber doch allgemein und typisch, insofern objektiv. Der entsprechend dem Vorschlag Lenels gesuchte gemischt objektiv-subjektive causa-Begriff könnte auf diesem Wege im wesentlichen verwirklicht werden.

Hier liegt auch nach der in dieser Arbeit vertretenen Ansicht die richtige Lösung, vorausgesetzt, daß es gelingt, die wesentlichen in Frage kommenden Geschäftstypen möglichst genau herauszuarbeiten. Es läßt sich aber leicht einsehen, daß die soeben vorgetragenen Thesen einer näheren Ausführung und eines Beweises bedürfen werden, was die genaue Rolle der Typen betrifft.

Dagegen erlaubt es der Rahmen der vorliegenden Arbeit nicht, der Bedeutung der Geschäftstypen im BGB allgemein nachzuspüren, was zur vollständigen Grundlegung einer causa-Lehre eigentlich notwendig wäre. Flume (Rechtsgeschäft und Privatautonomie) hat die Bedeutung der wie die causa durch eine Abstraktion erfaßten „Aktstypen rechtsgeschäftlicher Gestaltung“ (S. 152) vor allem für die Problematik des Rechts der Auslegung und der Willensmängel untersucht — worauf im zweiten Teil der vorliegenden Arbeit eingegangen werden muß — und hat von diesem Standpunkt aus die Einordnung der Allgemeinen Geschäftsbedingungen (S. 165 ff.), der typisierten und fahrlässigen Willenserklärung (S. 171 f.) und schließlich der faktischen Vertragsverhältnisse (S. 183 ff.) vorgenommen. Es würde unseren Zusammenhang sprengen, wollten wir diese Fragen auch nur vergleichsweise in die Erörterung einbeziehen. Lediglich Flumes Lehre von der Geschäftsgrundlage (S. 270 ff.) muß und wird berücksichtigt werden, siehe unten § 10.

a) Die historische Dreiteilung der causae

Historisch überliefert sind drei Haupttypen der causa, die causae credendi, solvendi, donandi[302] (unter der Bezeichnung „animus credendi“ usw. hatte sie auch Windscheid[303] gebraucht). Diese Dreiteilung ist viel angegriffen worden[304]. Z. T. wird die causa credendi, die ursprünglich auf der Vorstellung der Hingabe eines Darlehns beruhte, durch die causa acquirendi[305] ersetzt; manche gelangen durch die Anerkennung nur der causae credendi und donandi zu der bereits von

---

301 Staudinger-Coing, vor § 104 Anm. 57 a.

302 von Tuhr II, 2, S. 67.

303 Vgl. oben S. 42.

304 Wieland, a. a. O., S. 13 ff.; Rümelin, AcP 97, 218 ff.

305 von Tuhr II, 2, S. 70.

Lenel[306] gewählten Unterscheidung entgeltlicher und unentgeltlicher Geschäfte[307]. Dann wieder wird unterschieden zwischen der causa solvendi als Zweck von Zuwendungen, die sich auf eine Grundgeschäftsobligation beziehen, und der causa constituendi als dem Zweck der Begründung eines solchen Grundgeschäfts[308]. Auch diese letztere causa (die er causa obligandi nennt) leugnet Boehmer[309], indem er versucht, alle Vermögenszuwendungen auf die causa solvendi zurückzuführen. Es kommen auch mehr „spezialisierte" causae vor, so die condicionis implendae oder die dotis causa.

Streitig blieb insbesondere, ob die jeweils genannten causa-Typen die allein möglichen bildeten[310], oder ob es sich immer nur um die Angabe einiger weniger Beispiele handelte[311]. Die ganze Lehre ist ungewöhnlich kompliziert und blieb immer verschwommen[312]. Der Hauptgrund dafür dürfte gewesen sein, daß das Problem der grundsätzlichen Verschiedenheit der hinter Verpflichtungs- und Verfügungsgeschäften stehenden Zwecke nicht bewältigt wurde: So beherrscht die causa solvendi Verfügungsgeschäfte, kann aber gelegentlich auch zu Verpflichtungsgeschäften führen[313]; die causae credendi und donandi gehören nur in den Bereich der Verpflichtungsgeschäfte. Zudem stellen die causae credendi und donandi verschiedene Typen von Grundgeschäften dar, während die causa solvendi bei der Abwicklung jeder Art von Grundgeschäft vorkommt[314]. Ferner bereitet das Problem der sog. „Rechtsgrundgeschäfte[315]", in denen eine Leistung nicht in Erfüllung einer Verbindlichkeit, sondern nur in Erwartung einer — ebenfalls nicht geschuldeten — Gegenleistung erfolgte, Schwierigkeiten[316], ebenso die Handgeschäfte, wo Verpflichtungs- und Verfügungsgeschäft zumindest sehr dicht beisammen liegen, wenn nicht gar ineinander übergehen[317].

Man wird daher in der Annahme nicht fehlgehen, daß die leidige Begriffsverwirrung auf dem Gebiet der causa nicht zuletzt auf diese unübersehbare Vielfalt von causa-Typen zurückgeht, die in stets verschiedener Intensität verschiedene Arten von Vermögenszuwendungen beherrschen.

---

[306] Vgl. oben S. 44.
[307] Einer der Vorschläge von RÜMELIN, AcP 97, 220.
[308] RÜMELINS zweiter Vorschlag, AcP 97, 221.
[309] Erfüllungswille, S. 27—32; ArchBürgR 38, 318 ff.
[310] LEONHARD, SchuR, S. 387; wohl auch v. TUHR II, 2, S. 67.
[311] STAMPE, Causaproblem, S. 41; SCHLOSSMANN, a. a. O., S. 35.
[312] KLINGMÜLLER, a. a. O., S. 23 ff.
[313] OERTMANN GG, S. 8.
[314] Ebenda S. 9; vgl. auch DIETRICH, GRUCHOT 48, 222; BREYHAN, S. 8.
[315] SIBER, Iher. Jb. 70, 230.
[316] VON TUHR II, 2, S. 73 f.
[317] Vgl. hierzu RÜMELIN, AcP 97, 221.

b) Möglichkeiten einer Typenlehre für das BGB

Die Ablehnung der gemeinrechtlichen causa-Typen für das BGB wirft die Frage auf, ob denn für das neuere Recht eine einheitliche Typenlehre überhaupt möglich ist, d. h. ob sich eine Reihe von Geschäftszwecken zusammenstellen läßt, die bei Zustandekommen einer Vermögenszuwendung als typisch mitvereinbart gelten können und nur bei besonderer Zweckvereinbarung nicht oder nur in zweiter Linie wirken.

1. Der Austauschzweck

Einer der Zwecke, auf den immer wieder die Rede kommt[318], ist der Austauschzweck, in dem die gemeinrechtlichen causae credendi und acquirendi wieder aufleben. Er beherrscht hauptsächlich gegenseitige Verträge, d. h. den vertraglichen Austausch von Verpflichtungen, wobei es heißt, daß sich jede Partei um der Gegenverpflichtung willen binde[319]. Dieser Deutung des gegenseitigen Vertrags und damit des Austauschzwecks hält Capitant[320] entgegen, causa sei hier nicht die Erlangung der Gegenverpflichtung, sondern die reale Gegenleistung. Wenn sich jemand verpflichte, eine Sache zu übereignen, so geschehe das nicht um der Gegenverpflichtung, sondern um des Empfangs der Gegenleistung, des Kaufpreises, willen. Freilich geht diese Argumentation von der oben S. 11 geschilderten Rechtslage im Code civil aus, wo der Eigentumsübertrag solo consensu, automatisch mit Abschluß eines gültigen Kaufvertrags erfolgt. Für das deutsche Recht, das Kaufvertrag und Übereignung getrennter Betrachtung unterzieht, läßt sich also Capitants Meinung nicht ohne Einschränkungen übernehmen. Doch zeigt bereits diese Frage nach dem Inhalt des Austauschzwecks eines der Probleme auf, mit dem jeder Versuch einer einheitlichen Typenlehre zu kämpfen hat: Es geht um die oben S. 14 schon aufgeworfene allgemeine Frage, ob unter der causa der erstrebte rechtliche oder der wirtschaftliche Erfolg zu verstehen sei. Sieht man als vom Austauschzweck bestimmt nur die Entstehung der gegenseitigen Verpflichtungen an, verflüchtigt sich dieser causa-Begriff bis zum völligen Eingehen in den Gedanken des genetischen Synallagmas. Bezieht man dagegen den Empfang der Leistung selbst mit in die causa ein, so umfaßt der causa-Begriff auch das funtionelle Synallagma und strahlt seine Wirkungen einerseits auf das Recht der Leistungs-

[318] Esser, Schuldrecht, § 14; Kress, Schuldrecht, S. 36; v. Tuhr II, 2, S. 71.

[319] Jung, a. a. O., S. 109, Anm. 161.

[320] Nr. 14; ebenso Schlossmann, a. a. O., S. 47.

störungen, andererseits sogar auf das Recht der Sachmängel im weitesten Sinne aus, zu dem neben §§ 459 ff. auch § 119 II gehört.

Wer die Meinung vertritt, daß zur causa nur das rechtliche Ziel gehöre, gerät wieder wie die gemeinrechtliche Lehre zur causa credendi mit dem Handgeschäft in Schwierigkeiten. Wie soll hier, wo ein unmittelbarer Austausch zweier Verfügungen stattfindet, noch zwischen Austausch- und Leistungszweck unterschieden werden? Besonders charakteristisch konstruiert hier Endemann[321] einen gegenseitigen dinglichen Vertrag, muß dann aber bei der Frage der Anwendbarkeit der Gewährleistungsvorschriften zur Analogie greifen[322]. Ähnlich muß z. B. Krawielicki[323] zur Begründung eines Erfüllungsanspruchs das Handgeschäft nach § 140 BGB in ein sog. Versprechensgeschäft umdeuten; Dietrich[324] lehnt sogar einen Erfüllungsanspruch beim Realkauf überhaupt ab.

Noch schwerer fällt der Meinung, die unter causa nur den rechtlichen Zweck verstehen will, die Behandlung der sog. datio oder promissio ob causam. Wenn hier eine reale Leistung oder eine Verpflichtung zugewendet wird in der Erwartung einer nicht geschuldeten Gegenleistung, ein Fall, den von Tuhr[325] der causa acquirendi unterstellt, so kann von der Verfolgung eines rechtlichen Zwecks kaum mehr die Rede sein.

Es überwiegen somit die Gründe dafür, unter causa eher den wirtschaftlichen als den rechtlichen Erfolg einer Vermögenszuwendung zu verstehen[326]. Es scheint, als habe diese Tatsache den BGB-Gesetzgeber[327] veranlaßt, den Mangel im Rechtsgrund nicht „als Mangel des bezweckten rechtlichen Erfolges“ zu bezeichnen, „da den Parteien nicht immer an einem rechtlichen, sondern häufig nur an einem tatsächlichen, wirtschaftlichen Erfolge gelegen sei“.

2. Der Schenkungszweck

Vor das gleiche Problem sieht sich eine Untersuchung des Liberalitätszwecks, der causa donandi, gestellt. Hier weist schon der Gedanke der Unentgeltlichkeit als solcher eher auf eine wirtschaftliche als auf

---

[321] § 163, 2; dagegen DIETRICH, GRUCHOT 48, 225.

[322] Worauf v. TUHR II, 2, S. 72, wiederum die Annahme eines logisch vorhergehenden gegenseitigen Vertrags stützt; vgl. auch OERTMANN GG, S. 12.

[323] A. a. O., S. 51.

[324] GRUCHOT 48, 225.

[325] II, 2, S. 72.

[326] Vgl. die Definition von OERTMANN GG, S. 12; SCHLOSSMANN, a. a. O., S. 60; DIETRICH, a. a. O.

[327] Prot. II, S. 691.

eine rechtliche[328] Betrachtungsweise der Zweckvorstellung hin: Die Unentgeltlichkeit kann wohl als Fehlen einer Gegenleistung, nicht aber als Fehlen einer Gegenverpflichtung verstanden werden, da sie sich sonst mit der soeben genannten datio oder promissio ob causam überschneiden würde, die keine unentgeltlichen Geschäfte sind. Der Wille, ohne Erwartung einer Gegenleistung eine Vermögenszuwendung zu machen, besagt aber auch noch nicht viel für die Charakterisierung des Geschäfts[329]. Auch eine remuneratorische Schenkung oder eine Schenkung unter einer Auflage gilt schon rechtlich als Schenkung[330], verdient aber mit Rücksicht auf die speziellen Zwecke des Zuwendenden gelegentlich eine Sonderbehandlung[331]. Tatsächlich muß es einen Unterschied ausmachen, ob jemand irrigerweise seinen nur vermeintlichen Lebensretter beschenkt hat, oder ob er seiner Erbtante ein Geschenk macht, das er nach der für ihn enttäuschenden Testamentseröffnung zurückhaben möchte.

Der Typ „Liberalitätszweck" muß demnach als einheitlicher Typ, wie es z. B. der Austauschzweck ist, abgelehnt werden[332]; es bleibt nur die Abstellung auf Vereinbarungen, wie sie § 516 BGB auch vorgenommen hat.

3. Der Gebrauchs- oder Verwendungszweck

Vollends unmöglich erscheint eine nur auf den rechtlichen Erfolg abstellende Betrachtung der Zwecksetzung bei den Gebrauchs- oder Verwendungszwecken i. S. des § 459 BGB. Diese müssen aus dem Gebiet der causa herausbleiben, wenn nicht die causa mehr wirtschaftlich verstanden wird.

---

[328] So aber Jung, a. a. O., S. 104 f.

[329] Dennoch gibt sich Lenel, AcP 75, 72, mit dieser Unterscheidung zufrieden. Von derselben Ansicht geht auch Jung, a. a. O., S. 105 f., aus, arbeitet dann aber, wenn er hinter der reinen Unentgeltlichkeit stehende Zwecke berücksichtigen will, mit einer außerhalb der causa-Lehre gelegenen stillschweigenden Bedingung oder einem Rücktrittsvorbehalt.

[330] Staudinger-Ostler, vor § 516 Anm. 14.

[331] Vgl. hierzu Neumann, Gruchot 45, 508. Auf die Unmöglichkeit der völligen Ausschaltung der besonderen Schenkungszwecke hat nachdrücklich Krückmann (AcP 131, 40 ff.) hingewiesen, wenn auch sein Versuch, die Rückforderung von Schenkungen ganz aus dem Grundsatz der Äquivalenz zu lösen (AcP 131, 74), starken Bedenken begegnet: Der Beschenkte könne durch ein angemessenes Entgelt die Sache auslösen; dieses werde unter Zugrundelegung des objektiven Werts des Geschenks, des Werts der beabsichtigten Schenkung und eines „angemessenen Erschwerungszuschlags" (!) berechnet.

[332] Wie hier Kriegsmann, a. a. O., S. 55 f. mit ähnlicher Begründung.

aa) Für das Ausscheiden hat sich Esser[333] entschieden. Als Grund dafür gibt er die Tatsache an, daß der Gebrauchszweck nicht unmittelbar die Wirksamkeit des Vertrags, sondern nur die Vertragsmäßigkeit der Leistung berühre; ferner bedürfe es zur Erheblichkeit eines Gebrauchszwecks eines Ausdrucks im Vertrag, sonst bleibe der Zweck nur Motiv.

Stärker noch als die von Esser erwähnten Gesichtspunkte spricht gegen die Einbeziehung des Gebrauchszwecks in den causa-Begriff folgende Überlegung: Zwecke wie der Austausch-, der Schenkungs- und der hier noch nicht erörterte Sicherungszweck ergeben sich bei einer bestimmten Art von Verträgen immer und, was wichtiger ist, stets in der gleichen Weise. Typischer Zweck einer Verpflichtung im gegenseitigen Vertrag ist immer die Erlangung der Gegenleistung; typischer Zweck einer Verpflichtung zur Verpfändung, einer Sicherungsvereinbarung bei der Hypothek, einer Sicherungsübereignung ist immer die Sicherung. Wenn aber z. B. jemand einen Hund kauft, so kann er ihn als Geschenk benötigen, als Jagdhund, als Versuchstier für aeronautische Unternehmungen und dgl. mehr. Der Gebrauchszweck ist also in einer bestimmten Art von Verträgen zwar immer, aber nicht immer in der gleichen Weise, ferner auch nicht immer in gleicher Intensität vorhanden, wie folgendes Beispiel zeigen mag: Wenn ich eine Delfter Porzellanschale kaufe, so kann es sein, daß ich sie zur Ausschmückung meiner Wohnung brauche; es kann aber auch sein, daß ich sie nur um ihres Wertes willen kaufe in der Absicht, sie später einmal aufzustellen, zu verschenken oder mit Gewinn weiterverkaufen zu können.

Das Vorhandensein, wenn auch nicht die ausschließliche Maßgeblichkeit des Austauschzwecks ergibt sich mit Notwendigkiet aus der gesetzlichen Ausgestaltung des Geschäftstyps. Der Gebrauchszweck dagegen ist bei einheitlichem Geschäftstyp (Kauf, Miete, Werkvertrag) von Fall zu Fall verschieden.

bb) Die Ansicht Essers ist aber zumindest nicht die herrschende. Ihr steht diejenige Kegels gegenüber, der § 459 I BGB als einen der Fälle ansieht, in dem die Verfehlung typischer genau so behandelt werde wie die Verfehlung vereinbarter Zwecke[334]. Auch Windscheid hat die Regelung der Sachmängelhaftung in seine Voraussetzungslehre einbezogen. Er meint, der Käufer könne sich nach Römischem Recht zwar nicht darauf berufen, er habe die Fehlerlosigkeit der Sache vorausgesetzt, wohl aber darauf, daß er unter der Voraussetzung des Vorhandenseins einer bestimmten wertsteigernden Eigen-

---

[333] Schuldrecht, § 14, 4 (S. 50).
[334] KEGEL, Gutachten, S. 149.

schaft gekauft habe[335]. Von seinem Standpunkt der objektivierten Voraussetzung aus hat auch Lenel[336] die Vorstellungen des Käufers vom Vorhandensein bestimmter Eigenschaften, d. h. mit anderen Worten, den Gebrauchszweck, als u. U. erheblich anerkannt. Nicht anders Oertmann[337], der bei der Frage nach der Tauglichkeit der Ware zum gewöhnlichen Gebrauch seinen Begriff der Geschäftsgrundlage, der sich freilich von dem der causa unterscheidet, mit heranziehen will. Schließlich erblickt Kreß[338] in den Vorschriften der §§ 459 ff., 537 ff., 633 ff. eine Berücksichtigung des Austauschzwecks.

Diese Autoren müßten sich folgerichtig für eine mehr wirtschaftliche Betrachtung der causa einsetzen, die eine Einbeziehung des Gebrauchszwecks in den causa-Begriff ermöglichen würde. Dafür spräche vor allem die Tatsache, daß der Gebrauchszweck wie andere Zwecke auch im Geschäft zum Ausdruck kommen kann, ohne daß eine ausdrückliche Zweckvereinbarung getroffen wird. Auch liegt in der Abstellung auf die *Tauglichkeit zum gewöhnlichen Gebrauch* eine *Typisierung*, die im Verein mit der in § 459 I ebenfalls anerkannten Maßgeblichkeit des vertraglich „vorausgesetzten" Gebrauchs zu einem subjektiv-objektiven Fehlerbegriff geführt hat, der in der neueren Lehre teilweise[339] verwendet wird. Wenn schließlich Esser einwendet, die Verfehlung des Gebrauchszwecks wirke nicht unmittelbar auf den Vertrag ein, so spricht dies nicht gegen eine Ausdehnung des causa-Begriffs auch auf den Gebrauchszweck, da auch die Verfehlung von Leistungszwecken die Wirksamkeit des Leistungsvertrages unangetastet lassen und nur nach § 812 ff. auf den Bestand des Vertrages einwirken kann. Wenn Esser geltend macht, ohne Vereinbarung sei der Gebrauchszweck nur Motiv, so steht doch nichts im Wege, den typischen Verwendungszweck als mitvereinbart und auf diese Weise aus der Reihe der reinen Motive herausgehoben anzusehen, was den herrschenden causa-Definitionen entspricht[340].

cc) Nach alledem stehen sich mit beachtlichen Argumenten zwei gegensätzliche Meinungen über die Einordnung des Gebrauchszwecks in den causa-Begriff gegenüber. Tatsächlich läßt sich mit den bisher erarbeiteten Merkmalen der causa diese Frage nicht recht bewältigen; sie kann erst nach einer weiteren Untersuchung, die eine einheitliche, vom Wirtschaftlichen her bestimmte Definition der causa ergeben müßte, wieder aufgegriffen werden.

---

335 Voraussetzungslehre, S. 114 f., 118.
336 AcP 79, 103 ff.
337 GG, S. 72 f.
338 Allg. Schuldrecht, S. 60.
339 Larenz, Schuldrecht II, § 37 I a; RGRK-Kuhn, § 459 Anm. 15.
340 Vgl. oben S. 56.

Eine solche Erörterung über den Zweck bei Vermögenszuwendungen, die eine andere Einteilung gewählt hat als die nach den gemeinrechtlichen causa-Typen, findet sich bei Esser[341]. Diese Lehre muß daher im folgenden in ihren Hauptzügen referiert und auf ihre Brauchbarkeit für unser Anliegen hin überprüft werden; dasselbe gilt für Boehmers Versuch, die Lehre von den causa-Typen auf die Grundlage eines einheitlichen Gedankens zu stellen.

c) Die causa-Lehre Essers

Esser begrenzt seine causa-Lehre auf das Gebiet des Allgemeinen Schuldrechts, indem er von den dorthin gehörigen Geschäfts- oder Vertragszwecken den Leistungszweck[342] unterscheidet und andererseits, wie erörtert, den Gebrauchs- oder Verwendungszweck i. S. des Gewährleistungsrechts ausscheidet[343]. Die Typen des allgemeinen Schuldrechts ergeben folgende Begriffsreihe: Der vertragscharakteristische Geschäftszweck, der durch den Lebenstypus des Geschäfts bestimmte (gleich sachtypische) Zweck und der besonders vereinbarte Geschäftszweck.

1. Darstellung

Der sog. vertragscharakteristische Geschäftszweck ergebe sich aus der Wahl des Vertragstypus, und zwar komme er überhaupt nur beim kausalen Verpflichtungs- oder Erwerbsgeschäft vor. Hierhin gehören die bekannten Typen wie Austauschzweck (Verpflichtung acquirendi causa), Unentgeltlichkeitszweck[344] (causa donandi), ferner der Sicherungszweck in Geschäften wie Bürgschaft, Garantievertrag u. dgl. Bei den abstrakten Geschäften dagegen sei das Vorliegen eines vertragscharakteristischen Zwecks undenkbar[345]; dort handle es sich immer nur um einen Leistungszweck, den Esser ja aus dem Bereich der causa ausgeschieden hatte.

Der vertragscharakteristische Geschäftszweck wird mit Zustandekommen des kausalen Geschäfts erreicht, bedarf also keiner besonderen Vereinbarung. Mit diesem Zeitpunkt tritt auch die bereits oben S. 17 geschilderte Rechtfertigungswirkung ein. Aus der im übrigen neben der vertraglichen Einigung geringen praktischen Bedeutung hebt Esser nur den Fall des Dissenses über den Geschäftszweck im

---

[341] Schuldrecht, §§ 14, 85.

[342] Schuldrecht, § 14, 1 c; den Leistungszweck bezeichnet er allerdings später (§ 189, 2—4) als Zuwendungszweck.

[343] § 14, 4 (S. 50).

[344] § 14, 3: „Ausgleichslose Mehrung des Empfängervermögens".

[345] Ebenda.

Rahmen der §§ 154, 155 BGB hervor, ohne indes zu berücksichtigen, daß es sich hierbei entweder wieder um einen Fehler der Einigung oder um die Verfehlung des Leistungszwecks bei der Zuwendung handelt[346].

Auch der sog. durch den *Lebenstypus des Geschäfts* bestimmte Zweck bedarf keiner besonderen Vereinbarung, da der Vertrag als solcher bereits eine individuelle Zweckausrichtung erkennen läßt. Einen solchen Zweck gibt es aber nicht bei allen Verträgen, sondern nur bei solchen, die „ihrem Wesen nach zweckgebunden[347]" sind, im Gegensatz zu den ihrem Wesen nach zweckneutralen Verträgen.

Zum Beispiel: Ein Gesellschaftsvertrag verpflichtet nach § 705 zur Förderung irgendeines gemeinsamen Zieles, ein Werkvertrag kann alle möglichen „Werke" zum Gegenstand haben, ein Auftrag die verschiedensten „Geschäfte". Die Charakterisierung durch das Gesetz in den §§ 631, 662 BGB legt nur den allgemeinen Begriff des „Werks" bzw. des „Geschäfts" zugrunde, den von Esser sog. Formaltypus, der überall der gleiche ist, während in Wirklichkeit unter Werkvertrag so unterschiedliche „Lebenstypen" fallen wie der Enttrümmerungsvertrag[348], der Vertrag über Theater- und Konzertaufführungen[349] u. a. m. Unterscheiden sich also hier bei gleichbleibendem Formaltypus die Lebenstypen, so verpflichtet z. B. ein Kaufvertrag als zweckneutraler Vertrag zum Austausch von Leistungen, die auch ohne Bezug auf einen bestimmten Zweck objektiv sinnvoll sind. Hier erkennt Esser bekanntlich keinen „durch den Lebenstypus bestimmten Zweck" an; der Verwendungszweck bleibe reines Motiv[350], das allerdings durch besondere Vereinbarung erheblich werden könne.

Esser führt nicht im einzelnen aus, wann der durch den Lebenstypus bestimmte Zweck erreicht ist; doch kann nach seinen Erörterungen der Zweck nur durch Herstellung bzw. Entstehen der gewünschten tatsächlichen Lage, also Aufführung des Theaterstücks, Trümmerfreiheit des Grundstücks usw. erreicht werden.

Die Rechtsfolgen der Zweckverfehlung unterscheiden sich danach, ob die zur Erreichung des Vertragszwecks nötige Leistung unmöglich geworden ist oder nicht[351], passen sich also, so insbesondere bei der Frage nach dem Schicksal einer etwaigen Gegenleistung, den anderen nach dem BGB maßgebenden Gesichtspunkten an.

Mit der allgemeinen Meinung erkennt Esser die Möglichkeit der Erhebung von Motiven zum rechtserheblichen Zweck durch besondere Zweckvereinbarung an. Dem oben auf S. 52 ff. über die Zweckvereinbarung Ausgeführten braucht hier nichts mehr hinzugefügt zu werden.

---

346 Unten § 15, S. 210.
347 Schuldrecht, § 14.
348 Palandt-Gramm, § 631 Anm. 4.
349 RG 133, 388.
350 Schuldrecht, § 14, 4 (S. 50).
351 Esser, § 85, 3.

2. Würdigung

Das Dilemma der historischen Dreiteilung der causae bestand darin, daß die Zwecke verschiedener Arten von Vermögenszuwendungen, die in verschiedener Intensität auf diese einwirken, mehr oder weniger gleichberechtigt nebeneinanderstanden[352]. Die Aufstellung einer Reihe von einheitlich gestalteten causa-Typen für das BGB scheiterte an der unterschiedlichen Fähigkeit der gemeinhin genannten causa-Typen zur wirtschaftlichen Charakterisierung einer Vermögenszuwendung. Kann nun die Essersche Teilung in den vertragscharakteristischen, den durch den Lebenstypus bestimmten und den vereinbarten Zweck aus dieser Klemme helfen?

Da Esser keine Zweifel daran läßt, daß die von ihm genannten Zwecke Motive sind, stimmt er im Ausgangspunkt mit der in dieser Arbeit vertretenen Meinung überein. Schon die Ausscheidung des Leistungszwecks führt aber m. E. dazu, die Gemeinsamkeit der causa im Allgemeinen Schuldrecht und der im Bereicherungsrecht aus dem Auge zu verlieren: Der Begriff des vertragscharakteristischen Zwecks birgt die Gefahr einer Beschränkung der causa auf den Gedanken des genetischen Synallagmas in sich. Die Institution des „durch den Lebenstypus des Geschäfts" bestimmten Zwecks, auf die sich Esser gelegentlich in Fällen des Wegfalls des Gläubigerinteresses beruft[353], gehört in den Bereich des funktionellen Synallagma, schöpft diesen aber nicht aus, geschweige denn, daß sie das Recht der Leistungsstörung vom Zweckgedanken her zu begreifen versucht.

Überhaupt scheint mir die Gegenüberstellung des vertragscharakteristischen und des durch den Lebenstypus bestimmten Zwecks in diesem Rahmen bedenklich zu sein: Der vertragscharakteristische Zweck ist ein echter causa-Fall, nämlich der Zweck einer kausalen Verpflichtung. Der durch den Lebenstypus bestimmte Zweck ist dagegen nicht etwa ein besonderer Zwecktyp, sondern nichts weiter als die durch die Besonderheiten des Leistungsgegenstandes bestimmte Konkretisierung des vertragscharakteristischen Zwecks im Einzelfall. Sowohl die Grundform als auch der Unterfall können typisch mit der Zuwendung zusammen und auch durch besondere Abrede vereinbart worden sein, so daß die besondere Betonung der Rolle des vereinbarten Zwecks ebenfalls zu Mißverständnissen führen könnte.

Insgesamt gesehen bleibt es bei der Erkenntnis, daß die typischen Zwecke bei der Vornahme kausaler Zuwendungen volle Anerkennung genießen, ohne daß die Lehre Essers eine Ausdehnung des Zweckgedankens auf die Abwicklung dieser kausalen Geschäfte oder die

---

[352] Oben S. 57 ff.

[353] § 85, 2; ein Installateur, der zum Auftauen einer Wasserleitung bestellt ist, erscheint erst, als die Leitung durch Wetterumschlag von selber wieder aufgetaut ist.

Abwicklung sog. abstrakter Geschäfte zuließe. Die Ergebnisse Essers führen daher auch den in dieser Arbeit unternommenen Versuch einer allgemeinen causa-Lehre nicht weiter.

d) Die Lehre Boehmers

Einen Versuch, die Lehre von der causa auf eine auf einem einzigen Gedanken fußende Grundlage zu stellen, hat *Boehmer* unternommen.

1. Darstellung

Boehmer geht von folgender Auffassung der Obligation aus[354]: Die Obligation enthalte ein Erfolgs- oder Zweckmoment sowie das Element der schuldnerischen Verpflichtung[355]. Gemeinsam sei allen Obligationen — und zwar auch den Unterlassungspflichten[356], daß sie einen gewissen Erfolg anstreben, der eine Begünstigung für den Gäubiger enthält. Dieser Erfolg — nicht das schuldnerische Verhalten selbst — bilde den eigentlichen Zweck der Obligation[357], wohl zu unterscheiden von der durch den Erfolg vermittelten Befriedigung eines Bedürfnisses des Gläubigers, die als der psychologische Endzweck der Obligation nur bloßes Motiv geblieben sei[358].

In dem hier näher beschriebenen Zweckmoment der Obligation erblickt Boehmer für alle Leistungen bereits die Zweckbestimmung, und zwar ohne Rücksicht darauf, ob sie solvendi, credendi, donandi causa erfolgt sind[359]. Die gemeinrechtliche Teilung der causa falle mithin in sich zusammen. Boehmer kennt nur noch die causa solvendi[360]. Causa credendi ist danach „die Begründung selbst und damit der rechtliche Grund der Leistung"; causa solvendi „die Aufgabe der Leistung, den Inhalt einer bestimmten Obligation zu verwirklichen…, also der rechtliche ‚Zweck' der Leistung"[361]. Boehmer zieht aus dieser neuen Sicht der causa die Folgerung — auf die es ihm vorwiegend

---

[354] Erfüllungswille, S. 5.

[355] Vgl. dazu Hartmann, a. a. O., § 4, sowie insbesondere S. 31 ff.

[356] Erfüllungswille, S. 10 ff.

[357] Ebenda S. 9.

[358] Ebenda S. 10. Bei den Unterlassungspflichten dagegen liege der von dem Gläubiger erstrebte Erfolg in der Vermeidung von Nachteilen, die ihm durch pflichtwidriges Handeln des Schuldners entstehen würden, also in der Befriedigung eines Interesses, das der Gläubiger an der Fortdauer eines bestimmten Zustandes hat. Hier sei diese Befriedigung unmittelbarer Leistungsinhalt.

[359] Ebenda S. 45.

[360] Ebenda S. 46 f., vgl. ArchBürgR 38, 318 f.

[361] Erfüllungswille, S. 47.

ankommt —, daß zur Erfüllung nur die reale Leistung und die „erkennbare Beziehung zur Obligation", nicht aber eine besondere Zwecksetzung durch den Schuldner oder den Gäubiger gehöre[362].

2. Würdigung

Eine Erörterung der Frage, wieweit Boehmers Konstruktion der Erfüllung sowie seine Antwort auf die im vorigen nicht erwähnte, mit der causa-Lehre zusammenhängende Frage nach der Möglichkeit von Realverträgen[363] zutrifft, muß hier beiseitebleiben. An dieser Stelle kommt es zunächst auf die Zurückführung des causa-Gedankens allein auf die causa solvendi an:

Boehmer verwendet zunächst einen anderen Zweckbegriff als den gemeinhin vertretenen: Er faßt nicht den Zweck ins Auge, den der *Schuldner* mit seiner Verpflichtung verfolgt, sondern untersucht, warum der *Gläubiger* sich die Leistung des Schuldners versprechen läßt. Bei der Leistung dagegen sieht er den Zuwendungszweck überhaupt nicht subjektiv, weder vom Standpunkt des Gläubigers, noch dem des Schuldners aus, sondern stellt auf ein objektives Moment ab, nämlich auf die erkennbare Beziehung einer Leistung zur Obligation. Diese erkennbare Rückbeziehung auf die Obligation, damit aber auch auf das nach Boehmers Ansicht in der Obligation enthaltene Zweckmoment als genügende „Zwecksatzung" (= causa) der Zuwendung anzusehen, ist eine Betrachtungsweise, die besonders auf die enge Verbindung der causa einer Obligation mit der causa einer „Leistung" hinweist.

Größere Bedeutung im Rahmen unserer Arbeit kommt aber der Tatsache zu, daß Boehmer die erkennbare Beziehung einer Zuwendung zum wirtschaftlichen Erfolg als causa ansieht. Hierin liegt m. E. eine typisierende Betrachtungsweise, die den normalerweise mit der Obligation verfolgten Zweck (ein Befriedigungsinteresse des Gläubigers) auf die Zuwendung überträgt (in Gestalt des Erfüllungszwecks).

Freilich steht Boehmer selber hinsichtlich des Verhältnisses von causa solvendi und causa credendi auf einem anderen Standpunkt[364]: Er hält eine Gleichordnung für unmöglich. Dennoch schafft m. E. die dargestellte Ansicht vom Erfüllungszweck die Grundlage für eine allgemeine causa-Deutung: Die *causa einer Verpflichtung* wäre ebenso wie die *causa einer Leistung* i. S. des Bereicherungsrechts als der jeweilige Bezug *der Zuwendung* zum wirtschaftlichen Gesamterfolg,

---

[362] Erfüllungswille, S. 47; ähnlich KRAWIELICKI, Grundlagen, S. 80, der für die Erfüllung eine Bezugsetzung auf den Rechtsgrund „Anspruch" (d. h. den kondiktionsausschließenden „Behaltenstitel", vgl. oben S. 18 und Anm. 95) verlangt. Siehe auch MAIER, AcP 152, 105 ff.

[363] Siehe vor allem BOEHMER, ArchBürgR 38, 318.

[364] Erfüllungswille, S. 47.

besser noch, *zum wirtschaftlichen Gesamtgeschäft* zu verstehen. Erweist sich diese Zweckbeziehung als fehlerfrei, so gibt sie den „Rechtsgrund“ für Bestand von Verpflichtung und Leistung ab[365]; leidet sie an einem Mangel, so treten die vom Gesetz unter den Gesichtpunkten „Anfechtung“, „Gewährleistung“, „Leistungsstörung“, „Bereicherungsanspruch“ geregelten Rechtsfolgen in die von den Parteien gelassene Lücke.

III.
Die Lehre von der causa im „Güterschiebungsprozeß“

Es mag merkwürdig anmuten, wenn hier zur dogmatischen Begründung einer causa-Lehre die Auffassungen *Stampes* herangezogen werden, dem es doch gerade darum ging, den Begriff „causa“ auszumerzen und zu ersetzen[366].

a) Darstellung der Lehre Stampes

Stampes Lehre und die zum Teil daran anschließenden Ausführungen von Rümelin sind denn auch für unsere Abhandlung nur zum Teil wertvoll. Während wir von der Gleichstellung causa-Zweck ausgegangen waren, will Stampe unter causa und Parteizweck völlig verschiedene Dinge verstanden wissen[367]. Wichtig, wenn auch sprachlich unschön, ist der Ausdruck „Güterschiebung“, die rechtsgeschäftliche Bewegung von Werten, die Stampe dem (originären) Erwerb durch „Güterzuweisung“ gegenüberstellt[368]. Der Ausdruck „Güterschiebung“ umfaßt alle Arten der rechtsgeschäftlichen Vermögenszuwendung durch Verpflichtungs- und Verfügungsgeschäfte, und zwar jeweils den ganzen Komplex an Rechtsgeschäften, die zur Überleitung eines Gutes aus dem einen in das andere Vermögen führen.

1. Der causa-Begriff

Von diesem Begriff ausgehend, umreißt Stampe die *causa* folgendermaßen: Die Parteien bestimmen den wirtschaftlichen Gesamterfolg

---

[365] Zur Beziehung causa-Rechtsgrund siehe oben S. 17 ff.; ferner unten § 15, S. 201 ff.

[366] Er denkt an eine Umgestaltung des Zivilrechts in großem Umfang, Causaproblem, S. 39.

[367] Wertbewegungslehre, S. 34.

[368] Causaproblem, S. 23.

der Güterschiebung durch Willensakt, der den Charakter einer Einigung hat. Dieser Willensakt heißt causa oder auch „Grundgeschäft[369]".

Die causa hat nun eine doppelte Funktion: Zur Ausführung der Grundgeschäfte bedarf es immer einer Reihe von Hilfsgeschäften. Diese dienen zur Durchführung, Sicherung, Modifikation eines Grundgeschäfts oder einer Grundobligation oder wollen ein Stück des Grundgeschäfts in sich verkörpern[370]. Zu den Hilfsgeschäften gehören in erster Linie die Leistungen (auf diese Weise kommt man wieder zur causa solvendi). Die gleiche Stellung nehmen aber auch gewisse Obligationsbegründungen ein, so die Bürgschaft, Schuldabänderung[371], ferner (abstrakte) obligationenrechtliche Hilfsgeschäfte wie Schuldversprechen und Schuldanerkenntnis, sowie — was einem Hinweis von Oertmann[372] folgend hier eingefügt werden kann — möglicherweise auch einmal kausale Geschäfte, so bei Kaufabschluß in Erfüllung eines Vermächtnisses, eines Vorvertrages. Der Bestand dieser Hilfsgeschäfte ist durch das fehlerlose Vorhandensein der causa (gleich: Grundgeschäft) bedingt[373]. Ob der causa-Mangel ein Rückforderungsrecht oder eine Vernichtung des Hilfsgeschäfts zur Folge hat, ist nicht gesagt.

Die zweite Bedeutung der causa besteht darin, daß sie die obligatorischen Leistungspflichten schafft „und so die Wertbewegung selbständig in Gang bringt"[374], ferner auch darin, daß sie die Reaktionen auf Störungen der Wertbewegung erzeugt[375]. Nach Stampes Meinung ist das Grundgeschäft im bezeichneten Sinne kein obligatorisches Geschäft, das einen auf die Erzeugung von Rechtswirkungen gerichteten Willen enthielte, da die Parteien, die ja meist nur juristische Laien sind, immer nur an den wirtschaftlichen Gesamterfolg denken und sich nur darüber einigen[376]. Aus der Gleichstellung von causa und Feststellung des Enderfolges der Wertbewegung ergibt sich, daß es soviele causae wie Wertbewegungstypen geben muß, d. h. also eine nicht geschlossene und zur ständigen Vermehrung tendierende Zahl[377].

---

[369] Ebenda S. 24; ausdrücklich dagegen RÜMELIN, AcP 97, 218: Solange man die von den Parteien bezweckten Güterschiebungen nach ihrem Gesamterfolg ins Auge faßt, gelangt man nicht zu der Vorstellung einer hinter dem betreffenden Geschäfte stehenden causa.

[370] RÜMELIN, a. a. O..

[371] Für die RÜMELIN, AcP 97, 266, den Wert des causa-Begriffs leugnet.

[372] GG, S. 8; ähnlich KRIEGSMANN, a. a. O., S. 48 f.

[373] Der nach der modernen Terminologie merkwürdige und verfehlte Ausdruck: „Bestandsbedingung der Hilfsgeschäfte" findet sich wörtlich bei STAMPE, Wertbewegungslehre, S. 13.

[374] Ebenda S. 15.

[375] Ebenda S. 22.

[376] Causaproblem, S. 24.

[377] Ebenda S. 41; Wertbewegungslehre, S. 11; dies rügt KLINGMÜLLER, ZHR 58, 161, besonders.

2. Der Parteizweck

Dagegen versteht Stampe unter dem Parteizweck den bei der rechtsgeschäftlichen causa bzw. Wertbewegung von einer Wertbewegungspartei angestrebten Erfolg. Der Ton liegt hier auf dem Wollen *nur einer Partei,* im Unterschied zur causa, die regelmäßig Vertrag, also von beiden Parteien gewollt ist[378]. Stampe verlangt für die Wirkung des Parteizwecks nicht einmal allgemein, daß er dem Gegner bekannt wird[379], sondern unterscheidet in dieser Hinsicht zwischen gesetzmäßigem und gesetzwidrigem Parteizweck. Bei Beeinträchtigung gesetzmäßiger Parteizwecke soll im allgemeinen Kenntnis des Zwecks auf Seiten des Gegners verlangt werden (Beispiel: § 459 I BGB[380]); die Verfehlung wirke sogar ohne Kenntnis des Gegners[381]. Für die Wirkung eines gesetzwidrigen Parteizwecks dagegen verlangt Stampe in den Fällen, wo das Objekt der Wertbewegung gesetzmäßig ist, Verfolgung des Zwecks durch beide Partner[382].

3. Die Wirkungen von causa und Parteizweck

Während die causa als der Willensakt, durch den die Parteien den wirtschaftlichen Gesamterfolg der Güterbewegung bestimmen, deren Abwicklung allein bewirkt[383], schafft sie die *Reaktionswirkungen* im Verein mit dem Parteizweck. Dieses Zusammenwirken von causa und Parteizweck geschieht meist bei der Beeinträchtigung des mit der Wertbewegung verfolgten konkreten Parteizwecks, und zwar:

aa) Bei Vorgängen in contrahendo[384] (§§ 463, 523, 524, 539, 600 BGB). Diese Bestimmungen sind gerade auch mit Rücksicht auf die Beeinträchtigung des Parteizwecks erlassen.

bb) Bei Verletzung von Abwicklungsrechten durch den Schuldner[385] (§§ 280, 286, 325, 326 BGB) sowie bei zufälligen Verletzungen[386] (§§ 542, 361 BGB, 376 HGB). Hier liegt der Hinweis auf den Parteizweck in der Erwähnung des Interessenmangels, beispielsweise in § 280 II BGB.

---

[378] Wertbewegungslehre, S. 33—35.
[379] Ebenda S. 34.
[380] Wertbewegungslehre, S. 57.
[381] Ebenda S. 58.
[382] Ebenda S. 101.
[383] Ebenda S. 43.
[384] Ebenda S. 45.
[385] Ebenda S. 45—48.
[386] Ebenda S. 48.

cc) Bei der Beeinträchtigung nur des Parteizwecks ohne Störung der Abwicklung[387]. Hierher gehört z. B. die reine Gewährleistung, § 459 I BGB, bei der es nicht um die Verursachung der Mängel geht[388].

b) Würdigung der Lehre Stampes

Die mitgeteilten Einzelheiten mögen zur Beurteilung der causa-Lehre Stampes in unserem Zusammenhang genügen. Daß die Trennung von causa und Parteizweck nicht unserem Ausgangspunkt entspricht, enthebt uns nicht der Aufgabe, diese Lehre zu überprüfen, macht es aber verständlich, daß für die hier vertretene Auffassung der Hauptwert von Stampes Untersuchungen in der Klarstellung der Funktion der Hilfsgeschäfte und in dem Versuch liegt, die „Reaktionswirkungen" aus der Beeinträchtigung des Parteizwecks zu erklären.

1. Ablehnung des causa-Begriffs

Die Bestimmung der causa als nicht obligatorisches, aber die Obligationen selbständig erzeugendes Grundgeschäft, das praktisch in einer Feststellung des wirtschaftlichen Enderfolges besteht, kann leicht zu einer Verflüchtigung des causa-Begriffs führen. Zunächst wird die Erfassung der sog. atypischen Verträge[389], in denen verschiedene der üblichen Wertbewegungstypen gemischt werden, mit Stampes causa-Begriff Schwierigkeiten bereiten, weil häufig die Feststellung dessen, was causa ist, dann in weiter nichts als einer Angabe des Vertragsinhalts bestehen wird.

Das Entstehen der vertraglichen Verpflichtungen zu begründen, was Stampe als eine der wesentlichen Funktionen seiner causa ansieht, bedarf es eines besonderen Instituts neben dem des obligatorischen Grundgeschäfts nicht. Der Hinweis, die Parteien als juristische Laien dächten immer nur an den wirtschaftlichen Erfolg, nicht an die Begründung von Pflichten, scheint mir zu weit zu gehen: Natürlich ist der von den Parteien erstrebte Erfolg wirtschaftlicher Natur. Das bedeutet aber nicht, daß die Parteien nicht das Entstehen rechtlicher Verpflichtungen erwarteten und erstrebten; zur Sicherung des gewünschten wirtschaftlichen Erfolgs wird ihnen auch an der Verpflichtung gelegen sein. Man braucht noch nicht juristisch zu denken, um einer Abmachung über den Austausch von Ware gegen Geld verpflichtende Kraft beizumessen. Sind die Vertragspartner sich aber darüber klar, daß sie bei der Festlegung des wirtschaftlichen Erfolgs

[387] A. a. O., S. 49.

[388] An dieser Stelle konstruiert STAMPE auch die positive Vertragsverletzung als reine Parteizweckverletzung.

[389] Vgl. LOCHER, AcP 121, 55 f.

Verpflichtungen eingehen, so einigen sie sich letztlich bei dem Feststellungsakt doch über den Zweck ihrer Verpflichtungserklärungen, was der Unterscheidung von causa und Zweck, wie sie Stampe vorschlägt, den Boden entzieht.

Gegen die Trennung von causa und Zweck spricht ferner die Beobachtung, daß in den praktisch interessantesten Vorschriften des BGB, die Stampe[390] nennt, nach seiner eigenen Ansicht die Bedeutung des Parteizwecks die des Grundgeschäfts überwiegt: Man könnte den Versuch unternehmen, im Recht der Sachmängelhaftung und der Leistungsstörungen die Bedeutung der Parteizwecke aufzuzeigen; die Festlegung des Gesamterfolgs kann demgegenüber nur die Rolle der Einordnung eines konkreten Geschäfts in die Fülle der möglichen Wertbewegungstypen spielen[391].

Diese Überlegungen führen dazu, den von Stampe vorgeschlagenen causa-Begriff für unsere Erörterung abzulehnen[392] und es bei der grundsätzlichen Abstellung auf den Zweck zu belassen.

2. Positive Ergebnisse

Dennoch gibt Stampes Lehre einige wertvolle Fingerzeige:

Ihre Bedeutung scheint mir vor allem in dem Hinweis auf das Verhältnis von Grund- und Hilfsgeschäften zu liegen. Wenn, wie Stampe ausführt[393], die Hilfsgeschäfte von der Fehlerlosigkeit des Grundgeschäfts abhängen, und zwar, indem die „kausalen" Hilfsgeschäfte der Gefahr der Unwirksamkeit, die abstrakten der Gefahr der Kondizierbarkeit unterliegen[394], so kann das nur an einer Verknüpfung jedes einzelnen Hilfsgeschäfts mit dem Grundgeschäft liegen, die ihrerseits durch Einigung über den wirtschaftlichen Gesamterfolg hergestellt wird. Man braucht jetzt nur die Betrachtungsweise Stampes, der von dem für ihn maßgeblichen Grundgeschäft auf die Erfüllungsgeschäfte blickt, in der Weise umzukehren, daß man von den Hilfsgeschäften auf das jeweilige Grundgeschäft blickt, um jene

---

[390] S. oben S. 71 f.

[391] STAMPE kommt durch seine Gegenüberstellung von Grundgeschäft und Parteizweck praktisch zu der bereits oben S. 17 erwähnten Trennung in objektive und subjektive causa im Sinne WIELANDS: Was jener als das von der Rechtsordnung auf Grund einer Würdigung der subjektiven Parteizwecke normierte objektiv-rechtliche Rechtsverhältnis, als die causa im objektiven Sinn, bezeichnete, steht STAMPES nicht obligatorischem Grundgeschäft gleich.

[392] Dagegen auch LEONHARD, SchuR, S. 382 f.; KLINGMÜLLER, ZHR 58, 159 ff.

[393] Vgl. oben S. 70 und Anm. 373.

[394] Wertbewegungslehre, S. 12; diese Unterschiedlichkeit der Rechtsfolgen führt KLINGMÜLLER, ZHR 58, 162, gegen STAMPE ins Feld.

von uns bereits aufgestellte Behauptung bestätigt zu finden, daß der Grund für den Bestand — oder auch für die Wirksamkeit — eines Hilfsgeschäfts in seiner Beziehung zum wirtschaftlichen Gesamterfolg zu sehen sei. Abweichend von Stampe nannten wir diese Beziehung die causa.

Bereits oben S. 71 wurde angedeutet, daß Stampes Versuch, die „Reaktionswirkungen", also das Recht der Leistungsstörung im weitesten Sinn, aus der Beeinträchtigung oder Verletzung des Parteizwecks zu verstehen, auch auf die causa-Lehre übertragen werden könnte. Einen Ausblick auf die Möglichkeiten, die ein wirtschaftlicher causa-Begriff in dieser Hinsicht bietet, eröffnete auch schon die oben S. 59 ff. versuchte Erörterung des Austauschzwecks. Die im gegebenen Rahmen nur möglichen Ansätze soll der zweite Teil dieser Arbeit in den §§ 13—16 wenigstens teilweise vertiefen, wobei aber im Rahmen einer Kritik der Lehre Stampes nicht zu übersehen ist, daß die Ableitung des Rechts der Leistungsstörungen und des Gewährleistungsrechts allein aus der Beeinträchtigung des Parteizwecks nicht angeht. So kommt, um nur wenige Beispiele zu nennen, in § 600 BGB die Arglist des Verleihers, in §§ 280, 325, 326 BGB das Verschulden des Schuldners zur reinen Zweckverfehlung hinzu. Die vereinfachende Darstellungsweise Stampes wird der Vielfalt der in den genannten Gebieten des Schuldrechts auftretenden Problematik nicht gerecht.

c) Die Auffassung Rümelins

Bestätigt nach alledem Stampes causa-Lehre einen Teil der in dieser Arbeit vertretenen Ansichten, während sie im übrigen einige neue Wege zur Lösung des causa-Problems zeigt, so können wir der teilweise im Anschluß an Stampe entwickelten Auffassung *Rümelins*[395] nicht beipflichten, daß die causa ihren Sitz nur bei den abstrakten Hilfsgeschäften, dort dann aber gleichmäßig für Verfügungen und Verpflichtungen habe. Der Wert der von Stampe vorgeschlagenen gesonderten Betrachtung von Grund- und Hilfsgeschäften geht für Rümelin im Grunde verloren: Während Stampes Ansicht einen umfassenden causa-Begriff ermöglicht, dessen Wirkungen[396] sich in den verschiedensten Institutionen des Schuldrechts zeigen, kommt Rümelin kaum über den causa-Begriff des Bereicherungsrechts hinaus[397]. Natürlich unterscheidet sich die Wirkung der causa vornehmlich nach Kausalität oder Abstraktheit der Vermögenszuwendung; doch würde dem hier unternommenen Versuch, mit Stampe den Zweck (den wir als

---

[395] AcP 97, 217 ff.; neuerdings ähnlich ZWEIGERT, JZ 1964, 353.

[396] Die STAMPE allerdings dem Parteizweck entnimmt.

[397] Er wollte freilich auch nur eine Lehre von den abstrakten Verpflichtungsgeschäften aufbauen.

causa bezeichnen) auch außerhalb des Bereicherungsrechts zur Geltung zu bringen, die Übernahme der Meinung Rümelins den Weg versperren.

a) Die causa bei Fitting und Schlesinger

Die Gleichsetzung der causa mit der auf Erzeugung der wirtschaftlichen Wirkung gerichteten Zweckvorstellung, die jedes einzelne Rechtsgeschäft bestimmt, kommt bereits bei Fitting[398] vor, ähnlich bei Schlesinger.

1.

Fitting hat allerdings noch stärker den Charakter der causa als Internum des Geschäfts hervorgehoben, indem er ausführt, jedes Geschäft habe eine wirtschaftliche und eine spezifisch juristische Seite; die causa, d. h. die Grundlage und Ursache[399] der spezifisch juristischen Wirkung, liege in der gewollten wirtschaftlichen Wirkung. Die spezifisch juristische Wirkung i. S. Fittings deckt sich mit dem „unmittelbaren" Rechtserfolg der Vermögenszuwendung, wenn man einen solchen überhaupt anerkennen will[400]. Deutlich würde es heißen: Die spezifisch juristische ist diejenige Wirkung, die beim Vorliegen aller Tatbestandsvoraussetzungen einer Vermögenszuwendung eintritt (also z. B. Eigentumsübertragung auf Grund von Einigung und Eintragung, § 873 BGB). Die gewollte wirtschaftliche Wirkung i. S. Fittings entspricht dann etwa der causa. Man kann dann, wie Fitting es tut, bei jedem einzelnen Geschäft eine besondere wirtschaftliche und eine besondere juristische Seite annehmen, z. B. Einigung und Übergabe als juristische, die Erfüllung als wirtschaftliche Seite ansehen. Eine Vereinfachung besteht jedoch i. d. R. darin, daß der Bezug auf den wirtschaftlichen Erfolg bei den im Rahmen einer größeren wirtschaftlichen Operation getätigten Einzelgeschäften häufig derselbe sein wird. Überhaupt stehen unter den Zweckbeziehungen der Einzelgeschäfte auf den Gesamterfolg typische Zwecke im Vordergrund.

2.

Enthält demnach Fittings Bestimmung der causa Elemente, die auch beim causa-Begriff der vorliegenden Arbeit verwendet wurden, so soll *Schlesinger* sogar unter der causa die Beziehung auf eine Vermögensveränderung verstanden haben[401]. Es könnte also der Eindruck ent-

---

[398] Dort allerdings als Begriff der Römer.
[399] AcP 52, 395.
[400] Vgl. dazu oben S. 17.
[401] Klingmüller, Rechtsgrund, S. 8.

stehen, als habe Schlesinger wie hier als causa die wirtschaftliche Beziehung zum Gesamtgeschäft angesehen. Dies trifft allerdings bei näherem Zusehen nicht ganz zu: Ausgehend[402] von der Unterscheidung zwischen den Verträgen, in denen die Erweiterung des Vermögens der anderen Partei (durch Verpflichtung oder Verfügung) „alleinstehend" gewollt wird und solchen Verträgen, in denen die Vermögenszuwendung „in rechtlicher Beziehung auf einen sonstigen vermögensrechtlichen Umstand" steht, „der dem Vorgang den Charakter einer reinen Bereicherung .. benimmt", bestimmt Schlesinger die causa als die „Beziehung zu den sonstigen vermögensrechtlichen Verhältnissen des Erwerbers, so jedoch, daß die rechtliche Nichtbeziehung auf irgend etwas außerhalb des erworbenen Rechts Liegendes, also die etwa gewollte einfache Bereicherung, darunter mitbegriffen wird"[403]. Dieses wörtliche Zitat zeigt, daß unter der vielversprechenden Bezeichnung sich im wesentlichen nur eine Unterscheidung zwischen entgeltlichen und unentgeltlichen Geschäften verbirgt, ohne daß sich eine genauere Bezeichnung der causa bzw. der „Beziehung zu den ... vermögensrechtlichen Verhältnissen des Erwerbers" findet.

e) Die Lehre Jungs

Trotz der äußeren Ähnlichkeit seiner Formel mit der im Gemeinen Recht bekannten von Schlesinger, enthält die Theorie von *Jung*, von ihrem Ausgangspunkt im Bereicherungsrecht her verständlich, eine starke Beschränkung des causa-Begriffs.

1. Darstellung

Jung weiß auch, daß die causa ein Motiv einer Zuwendung ist[404]; er meint aber immer nur die als direkte Folge der Vermögenszuwendung vorgestellte *rechtliche Wirkung der Zuwendung auf die relativen Rechtsbeziehungen des Empfängers*, regelmäßig zum Zuwendenden selbst[405].

Diese Formel hebt sich in verschiedener Hinsicht von den bisher vorgefundenen ab: Zunächst handelt es sich nach Jung immer nur um die rechtliche, nicht um die tatsächliche oder wirtschaftliche Wirkung einer Zuwendung[406]; auf diese Weise will er die causa von

---

[402] Zur Lehre von den Formalcontracten, S. 4.

[403] Ebenda S. 5.

[404] Die Bereicherungsansprüche, S. 60.

[405] Ebenda S. 68; weniger scharf Breyhan, a. a. O., S. 8 f.: „Die causa beruht auf den rechtlichen Beziehungen der bei der Zuwendung beteiligten Personen zueinander oder auch zu dritten Personen."

[406] Jung, a. a. O., S. 102.

irgendwelchen entfernten Zwecken, die durch Vereinbarung erheblich werden können, absondern. Zweitens aber glaubt Jung, die Bildung scharfer Tatbestände dadurch sicherstellen zu können, daß er die causa nur in den relativen Beziehungen des Zuwendungsempfängers ansiedelt.

So gelangt er zu dem Ausdruck „obligatorische causa[407]", der in sich die Formen der causae credendi und solvendi begreift[408], während er die mehr spezialisierten causa-Typen wie causa donandi[409], condicionis implendae[410], dotis constituendae[411] u. dgl. ausklammert. Der Bezug der Zuwendung auf die relativen Verhältnisse des Zuwendungsempfängers kann also nur in zwei Formen bestehen: Entweder es soll eine obligatorische Beziehung zwischen Zuwendendem und Zuwendungsempfänger erst geschaffen, oder eine solche soll gelöst oder teilweise geändert werden[412]. Das geschieht nach Jungs Meinung nicht durch Vereinbarung, jedenfalls nicht durch einen „auf Abhängigmachung des Leistungseffekts von dieser Zweckerreichung gerichteten Willensvorbehalt".

2. Würdigung

Jung hat richtig erkannt, daß die causa eine nicht in den Tatbestand der Vermögenszuwendung gehörende Bezugsetzung dieser Zuwendung enthält. Er hat aber durch die Beschränkung der möglichen Bezugsetzung allein auf Begründung und Lösung der Obligation das Gebiet der causa allzu sehr eingeengt, und zwar auf das Bereicherungsrecht. Selbst in jenem Rahmen hat er sich durch seine Beschränkung des causa-Begriffs dem Vorwurf ausgesetzt[413], den Rechtsgrund eines Vermögensvorteils mit dem Anspruch darauf verwechselt zu haben.

Es mag im Sinne Jungs liegen, daß mit seiner Definition der Weg zu einer Deutung, die auch den Blick für die außerhalb des Bereicherungsrechts gelegenen Fälle der causa offenhält, verbaut ist, doch spricht gegen diese Lösung, daß sie in einer Reihe von Fällen, die Kollisionen von Akzessorietät und Kausalität enthalten[414], und die sich nach der hier erarbeiteten causa-Lehre mit dem Gedanken der Zweckvereinbarung erfassen lassen, zu völlig außerhalb des causa-

[407] Bereicherungsansprüche, S. 72.
[408] Ebenda S. 61.
[409] Ebenda S. 66 f.; dagegen Kriegsmann, a. a. O., S. 53, Anm. 93.
[410] Bereicherungsansprüche, S. 78.
[411] Ebenda S. 78.
[412] Ebenda S. 68.
[413] Wilburg, S. 12 ff.; v. Caemmerer, Rabel-Festschrift, S. 337.
[414] Vgl. unten Kapitel 3 § 12 dieser Arbeit.

Rechts liegenden Vereinbarungen[415] wie auflösenden Bedingungen u. dgl. greifen muß. Dies zwingt ihn im Einzelfall immer zur Feststellung einer Rechtsfolgenvereinbarung[416].

Im Ergebnis besteht also keine Veranlassung, den causa-Begriff, der auf der Zweckbeziehung einer Vermögenszuwendung zu dem wirtschaftlichen Gesamterfolg des Geschäfts aufbaut, durch Beschränkung auf die „obligatorische Unterlage[417]" allein vom Sonderfall der condictio indebiti her zu bestimmen.

§ 7. Die eigene Begriffsbestimmung

Auf der nunmehr gewonnenen Grundlage muß der causa-Begriff der vorliegenden Arbeit zusammengefaßt werden. Diese Definition soll aber nicht neben die in der modernen Rechtswissenschaft benutzten treten, sondern stellt einen Versuch dar, die im vorigen entwickelten Ansichten und Ergebnisse der neueren Lehre mit der hier vertretenen Meinung zu verquicken. Das ist um so leichter, da von unserem Standpunkt aus die bisher gängigen causa-Definitionen nicht gänzlich abgelehnt, sondern nur im Dienste zweier Anliegen zusammengefaßt werden sollen: Einerseits geht es darum, einen Begriff zu schaffen, der das allgemeine Schuldrecht und das Bereicherungsrecht umfaßt; zum zweiten soll eine wirtschaftliche Betrachtungsweise verhüten, daß der Streit um die gemeinrechtlichen causa-Typen eine Fortsetzung erlebt.

I.
Der causa-Begriff

Ausgangspunkt ist die Übersetzung des Wortes „causa" mit „Zweck", was der h. L.[418] entsprechen dürfte. Unter dem Blickwinkel der Zwecksetzung wurden alle Arten von Vermögenszuwendungen betrachtet, die in einem Güterschiebungsprozeß vorkommen können, und zwar handelt es sich grundsätzlich um zwei Sorten von Zuwendungen: Das sog. obligatorische Grundgeschäft, ferner die verschiedenen Hilfsgeschäfte, wie Änderungen der Schuld oder des Schuldners, Sicherungen, Leistungen.

---

[415] Unten S. 101 ff.

[416] Vgl. oben S. 52 ff.

[417] Jung, S. 128.

[418] Enneccerus-Nipperdey, siehe oben S. 1; Lehmann ebenda; Schlossmann, siehe oben S. 15; Kress, SchuR, S. 35; Staudinger-Coing, vor § 104 Anm. 57 a; a. A. Stampe, vgl. oben S. 71.

a) Formulierung

Beide Arten von Zuwendungen habe eine *causa*, die in dem *jeweiligen Bezug der Zuwendung zum Gesamtgeschäft* besteht. Sie besteht also nicht allein im Bezug zum obligatorischen Grundgeschäft[419], da diese Zweckbeziehung höchstens die Hilfsgeschäfte[420], nicht aber das Grundgeschäft selber tragen könnte. Der Bezug einer Vermögenszuwendung zum Gesamtgeschäft gibt der Zuwendung gewissermaßen die Richtung nach vorn, auf den wirtschaftlichen Enderfolg, während mit der Abhängigkeit einer Vermögenszuwendung vom Grundgeschäft nur ihr Bezug nach rückwärts ins Auge gefaßt würde. Diese Richtung nach vorn haben aber die Grund- und die Erfüllungsgeschäfte gemeinsam. In dieser Betrachtungsweise der *causa* als *Funktion*[421] eines Einzelgeschäfts im Rahmen eines wirtschaftlichen Gesamtgeschäfts liegt eine Vergeistigung, aber auch eine Verflüchtigung der causa im deutschen gegenüber dem französischen Recht, das grundsätzlich von der Betrachtung der cause als Wirksamkeitserfordernis einer Verpflichtung ausgeht, Art. 1108, 1131 C. civ. Daran, daß die französische Rechtswissenschaft mit der Vorstellung eines zusätzlichen Wirksamkeitserfordernisse wenig hat anfangen können und auf eine Kontrolle der Motivation nach ihrer Richtigkeit (absence de cause, fausse cause) und ihrer Erlaubtheit (cause illicite) ausgewichen ist[422], zeigt sich aber m. E., daß die Betrachtungsweise des Code civil durch die Entwicklung des Konsensualvertrages überholt ist. Der causa-Begriff hat in beiden Rechtssystemen nur noch Existenzberechtigung, wenn es gelingt, mit seiner Hilfe gemeinsame Gesichtspunkte der Funktions- bzw. Zweckverfehlung in den verschiedenen einschlägigen gesetzlichen Regelungen nachzuweisen. Diesen Weg hat bekanntlich im französischen Recht Capitant eingeschlagen, ohne indes die Stellung der causa als Funktion einer Vermögenszuwendung deutlich herauszuarbeiten. Hier bleibt aber auch für das Gebiet des BGB noch einiges zu tun.

b) Die Rolle des Parteiwillens

Die genannte Funktion legt dem Einzelgeschäft grundsätzlich der Parteiwille bei[423]. Gegen eine schrankenlose Anerkennung der sub-

---

[419] So bekanntlich die Ansichten Jungs (s. oben S. 77) und Boehmers (oben S. 67).

[420] So aber Enneccerus-Nipperdey, § 148 Anm. 6: Danach soll die causa von Hilfsgeschäften in der Parteifeststellung darüber bestehen, „welche Wirkung das Hilfsgeschäft auf die aus dem Grundgeschäft entstandenen Rechte üben soll".

[421] Ausdruck von Locher, AcP 121, 38 f.

[422] Vgl. hierzu im einzelnen oben § 4.

[423] Locher, AcP 121, 39 a. E.

jektiven Vorstellung, zu der Windscheids Voraussetzungslehre, die mit dem Gedanken einer Willensbeschränkung arbeitet, am Ende führen könnte, verwahrt sich aber die heute h. L.[424], indem sie eine Zweckvereinbarung fordert. Gegen dieses Erfordernis läßt sich manches einwenden[425], doch bei zweifelsfreier Ermittlung einer Zweckvereinbarung ist diese selbstverständlich anzuerkennen. Sie muß auch grundsätzlich maßgeblich sein; nur durch die Anerkennung des typischen Zwecks als mit dem vereinbarten Zweck gleichwertig erfolgt eine Ergänzung zur objektiven Seite hin, was zugleich eine Erleichterung für die Ermittlung der causa bedeutet. Der Bezug einer Vermögenszuwendung zum wirtschaftlichen Enderfolg bestimmt sich also *grundsätzlich nach den Vereinbarungen* der Parteien, in Ermangelung eindeutiger Vereinbarungen aber *nach der typischen Bedeutung* einer Vermögenszuwendung der konkreten Art für das wirtschaftliche Gesamtgeschäft. Begrifflich sind bei jeder Vermögenszuwendung der eigentliche Tatbestand der Zuwendung und die causa zu unterscheiden[426].

Häufig fallen aber die Geschäfte in einem Akt zusammen; insbesondere ist *beim typischen Geschäft die causa in der Einigung über die Zuwendung regelmäßig mitenthalten*[427]. Das erkennt auch die Meinung an, die grundsätzlich einen causa-Vertrag verlangt[428]. Hervorgehoben zu werden verdient der Umstand, daß die Anerkennung der typischen Zwecke auf positive Bestimmungen der Rechtsordnung zurückgeht[429]: Austausch, Sicherung, Erfüllung sind im Verkehr vorgebildete, aber von der Rechtsordnung anerkannte Geschäftstypen.

Diese abstrakten Aussagen klingen schwieriger als sie sind: Um das schon oben[430] behandelte Beispiel Lenels aufzugreifen, so wird man, wenn der Onkel die zweifelhafte Schuld des Neffen zahlt, zuerst untersuchen müssen, ob er und der vermeintliche Gläubiger der Zahlung eine andere Bedeutung als bloß die der Schuldtilgung beigelegt haben, so etwa die, den Ruf und damit die Kreditfähigkeit des Neffen wiederherzustellen. Wenn nicht, so ist der typische Bezug der Geldzahlung zum wirtschaftlichen Erfolg, die Erfüllung der Schuld, maßgebend, so daß O bei Nichtbestehen der Forderung die Zahlung zurückverlangen kann. Die Lehre, die mit § 812 I BGB und der Konstruktion eines Verzichts auf ein eventuelles

---

[424] LOCHER, ebenda S. 40; KEGEL, a. a. O., S. 146; LEHMANN, Allg. Teil, § 25 III 1.

[425] Vgl. oben S. 52 ff.

[426] KLINGMÜLLER, ZHR 58, 154.

[427] NEUBECKER, ArchBürgRecht 22, 72.

[428] KLEIN (Diss.) S. 20: „Empirische Einheit in der Vermögenszuwendung".

[429] LENEL, AcP 79, 69; vgl. dazu oben S. 44; KRIEGSMANN, a. a. O., S. 7; ähnlich BREYHAN a. a. O., S. 5; KEGEL, Gutachten, S. 148 I; v. CAEMMERER, Dölle-Festschrift, S. 141.

[430] S. 48 ff.

Rückforderungsrecht arbeitet[431], unterscheidet sich zwar von der causa-Lehre im hier verstandenen Sinn im Ergebnis nicht, muß aber zur Begründung eine Fiktion zu Hilfe nehmen.

c) Die gesetzlichen causae

Bisher wurde die causa nur als Funktion einer Zuwendung im Rahmen eines rechtsgeschäftlichen Gesamtvorgangs betrachtet. Diese Beschränkung ist willkürlich: Dem Hinweis Stampes[432] entsprechend, es gebe rechtsgeschäftliche und nicht rechtsgeschäftliche causae, kann festgestellt werden, daß die Beziehung einer Vermögenszuwendung (Verfügung oder Verpflichtung) auf das Gesamtergebnis eines gesetzlichen Schuldverhältnisses den causa-Begriff ebenso erfüllt. Dies liegt klar auf der Hand im Bereich des Leistungszwecks und der auf seiner Verfehlung beruhenden condictio indebiti:

Ich soll im Zuge einer Examensfeier ein gefülltes Bierglas an die Wand geworfen haben und bezahle am anderen Tage in dem Glauben, ich sei dazu verpflichtet, dem Gastwirt Bierglas und Säuberungskosten. Hier war causa meiner Zahlung der Bezug auf die vermeintliche gesetzliche Schadensersatzpflicht; besteht diese in Wirklichkeit nicht, so kann ich meine Zahlung nach § 812 I herausverlangen.

Die Gleichsetzung der rechtsgeschäftlichen mit den durch Gesetz vorgeschriebenen Vermögensbewegungen geht aber über die causa solvendi hinaus; so bei der Zuwendung obligatorischer Ansprüche, die nicht zur Erfüllung einer dahingehenden Verpflichtung erfolgt: Wenn z. B. ein Unterhaltsvertrag zur Regelung gesetzlicher Unterhaltsansprüche geschlossen wird, so liegt die causa der Verpflichtung wie sonst bei Verpflichtungsgeschäften im Bezug auf das Gesamtgeschäft. Das Gesamtgeschäft seinerseits findet seine Grundlage in dem Zweck der Parteien, eine Unterhaltspflicht zu konkretisieren. Dieser Zweck ist zwar nicht Erfüllungs-, sondern eher Sicherungszweck. Dennoch dürfte auch insoweit eine Zweckverfehlung vorliegen, wenn die Unterhaltsverpflichtung nicht besteht. Die Rechtsfolge hängt dann davon ab, ob die causa (die gesetzliche Pflicht) von der Zuwendung losgelöst, abstrakt ist — dann kommt es zur Leistungskodiktion — oder ob eine kausale Verknüpfung vorliegt, bei der dann die Vertragsverpflichtung bei Fehlen der gesetzlichen Unterhaltspflicht einfach hinfällig wird[433].

---

[431] Siehe oben S. 50.

[432] Vgl. oben S. 70.

[433] Dies hält OLG Hamburg, OLG 20, 239, für möglich; vollkommen unklar allerdings NEUMANN, GRUCHOT 45, 505, auf den das OLG verweist: „Der Zweck bildet den Verpflichtungsgrund, um dessen Willen die Verpflichtung vom Gesetz auferlegt oder von den Beteiligten übernommen ist,

d) Auswirkung auf das Bereicherungsrecht

Die erarbeitete causa-Definition schließt auch den Kreis mit der anfangs versuchten Standortbestimmung des causa-Begriffs[434]: Die Begriffe des Zwecks einer Vermögenszuwendung (dort als Institution des Allgemeinen Schuldrechts hingestellt) und des rechtlichen Grundes im Bereicherungsrecht verhalten sich wie das Ganze zu einem Teil: Auch der rechtliche Grund i. S. des § 812 I, der häufig causa genannt wird, trägt diese Bezeichnung zu Recht[435], da im Bereicherungsrecht Leistungen — und regelmäßig nur solche — rückgängig gemacht werden sollen, weil der ihnen im Hinblick auf das Gesamtgeschäft zugedachte Erfolg nicht eingetreten ist. Dem zweiten Teil dieser Arbeit bleibt es vorbehalten, in § 15 die Konsequenzen aus dieser Behauptung für das Bereicherungsrecht zu ziehen. Vorerst mag die Andeutung genügen, daß es nach der hier vertretenen Auffassung für das Fehlen des rechtlichen Grundes i. S. des § 812 I BGB nicht darauf ankommt, ob das der Leistung zugrundeliegende Grundgeschäft fehlerhaft ist, sondern darauf, ob der vereinbarte oder typische Zweck der Leistung im Rahmen der wirtschaftlichen Güterbewegung erreicht worden ist. Die in diesem Punkte nicht seltene Vereinfachung erklärt sich daraus, daß für das typische Geschäft des besonderen Schuldrechts die Fehlerhaftigkeit der Zweckbeziehung und des Grundgeschäfts häufig zusammenfallen werden. Ein Beispiel bietet der bereits oben S. 48 ff. behandelte Fall: Hier kann es nicht einfach bei dem Ergebnis bleiben, daß O auf eine nicht bestehende Schuld gezahlt hat und deswegen muß zurückfordern können; vielmehr muß vor Heranziehung dieser typischen Zweckbeziehung untersucht werden, ob ein etwa vereinbarter sonstiger Zweck erreicht wurde oder nicht.

Aus dieser Auffassung vom rechtlichen Grund erhellt allerdings, daß der rechtliche Grund i. S. der Bereicherung „auf sonstige Weise“ aus dem Bereich der causa ausscheidet. Hier überprüft das Gesetz vielmehr nur die objektive Richtigkeit und Gerechtigkeit einer Vermögensverschiebung[436].

---

und bestimmt den Inhalt des auf diesem Grunde beruhenden Schuldverhältnisses.“ Man kann nicht, wie NEUMANN, den rechtspolitischen Zweck des Gesetzes mit dem Verpflichtungsgrund des Schuldners gleichsetzen.

[434] Die Einheitlichkeit des causa-Begriffs für alle Zuwendungen vertritt auch KRIEGSMANN, a. a. O., S. 16.

[435] A. A. COHN, AcP 135, 74.

[436] Genau entgegengesetzt OERTMANN, GG, S. 16, der den Begriff des rechtlichen Grundes unter Hinweis auf die Eingriffskondiktion ausschließlich objektiv bestimmen möchte.

[437] Hierin sind SÖLLNER, AcP 163, 29 und KRIEGSMANN a. a. O., S. 49, anderer Ansicht.

Ebenfalls nicht ausschließlich zum Bereich der causa in unserem Sinne zählt der „nach dem Inhalt des Rechtsgeschäfts bezweckte Erfolg“ i. S. des § 812 I S. 2[437]; zumindest fraglich ist die Einordnung des „Zwecks einer Leistung“ i. S. des § 817[438]: Gegenstand einer Zweckvereinbarung i. S. des § 812 I S. 2 kann auch ein über die Beziehung zum wirtschaftlichen Gesamtgeschäft hinausgehender Umstand sein; doch berücksichtigt § 817 wohl nicht nur die Zwecke im hier gemeinten Sinn, sondern auch Motive des Empfängers.

II.
Die wesentlichen causa-Typen

Bestimmt sich der Bezug der einzelnen Vermögenszuwendung zum Gesamtgeschäft mangels einer eindeutigen abweichenden Vereinbarung nach der typischen mit einer Vermögenszuwendung dieser Art verbundenen Vorstellung, so muß die *Reichweite dieser objektiven Ergänzung des an sich subjektiven causa-Begriffs* noch etwas genauer bestimmt werden.

a) Der Austauschzweck

Der Austauschzweck ist diejenige causa, auf die das oben Gesagte uneingeschränkt zutrifft; hier ist die causa beim Zustandekommen eines Kauf-, Tausch-, Dienstvertrages regelmäßig mitvereinbart[439]. Das zur Darstellung des Austauschverhältnisses meist gebrauchte „verdunkelnde Fremdwort[440]“ Synallagma gibt somit die Kausalverknüpfung in unserem Sinne bei der Entstehung und Abwicklung gegenseitiger Verträge wieder[441].

Dieser Ausdruck hat zwei Bedeutungen, die freilich ineinander übergehen: Einmal bezeichnet er die Abhängigkeit gegenseitiger Verpflichtungen in ihrem Entstehen, sog. genetisches Synallagma; ferner bedeutet er die Verknüpfung gegenseitiger Verpflichtungen bei ihrer Abwicklung sowie ihr Fortbestehen bei Leistungsstörungen, sog. funktionelles, auch konditionelles[442] Synallagma. Genetisches und funktionelles Synallagma geben ein und denselben Gedanken der Zweckverknüpfung wieder, bezogen einerseits auf den Vertragsabschluß, andererseits auf seine Abwicklung. Diese Einheitlichkeit wird schon daran deutlich, daß das Gesetz in §§ 320 ff. nur die Abwicklung der gegenseitigen Verträge besonders erwähnt; die sich aus dem

---

438 Wie hier Cohn, AcP 135, 75; Jung, a. a. O., S. 116.

439 Diese Verbindung deutete schon Lenel an, vgl. oben S. 44.

440 Enneccerus-Lehmann, § 32 II FN 2; Leonhard, Allg. SchuR., S. 336, bezeichnet es als „barbarischen Namen“.

441 Kegel, Gutachten, S. 147; a. A. Cohn, AcP 135, 72 f.

442 Siebert-R. Schmidt, vor § 320 Anm. 10.

Grundgedanken für den Vertragsabschluß ergebenden Besonderheiten setzt es voraus.

An Hand dieser Überlegung läßt sich auch ein Einwand erledigen, der möglicherweise der hier befürworteten Deutung des Synallagma entgegensteht, der Einwand nämlich, daß unter dem genetischen Synallagma nicht der Bezug der Verpflichtungserklärung zum wirtschaftlichen (Austausch-) Erfolg des Gesamtgeschäfts zu verstehen sei, sondern der Bezug lediglich auf die Gegenverpflichtung[443]. Stünde das sog. genetische Synallagma allein, so ließe sich tatsächlich gegen diesen Einwand nicht viel sagen; von einem solchen Standpunkt aus griffe die causa weiter als das genetische Synallagma. Da aber, wie gesagt, das genetische Synallagma in das funktionelle übergeht, wonach (§ 320) der tatsächliche Austausch der Leistungen in gegenseitiger Abhängigkeit erfolgen soll (Wirkungskette[444]) und tatsächliche Leistungsstörungen sich auf die gegnerische Leistungspflicht auswirken (Befreiungskette[445]), wird man doch sagen können, daß hier die Vermögenszuwendung in einer Zweckbeziehung zum wirtschaftlichen Gesamterfolg und nicht nur zur Begründung der Gegenforderung steht. Somit entspricht das Synallagma durchaus den causa-Vorstellungen, was i. ü. auch im Ausdruck Essers[446]: „finale Gegenseitigkeitsbindung" in Erscheinung tritt.

1. Das Wesen des Synallagma

Diese auf dem Parteizweck beruhende, subjektive Betrachtungsweise führt dazu, unter dem Synallagma nicht die bloße Kompensation eines Vermögensverlustes durch einen Vermögensvorteil zu verstehen, sondern die willentliche Verknüpfung zweier — oder mehrerer (Gesellschaft) — für austauschwürdig gehaltener Leistungen. Subjektiv genügt es also, wenn die Parteien ihre Leistungen für austauschwürdig, nicht etwa für gleichwertig halten. Es kommt nicht auf das objektive Wertverhältnis von Leistung und Gegenleistung an; ein objektives Mißverhältnis, das nicht gerade die Grenze des „auffälligen Mißverhältnisses" i. S. des § 138 Abs. 2 erreicht, würde die Annahme eines vollgültigen gegenseitigen Vertrages daher nicht hindern[447].

---

[443] In diesem Sinne etwa RG 147, 342; BGH 15, 105, wonach jeder sich verpflichte, weil die Gegenleistung geschuldet wird; vgl. auch Siebert-R. Schmidt, vor § 320 Anm. 6; RGRK-Wilde, vor § 320 Anm. 3.

[444] Heck, Schuldrecht, § 42, 5.

[445] Heck, Schuldrecht, § 43, 1.

[446] Schuldrecht, § 19, 1. An derselben Stelle spricht Esser allerdings auch von „Bedingungszusammenhang".

[447] RG 81, 365; Gruchot 67, 558; Larenz I, § 18; RGRK-Wilde, vor § 320 Anm. 5; Siebert-R. Schmidt, vor § 320 Anm. 6.

So wenig wie es einer objektiven Kompensation einer Leistung durch eine Gegenleistung bedarf, so wenig ist es erforderlich, daß jeder Versprechende für sich selbst eine Gegenleistung erwartet. Zweck seiner Verpflichtungserklärung kann auch eine Zuwendung an einen Dritten sein[448]. Wenn also z. B. dem Gesellschaftsvertrag, in dem sich alle Partner zur Leistung an die Gesellschaft verpflichten, der Austauschcharakter abgeht[449], so heißt das doch nicht, daß es an einem Abhängigkeitsverhältnis der Leistungen untereinander, deshalb auch an der zumindest teilweisen Anwendbarkeit der §§ 320 ff. fehle[450]. Da es beim Synallagma allein darauf ankommt, daß die Verpflichtung wegen einer für austauschwürdig gehaltenen Leistung des durch die Zuwendung Begünstigten eingegangen wird[451], gehört auch der Gesellschaftsvertrag hierher, in dem jeder Gesellschafter seine Beitrags- und Förderungspflicht nur übernimmt, weil er wünscht, daß auch die anderen Gesellschafter Beiträge leisten und zur Erreichung des Gesellschaftszwecks mitwirken. Deshalb ist der Gesellschaftsvertrag als gegenseitiger anzusehen, was auch dem Wortlaut des § 705 entspricht[452]. Die nur teilweise Anwendbarkeit der §§ 320 ff. auf den Gesellschaftsvertrag — z. B. der weitgehende Ausschluß des Leistungsverweigerungsrechts, wenn die Gesellschaft Beiträge oder sonstige Mitwirkung verlangt[453] — folgt nicht aus dem Wesen des gegenseitigen Vertrages, sondern aus der besonderen Normsituation des Gesellschaftsrechts.

2. Die Entstehung synallagmatischer Pflichten

Die weitere Bedeutung des Zweckgedankens zur Ausfüllung des Synallagmas liegt darin, daß es vom Parteizweck abhängt, welche von mehreren Verpflichtungserklärungen der Parteien zu „gegenseitigen" erhoben, ins Synallagma eingestellt werden. Diese Frage spielt eine Rolle insofern, als das Schicksal solcher gegenseitiger

---

[448] RG 65, 47.

[449] Hueck, OHG, § 6 II 3; Staudinger-Geiler-Kessler, vor § 705 Anm. 72; Siebert-R. Schmidt, vor § 320 Anm. 14.

[450] RG 78, 305; JW 1938, 527; Enneccerus-Lehmann, § 176 III 1; Hueck, OHG, § 6 II 3; Staudinger-Coing, vor § 145 Anm. 13; RGRK-Wilde, vor § 320 Anm. 4, 7; RGRK (HGB)-Weipert, § 105, Anm. 83; a. A. Brodmann, Ehrenbergs Handbuch, IV, 2, S. 307; Esser, § 174, 2; Staudinger-Geiler-Kessler, § 705 Anm. 9.

[451] Siebert-R. Schmidt, vor § 320 Anm. 6.

[452] In Ergebnis und Begründung ähnlich Leonhard, Allg. SchuR., S. 335.

[453] RG 26, 256; Hueck, OHG, § 6 II 3; RGRK (HGB)-Weipert, § 105 Anm. 83.

[454] Palandt-Danckelmann, § 326 Anm. 3 b; Siebert-R. Schmidt, § 326 Anm. 5; Fikentscher, S. 37.

Verpflichtungen bei der Vertragsbegründung und -abwicklung gegenüber den sonstigen Obligationen, die sich aus dem Vertrag ergeben können, ein besonderes ist. So hat der Gläubiger die aus § 326 sich ergebenden Rechte nur bei Verzug mit einer Hauptpflicht[454].

Wenn es danach darauf ankommt, welche Pflichten eines Vertragspartners als Hauptpflicht anzusehen sind, so stellt das Gesetz grundsätzlich auf den Zweck ab, den der Gegner mit seiner eigenen Verpflichtung verfolgt. Den typischen von den Parteien angestrebten Zwecken hat es Rechnung getragen, indem es einige der Hauptpflichten, um deren Erfüllung willen sich jemand zu einer Gegenleistung verpflichtet, besonders erwähnt hat, so die Pflicht zur Eigentumsverschaffung und Kaufpreiszahlung in § 433. Andere, z. T. gesetzlich festgelegte — so die Abnahmepflicht[455], häufig auch die Pflicht zur Auskunfterteilung oder Urkundenauslieferung, § 444[456] — z. T. besonders vereinbarte Pflichten — beispielsweise die Enthaftungsverpflichtung beim Grundstückskaufvertrag[457] — sind nicht ohne weiteres synallagmatische Hauptpflichten, deren Verzögerung oder Nichterfüllung also nicht immer die Rechte aus §§ 320, 326 gewährt. Dieser Fall tritt erst ein, wenn der Schuldner der jeweiligen Gegenleistung mit seiner Verpflichtungserklärung gerade den Zweck verfolgt, daß diese Nebenpflichten erfüllt werden: Dann stellt die Erwartung dieser Leistungen die causa seiner Verpflichtungen dar, und die Nebenpflichten unterliegen als „gegenseitige" den Regeln des Synallagma.

Dieses Bild bestätigt die Rechtsprechung des RG: In einer grundlegenden Entscheidung[458], auf die in diesem Zusammenhang häufig Bezug genommen wird, stellt das RG für die Einordnung einer Pflicht als Hauptpflicht darauf ab, ob die Leistung auf etwas gerichtet war, „worauf es der einen oder der anderen Partei in hohem Grade ankam, was sie unter allen Umständen erlangen wollte ...". Ähnlich hatte das RG früher[460] das Interesse an der Prüfung einer Ware als Hauptkriterium für die Erhebung der Prüfungspflicht zur Hauptleistungspflicht herangezogen. Neuerdings hat der BGH[461] die Frage, ob beim Kauf von Kraftfahrzeugen die Übergabe des Kfz.-Briefes zu den synallagmatischen Hauptpflichten des Verkäufers gehört, mit dem ausdrücklichen Hinweis

---

[455] RG 53, 161; 171, 300; Siebert-R. Schmidt, § 326 Anm. 8; RGRK-Wilde, § 326 Anm. 8.

[456] Streitig, wie hier Staudinger-Ostler, § 444 Anm. 3; a. A. offenbar Palandt-Gramm, § 444 Anm. 1; Planck-Knoke, § 444 Anm. 1; Oertmann (Komm.), § 444 Anm. 3.

[457] RG WarnRspr. 1937, Nr. 114.

[458] RG 101, 431.

[459] RG HRR 1934, Nr. 1100; RGRK-Wilde, § 326 Anm. 6; Siebert-R. Schmidt, § 326 Anm. 5.

[460] RG Recht 1911, Nr. 2833; vgl. ferner RG 92, 268.

[461] NJW 1953, 1347; ebenso RGRK-Wilde, § 326 Anm. 6.

bejaht, daß wegen der Vorschriften der StVZO ohne Übergabe des Kraftfahrzeugbriefes der Zweck, zu dem ein Kraftfahrzeug in der Regel erworben wird, gar nicht erfüllbar sei. Die Verwendung der Sache im Straßenverkehr, also nach Maßgabe der StVZO, gehört hier als typischer Zweck zur causa der Verpflichtung des Käufers; es handelt sich daher auch um eine gegenseitige Pflicht, deren Nichterfüllung die Rechte aus §§ 320 ff. auslöst.

3. Die Bedeutung der synallagmatischen Verknüpfung

Liegt eine synallagmatische Verknüpfung vor, so verbietet sich hinfort die isolierte Betrachtung nur einer einzelnen Leistungspflicht. Abschlußmängel und Abwicklungsstörungen jeder einzelnen Pflicht wirken sich grundsätzlich automatisch auf die Gegenverpflichtung aus.

So kann beim Vertragsschluß durch diesen Mechanismus der Zweckverknüpfung keine Leistungsverpflichtung entstehen, ohne daß der Verpflichtete die Verwirklichung des mit seiner Verpflichtung verfolgten Zwecks erwarten kann: Die nach § 138 eintretende Nichtigwegen Sittenverstoßes trifft z. B. beide Verpflichtungserklärungen, von denen eine, für sich betrachtet, sonst u. U. wirksam sein könnte. Dasselbe gilt für die Nichtigkeit wegen anfänglicher objektiver Unmöglichkeit nach § 306[462] und für die Anfechtung wegen Irrtums nach §§ 119 ff., 142. Daß in diesem Zusammenhang nur eine Teilnichtigkeit eingreifen könnte, läßt die hier maßgebliche Vorschrift des § 139 nicht zu: Sie setzt außer einer wirtschaftlichen Zusammengehörigkeit der Leistungen[463], die hier freilich vorläge, noch voraus, daß die Parteien das Gesamtgeschäft trotz des Wegfalls eines Teils gewollt hätten: Dabei handelt es sich aber um nichts anderes als die Frage, ob der wirtschaftliche Zweck[464] des Gesamtgeschäfts durch den Wegfall des nichtigen Teils verfehlt werden würde, d. h. ob die verbleibenden Rechtsgeschäfte den wirtschaftlichen Zweck des Gesamtgeschäfts allein erreichen könnten[465]. Dies aber ist bei den synallagmatischen Verträgen gerade nicht der Fall, da die gegenseitigen Verpflichtungen durch den Austauschzweck untereinander verbunden sind.

Das Verbot isolierter Betrachtung der einzelnen Pflicht wirkt sich im Rahmen des Vertragsschlusses ferner dahin aus, daß Mängel einer Verpflichtung wegen Geschäftsunfähigkeit oder -beschränktheit das ganze Geschäft ergreifen: Beim Kauf durch einen beschränkt Geschäftsfähigen brächte z. B. diesem der Erwerb des Übereignungsanspruchs an sich lediglich rechtlichen Vorteil, so daß § 107 der

---

462 Vgl. Esser, § 19, 1.

463 Enneccerus-Nipperdey, § 202 IV 1 a; vgl. auch Lehmann, Allg. Teil, § 27 II d.

464 RG 79, 438: Vertragsabsicht.

465 Vgl. Lehmann, Allg. Teil, § 27 II 3.

Wirksamkeit dieser Forderung nicht entgegenstünde; doch führt die untrennbare Verbindung des Lieferungsanspruchs mit der Zahlungspflicht dazu, das Geschäft als nicht nur vorteilhaft anzusehen[466] und eine Einwilligung des gesetzlichen Vertreters gemäß § 107 zu verlangen.

Stellt das Gesetz auf diese Weise sicher, daß keine Leistungspflicht entsteht, ohne daß die Verwirklichung des mit ihr verfolgten Zwecks erwartet werden kann (genetisches Synallagma), so ist es noch einen Schritt weiter gegangen und hat dafür gesorgt, daß keine Leistung tatsächlich erbracht zu werden braucht, ohne daß auch der Leistungszweck erreicht wird: Diesem Interesse dienen das Zurückbehaltungsrecht nach § 320 und die Verurteilung nur zur Leistung Zug um Zug nach § 322. Bezeichnend ist in diesem Zusammenhang, daß auch derjenige, der sich des Schutzes dieser Vorschriften durch Vereinbarung seiner Vorleistungspflicht begeben hat, bei einer wesentlichen Verschlechterung der Vermögenslage des Gegners, also bei einer unvorhergesehenen Gefährdung der Zweckerreichung[467] nach § 321 seine Leistung verweigern kann.

Schließlich bewirkt die Unmöglichkeit der Erreichung des eigenen Verpflichtungszwecks grundsätzlich[468], daß auch die eigene Verpflichtung entfällt: Wird eine Leistung unmöglich und wird der Schuldner frei (§ 275), so würde der Schuldner der Gegenleistung, bliebe er weiterhin gebunden, seinen Verpflichtungszweck verfehlen. Er bleibt daher nur insoweit zur Leistung verpflichtet, als er durch die Erlangung des „stellvertretenden commodum" nach § 281 oder durch Zahlung von Schadensersatz seinen eigenen Verpflichtungszweck trotz des Ausfalls der ursprünglichen Leistung hat erreichen können, § 323 II. Doch stellt das Gesetz es ganz in das Belieben des Gläubigers, ob er zu seiner Gegenleistung verpflichtet bleiben will: Den Anspruch auf Herausgabe eines Ersatzes nach § 281 oder den Schadensersatzanspruch nach § 325 kann er geltend machen, kann es aber auch bei seiner eigenen Befreiung nach § 323 I belassen, wenn er meint, daß das stellvertretende commodum oder Schadensersatz ihm nicht als Austausch für seine eigene Leistung genügen.

Gegen diese weitgehende Berücksichtigung der Zweckerreichung bzw. -verfehlung auf Seiten des Gläubigers und jeweiligen Schuldners der Gegenleistung ließe sich einwenden, daß die herrschende Rechtsprechung[469] den Gedanken des Austausches der Leistungen auch nach Eintritt einer Leistungsstörung (Austauschtheorie) durch die sog. „Differenztheorie" aufgegeben habe. In der Tat hat hiernach der Gläubiger das Recht, seine Gegenleistung zu verweigern und die

---

[466] So PALANDT-DANCKELMANN, § 107 Anm. 2.

[467] Ähnlich ESSER, § 19, 3 a.

[468] Bis auf die selbstverschuldete Unmöglichkeit, § 324.

[469] RG 50, 262; 127, 248; 128, 79; 149, 136; BGH 20, 343.

Differenz der ihm geschuldeten Leistung und seiner eigenen (ersparten) Leistung als Schadensersatz zu verlangen[470]. Dies mag auch regelmäßig den praktischen Bedürfnissen am meisten entsprechen; doch hat die heute in der Lehre herrschende „Mittelmeinung[471]" im Einklang mit einigen Entscheidungen dem Gläubiger, wenn er ein Interesse daran hat, das Recht zugebilligt, vollen Ersatz für die ihm entgangene Leistung zu fordern und dafür seine eigene Leistung dem Gegner zu überlassen: So, wenn der Gläubiger bereits geleistet hatte[471a]; ebenso kann der Gläubiger, wenn ihm besonders daran liegt, seine Leistung loszuwerden, diese dem Schuldner anbieten und dann vollen Ersatz für die ihm entgangene Leistung verlangen[472]. Auch hierin liegt eine Berücksichtigung des Verpflichtungszwecks des Gläubigers, der in der synallagmatischen Verknüpfung zum Ausdruck kommt.

b) Der Schenkungszweck

Bei dem ebenfalls bereits besprochenen Liberalitätszweck verlangt das Gesetz die Vereinbarung der Unentgeltlichkeit, ein Erfordernis, das nach der Darstellung der causa-Lehre nicht überraschen kann: Während bei den sonstigen Zwecken der Bezug der Zuwendung zum Gesamtgeschäft aus dem wirtschaftlichen Zusammenahng, in dem die Zuwendung erfolgt, meist ohne weiteres hervorgeht, fehlt es bei der Schenkung an einer aus sonstigen wirtschaftlichen Umständen ersichtlichen Beziehung; eine etwa vorhandene Beziehung (ich mache z. B. dem Direktor der Bank, bei der ich mit 10 000,— DM verschuldet bin, ein Geschenk im Wert von etwa 100,— DM, damit er mir die Forderung noch einmal stundet) muß für die rechtliche Betrachtung gerade ausscheiden. Es kann hier also nur die Vereinbarung über das Fehlen eines wirtschaftlichen Bezugs den Ausschlag geben[473].

c) Der Erfüllungszweck

Das charakteristische Verhältnis von typischen und besonders vereinbarten Zwecken tritt besonders bei der Leistung auf; diese hat gewöhnlich Erfüllungszweck, kann aber auch anderen Zwecken die-

---

[470] Diese Praxis bezeichnet Esser, § 65, 2 b, deshalb auch als dogmatische Systemwidrigkeit.

[471] Enneccerus-Lehmann, § 53 IV; Larenz I, § 21 II b; Siebert-R. Schmidt, § 326 Anm. 34; Palandt-Danckelmann, § 325 Anm. 3.

[471a] RG JW 1931, 1184.

[472] Siebert-R. Schmidt, a. a. O.; Palandt-Danckelmann, a. a. O; RG 96, 20, für den nach §§ 467, 348 nach einem Tausch Wandlungsberechtigten.

[473] Bereits oben S. 60 f. war aus anderen Gründen der Typ „Liberalitätszweck", d. h. die causa donandi, verworfen worden.

nen, die dann freilich einer Vereinbarung bedürfen. Die Rechtsnatur der Leistung hängt, wie aus dem vorigen ersichtlich, eng mit dem Charakter der Zweckverknüpfung zusammen. Was die besonders vereinbarte Zweckbeziehung angeht, so handelt es sich dabei, wie später[474] im einzelnen gezeigt werden wird, um eine nicht rechtsgeschäftliche Abrede; an dieser Stelle soll nur die Untersuchung des typischen (Erfüllungs)zwecks vorweggenommen werden, die gewöhnlich unter der Frage nach der „Rechtsnatur der causa solvendi" abgehandelt wird.

Hier hat das Gesetz nicht klar erkennen lassen — wohl auch gar nicht entscheiden wollen[475] — ob nicht auch insoweit nur eine echte Vereinbarung genügt. So kommt es, daß in § 362 I BGB nur die reale Leistung für eine Erfüllung verlangt wird, daß andererseits § 362 II BGB für den Fall der Leistung an einen Dritten die Genehmigung des eigentlichen Gläubigers, also die vertragliche Setzung der causa solvendi, verlangt[476]. Auf die Notwendigkeit eines einseitigen Erfüllungswillens des Schuldners schließlich scheint § 366 I BGB hinzudeuten.

Die Rechtsnatur der Erfüllung (der causa solvendi) ist denn auch in hohem Maße umstritten[477]: Manche[478] verlangen eine vertragliche Vereinbarung, die meisten lassen dagegen die reale Leistung bei erkennbarem Bezug zur Obligation genügen[479]; eine Mittelmeinung[480] fordert einen causa-Vertrag nur in den Fällen, wo die Bewirkung der realen Leistung ihrerseits nur durch einen Vertrag möglich ist, also z. B. bei der Erfüllung einer Kaufvertragsschuld durch Übereignung. Wieder andere[481] sehen die Erfüllung als einseitiges Rechtsgeschäft an, das sich aus der realen Leistung und einer Tilgungsbestimmung seitens des Schuldners zusammensetze. Nach der hier vertretenen Auffassung genügt immer der erkennbare Bezug der realen Leistung zur wirtschaftlichen Gesamtoperation als der typische Zweck; soll von dieser Zweckbestimmung der Leistung abgewichen

---

474 Unten § 15, S. 187 ff.

475 Wie Klein (Diss.), S. 17, unter Berufung auf Mot. II, S. 81, versichert.

476 Hierauf beruft sich denn auch die Vertragstheorie, Klein, a. a. O., S. 35; vgl. auch Larenz, SchuR I, § 26 I.

477 Zusammenstellung der Meinungen bei Siebert-R. Schmidt, vor § 362 Anm. 2.

478 Klein, a. a. O.; S. 45; Kress, SchuR, S. 446; v. Tuhr II, 2, S. 82.

479 Boehmer, Erfüllungswille, S. 47; Larenz, a. a. O.; Heck, SchuR, S. 160, 169 ff.; Siebert-R. Schmidt, a. a. O.; Oertmann, Komm., § 362 Anm. 5.

480 Enneccerus-Lehmann, § 60 I; Palandt-Danckelmann, § 362 Anm. 1.

481 Barnstedt, S. 38 ff.; Leonhard I, S. 587; Planck-Siber, § 362 Anm. 2 b.

werden, so bedarf es einer Vereinbarung. Wir schließen uns damit der herrschenden „Theorie der realen Leistungsbewirkung[482]" an. Es trifft allerdings nicht ganz zu, wenn Larenz ausführt, der Schuldner könne der Leistung ihren Charakter als Erfüllung, also den Erfüllungszweck, nehmen, etwa indem er die Leistung schenkungshalber macht. Hierzu ist, wie sich übrigens auch aus § 516 BGB ergibt, eine Vereinbarung zwischen Gläubiger und Schuldner erforderlich.

Das Hauptproblem, an dem alle drei Theorien ihre Brauchbarkeit beweisen müssen, ist die Frage nach der Wirkung der Leistung an einen beschränkt Geschäftsfähigen. Die glatteste Lösung würde hier die Vertragstheorie liefern[483]; aber auch die h. M. vermag diese Frage sinnvoll zu bewältigen: Entweder sie spricht dem geschäftsbeschränkten Gläubiger die Empfangszuständigkeit für die Annahme der Leistung als Erfüllung ab, weil die Annahme eine Verfügung über die Forderung enthält, läßt den Gläubiger aber nach § 107 BGB Eigentum erwerben[484]. In diesem Fall ist der typische Zweck des Leistenden, die Erfüllungswirkung, nicht erreicht worden; nach unserer oben auf S. 82 vorgetragenen Auffassung des rechtlichen Grundes in § 812 I macht das Gesetz die Verfehlung eines typischen Leistungszwecks aber durch die Zubilligung eines Bereicherungsanspruchs wieder gut. Wer also an einen beschränkt Geschäftsfähigen geleistet hat und dabei zwar Eigentum übertragen, nicht aber seine Schuld getilgt hat, muß kondizieren können, unabhängig davon, daß das obligatorische Grundgeschäft und die daraus entstandene Forderung rechtsgültig waren.

Eine andere Meinung macht den Eigentumserwerb durch den Gläubiger und Befreiung des Schuldners gleichmäßig von der Zustimmung des gesetzlichen Vertreters abhängig[485]. Letzteres mit Recht: Betrachtet man mit Westermann[486] im Rahmen des § 107 BGB die dingliche und die schuldrechtliche Seite nicht getrennt, so wirkt sich das Gesamtgeschäft für den minderjährigen Gläubiger nachteilig aus, weil bei einem Eigentumserwerb durch ihn die typische Zweckbeziehung der Leistung, der Erfüllungszweck, erreicht würde (gerade dies leugnet allerdings die soeben zitierte Meinung). Es tritt dann weder Eigentumserwerb noch Schuldbefreiung ein, der Leistende kann danach sogar vindizieren.

---

[482] Ausdruck von Larenz, SchuR, § 26, I.

[483] Klein (Diss.), S. 60 f.

[484] Larenz, SchuR, § 26 I, Fußn. 1; anders noch die Voraufl.; BGH JZ 1955, 243.

[485] Boehmer, Erfüllungswille, S. 71 ff.; ähnlich Erman-Westermann, § 107 Anm. 3; Krawielicki, Grundlagen, S. 124, mit beachtlicher Begründung.

[486] Anm. zu BGH JZ 1955, 244; ähnlich Barnstedt, a. a. O., S. 43 f.

Bei nicht rechtsgeschäftlichen Erfüllungshandlungen, z. B. Leistung von Diensten u. dgl., konnte das Interesse des geschäftsbeschränkten Gläubigers durch ordnungsmäßige Leistung befriedigt werden, so daß der typische Zweck erreicht worden ist. Damit tritt dann Schuldbefreiung ein, ohne daß es irgendeines Akts der Entgegennahme der Dienste bedarf. Die Schwierigkeiten, die die Begründung dieses Ergebnisses der Vertragstheorie bereitet[487], sind ein weiterer Hinweis für die Richtigkeit der h. M. Auch im umgekehrten Fall, der Erbringung tatsächlicher Leistungen durch einen Geschäftsunfähigen (Haarschnitt durch einen Geisteskranken) läßt sich die sinnvolle Lösung, nämlich der Eintritt der vollen Erfüllungswirkung, nur unter Hinweis darauf finden, daß der Erfüllungszweck der tatsächlichen Leistung so typisch anhaftet, daß von einer Erfüllung auch ohne besondere rechtsgeschäftliche Abrede gesprochen werden kann.

Daß allerdings § 366 I BGB einem Schuldner, der mehrere gleichartige Leistungen schuldet, die Befugnis gibt, bei einer Leistung, die nicht alle Schulden zu tilgen vermag, die Verwendung der geleisteten Mittel *einseitig* zu bestimmen, bedeutet vom Standpunkt der causa-Lehre eine gewisse Systemwidrigkeit: Das Gesetz konnte hier auf einen typischen Zweck nicht abstellen, da gar nicht klar ist, auf welches wirtschaftliche Gesamtgeschäft die Zuwendung sich bezieht. Es verlangt dann aber keine Zweckvereinbarung, wie nach der causa-Lehre zu erwarten gewesen wäre, wohl weil es dem Gläubiger in diesen Fällen zumuten konnte, die einseitige Zweckbestimmung durch den Schuldner gegen sich gelten zu lassen. Eine Zweckvereinbarung geht aber dem einseitigen Bestimmungsrecht vor[488] und schließt dieses aus[489].

d) Der Verwendungszweck

Vom Standpunkt der hier vertretenen causa-Lehre verspricht auch der Versuch, den Gebrauchs- oder Verwendungszweck nach causa-Grundsätzen zu behandeln, Erfolg, wie schon die eingehende Darstellung des Streitstandes in dieser Frage[490] erkennen ließ. Da sich der Käufer um des Erwerbs der Sache willen zur Kaufpreiszahlung verpflichtet, gehört der Zweck, dem die gekaufte Sache dienen soll, mit zum Zweck seiner Verpflichtung[491]. Der Bezug der

---

[487] KLEIN (Diss.), S. 61 f.

[488] SIEBERT-R. SCHMIDT, § 366 Anm. 2 unter Berufung auf RG 105, 31 (nicht ganz eindeutig).

[489] Str., wie hier RG 66, 54; ERMAN-WESTERMANN, § 366 Anm. 1; a. A. SIEBERT-R. SCHMIDT a. a. O.

[490] Oben S. 61 ff.

[491] Es trifft also zu, wenn KRESS (SchuR, S. 60) Verwendungszweck und Austauschzweck verbindet.

Zahlungsverpflichtung auf das geplante Gesamtgeschäft wird erst vollständig wiedergegeben, wenn die Verwendung der Sache feststeht.

Als Beispiel für die praktische Anerkennung dieses Satzes kann auf die oben[492] genannte Entscheidung des BGH Bezug genommen werden.

Freilich fällt gegenüber den sonstigen Zwecktypen auf, daß im allgemeinen der Verwendungszweck nicht in allen rechtlich gleichliegenden Fällen derselbe ist[493], sondern sich am — ständig wechselnden — Vertragsgegenstand ausrichtet.

Sieht man allerdings von dieser Besonderheit ab, so tritt auch beim Verwendungszweck die im Verkehrsinteresse liegende Typisierung des beachtlichen Zwecks auf, neben der die Abstellung auf eine vertragliche Vereinbarung steht. In diesem Sinne bestimmt § 459 I BGB, daß i. d. R. Zweck des Kaufpreisschuldners der Empfang einer zum gewöhnlichen Gebrauch tauglichen Sache sei; stellt sich der Käufer einen anderen Verwendungszweck vor, so bedarf es einer vertraglichen „Voraussetzung".

e) Der Zweck in Realverträgen

Als typischer Zweck des Schuldners i. S. der hier vertretenen causa-Lehre kann dagegen nicht die Übergabe der Sache in den häufig sog. „Realverträgen" gelten, ebensowenig als Zweck des Gläubigers die Rückgabepflicht, die der Schuldner übernimmt.

Ersteres behauptet für das französische Recht Capitant[494], entgegen einer verbreiteten Meinung, die in der Übergabe der Sache bei der Leihe (Art. 1874 C. civ.), dem Pfandvertrag (Art. 2071 C. civ.) und der Verwahrung (Art. 1915 C. civ.) nur eine der Voraussetzungen des Vertragsschlusses[495] sehen will. Ähnliche Auffassungen wurden auch im deutschen Gemeinen Recht vertreten; die Deutung der Rückgabepflicht als Vertragszweck findet sich z. T. auch noch für das BGB[496]. Der ganze Zwecktyp hat aber im BGB keinen Platz mehr, seit die Einordnung von Leihe, Darlehen und Verwahrung als Konsensual-

---

[492] Oben S. 86.

[493] Dies ist die übliche Erscheinungsform der Typisierung eines Zwecks; vgl. im franz. Recht die Formulierung von Ripert-Boulanger, oben S. 56, Anm. 300.

[494] A. a. O., Nr. 22.

[495] Fait générateur de l'obligation, Planiol II, Nr. 1037.

[496] **Zur Leihe:** Planck-Gunkel I vor § 598; Oertmann, Komm. vor § 598 Anm. 2; Enneccerus-Lehmann, § 140 Ziff. 1; Molitor II, § 81. **Zum Darlehen:** Planck-Gunkel, vor § 607 Anm. III 3; Oertmann, Komm., § 607 Anm. 2; grundsätzlich Enneccerus-Lehmann, § 142; Palandt-Gramm, vor § 607 Anm. 1 a; Breyhan, a. a. O., S. 19. **Zur Verwahrung:** Esser, SchuR, § 145, 5; Enneccerus-Lehmann, § 169; Palandt-Gramm, vor § 668 Anm. 1.

vertrag im Vordringen begriffen ist[497]. Es handelt sich danach z. B. beim Darlehen um einen Vertrag, in dem sich der Schuldner zur Rückzahlung und zur Leistung von Zinsen verpflichtet, weil er die Überlassung des Kapitals wünscht, der Gläubiger umgekehrt in die Überlassung des Kapitals um der Zinsen willen[498], beim zinslosen Darlehen gefälligkeitshalber einwilligt. Die Hingabe der Sache gehört dann bereits zur Zweckverwirklichung, nicht zur Zwecksetzung[499]. Das Hauptargument der Realvertragstheorie, der Schuldner könne nicht zur Rückgabe einer ihm noch nicht überlassenen Sache verpflichtet sein, läßt sich mit dem Hinweis darauf entkräften, daß die Rückgabepflicht zwar theoretisch mit Abschluß des Vertrages besteht, daß sie aber erst durchsetzbar ist, wenn die Sache übergeben und die vereinbarte Frist verstrichen bzw. der Vertrag gekündigt ist, §§ 604 I, 609 I, 695 BGB (verhaltener Anspruch). Die Übergabe der Sache ist dann condicio iuris für die Rückgabepflicht, ebenso wie beim unstreitig synallagmatischen Mietvertrag, wo die Rückgabepflicht bei Vertragsabschluß gewissermaßen latent entsteht, aber noch nicht durchgesetzt werden kann, ohne daß darum der Mietvertrag als Realvertrag hätte aufgefaßt werden müssen[500]. Es bleibt danach bei den bisher erörterten causa-Typen.

III.
Die Rechtsfolgen der Zweckverfehlung

Einen Vorwurf, dem die ganze bisherige Abhandlung ausgesetzt ist, hat allerdings auch der hier vorgeschlagene causa-Begriff zu erwarten: Eine einheitliche Regelung der Rechtsfolgen der Zweckverfehlung erlaubt er nicht. Das hängt mit der bereits hervorgehobenen Besonderheit zusammen, daß die causa bei Vornahme einer Vermögenszuwendung — sei es nun Eingehung einer Verbindlichkeit oder Verfügung — regelmäßig vorhanden ist und erst die Zweckverfehlung das causa-Problem akut werden läßt. Eine etwaige Zweckvereinbarung enthält dementsprechend auch keine Rechtsfolgenabrede. Für das Verfehlen des typischen Zwecks kann nichts anderes gelten als beim vereinbarten Zweck.

---

[497] **Zur Leihe:** Staudinger-Riedel, vor § 598 Anm. 2; RGRK, vor § 598 Anm. 2; Erman-Seibert, § 598 Anm. 1 a; Larenz, SchuR II, § 46; Esser, SchuR, § 127, 2. **Zum Darlehen:** Heck, SchuR, S. 327; Larenz II, § 47 I, II; Esser, a. a. O., § 149, 5. **Zur Verwahrung:** Larenz, a. a. O., § 54. **Allgemein:** Boehmer, ArchBürgR 38, 314 ff.; Erfüllungswille, S. 25 ff.

[498] Boehmer, ArchBürgR 38, 320.

[499] Ebenda S. 322; Erfüllungswille, S. 28.

[500] Worauf Staudinger-Riedel, vor § 607 Anm. 2 hinweisen; ähnlich Boehmer, ArchBürgR 38, 321.

Es greifen also, wie immer beim Fehlen von Parteivereinbarungen, die *Regeln des dispositiven Rechts* ein. Diese behandeln nun — und darin liegt die Hauptschwierigkeit und der Grund für die Unklarheit der causa-Lehre — die Zweckverfehlung unter den verschiedensten Gesichtspunkten, indem sie entweder bei der Leistungsstörung, der Gewährleistung im weitesten Sinne[501], dem Fehlen eines rechtlichen Grundes oder bei anderen Gedanken anknüpfen, indem sie ferner Momente wie Verschulden, Mahnung, Fristsetzung, Unmittelbarkeit der Vermögensverschiebung hinzufügen. Keineswegs geht es also an, in allen Fällen der Zweckverfehlung einfach Kondizierbarkeit der Vermögenszuwendung anzunehmen; dies scheitert schon am Wortlaut des § 812 I BGB, der grundsätzlich nur „Leistungen" betrifft[502], und würde auch die ganze Systematik des Schuldrechts umstürzen.

Nur ein tragendes Prinzip kann und muß hier hervorgehoben werden: Die Rechtsfolgen der Zweckverfehlung, im allgemeinen also auch des Dissenses über die causa[503], unterscheiden sich grundsätzlich danach, ob das Gesetz oder die Parteien die jeweilige Vermögenszuwendung als *abstrakte oder kausale* ausgestaltet haben. Es handelt sich hier um die künstliche Ausschaltung[504] nicht nur der Motive, sondern auch der bereits durch eine gewisse Abstraktion gewonnenen[505] Zwecke aus dem Tatbestand[506] des Zuwendungsgeschäfts, d. h. aus der Frage der Wirksamkeit der Vermögenszuwendung; die Abstraktheit bedeutet also keine Verweigerung der Rechtserheblichkeit für die Zuwendung überhaupt[507]. Der Zweck einer Leistung ist ebenso causa wie der Zweck einer Verpflichtung, nur daß kraft positiven Rechts die Zweckverfehlung sich bei den verschiedenen Arten der Vermögenszuwendung unterschiedlich auswirkt. Die Zweckverfehlung bei gesetzlich oder gewollt abstrakten Zuwendungen regeln §§ 812 ff.

---

[501] Zu diesem Ausdruck vgl. oben S. 60.

[502] OERTMANN GG, S. 21; VON TUHR II, 2, S. 54, 122; kausale Verpflichtungen können nur konzidiert werden, wenn sie ihrerseits in Erfüllung einer Verpflichtung eingegangen werden, STAUDINGER-SEUFERT, § 812 Anm. 3 a—d.

[503] KRIEGSMANN, a. a. O., S. 84 ff.

[504] KLINGMÜLLER, Rechtsgrund, S. 37; KRIEGSMANN, a. a. O., S. 22 f.: „Kunstprodukt des Gesetzgebers"; MÖLDERS (Diss.), S. 25 mit w. Nachw.

[505] Vgl. oben S. 40 und das Zitat in Anm. 221 ebenda.

[506] LEHMANN, Allg. Teil, § 25 III 2; ENNECCERUS-NIPPERDEY II, § 148 I 4, sprechen davon, daß die Kausalvereinbarung nicht zum Geschäftsinhalt gehöre.

[507] LANGE, AcP 146, 47: „Mittelbare Wirkung" der Zweckverfehlung; KRAWIELICKI, Grundlagen, S. 9: „Abstrakt oder kausal sind Begriffe für die Form, in der ein Rechtsgrund auf eine Vermögensverschiebung einwirkt."

BGB; wegen der großen praktischen Bedeutung der abstrakten Zuwendungen soll diese besondere „Reaktionswirkung“ in einem eigenen Abschnitt dieser Arbeit behandelt werden. Die Bedeutung des Abstraktionsgrundsatzes erstreckt sich allerdings noch über die Reaktion auf Zweckverfehlungen hinaus: Auch die „in sonstiger Weise“ erlangten Vermögensvorteile, die meist unwillentlich erfolgen und daher von einem Zweckstreben von vornherein gelöst sind, werden häufig als abstrakt und infolgedessen kondizierbar bezeichnet[508].

Rechtspolitisch soll die Abstraktion der Klarheit und Sicherheit der Geschäftswirkungen dienen[509]; daß aber dazu dieser künstliche Einschnitt in die natürliche wirtschaftliche Einheit des Geschäfts notwendig war, wird häufig angezweifelt[510]. Die Zweifel an der Richtigkeit der gesetzgeberischen Entscheidung haben zu verschiedenen Versuchen geführt, das Abstraktionsprinzip zu überwinden; so durch Annahme einer Bedingtheit des dinglichen durch das gültige Zustandekommen des kausalen Geschäfts[511], was i. d. R. zulässig ist, daneben aber durch die Annahme einer Geschäftseinheit i. S. des § 139 BGB. Gegen die letztere Lösung tritt die feststehende Rechtsprechung und die ältere Lehre[512] ein; dafür entscheiden sich neuerdings viele[513]. Die Frage ist jedoch seit zu langer Zeit gestellt und umkämpft, als daß noch wesentliche neue Gesichtspunkte dazu beigetragen werden könnten. Sie muß daher im vorliegenden Zusammenhang als offenes Problem dahingestellt bleiben; jedenfalls ist von der Abstraktheit der Verfügungsgeschäfte als grundlegender gesetzgeberischer Entscheidung für die Bestimmung der Rechtsfolgen der Causalosigkeit auszugehen.

Diese Bestimmung der Rechtsfolgen der Causalosigkeit, die zum Hauptanliegen dieser Arbeit gehört, müßte nun so vorgehen, daß sämtliche „gesetzlichen Reaktionswirkungen“ daraufhin untersucht würden, inwieweit sie eine Regelung der Zweckverfehlung bereithalten. Gesetzliche Reaktionswirkungen dieser Art sind z. B. die Folgen der synallagmatischen Verknüpfung, Kündigungsrechte, Wand-

---

[508] Krawielicki, Grundlagen, S. 7.

[509] Enneccerus-Nipperdey, § 148 I 4; Breyhan, a. a. O., S. 6; Klingmüller, a. a. O., S. 52 ff.

[510] Enneccerus-Nipperdey ebenda; Lange, AcP 146, 28 ff.; AcP 148, 225 ff.; Neubecker, ArchBürgR 22, 68.

[511] Wolff-Raiser, § 38 II 4; Heck, Sachenrecht, S. 121; Süss, JW 1934, 3125; Oertmann GG, S. 13.

[512] Für den Regelfall RG 78, 44; Gruchot 62, 640 f.; BGH JZ 1951, 782; von Tuhr II, 1, S. 286.

[513] Wolff-Raiser, a. a. O., Heck, a. a. O.; Westermann, § 4 IV 3; vgl. im einzelnen Krawielicki, a. a. O., S. 17 ff.

lung und Minderung wegen Sachmängeln, Anfechtung wegen Eigenschaftsirrtums u. a. m.[514]. Eine solche Untersuchung würde jedoch zu weit führen, zumal dann, wenn sie auch das französische Recht einbezöge. Deshalb soll im zweiten Teil dieser Abhandlung der Versuch unternommen werden, die Bedeutung der causa im deutschen und französischen Recht in zwei auf den ersten Blick völlig verschiedenen Institutionen nachzuweisen, nämlich dem Irrtumsrecht (darüber §§ 13, 14) und dem Bereicherungsrecht (darüber §§ 15 und 16).

---

514 Vgl. zum Ganzen KEGEL, a. a. O., S. 147.

DRITTES KAPITEL

Abgrenzung der causa von verwandten Instituten

Die Bewältigung der dem zweiten Teil dieser Arbeit gestellten Aufgabe erfordert aber zuvor noch eine eingehende Abgrenzung des causa-Begriffs von anderen, wenn nicht verwandten, so doch zumindest naheliegenden Institutionen des deutschen bürgerlichen Rechts.

§ 8. Abgrenzung der causa vom Motiv

Nach den ausführlichen Erörterungen über die Bestimmung der erheblichen Zwecke kann sich die Abgrenzung *causa-Motiv* auf wenige zusammenfassende Ausführungen beschränken: Die causa ist ein Motiv, aber ein durch eine causa-Vereinbarung oder wegen seines typischen Vorliegens besonders hervorgehobenes Motiv, das deshalb zur rechtlichen Beachtlichkeit gelangen konnte.

I.
Unbrauchbare Abgrenzungsmerkmale

Wie schon hervorgehoben[515], vereinfacht die Unterscheidung dahingehend, daß die causa immer eine Richtung der Zuwendung in die Zukunft angebe, das Motiv aber die Zuwendung aus der Vergangenheit oder Gegenwart begründe, das Problem zu stark[516]. Auch reine Motive können in zukünftigen Umständen oder Entwicklungen liegen. Wenn z. B. jemand sein Haus verkauft, weil er einen kostspieligen Prozeß verloren hat, so macht es keinen Unterschied, ob er verkauft, weil er Schulden hat oder um seine Schulden bezahlen zu können[517].

Natürlich trifft es zu, das Motiv als außerhalb, die causa als innerhalb des Vertrags befindlich[518] anzugeben. Gerade um die Frage, welcher Umstand als erheblicher Vertragsinhalt geworden ist und

---

[515] Oben S. 19.

[516] Dagegen auch CAPITANT, a. a. O., Nr. 4, Anm. 1.

[517] Vgl. auch das Beispiel bei KEGEL, a. a. O., S. 147, Anm. 36.

[518] Auch von CAPITANT, a. a. O., Nr. 4 als eines von mehreren Abgrenzungsmerkmalen benutzt.

welcher nicht, geht es aber bei der Unterscheidung zwischen Motiv und causa. Zur Lösung dieser Frage müssen Kriterien gefunden werden; daß dieser als Vertragsinhalt qualifizierte Umstand causa, der außerhalb des Vertrags gebliebene Umstand Motiv genannt wird, ist eine bloße Folgerung aus der vorhergehenden Untersuchung der rechtlichen Erheblichkeit.

Der Schlüssel zu einer Unterscheidung liegt auch nicht darin, die causa, ähnlich wie die Voraussetzung[519] als „erste Absicht" anzusehen, die logisch den übrigen motivierenden Vorstellungen vorgelagert wäre. Darauf würde es auch hinauslaufen, wollte man die causa als Vorstellung von der Funktion einer einzelnen Vermögenszuwendung auffassen, das Motiv dagegen als die Vorstellung, die das Wollen der ganzen Vermögensbewegung auslöst[520]. Denn erstens wird sich vielfach die „mittelbare" Wirkung, die das Motiv als solches auch auf das Wollen jeder einzelnen Vermögenszuwendung ausübt, schwer von einer „unmittelbaren" Wirkung der causa unterscheiden lassen. Ferner aber verbietet die Gleichsetzung von rechtsgeschäftlichen und gesetzlichen causae eine derartige Abgrenzung, da sich bei der gesetzlich vorgeschriebenen Güterbewegung eine Vorstellung, die das Wollen des ganzen Rechtsverhältnisses ausgelöst hat und sich von einer die einzelne Zuwendung leitenden Vorstellung unterscheidet, nicht feststellen läßt. So leitete mich bei der Zahlung meiner vermeintlichen Deliktschuld in dem oben[521] erwähnten Beispiel der Beweggrund, meiner gesetzlichen Verpflichtung aus §§ 823, 249 BGB nachzukommen; ein sonstiger Beweggrund, der das gesetzliche Schuldverhältnis ins Leben gerufen haben könnte, bestand nicht.

Von einem zu engen Begriff der causa geht m. E. die Unterscheidung von Enneccerus-Nipperdey[522] aus: Es handle sich bei der causa um eine Vorstellung, die auf einen mittelbaren Rechtserfolg gerichtet sei und insofern auch als Beweggrund wirke. Diese causa unterscheide sich von anderen nur tatsächlichen Motiven. Abgesehen davon, daß dieser Unterscheidung auch wieder die soeben abgelehnte Meinung zugrundeliegt, daß das Motiv in der Erwägung vergangener, die causa in der Vorstellung zukünftiger Umstände liege[523], scheinen mir Vorstellungen von einem Rechtserfolg und von tatsächlichen Umständen zu oft ineinander überzugehen, als daß sich auf ihre Trennbarkeit die Unterscheidung von causa und Motiv stützen ließe. Es bleibt also dabei, daß psychologisch gesehen zwischen causa und Motiv kein

---

[519] Siehe oben S. 42.
[520] In diesem Sinne unterscheidet etwa CAPITANT, a. a. O., Nr. 4.
[521] S. 81.
[522] Allgemeiner Teil, II, § 148, FN 3; siehe auch FIKENTSCHER, S. 88.
[523] Oben S. 98.

Unterschied besteht[524]; das entscheidende Kriterium ist auf der Ebene des Normativen zu suchen.

II.
Die causa als typisches oder vereinbartes Motiv

Die Abwendung von einer psychologischen Betrachtungsweise macht es notwendig, festzustellen, welche Vorstellungen des Urhebers einer Vermögenszuwendung sich deren Empfänger entgegenhalten lassen muß. Dies ist anerkanntermaßen nicht schon dann der Fall, wenn der Erklärende bzw. Zuwendende sein Motiv offengelegt hat oder der Gegner es aus anderen Gründen kennt[525]. Dagegen bilden den Hauptfall der Wesentlichkeit eines Motivs für den Erklärungsgegner solche Vorstellungen, deren Bedeutsamkeit beide Parteien übereinstimmend durch ausdrückliche oder schlüssige Erklärung anerkannt haben. Auf diese Weise gelten die Motive als in den Vertrag aufgenommen und vereinbart, so daß sie als vereinbarte Motive causae sind[526].

Das Wesen dieser Motivvereinbarung wurde bereits oben[527] angedeutet: Sie enthält eine Einigung darüber, daß bestimmte jetzige Gegebenheiten und künftige Entwicklungen für die Zuwendung wesentlich sein sollen. Sie legt aber weder eine Rechtsfolge für den Fall fest, daß die Umstände sich anders entwickeln als erwartet oder die als gegeben vorgestellte Lage nicht besteht[528], noch wird ein Zustand vereinbart[529]. Die vereinbarte causa steht schließlich auch nicht notwendig der Begründung einer Leistungspflicht gleich: So wird, wenn es sich bei der Motivvereinbarung um eine Beschaffenheitsvereinbarung im Rahmen eines Spezieskaufs handelt („ich kaufe diesen goldenen Ring") keine Pflicht zur Leistung eines goldenen Rings begründet[530], da sonst wegen der objektiven Unmöglichkeit, einen nicht goldenen Ring mit dem vereinbarten Motiv in Einklang zu bringen, § 306 BGB eingreifen würde. Vielmehr ist der geschuldete Gegenstand nur die bestimmte Speziessache; wird sie geleistet, so ist die geschuldete Sache geleistet, nur entspricht sie nicht den vereinbarten Vorstellungen. Diese Tatsache löst keine Ansprüche wegen Nichterfüllung aus, sondern Anfechtungs- bzw. Gewährleistungsrechte. Wo dagegen die Deutung einer Motivvereinbarung als Vereinbarung einer

---

[524] Psychologisch gesehen ist jedes Motiv Willensbestandteil, KEGEL, AcP 150, 361.

[525] LEHMANN, Allg. Teil, § 35 A VII (S. 277 f.).

[526] KEGEL, Gutachten, S. 147.

[527] S. 53 ff.

[528] In diesem Sinne KEGEL, a. a. O.

[529] FLUME, Eigenschaftsirrtum, S. 19.

[530] FLUME, a. a.. O., S. 35; BRAUER, Eigenschaftsirrtum, S. 301.

Leistungspflicht sich nicht an § 306 stößt, steht nichts im Wege, dieser causa im Rahmen der gesetzlichen Nichterfüllungsregelung Geltung zu verschaffen. So liegt es in dem Beispiel, das Kegel[531] als „Vereinbarung von Tatumständen" dem § 119 II BGB unterstellen will: Wenn eine Tanzkapelle nach ihrem Vertrag nach eigenen Noten spielen soll, dies aber nicht kann, weil sie solche nicht zur Verfügung hat, läßt sich diese Vereinbarung m. E. als Leistungspflicht auffassen, die objektiv erfüllt werden könnte, so daß § 306 nicht entgegensteht. In diesem Fall greifen dann als Rechtsfolge der Verfehlung der causa die Regeln über Nichterfüllung oder Schlechterfüllung ein.

Dasselbe geschieht aber dann, wenn ein Motiv nicht deswegen für den Erklärungsgegner bzw. Zuwendungsempfänger wesentlich ist, weil es Gegenstand einer besonderen causa-Abrede oder Bestandteil einer sonstigen Vereinbarung war, sondern weil es typisch bei jeder Erklärung oder Zuwendung einer bestimmten Art vorliegt. Auch eine solche typische Vorstellung verdient als causa Anerkennung, ohne daß es darauf ankommt, ob sich die Parteien über diesen Zweck überhaupt Gedanken gemacht haben oder ob die Vorstellung real ausgebildet war. So liegt es beim Erfüllungszweck, der bei Leistungsgeschäften typisch gegeben und dessen Verfolgung demnach im Rahmen des § 812 I für den Zuwendungsempfänger Bedeutung gewinnt. Auch die Absicht, eine Ware zu bekommen, die zum „gewöhnlichen Gebrauch" taugt (§ 459 I) oder die die Eigenschaften hat, „die im Verkehr als wesentlich angesehen werden" (§ 119 II), leitet typischerweise jeden Erklärenden und ist deshalb nicht mehr Motiv.

Ein reines Motiv ist also eine untypische Vorstellung, die der Gegner nicht durch Vereinbarung als auch für ihn wesentlich anerkannt hat — gleichgültig, ob der Erklärende oder Zuwendende den Beweggrund zum Ausdruck gebracht hat. Die weiteren Folgerungen aus dieser Abgrenzung gehören in das später (in § 13) im Einzelnen behandelte Irrtumsrecht, auf das deshalb hier Bezug genommen wird.

§ 9. Abgrenzung der causa von der Bedingung

Auch die Unterscheidung von causa und Bedingung kann sich z. T. auf bereits Gesagtes[532] beziehen.

I.
Die rechtlichen Unterscheidungsmerkmale

Die causa kann, die Bedingung muß vereinbart sein; hierin ist der erste Unterschied von causa und Bedingung zu erblicken. Aber auch

---

531 AcP 150, 360; siehe dazu im Einzelnen § 13, S. 155.

532 Vgl. z. B. oben S. 50, 54.

im Hinblick auf die bei beiden Instituten möglichen Vereinbarungen bestehen erhebliche Unterschiede:

Die Bedingung ist eine Vereinbarung, durch die die Rechtswirkung[533] des mit der Bedingung versehenen Geschäfts von einem zukünftigen, jetzt noch ungewissen Umstand abhängig gemacht wird, indem entweder die Rechtswirkung erst beim Eintritt dieses Umstandes gleichfalls eintreten (aufschiebende) oder zu diesem Zeitpunkt aufhören soll (auflösende Bedingung), § 158 BGB. Das Gesetz nennt nur die Möglichkeit, die Rechtswirkung von einem zukünftigen, ungewissen Umstand abhängig zu machen; es schließt aber nicht aus, daß jemand die Rechtswirkung an einen ihm zwar noch nicht bekannten, aber tatsächlich bereits entschiedenen Umstand knüpft. Dies ist möglich mit der sogenannten condicio in praesens vel praeteritum collata, von Henle[534] Unterstellung genannt. Die Unterstellung ist nach Henle[535] eine Unterform der Bedingung. Auch wenn man sie demgegenüber mit Coing[536] als Scheinbedingung auffaßt, wird man ihr bei entsprechender Gestaltung der tatsächlichen Umstände sofortige Wirkung auf den rechtsgeschäftlichen Willen derart einräumen müssen, daß das Geschäft bei „aufschiebender Unterstellung" als unbedingt und ohne Voraussetzung errichtet, bei „auflösender Unterstellung" als sofort unwirksam angesehen wird[537]. Dieser einschneidenden Wirkung der Unterstellung entsprechend muß sie auch wie eine Bedingung Vertragsbestandteil, also von den Vereinbarungen umfaßt sein[538].

Dasselbe gilt schließlich für die mit denselben Wirkungen wie die Bedingung ausgestattete Zeitbestimmung (§ 163), die eine Rechtswirkung mit einem zukünftigen gewissen Ereignis derart verknüpft, daß sie bei Eintritt dieses Ereignisses beginnt oder endet. Bestimmung eines Anfangtermins und aufschiebende Bedingung entsprechen sich ebenso wie Bestimmung eines Endtermins und auflösende Bedingung[539], was sich dahin auswirkt, daß in der Praxis die Grenzen zwischen Bedingung und Zeitbestimmung verfließen, während sich bei den Rechtsfolgen Abweichungen nur daraus ergeben können, daß der Eintritt der Bedingung ungewiß, der Eintritt des Termins gewiß

---

[533] Wenn die Rechtswirkung bedingt wird, so heißt das, daß die Bedingung nicht das Wollen betrifft, Staudinger-Coing, vor § 158 Anm. 5.

[534] Unterstellung und Versicherung, S. 20.

[535] Ebenda S. 23.

[536] Staudinger-Coing, vor § 158 Anm. 17.

[537] Coing, a. a. O.; Blomeyer, a. a. O., S. 35; Enneccerus-Nipperdey, § 194, FN 6.

[538] Henle, a. a. O., S. 22.

[539] Palandt-Danckelmann, § 163 Anm. 1; Siebert-Seydel, § 163 Anm. 2.

ist[540]. Im übrigen aber führt bei der Bestimmung eines Anfangstermins der Eintritt dieses Zeitpunkts automatisch die gewollte Rechtswirkung herbei, während diese bei der Bestimmung eines Endtermins mit dessen Eintritt entfällt.

Beide Arten der Bedingung, der Befristung sowie die Unterstellung enthalten somit eine klare Festlegung der Rechtsfolgen des Eintritts oder Wegfalls des Umstandes; hierin unterscheiden sie sich von der Zweckvereinbarung, die eine Festlegung der Rechtsfolgen bekanntlich nicht vornimmt[541]. Daher liegen die entscheidenden Unterschiede von Bedingung bzw. Befristung und causa auf dem Gebiet der Rechtsfolgen: Eintritt bzw. Fortfall des zukünftigen Ereignisses bringen die Rechtswirkung der Vermögenszuwendung vollkommen zum Entstehen oder zum Erlöschen; Erreichen oder Nichterreichen des Zwecks können — bei den kausalen Geschäften — wie eine Bedingung auf die Gültigkeit der Rechtsfolge einwirken, können aber — bei den abstrakten Geschäften — nur den Fortbestand, nicht die Rechtsgültigkeit als solche antasten.

Daraus folgt, daß die rechtliche Problematik, die die §§ 158 ff. BGB zu lösen haben, anders liegt als die der causa-Lehre. Eines der Hauptprobleme im Bedingungsrecht — die Regelung des Schwebezustandes bei der auflösenden Bedingung[542] — stellt sich der causa-Lehre nicht, weil durch die Zweckbestimmung einer Vermögenszuwendung kein Schwebezustand ausgelöst, sondern nur der Bezug der unbedingt gültigen Zuwendung zum Gesamtgeschäft festgelegt wird. Es ist also nach unserer Auffassung falsch, wenn Stampe[543] mit seinem Ausdruck „Bestandsbedingung“ und Kreß[544] der causa die Wirkung einer Bedingung beimessen. Diese Meinung übersieht, daß Bedingung, Befristung und Unterstellung viel krasser und einschneidender wirken als die bloße Zwecksetzung. Daran liegt es, daß gewisse Geschäfte vom Gesetz als bedingungsfeindliche ausgestaltet wurden. Es unterliegt keinen Bedenken, diese Geschäfte mit einer Zweckvereinbarung auszustatten[545], da der bei den bedingungsfeindlichen Akten unerwünschte Schwebezustand ja nicht eintritt und überdies die Rechtsfolgen einer etwaigen Zweckverfehlung sich aus dem Gesetz ergeben.

---

540 Deshalb ist im Regelfall § 162 nicht anwendbar, RG LZ 1914, 670; Staudinger-Coing, § 163 Anm. 5.

541 Kegel, a. a. O., S. 147.

542 Staudingr-Coing, § 158 Anm. 1 a.

543 Wertbewegungslehre S. 13; vgl. ferner oben S. 70 und Anm. 373.

544 Allg. Schuldrecht, S. 50.

545 So wohl auch Kriegsmann, a. a. O., S. 85.

II.
Die Unterscheidung im Einzelfall

Diese rechtliche Verschiedenheit darf nicht darüber hinwegtäuschen, daß sich Bedingung bzw. Befristung und Zwecksetzung insofern ähneln können, als in allen Fällen der Erklärende bzw. Zuwendende seine Zuwendung zu bestimmten Ereignissen in Beziehung setzt. Diese Ähnlichkeit verursacht im Einzelfall die Schwierigkeit, festzustellen, ob die Parteien, die die gewollte Vermögenszuwendung zu einem ungewissen Umstand in Bezug gesetzt haben, den Eintritt des Umstandes als Bedingung oder als Zweck ihrer Zuwendung setzen wollten.

a) Die Unterscheidung zwischen Bedingung und typischen Zweck

Das gilt insbesondere bei der typischen causa. Dort gehen in manchen Fällen Zweck und Bedingung sogar fast ununterscheidbar ineinander über, so daß die Ansicht aufkommen könnte, der ganze Unterschied sei nur ein begriffliches Kunsterzeugnis: Z. B. der (kausale) Austauschzweck beherrscht die Vermögenszuwendung im gegenseitigen Vertrag; in Gestalt des genetischen Synallagmas verhindert er das Entstehen einer Verbindlichkeit, wenn die Gegenverpflichtung nicht entsteht[546]. Es lag daher nahe, die synallagmatische Verknüpfung[547] als Bedingung jeder Verpflichtung durch das Entstehen der Gegenverpflichtung aufzufassen[548].

Dagegen geben wir zu bedenken, daß beim gegenseitigen Vertrag die Gegenforderung nach dem Willen des Zuwendenden nicht erst in Zukunft, sondern sofort entstehen soll, daß die Parteien ferner keinen Zweifel am Entstehen der Gegenforderung hegen, was aber unerläßliche Voraussetzung der Bedingung wäre. Letzterer Umstand verbietet es auch, hier mit der Kategorie der Unterstellung zu arbeiten: Damit wäre zwar die Abhängigkeit von einem gegenwärtigen Umstand geklärt; doch zweifelt auch derjenige, der unterstellt, an der Wahrheit der unterstellten Tatsache.

Auch das in § 323 I BGB geregelte Erlöschen der Forderung durch Unmöglichwerden der Gegenleistung[549] läßt sich vielleicht durch

---

[546] Zur Unterscheidung causa-Synallagma siehe ferner oben § 7 dieser Arbeit.

[547] Genetisches Synallagma, vgl. LARENZ, SchuR I, § 18 I; HECK, SchuR, S. 127.

[548] LARENZ, a. a. O., § 18 I; KRESS, SchuR, S. 50; SIEBERT-R. SCHMIDT, vor § 320 Anm. 5; ähnlich BLOMEYER, Studien, S. 110 f.; unklar KRIEGSMANN, a. a. O., S. 106.

[549] Funktionelles Synallagma, LARENZ, SchuR I, § 18 I; auch konditionelles Synallagma genannt, SIEBERT-R. SCHMIDT, vor § 320 Anm. 10.

Annahme einer auflösenden Bedingtheit jeder Forderung durch den Wegfall der Gegenforderung erklären[550]. Indes läßt sich der in §§ 324, 325 eingeführte Gedanke des Vertretenmüssens bei nachträglicher Unmöglichkeit nicht vom Standpunkt des Bedingungsrechts erklären: Ist die Existenz der mir gegenüber bestehenden Verbindlichkeit (meiner Forderung) durch die Existenz meiner eigenen Verbindlichkeit (der Gegenforderung) bedingt, und hat mein Gegner die Unmöglichkeit der von mir geschuldeten Leistung zu vertreten, so müßte wegen des von § 275 angeordneten Wegfalls meiner Verbindlichkeit meine Forderung als auflösend bedingte ebenfalls entfallen, während ich sie nach der abweichenden Regelung des § 324 behalte. Allenfalls ließe sich § 324 so deuten, daß der Wegfall meiner Forderung nur durch die von mir oder von niemandem zu vertretende Unmöglichkeit meiner eigenen Leistung bedingt wäre, so daß bei Unmöglichkeit meiner Leistung, die der Gläubiger zu vertreten hat, meine Forderung bestehen bleibt. Doch würde diese recht komplizierte Lösung voraussetzen, daß die Parteien sich in dieser Hinsicht Vorstellungen gemacht haben, während bei Annahme einer Zweckverknüpfung die Rechtsfolgen von Gesetzes wegen eintreten.

Die von Blomeyer[551] angeführte Parallele des § 324 zu § 162 vermag den § 324 ebenfalls nicht zu erschöpfen, da es sich in § 162 nur um eine Anwendung des allgemeinen Grundsatzes von Treu und Glauben handelt, also mehr um eine Hilfsnorm. Außerdem ist es zumindest fraglich, ob nicht im Rahmen des § 162 ein bloß objektiver Verstoß gegen Treu und Glauben ohne Rücksicht auf Verschulden genügt[552], während § 324 Vertretenmüssen verlangt. Blomeyer[553] räumt denn auch ein, daß eine im Sinne der §§ 320 ff. BGB bedingte Forderung „einer ganzen Reihe verwickelter auflösender Bedingungen, meist Potestativbedingungen, unterworfen ist".

Die Deutung der §§ 320 ff. als Ausprägung der causa-Lehre, die natürlich wegen des Fehlens einheitlicher Rechtsfolgen der Zweckverfehlung eine weniger anspruchsvolle Lösung darstellt als die Erklärung aus dem Recht der Bedingung, verdient daher den Vorzug. Die Schwierigkeit bei der Deutung der Verknüpfung kausaler Zuwendungen, wie sie §§ 370 ff. regeln, wiederholt sich nicht bei der Unterscheidung von causa und Bedingung im Bereich abstrakter Vermögenszuwendungen: Hier führt die Zweckverknüpfung gerade nicht — wie die Bedingung unweigerlich tun würde — zur Vernichtung der Zuwendung, sondern lediglich zu einer abgeschwächten Rückforderbarkeit aus dem Gesichtspunkt der ungerechtfertigten Bereicherung.

---

[550] Blomeyer, Studien, S. 114 ff.

[551] A. a. O., S. 115; ebenso für die sog. datio oder promissio ob causam Krawielicki, a. a. O., S. 109.

[552] Staudinger-Coing, § 162 Anm. 2 mit Nachw.

[553] A. a. O., S. 117.

b) Die Unterscheidung von Bedingung und vereinbartem Zweck

Lassen sich somit nach unserer Auffassung Bedingung und typische causa durchaus unterscheiden, so läßt sich nicht leugnen, daß zwischen vereinbarter causa und Bedingung — mit Kegels[554] Worten also vereinbartem Motiv und Bedingung — die Grenzen verfließen.

Hier gibt nur noch die Feststellung einer Rechtsfolgenvereinbarung den Ausschlag zugunsten der Bedingung. Wenn ein auf Ungültigkeit der Vermögenszuwendung bei Ausbleiben des erwarteten Umstandes gerichteter Rechtsfolgenwille der Parteien bei Vornahme der Zuwendung festgestellt werden kann, liegt eine Bedingung vor; haben aber die Parteien nur eine Zweckbestimmung im Sinn, ohne sich über die Folgen der Zweckverfehlung Gedanken zu machen, so erscheint die Annahme einer Bedingung doch bedenklich. Da hier eine äußerst schwierige Auslegungsfrage auftaucht, wird es sich unter Berücksichtigung der Bedingungsfeindlichkeit mancher Geschäfte nicht vermeiden lassen, gelegentlich mehr vom Ergebnis her zu entscheiden. Zum Beispiel[555]:

> Als letzte Bestimmung eines Grundstückstauschvertrages zwischen dem Bauern E und der Stadt B fand sich folgender Passus: „Herr E erhält die ihm aufgelassenen Parzellen zur besseren Bewirtschaftung seines zersplitterten landwirtschaftlichen Grundbesitzes, die Stadt B zum Tausch für Baugelände zur Weiterveräußerung an Personen, die auf den Grundstücken ein Wohnhaus im sozialen Wohnungsbau errichten wollen."

Da die Klausel im praktischen Fall der Erklärung der Auflassung nachfolgte, ist hier die Annahme einer Bedingung wegen § 925 II unwahrscheinlich. Wenn nun aber die Stadt B den Grundbesitz an eine Großgärtnerei, eine chemische Fabrik veräußert, soll dann E keine Rechte haben, weil keine Bedingung vorlag, mit anderen Worten: Soll der Vertragsklausel ein besonderer Sinn[556] nicht beigemessen werden?

Hilft der Richter dem E, indem er entgegen der systematischen Stellung und dem Wortlaut der Klausel einen bedingten Kaufvertrag, aber unbedingte Auflassung annimmt[557], so gelangt er u. U. zur Causalosigkeit der Auflassung und kann § 812 I anwenden. Das ist aber genau die Lösung, die bei der Deutung der fraglichen Klausel als Zweckvereinbarung herauskommen würde, nur daß jener Lösung

---

[554] Gutachten, S. 147.

[555] Vgl. zum folgenden auch den oben S. 55 erwähnten Fall.

[556] Abgesehen natürlich von dem Zweck, Befreiung von der Grundsteuerpflicht zu erlangen.

[557] Was nach OLG Düsseldorf, JMBl. NRW 1957, 160, beim Rücktrittsvorbehalt sogar im Zweifel anzunehmen sei.

wegen der Umgehung des § 925 II etwas Gewaltsames anhaftet, während bei Bejahung einer bloßen Zweckvereinbarung § 925 II nicht im Wege steht, die Lösung also zwangloser zu finden ist.

Im übrigen hat das RG (Bd. 132, 238) in einem ähnlichen Fall (Verkauf eines Grundstücks an den Fiskus zum Zwecke der Errichtung von Verteidigungsanlagen bzw. in der Befürchtung, daß das Grundstück sonst für Verteidigungszwecke enteignet werden könnte) § 812 I S. 2 zweite Alternative angewandt, also ebenfalls eine Zweckvereinbarung angenommen. Diese Lösung läßt sich auch nach der causa-Lehre halten, nur daß von unserem Standpunkt aus (vgl. oben S. 83) § 812 I S. 2 zweite Alternative weitere Fälle ergreift als nur die vereinbarte Beziehung zum wirtschaftlichen Gesamtgeschäft. Da nach unserer Meinung bereits mit § 812 I S. 1 auszukommen ist, wird die vom RG angewandte Alternative praktisch auf solche Zweckvereinbarungen beschränkt bleiben, die nicht mehr unter unseren causa-Begriff fallen.

c) Ergebnis

Die Vorteilhaftigkeit der im obigen Fall vorgeschlagenen Lösung mit der Zweckvereinbarung gegenüber der Annahme einer Bedingung ergibt sich daraus, daß die §§ 158 ff. starre, nicht in allen Fällen der Zweckverfehlung passende Rechtsfolgen enthalten. Es dürfte sich daher nicht empfehlen, das Recht der Bedingung in der causa-Lehre entsprechend anzuwenden. Dieses bei der Abgrenzung von vereinbarter causa und Bedingung gefundene Ergebnis vermögen die oben genannten Unterschiede zwischen typischer causa und Bedingung nur zu bestätigen.

§ 10. Abgrenzung der causa von der Geschäftsgrundlage

Gegenüber Lenel, der behauptete, es gebe kein Mittelding zwischen Motiv und Bedingung[558], war oben[559] die Ansicht vertreten worden, die Lehre vom Fehlen oder Wegfall der *Geschäftsgrundlage* (im folgenden GG) stelle ein solches Mittelding dar. Da sich nun die causa ebenfalls zwischen Motiv und Bedingung befindet, ohne mit ihnen identisch zu sein, liegt die Annahme weitgehender Übereinstimmung oder gar Identität von causa und GG nahe. Da wir bei der Bestimmung des causa-Begriffs von der Gleichstellung causa-Zweck ausgegangen waren, bieten sich Parallelen zur GG, bei der der Zweck ebenfalls eine noch näher zu erörternde Rolle spielt, um so mehr

[558] AcP 74, 213 ff.
[559] S. 45 f.

an[560]. Zur Entkräftung der hierbei auftauchenden Vermutung, daß causa und GG ununterscheidbar ineinander übergehen, sollen drei Untersuchungen dienen: Erstens ein Vergleich der verschiedenen Tatbestandselemente beider Institute (darüber unter I); darauf aufbauend die Beurteilung der Bedeutung des Zwecks für GG und causa (darüber unter II); schließlich ein Vergleich ihrer Anwendungsbereiche und Rechtsfolgen (darüber unter III).

I.
Die Elemente der Geschäftsgrundlage

Die causa haben wir als Zweck, näher als Bezug einer einzelnen Vermögenszuwendung zum wirtschaftlichen Gesamterfolg der Güterschiebung, bezeichnet[561]. Wesensmäßig ist sie ein Motiv; im Interesse der Verkehrssicherheit hängt aber ihre Rechtserheblichkeit von ihrem typischen Vorhandensein oder einer Willenseinigung über sie ab. Der Ton liegt darauf, daß die causa ein Vertragsinternum ist, eine in den Vertrag aufgenommene Modalität[562], jedoch schwächer als die Bedingung.

Die wesentlichen Eigenschaften des causa-Begriffs im soeben dargelegten Sinne werden der GG überwiegend abgesprochen. Verwirrung kann jedoch dadurch entstehen, daß die GG z. T. ausschließlich[563], manchmal wenigstens teilweise[564] vom Geschäftszweck her bestimmt wird. Diese Tatsache macht es notwendig, unsererseits eine Grundlegung des Begriffs der GG zu versuchen, wobei allerdings keineswegs die Fülle der bisher bestehenden Definitionen erweitert, sondern nur die Hauptmerkmale zusammengetragen werden sollen, die für den Vergleich mit dem causa-Begriff in Betracht kommen.

---

[560] Dementsprechend findet sich auch ein Großteil der wesentlichen Äußerungen über die causa-Lehre (WINDSCHEID, LENEL, LOCHER, KRÜCKMANN, KEGEL) in Abhandlungen über Voraussetzung, GG und clausula rebus sic stantibus.

[561] Wegen dieser weiten Fassung des causa-Begriffs können wir uns mit der einfachen Unterscheidung zwischen causa und GG, die STAUDINGER-WEBER, § 242 Anm. E 46, bietet, nicht zufrieden geben: Danach sei die causa nur die begriffsnotwendige Grundlage eines dinglichen Geschäfts; die GG bestehe aus den Vorstellungen und Umständen, die um das Verpflichtungsgeschäft „kreisen".

[562] Ausdruck von SCHMIDT-RIMPLER, Festschrift NIPPERDEY, S. 12.

[563] LOCHER, AcP 121, 213 ff.

[564] LARENZ, GG und Vertragserfüllung, S. 91 ff.

a) Die Geschäftsgrundlage als Motiv

Überwiegend wird zugegeben, daß die GG wesensmäßig aus Motiven besteht[565], allerdings aus beiderseitigen Motiven, weswegen denn auch der Gedanke eines beiderseitigen Motivirrtums eine der hauptsächlichen dogmatischen Quellen[566] der Lehre von der GG darstellt.

Schon dieser Ausgangspunkt, in dem GG und causa noch übereinstimmen würden, ist jedoch nicht unbestritten geblieben. Oertmann[567] wendet dagegen ein, die Unterstellung der GG brauche nicht wie ein Motiv notwendig den Geschäftswillen hervorgerufen zu haben, sondern es sei nur die Entstehung des Geschäftswillens nicht durch positive Kenntnis vom Fehlen des unterstellten Umstandes verhindert worden. Oertmann haftet bei dieser Unterscheidung von Motiv und GG aber zu sehr an der Vorstellung, das Motiv müsse als Beweggrund den Willen positiv hervorgebracht haben; Motive sind nämlich auch die zahlreichen negativen Urteile, betreffend das Nichtvorliegen eines Umstandes, der in Wirklichkeit doch vorliegt, und zwar derart, daß die Kenntnis von seinem Vorhandensein, also die Richtigkeit des Urteils, das Zustandekommen des Geschäftswillens gehindert hätte[568]. Weder bei der Beurteilung der Erheblichkeit von Motiven noch bei der Lehre von der GG darf diese Unterscheidung von positivem Falschurteil und Nichtkennen der richtigen Sachlage eine Rolle spielen[569]; genügen muß immer, daß sich die Parteien das Richtige nicht vorgestellt haben[570].

b) Sonderung der wesentlichen und unwesentlichen Motive

Der Prüfstein, an dem jede dogmatische Grundlegung der Lehre von der GG ihre Brauchbarkeit erweisen mußte, ist die Sonderung der die GG bildenden von den sonstigen Motiven. Die Lösung Oertmanns, daß die Vorstellungen bei Geschäftsabschluß zutage treten müßten[571],

---

[565] Enneccerus-Nipperdey II, § 177 III; Henle a. a. O., S. 19; Larenz, GG, S. 20; Rhode, AcP 124, 293; Esser JZ 58, 115.

[566] Enneccerus-Nipperdey II, § 177 III 3; Staudinger-Coing, § 119 Anm. 58; Larenz, GG, S. 20 ff.; von Tuhr, LZ 1921, 156; aus der Rechtsprechung hier nur RG 108, 110; 158, 172; BGH NJW 58, 297; a. A. Kegel, a. a. O., S. 196 f., 199.

[567] HWB RW, Art. GG, Spalte 804.

[568] Lehmann, Allg. Teil, § 35 A VII.

[569] Dies wirft Kegel, a. a. O., S. 196, der Larenzschen Unterscheidung von subjektiver und objektiver GG vor; vgl. im übrigen Staudinger-Weber, § 242 Anm. E 131.

[570] Kegel-Rupp-Zweigert, S. 109. Hier schlägt i. ü. Krückmann, AcP 131, 46, mit seiner Unterscheidung von Beweggrund und kondizionaler Voraussetzung einen anderen Weg ein.

[571] GG, S. 37; Komm. vor § 158, S. 570.

hat überwiegend Ablehnung gefunden[572]; häufig wird demgegenüber eine Vereinbarung verlangt. Da aber in den praktisch wesentlichsten Fällen des Fehlens der GG gerade solche Umstände entfallen, über deren Bestehen die Parteien sich überhaupt keine Gedanken gemacht haben[573], werden die Meinungen, die vom Erfordernis einer Vereinbarung ausgehen, unwiderstehlich in die Zone der Auslegung, letztlich einer Ergänzung des Vertragsinhalts gedrängt[574]. Dies fällt vor allem bei Rhode auf[575], der mit der Vertragsauslegung nicht mehr den konkreten Parteiwillen erfassen, sondern den Willen ermitteln will, den verständige Parteien für diesen Fall gehabt haben würden. Noch weiter geht neuerdings Flume[576], dem es nicht mehr auf die redlich denkende Partei ankommt und was diese getan hätte, sondern auf die Frage, wann der Richter hic et nunc den Vertrag auflösen darf. Wenn man hier noch an den Ausgangspunkt beim Parteiwillen festhält, so bedient man sich im Grunde einer Fiktion[577] und trifft eine Billigkeitsscheidung, die man auf § 157 oder § 242 BGB stützen könnte, nicht einmal mehr auf § 133 BGB. Diesen Weg ist wohl auch die Rechtsprechung gegangen[578], nachdem sie anfänglich eine Berücksichtigung der GG überhaupt abgelehnt, dann — in dem bekannten Rubelfall[579] — mit § 119 I BGB gearbeitet[580], später die Formel Oertmanns herangezogen hatte. Der Versuch, die Fälle des Fortfalls oder Fehlens der GG auf eine Vereinbarung von Motiven zurückzuführen, müßte danach mißglücken.

Manche[581] sehen als das ausschlaggebende Unterscheidungsmerkmal der GG gegenüber reinen Motiven die Gemeinsamkeit des Motivs an. Die Gemeinsamkeit allein macht aber die Rechtserheblichkeit nicht aus, da es sich dabei immer noch um ein psychologisches Kriterium handelt. Psychologische Kriterien reichen aber zur Eingrenzung der GG überhaupt nicht hin; rein psychologisch müßte, wie Schmidt-Rimpler[582] feststellt, jeder Motivirrtum — und gerade jeder Motiv-

---

572 Enneccerus-Nipperdey, § 177 III 1; Enneccerus-Lehmann, § 41 II 4; Kegel, a. a. O., S. 155 ff.; Larenz, GG, S. 7 ff.; Locher, AcP 121, 6 ff.

573 Kegel, a. a. O., S. 148; Rhode, AcP 124, 297; Schmidt-Rimpler, a. a. O., S. 10.

574 Schmidt-Rimpler, a. a. O., S. 5.

575 AcP 124, 312.

576 Rechtsgeschäft, S. 209.

577 Kegel-Rupp-Zweigert, S. 108.

578 RG 158, 166; 168, 126 ff.; BGH JZ 52, 145 mit Anm. Kegel; BGH NJW 1958, 1772.

579 RG 105, 406.

580 Dagegen bereits von Tuhr, LZ 1921, 157; Plum AcP 130, 230; heute Larenz, GG, S. 24, und die wohl h. M.

581 Oertmann, HWB RW, Art. GG, Sp. 805; Schmidt-Rimpler a. a. O., S. 13; Staudinger-Weber, § 242 Anm. E 42.

582 A. a. O., S. 10; vgl. auch Klingmüller, a. a. O., S. 25.

irrtum — zur Anfechtbarkeit führen. Vielmehr läßt sich die Entscheidung über die Erheblichkeit des Motivs nur vom normativen Standpunkt der Risikoverteilung aus treffen[583]. Diese Entscheidung erfordert aber „ein bewußtes rechtspolitisches Werturteil[584]", das allerdings nicht unbedingt mit der von Larenz[585] bekämpften schrankenlosen Billigkeitsentscheidung zusammenfällt: Entweder die Risikoverteilung wird dem Vertrag entnommen, was im Wege der Auslegung vor sich geht, oder der gesetzlichen Dispositivlösung des Vertragstypus[586], wobei die Parteivereinbarung dann ergänzend heranzuziehen ist. Bei dieser Abstellung auf die Risikoverteilung ergibt sich dann auch ein Ansatzpunkt für eine Erwägung, die vom rein Subjektiven her schwer anzubringen ist, für die Untersuchung nämlich, in wessen Machtbereich die Störung auftrat, wer die Störung voraussah oder voraussehen mußte, auch jeweils wieder ein objektives Werturteil[587]. Die außerhalb des Machtbereichs einer Partei liegenden Störungen (Krieg, Geldentwertung und sonstige „Änderungen der Sozialexistenz[588]") fallen keiner Partei zur Last; hier muß eine weitgehend objektive Gerechtigkeitsentscheidung gefunden werden[589]. Bezeichnenderweise gelangt auch Krückmann, der seinen Ausgangspunkt beim virtuellen Vorbehalt, also beim Parteiwillen nahm, schließlich zu einer objektiven Beurteilung, die in dem Satz gipfelt[590]: „Treu und Glauben haben doppelte Bedeutung. Nach Treu und Glauben ist auszulegen, was man vorausgesetzt hat und ... zu entscheiden, ob man das Vorausgesetzte gegenüber dem Gegner geltend machen kann".

c) Bedeutung der Risikoverteilung

In dieser Notwendigkeit objektiver Werturteile (die den Weg der Rechtsprechung über § 242 grundsätzlich als richtig erscheinen läßt), die an gesetzlichen Beispielen der Risikoverteilung orientiert sind und daneben den Vertrag und Momente der Vorhersehbarkeit berücksichtigen, sehen wir einen wesentlichen *Unterschied zur causa*, die typisch oder vereinbart ist, die also mit völlig anderen Mitteln vom

---

583 Esser, JZ 1958, 115; Kegel, a. a. O., S. 199 f.; Soergel-Siebert, § 242 Anm. 229.

584 Kegel-Rupp-Zweigert, S. 111; auch Schmidt-Rimpler, der an sich die Gemeinsamkeit der Wertungsgrundlage ausreichen läßt, fordert eine Überprüfung der Risikoverteilung, a. a. O., S. 20.

585 GG, S. 2.

586 Flume, a. a. O., S. 209, 219.

587 Kegel-Rupp-Zweigert, S. 109, 111; Staudinger-Weber, § 242 Anm. E 266 ff.

588 Ausdruck von Flume, a. a. O., S. 229.

589 Wie diese Entscheidung im einzelnen aussieht, gehört nicht in diesen Zusammenhang; siehe zu den Rechtsfolgen des Wegfalls der GG unten III b.

590 AcP 131, 13.

einfachen Beweggrund geschieden wird. Der Begriff[591] der GG ist vielschichtiger als der der causa; angesichts der Tatsache, daß die meisten allgemeinen Definitionsversuche[592] starken Bedenken begegneten und weitgehend auf Ablehnung stießen, was sogar für die Vereinigungsformel Lehmanns[593] zutrifft[594], muß eine einheitliche Bestimmung der GG als fast hoffnungslos betrachtet werden[595].

Jedenfalls reichen die Elemente des causa-Begriffs zur Definition der GG keinesfalls aus: Zwar wird auch in der GG der Vertrag zum wirtschaftlichen Ergebnis, zur Wirklichkeit[596] in Beziehung gesetzt; doch muß die Feststellung einer Vereinbarung über die die GG bildenden Umstände notwendig an der mangelnden Aktualität der Vorstellungen scheitern; auch auf typische Erfolgsvorstellungen abzustellen, reicht nicht aus[597], da häufig gerade die Unrichtigkeit atypischer Vorstellungen und Erwartungen die mit dem Begriff der GG zu lösenden Probleme aufgeworfen hat.

Als *Ergebnis zu I* ist festzuhalten, daß causa und GG zwar beide wesensmäßig Motive sind, sich aber durch untereinander sehr verschiedene Elemente vom reinen Beweggrund unterscheiden.

II.
Die Rolle des Zwecks für die Geschäftsgrundlage (Locher und Larenz)

Die dargestellte Vielschichtigkeit der GG weckt auch Zweifel an den Erfolgsaussichten eines Versuchs, die GG vom Zweckbegriff her zu bestimmen. Nun hat *Locher*[598] den Zweck auch nicht zum allgemeinen Element seiner Definition erhoben, sondern versteht unter GG „die Gesamtheit derjenigen Umstände, ohne deren Vorhandensein, Fortbestand oder Eintritt der mit dem Geschäft nach seinem Inhalt bezweckte Erfolg (der Geschäftszweck) durch das Geschäft trotz ordnungsmäßigen Abschlusses und trotz Aufwendung der nach dem Inhalt des Geschäfts den Beteiligten zuzumutenden Opfer nicht erreicht werden kann". Außer dem Geschäftszweck gehören zu diesem Begriff als Elemente also noch das kausale Verhältnis der die GG

---

[591] Und, wie noch zu zeigen sein wird, die Tragweite.

[592] Die von OERTMANN, LOCHER, LARENZ.

[593] ENNECCERUS-LEHMANN, § 41 II 4.

[594] ENNECCERUS-NIPPERDEY II, § 177 III 2.

[595] Weswegen denn auch FLUME, a. a. O., S. 208, zur Auflösung des einheitlichen Tatbestandes übergegangen ist.

[596] FLUME a. a. O., S. 207.

[597] STAUDINGER-WEBER, § 242 Anm. E 59, entgegen KRÜCKMANN.

[598] AcP 121, 71 f.

bildenden Umstände für die Erreichung des Zwecks, ferner die Ordnungsmäßigkeit des Geschäftsabschlusses und seiner Abwicklung[599].

Larenz ordnet dem Zweck zwar nicht den ganzen Begriff der GG unter, aber doch einen wesentlichen Teil: Nach seiner Meinung[600] zerfällt die GG in objektive und subjektive GG, wobei die erstere Fälle der Zerstörung des Äquivalenzverhältnisses und der Unerreichbarkeit des Vertragszwecks[601] umfaßt. Unter diesem Vertragszweck versteht Larenz einen gemeinsamen, zum Vertragsinhalt gewordenen Zweck, wozu auch der typische, „der nächste unmittelbare Zweck", wie Larenz wörtlich sagt[602], gehören soll. Die Erhebung eines über den typischen hinausgehenden individuellen Zwecks zur GG kann auch ohne ausdrückliche Vereinbarung dadurch geschehen, daß der Zweck „bei der Bestimmung des Vertragsinhalts von beiden Parteien berücksichtigt (wird) und dadurch zumindest mittelbar im Vertragsinhalt zum Ausdruck gelangt[603]", was besonders häufig bei Miet- und Pachtverträgen der Fall sein soll[604].

a) Würdigung der Meinung Lochers

Ausgehend von der auch von Locher anerkannten[605] Gleichsetzung von Zweck und Motiv sowie der Erkenntnis[606], daß Motiv sowohl eine positive Falschvorstellung als auch das Fehlen der richtigen Vorstellung ist, wird der Lehre Lochers zunächst entgegengehalten[607], daß in Fällen, wo den Parteien die richtige Vorstellung fehlte, dieser nicht vorgestellte Umstand nicht Geschäftszweck gewesen sein könnte. Wenn z. B. die Parteien von der Wiederbeschaffbarkeit einer Ware ausgingen, so könne kaum dieser Umstand als Zweck des Geschäftsabschlusses angesehen werden[608].

Dieser Angriff scheint mir allerdings fehlzugehen: Locher würde die Wiederbeschaffbarkeit der Ware als einen Umstand ansehen, der zur Erreichung des (anders zu bestimmenden) Geschäftszwecks erforderlich war, kurz, als ein Geschäftsmittel. Dieses Beispiel öffnet aber das Auge für den m. E. entscheidenden Einwand gegen Lochers Meinung:

---

599 AcP 121, S. 72.
600 GG, S. 17 f.
601 Ebenda S. 19.
602 Ebenda S. 104 f.
603 Larenz, GG, S. 105.
604 Ebenda S. 106.
605 AcP 121, 75.
606 Vgl. oben S. 109.
607 Lehmann, Allg. Teil, § 35 VII; vgl. auch Staudinger-Weber, § 242 Anm. E 54.
608 So auch Oertmann, Komm. vor § 158, S. 570; ähnlich Krückmann, AcP 131, 49 f.

Der Zweckbegriff Lochers genügt im Grunde genommen zur Charakterisierung seines GG-Begriffs nicht. Zwar kommt es ihm darauf an, welchen Zweck die Beteiligten erreichen wollen; Grundlage dieser Zweckverfolgung sind aber die vorgesehenen Geschäftsmittel[609]. Wenn sie zur Zweckerreichung nicht mehr ausreichen, ohne daß es einer Partei zugemutet werden könnte, andere Mittel einzusetzen, so ist die GG weggefallen[610]. Ob der Zweck als solcher noch erreicht werden kann, ist dann weniger wesentlich. In diesem Sinne stellt Kegel[611] die Verfehlung des Zwecks und die Überschreitung der Geschäftsmittel als Anlässe zum Eingriff in einen Vertrag gleichmäßig nebeneinander.

Wie läßt sich dies mit der Charakterisierung des GG-Problems als einer Frage der Risikoverteilung vereinigen? Eine Zweckvereinbarung i. S. der Lehre vom Fortfall der GG — die etwas ganz anderes darstellt als eine Zweckvereinbarung i. S. der causa-Lehre, weil dort eine Vereinbarung über ein Vertragsinternum, hier über ein Vertragsexternum getroffen wird — enthält eine Abmachung über die Verteilung des Vertragsrisikos[612]. Durch die Vereinbarung geht dann das Risiko der Zweckverfehlung auf den Gegner über[613].

b) Würdigung der Meinung von Larenz

Die Maßgeblichkeit der Risikoverteilung taucht auch bei *Larenz* wieder auf, wenn er ausführt[614], daß eine Zweckverfehlung selbstverständlich dann nicht in Betracht komme, wenn ihre Ursache im Einflußbereich der ihren Zweck verfehlenden Partei lag. Die Kategorie des objektiven Vertragszwecks[615] — ein in sich gegensätzlicher Begriff — gerät in ein schiefes Licht, wenn Larenz ihre Erheblichkeit danach bemißt, ob sie den Inhalt der Leistung bzw. den Umfang der Berechtigung bestimmen soll. Dies veranlaßt Flume[616] zur Ablehnung des Vertragszwecks überhaupt, da die Sonderung des Zwecks von der vertraglich vereinbarten Leistung unmöglich erscheine[617]. Dies mag im

---

[609] AcP 121, 72.

[610] Vom Standpunkt seiner Zumutbarkeitslehre widerlegt KRÜCKMANN, AcP 131, 30 ff., die Lehre LOCHERS.

[611] KEGEL-RUPP-ZWEIGERT, S. 109.

[612] Häufig in Gestalt einer Bedingung oder eines Rücktrittsvorbehalts, RHODE, AcP 124, 319.

[613] KEGEL, a. a. O., S. 199; hiermit ist es wohl vereinbar, wenn ENNECCERUS-NIPPERDEY, § 177 Anm. 29, den Geschäftszweck als einen normativen, durch Willensübereinstimmung zustandegekommenen Begriff bezeichnen.

[614] GG, S. 107.

[615] Ebenda.

[616] Rechtsgeschäft, S. 216.

[617] Ähnlich RHODE, AcP 124, 319, der in der Zweckvereinbarung u. a. die Vereinbarung einer Erfüllungspflicht sehen will.

Sinne von Flumes Bestreben liegen, die Problematik der GG von der Auslegung der Vereinbarung her zu lösen; in der Ablehnung der Zweckkategorie für die Bestimmung der GG stimmen aber mehrere[618] überein. Mindestens wird aber dem Zweck die Bedeutung des einzigen Kriteriums versagt[619].

c) Ergebnis

Schließt man sich dieser Ansicht an, die aus der oben erarbeiteten Vielschichtigkeit der Lehre von der GG wohl zwingend folgt, dann ist der Behauptung, causa und GG seien dasselbe, bereits der Boden entzogen. Man kann nur die rein wesensmäßige Gleichheit feststellen, die darin liegt, daß es sich jeweils um Motive handelt; die causa ist aber zur typischen oder vereinbarten Vertragsmodalität, auf jeden Fall zu einem beiderseitig erheblichen Moment, erhoben, während die GG als Bewertungsgrundlage[620] zunächst einer[621], dann aber beider[622] Parteien (str.), die für die Vertragsrichtigkeit[623] oder für die Risikoverteilung[624] maßgebend ist, außerhalb des Vertrags geblieben ist. Unter Zweck i. S. der causa-Lehre verstehen wir den Bezug auf das wirtschaftliche Gesamtgeschäft, der einer einzelnen Vermögenszuwendung innewohnt; der Zweck i. S. der Lehre von Wegfall der GG ist das wirtschaftliche Ziel des Gesamtvertrages, zu dessen Erreichung jede Partei bestimmte, die GG bildende Mittel einsetzen und bestimmte Risiken eingehen will oder vom dispositiven Recht einzusetzen bzw. einzugehen gezwungen wird.

III.
Anwendungsbereich und Rechtsfolgen

Auch hinsichtlich ihres Anwendungsbereichs und ihrer Rechtsfolgen weisen causa und GG Unterschiede auf.

a) Der Anwendungsbereich

Eine causa, d. h. eine Zweckbeziehung zum wirtschaftlichen Ergebnis, hat jedes rechtsgeschäftliche menschliche Handeln im Bereich des Vermögensrechts[625]. Dies gilt gleichmäßig für Verpflichtungen und

---

[618] Oertmann, HWB RW, Art. GG, Sp. 805; Staudinger-Weber, § 242 Anm. E 54; im wesentlichen Lehmann, Allg. Teil, § 35 A VII; RG 168, 127.

[619] Staudinger-Weber, § 242 Anm. E 208.

[620] Schmidt-Rimpler, Festschrift Nipperdey, S. 10.

[621] Locher, AcP 121, 67 f.

[622] Schmidt-Rimpler, a. a. O., S. 12.

[623] Schmidt-Rimpler, a. a. O., S. 10.

[624] Vgl. oben S. 111 und Anm. 583, 584.

[625] Schlossmann, a. a. O., S. 34 f.; Lehmann, Allg. T., § 25 III.

Verfügungen, für ein- und zweiseitige Akte, einseitige und gegenseitige Verträge. Es gilt auch in vermögensrechtlichen Geschäften im Rahmen des Familien- und Erbrechts, kurz: für alle Vermögenszuwendungen.

Dagegen tritt die Problematik des Fehlens oder Wegfalls der GG nur bei Verträgen oder vertragsähnlichen Verpflichtungserklärungen[626] auf. Nur hier, wo sich die Parteien zu künftigen Leistungen verpflichten, nehmen sie eine Wertung der Richtigkeit[627] ihrer Verbindlichkeiten vor, verteilen vielleicht die Risiken; nur hier laufen sie Gefahr, durch außerhalb ihres Machtbereichs gelegene äußere Ereignisse und Einwirkungen ihre wirtschaftlichen Ziele nicht mit den geplanten Mitteln erreichen zu können. Nicht ohne Grund hat die grundlegende Umwälzung aller wirtschaftlichen Umstände, die die beiden Weltkriege bewirkten, erst zur Entwicklung der Lehre von der GG geführt[628]; nach richtiger Ansicht muß sie auch heute noch eine Lösung der Probleme bleiben, die besonders einschneidende Veränderungen der äußeren Umstände für die Parteien aufwerfen[629]. Praktisch stehen die Anpassung von langfristigen Lieferverträgen, Börsenkursfälle, Währungsverfall u. dgl. im Vordergrund[630]. Die heftig erörterte Frage[631], ob das BGB in §§ 459, 779 u. a. Fälle der GG oder Voraussetzung geregelt hat, tritt demgegenüber mit Recht zurück. Wenn das Institut der GG seine Wirkung im Vertragsrecht entfaltet, so heißt das natürlich nicht, daß es damit auf den Bereich der im Schuldrecht geregelten Verträge beschränkt bleiben soll[632]; vielmehr ist die Problematik der GG häufig bei Unterhaltsverträgen aufgetaucht[633] und kann zwar wegen § 2281 BGB nicht bei Erbverträgen, wohl aber bei Erbverzichtsverträgen[634] auftreten.

---

[626] So wäre es denkbar, daß bei der Auslobung (§ 657 BGB), bei der allein durch die einseitige öffentliche Erklärung die Verpflichtung entsteht (Staudinger-Riedel, vor § 657 Bem. 2), wegen einer nachträglichen Änderung der Verhältnisse die Zahlung der versprochenen Belohnung unzumutbar wird.

[627] Wenn man Schmidt-Rimpler, a. a. O., S. 10, in seinem Ausgangspunkt folgt.

[628] Kegel, a. a. O., S. 153.

[629] Schmidt-Rimpler, a. a. O., S. 18; Flume, a. a. O., S. 229; entsprechend hat Locher aus seinem Begriff der GG die Störungen des Abschlusses und der Abwicklung von Verträgen herausgenommen.

[630] Flume, a. a. O., S. 229; Kegel, Beilage 3 und 7 zur DRZ.

[631] Larenz, GG, S. 95; Oertmann, HWB RW, Art. GG, Sp. 805, 806; Locher, AcP 121, 23; Rhode, AcP 124, 315; von Tuhr, LZ 1921, 159.

[632] Dies soll wohl auch die von Kegel, Beilage 7 zur DRZ, S. 3 ff., vorgenommene schlagwortartige Einordnung ins „Schuldrecht" nicht besagen.

[633] RG 56, 121; Warn 1925, Nr. 103; JW 1929, 583; RG 166, 40.

[634] RG SeuffA 90, Nr. 152; Staudinger-Ferid, vor § 2346 Anm. 31 f.

b) Rechtsfolgen

Entfaltet die GG also ihre Wirkungen auf einem ganz anderen Bereich als die causa, so unterscheiden sich auch die Rechtsfolgen der beiden Institute sehr erheblich. Die causa-Lehre gibt nach der hier vertretenen Auffassung keine einheitlichen Regeln über die Rechtsfolgen; vielmehr ordnet das Gesetz je nach der Art der Zweckverfehlung und der Ausgestaltung der Vermögenszuwendung als abstrakte oder kausale verschiedene Rechtsfolgen an, so daß die Ausprägungen der causa-Lehre über verschiedene Institute des BGB verstreut sind.

Es ist hier nicht der Ort, die Frage nach den Rechtsfolgen des Fehlens oder des Wegfalls der GG zu klären. Die Literatur hat eine Vielfalt von Möglichkeiten angeboten: Nichtigkeit[635], gesetzliches Rücktrittsrecht[636], Rückforderbarkeit nach dem Muster des § 812 I S. 2 zweite Alternative[637], Anpassung des Geschäfts an die veränderten Umstände durch freie Auslegung[638], Verteilung des Risikos auf beide Parteien zur Hälfte[639], Kündigungsrecht[640], ipso-iure-Auflösung[641], seltener auch Anfechtung[642]. Auffällig ist das Bestreben, den Vertrag so weit wie möglich aufrechtzuerhalten und die Unwirksamkeit des Vertrages auch immer von gestaltenden Parteiwillenserklärungen abhängig zu machen. Der Fortfall oder das Fehlen der GG hat also keine ihm immer und allgemein eigene Rechtsfolge; ferner muß je nach der Art der Überschreitung der Geschäftsmittel bzw. der einkalkulierten Risiken eine adäquate Folge gefunden werden.

Während aber die Rechtsfolgen der Causalosigkeit jeweils vom Gesetz geregelt werden, der causa-Gedanke also nur bei der Auslegung und Deutung der gesetzlichen Vorschriften eine Rolle spielt, zieht man bei der Festlegung der Rechtsfolgen eines Wegfalls der GG immer ein vom Gesetz für andere Fälle vorgesehenes Institut heran. Die Zweckverfehlung ist also ein in den gesetzlichen Instituten in verschiedener Weise ausgeprägter Störungsfall ohne selbständige Rechtsfolgen; die GG zeitigt als vom Gesetz nicht berücksichtigter und praeter legem entwickelter Störungsfall selbständige Wirkung unter Anlehnung an gesetzliche Regelungen. So kommt Kegel[643] zu der Frage, ob und

---

[635] v. Tuhr, LZ 1921, 159.

[636] RG 121, 141; Oertmann, GG, S. 161.

[637] Locher, AcP 121, 1 ff.

[638] Rhode, AcP 124, 312; Flume, a. a. O., passim.

[639] Kegel, Beilage 3 zur DRZ, S. 6.

[640] Soergel-Siebert, § 242 Anm. 239.

[641] v. Godin, RGRK zum HGB, Anhang zu § 346 Anm. 54, Abs. 8.

[642] Staudinger-Riezler (10. Aufl.), § 119 Anm. 58; LG Bielefeld, NJW 1954, 76.

[643] Beilage 7 zur DRZ, S. 18; die Frage ist hauptsächlich bei der wirtschaftl. Unmöglichkeit und ihrem Verhältnis zu § 279 praktisch.

inwieweit der Wegfall der GG auch entgegen einer vertraglich oder gesetzlich geregelten Rechtsfolge selbständige Rechtswirkungen herbeiführt, eine Frage, die Kegel bejaht[644]. Bei der causa dagegen wäre es verfehlt, die Zweckverfehlung unter Umgehung der vertraglichen oder gesetzlichen Regelungen zur Geltung bringen zu wollen.

c) Ergebnis zu § 10

Diese Andeutungen über die verschiedenen Rechtsfolgen des Wegfalls der GG und der Zweckverfehlung i. S. der causa-Lehre mögen hier genügen, um zu bekräftigen, daß causa und GG, obwohl beide zwischen Motiv und Bedingung gelegen, unterschiedliche Funktionen zu erfüllen haben. Da sie, wie bei der Behandlung ihrer Struktur und ihres Verhältnisses zur Zweckverfehlung bereits dargetan wurde, verschiedene Elemente enthalten, verdienen sie eine Behandlung als durchaus unabhängige Institutionen.

§ 11. Abgrenzung von Kausalität und Entgeltlichkeit

Die Bestimmung der causa als Bezug einer Vermögenszuwendung zum wirtschaftlichen Gesamtgeschäft läßt die causa dem Prinzip der Entgeltlichkeit verwandt erscheinen. Da der mit der causa teilweise zusammenhängende Begriff des Synallagma gelegentlich mit dem Prinzip der Entgeltlichkeit verwechselt wurde[645], läge es nahe, auch causa und Entgeltlichkeit gleichzusetzen. Dieser Neigung hat Rümelin[646] wenigstens für die dinglichen Vermögenszuwendungen nachgegeben, bei denen nach seiner Meinung „die Untersuchung nach dem weiteren von den Parteien verfolgten Verkehrszweck unmittelbar zur Entgeltsfrage“ führe. Die Zurückführung der causa auf die Entgeltsfrage vereinfacht ihre Bedeutung aber zu sehr[647].

I.
Gemeinsamkeiten der causa und der Entgeltsfrage

Allerdings schafft jede rechtsgeschäftliche causa in irgendeiner Weise eine Regelung der Entgeltsfrage:

Bei einigen Vermögenszuwendungen stellt nämlich das Entgelt das Ziel dar, so bei den Verpflichtungen im gegenseitigen Vertrag.

---

[644] Ebenso OGH NJW 47/48, 523 zu § 446 BGB.

[645] Was das RG in der bereits erwähnten Entscheidung Gruchot 67, 558 beanstandet.

[646] AcP 97, 220; ähnliche Andeutungen bei Klingmüller, a. a. O., S. 18; Leonhard, Gruchot 38, 506.

[647] Kriegsmann, a. a. O., S. 63; dies gegen Zweigert, JZ 64, 353.

Die gegenseitigen Verträge sind daher gewiß auch entgeltliche. Das Prinzip der Entgeltlichkeit, ausgeprägt in allen gegenseitigen Verträgen, beschränkt sich aber keineswegs auf diesen Typus[648]: So können Verträge vorkommen, in denen die eine Partei sich verpflichtet, eine Leistung zu erbringen, wenn die andere eine Leistung, zu der sie nicht verpflichtet sein soll, freiwillig erbringt, sog. promissio ob causam, wobei der freiwillige Vollzug der Gegenleistung den Rechtsgrund (die causa im Sinne von Rechtsgrund des Behaltendürfens) für das Behalten des Versprechens bzw. einer auf Grund dieses Versprechens erfolgten Leistung bildet[649]. Auch diese sog. konditionale Verknüpfung von Leistung und Gegenleistung stempelt das Geschäft zu einem entgeltlichen[650]. Hierher gehört als gesetzlich geregelter Fall z. B. der Mäklervertrag, der zwar den Auftraggeber nach § 652 verpflichtet, eine Verpflichtung des Mäklers zum Tätigwerden aber im Normalfall nicht begründet[651]. Ebenfalls eine Regelung der Entgeltsfrage außerhalb des gegenseitigen Vertrags, außerhalb des Vertragsrechts überhaupt, enthält § 657 für die Auslobung, die in einem einseitigen Versprechen besteht, bei der die zu belohnende Handlung aber den Charakter einer Gegenleistung hat[652].

Schließlich ist es nicht einmal erforderlich, daß das erwartete Entgelt sich als Gegenleistung darstellt; vielmehr kann eine Zuwendung — z. B. in der Rechtsgestalt einer Bedingung — auch an einen sonstigen Vermögensvorteil geknüpft werden. Hierfür bietet folgender vom BGH[653] entschiedener Fall ein Beispiel:

> Der Sohn und vermutliche Erbe eines Bauern verpflichtete sich seiner Schwester gegenüber, sie durch Zahlung einer Rente wirtschaftlich zu unterstützen, wenn sein Vater, der von dieser Vereinbarung Kenntnis erhielt, ihn dafür nicht, wie bisher vorgesehen, auf ein Drittel, sondern auf die Hälfte des Nachlasses als Erben einsetzen werde.

Auch der in den causa-Begriff einbezogene Erfüllungszweck bei der (abstrakten) Leistung läßt sich zur Not in dem System von Entgeltlichkeit und Unentgeltlichkeit unterbringen. Zwar geht der Leistungsempfänger keine Verpflichtung ein, was übrigens auch bei der promissio

---

[648] RG, Gruchot 67, 558; Oertmann, Entgeltliche Geschäfte, S. 6; Krawielicki, Grundlagen, S. 99.

[649] Vgl. im einzelnen Krawielicki, S. 84 ff.

[650] Oertmann, a. a. O., S. 22; Krawielicki, a. a. O., S. 99; mit beachtlichen Gründen schließt Kriegsmann, a. a. O., S. 56, aus der Inkongruenz der datio ob causam und der gegenseitigen Verträge auf die Unbrauchbarkeit des Entgeltlichkeitsprinzips für die Einteilung der causae.

[651] Oertmann, a. a. O., S. 20; Staudinger-Riedel, vor § 652 Anm. 3; Siebert-R. Schmidt, vor § 320 Anm. 5.

[652] Oertmann, a. a. O., S. 19; ebenso Krawielicki, a. a. .O., S. 101.

[653] BGH NJW 1951, 268.

ob causam nicht geschieht. Man muß es dann aber für die Unentgeltlichkeit einer Vermögenszuwendung genügen lassen, daß eine Vermögenszuwendung erfolgt, der nach der *Absicht*[654] des Zuwendenden und des Empfängers kein wirtschaftliches Äquivalent gegenüberstehen soll, daß also die Zuwendung einerseits nicht um einer bereits bewirkten oder noch vorgesehenen Gegenleistung willen geschieht, daß sie aber auch nicht zur Erfüllung einer bereits bestehenden Verpflichtung geschieht[655]: In diesem Sinne hat das RG[656] ausdrücklich ausgesprochen, daß der Gegenwert einer Zuwendung auch in ihrer Rechtswirkung selbst liegen könne, daß also die durch Leistung bewirkte Schuldbefreiung als Entgelt anzusehen sei[657]. Freilich läßt sich hiergegen einwenden, daß dann die Erfüllung eines Schenkungsversprechens ein entgeltliches Geschäft sein müßte; hingegen würde die bewußte Erfüllung einer nicht bestehenden Schuld ein unentgeltliches Geschäft darstellen, weil der Leistende keinen ihm vorteilhaften Rechtserfolg erwartet. Diese Konsequenz hat das Gesetz aber in § 814 wohl schlüssig abgelehnt[658]. Die Unterscheidung zwischen entgeltlichen und unentgeltlichen Geschäften paßt also beim Erfüllungszweck nicht.

Folgt man aber dem RG, so kann das Entgelt eine Gegenverpflichtung, eine bloß in Aussicht gestellte Gegenzuwendung, ein sonstiger erwarteter Vermögensvorteil und sogar die gesetzlich angeordnete Schuldbefreiung sein. Die diesen Vorstellungen vom Entgelt zugrundeliegenden causae sind aber jedesmal ganz verschieden.

II.
Gefahren einer Gleichstellung

Daher kann man sagen, daß mit dem Begriff des entgeltlichen Geschäfts die mit dem Institut der vereinbarten oder typischen causa ermöglichte wirtschaftliche Erläuterung einer Zuwendung durch eine unerwünschte Vergröberung entwertet würde.

Wenn sich auch entgeltliche und unentgeltliche causae unterscheiden lassen, so beanspruchen doch für die wissenschaftliche Untersuchung die entgeltlichen causae das ungleich größer Interesse. Die causa-Lehre nimmt hier eine Differenzierung der typischen causae

---

[654] Enneccerus-Lehmann, § 120 II 3.

[655] Ebenda.

[656] Bd. 105, 248.

[657] Kriegsmann, a. a. O., S. 54. Zweifelhaft erscheint gegenüber dieser einleuchtenden Erklärung die Behauptung des BGH in NJW 1951, 268, bei der Erfüllung einer Verpflichtung fehle es bereits an der zur Unentgeltlichkeit erforderlichen Vermögensminderung beim Zuwendenden.

[658] Vgl. Larenz II, § 63 I; ferner unten § 15, S. 206.

nach Austausch-, Abwicklungs-, Sicherungszwecken u. a. m. vor, verbunden mit der beliebigen Möglichkeit vereinbarter causae, und erlaubt so eine genauere Beurteilung der Zuwendungen. Diese Differenzierung liegt auch im Sinne des Gesetzes, das auf die typischen Zwecke näher eingegangen ist und verschiedentlich vereinbarte Zwecke berücksichtigt[659], während es auf die Unterscheidung entgeltlicher und unentgeltlicher Zuwendungen nur in Einzelfällen abstellt, so z. B. in §§ 518, 816 I S. 2, 822, 988 BGB, 31 KO.

Die Ausrichtung nach der Entgeltsfrage würde auch dem praktisch ungemein wichtigen und im deutschen Recht fest verwurzelten Unterschied zwischen abstrakten und kausalen Zuwendungen nicht gerecht, da der Schnitt zwischen Abstraktion und Kausalität durch die von Entgeltlichkeit und Unentgeltlichkeit gebildeten Schichten mitten hindurchgeht: Daß es bei den kausalen Geschäften unentgeltliche und entgeltliche gibt, bedarf keiner weiteren Begründung. Wie oben dargestellt, läßt sich aber bei abstrakten Geschäften die Unterscheidung von entgeltlichen und unentgeltlichen Zuwendungen schlecht durchführen.

Es empfiehlt sich demnach, den bisher entwickelten causa-Begriff beizubehalten, was auf eine Differenzierung der Entgeltlichkeitszwecke und eine Erhebung des Unentgeltlichkeitszwecks zum selbständigen Zwecktyp (nicht zum typischen Zweck[660]) hinausläuft. Hiermit wird die Frage nach Entgeltlichkeit oder Unentgeltlichkeit einer Zuwendung auf einen ihrer Bedeutung für die Vermögenszuwendungen entsprechenden Platz eingewiesen.

§ 12. Abgrenzung von Kausalität und Akzessorietät

Mit der Kausalität einer Vermögenszuwendung im Sinne ihrer Verknüpfung mit einer causa kann leicht die Akzessorietät von Vermögenszuwendungen, die zum Zwecke der Sicherung erfolgen, verwechselt werden[661]. Das liegt daran, daß nicht nur der Begründungsakt der Sicherungsrechte vom Zweck der Sicherung beherrscht wird, sondern daß auch die Erreichung des Hauptzwecks (Erfüllung der Hauptforderung) das akzessorische Recht erlöschen läßt, sog. Aufhebungsgemeinschaft[662].

Zur Sicherung können vorgenommen werden: Verpflichtungen wie Bürgschaft, Schuldübernahme, Schuldbeitritt, aber auch Verfügungen wie Pfand- und Hypothekenbestellung. Die Akzessorietät dieser

---

[659] §§ 320 ff., 459 ff., 119 II BGB; vgl. Kegel, Gutachten, S. 147, 149.

[660] S. oben S. 60, 89.

[661] Auf diese Gefahr macht Leonhard, Allg. SchuR, S. 381 ff., aufmerksam.

[662] Heck, SachR, § 78 II 1.

Zuwendungen besteht in ihrer Abhängigkeit von der durch sie gesicherten Forderung, wenn auch diese Abhängigkeit sich verschieden auswirkt: Bei Fehlen der zu sichernden Forderung entsteht ebensowenig eine Bürgschaftsverpflichtung wie ein Pfandrecht, wohl aber entsteht bei der Hypothekenbestellung ein Grundpfandrecht, nämlich eine Eigentümergrundschuld, §§ 1163, 1177. Die Akzessorietät wirkt also häufig auf die Existenz des akzessorischen Rechts ein, manchmal aber nur auf die Inhaberschaft am Recht[663].

Bekanntlich sind aber nicht alle Sicherungsrechte akzessorisch: Fehlt es an einer Forderung, so entsteht eine zur Sicherung dieser Forderung bestellte Grundschuld trotzdem; ebenso liegt es wohl auch beim Sicherungseigentum[664]. Der Umstand, daß nicht alle vom Sicherungszweck bestimmten Geschäfte akzessorisch sind, enthebt uns nicht der Überlegung, worin denn bei Sicherungsgeschäften die causa, also der typische oder vereinbarte Bezug der Zuwendung auf das Gesamtgeschäft, besteht.

I.
Akzessorietät und typischer Sicherungszweck

Sch schuldet dem Gl eine beträchtliche Summe. Als V, der Vater des Sch, starb, bestimmte er in seinem Testament, daß E, der Bruder des Sch, nur dann sein Erbteil bekommen solle, wenn er dem Gl an seinem Grundstück eine Hypothek für die Schuld des Sch bestelle bzw. sich dem Gl gegenüber entsprechend verbürge; andernfalls solle E auf den Pflichtteil gesetzt sein. E verbürgt sich bzw. bestellt die Hypothek; das Testament war nichtig. Gl nimmt den E aus der Hypothek bzw. Bürgschaft in Anspruch.

Die Bürgschaft und die Hypothek als akzessorische Rechte sind wirksam zustandegekommen, da die Forderung des Gl bestand. Doch wollte E vor allem seiner Verpflichtung aus dem Testament nachkommen; da diese nicht bestand, hat er seinen Zweck verfehlt. Es tritt somit eine Kollision zwischen dem (erreichten) Sicherungszweck und dem (verfehlten) Erfüllungszweck auf. Wenn nun mit Leonhard[665] gesagt wird, daß die Bürgschaftserklärung und die Hypothekenbestellung abstrakt sind, so bedeutet dies noch nicht, wegen der Zweckverfehlung die Kondizierbarkeit nach § 812 I BGB bzw. die

[663] Westermann, SachR, § 93 II 4.

[664] Krawielicki, Grundlagen, S. 172. Automatische Unwirksamkeit der Übereignung tritt wohl nur ein, wenn die Übereignung durch die Entstehung der Forderung aufschiebend bedingt war, Titze, SchuR, S. 62; vgl. auch für den Wegfall der Forderung Lange, NJW 1950, 569; Staudinger-Berg, § 929 Anm. 39; Westermann, a. a. O., § 43 II 2.

[665] Allg. SchuR, S. 381.

Einrede aus § 821 BGB zuzulassen. Da nämlich die Bürgschaft und die Hypothekenbestellung typischerweise nur den Sicherungszweck verfolgen, nicht aber den Erfüllungszweck, müßte letzterer hier zum Gegenstand einer besonderen Vereinbarung zwischen E und Gl gemacht worden sein, sollte er als causa Beachtung finden. Solange es an einer solchen Vereinbarung fehlt, wirkt die Erreichung des Sicherungszwecks als alleiniger Rechtgrund des Behaltendürfens i. S. von § 812 I.

Aus der Erörterung dieses Falles ergibt sich, daß der typische Bezug des Sicherungsgeschäfts zum Gesamtgeschäft in der Beziehung zu der gesicherten Forderung besteht, wobei sich die Wirkung dieser typischen causa nach der Akzessorietät der Zuwendung richtet. In ähnlicher Weise unterschied die ältere Lehre[666] bei Sicherungsgeschäften zwei causae; die Unterscheidung von causa und Akzessorietät scheint aber sprachlich klarer[667].

Hätte also E zur Sicherung für eine nicht bestehende Forderung des Gl gegen Sch eine Hypothek bestellt bzw. eine Bürgschaft übernommen, so wäre an Stelle einer Hypothek eine Eigentümergrundschuld, ferner keinerlei Bürgschaftsverpflichtung entstanden (Auswirkungen des Akzessorietätsgedankens); hätte E aber eine Sicherungsgrundschuld bestellt, griffe der Gedanke der Akzessorietät nicht zu seinen Gunsten ein, und er wäre auf einen Bereicherungsanspruch angewiesen, da er hier den typischen Zweck, die Sicherung, verfehlt haben würde. Die Akzessorietät ist also ein Ausdruck für die Form, in der die Verfehlung des Sicherungszwecks sich auf die Vermögenszuwendung auswirkt.

II.
Akzessorietät und sonstige vereinbarte Zwecke

Zur Vervollständigung des Vergleichs eignet sich folgender, von Westermann[668] gebildeter Fall:

> Sch schuldet dem Gl eine Summe; nach dem Tode des Sch, den E beerbt, geht Gl zu E und überredet ihn unter der Vorspiegelung, Sch habe ihm hypothekarische oder andersartige Sicherstellung versprochen, zur Bestellung einer Hypothek bzw. Grundschuld. Als Gl aus dem Grundpfandrecht vorgeht, möchte E kondizieren.

Hier hat E den typischen Sicherungszweck erreicht, da die zu sichernde Forderung bestand; auch aus der Akzessorietät der Hypothek

---

[666] v. Tuhr, II 2, S. 79 f.; im Grunde ähnlich auch Jung, a. a. O., S. 82 ff., an dessen Erörterungen das obige Beispiel angelehnt ist.

[667] Wolff-Raiser, § 132 Anm. 12.

[668] SachR, § 93 II 4.

erwachsen ihm daher keine Rechte. Trotzdem gewährt ihm Westermann a. a. O. gegen die Hypothek die Einrede aus § 821 BGB und müßte für den Fall einer Grundschuldbestellung ebenso entscheiden: Hier wurde nämlich die typische, allein auf Sicherstellung gerichtete Zweckbeziehung durch eine Zweckbeziehung auf die Verpflichtung des Erblassers Sch ergänzt. Diese vereinbarte Zweckbeziehung tritt neben die typische und bildet dann eine weitere causa der Sicherungsbestellung. Auch auf die Verfehlung dieses weiteren vereinbarten Zwecks kann sich aber der Zuwendende[669] berufen, und zwar löst die Verfehlung des Zwecks einer abstrakten Vermögenszuwendung Bereicherungsansprüche aus, so daß § 821 BGB angewandt werden durfte.

Diese Rechtsfolge greift gleichmäßig bei der akzessorischen Hypothek und bei der nicht akzessorischen Grundschuld ein. Dasselbe gilt auch bei der Bürgschaft, so, wenn Gl zu E geht, und E sich auf die Behauptung des Gl, der Erblasser V sei zur Bestellung einer Bürgschaft verpflichtet gewesen, dem Gl gegenüber verbürgt: Auch dann wird man eine Kondiktion bzw. die Bereicherungseinrede zulassen müssen[670].

Das *Ergebnis zu II* geht dahin, daß neben die Abhängigkeit einer Zuwendung von der Erreichung des Sicherungszwecks (Akzessorietät) eine vereinbarte causa treten kann, deren Wirkung aber mit der des Sicherungszwecks nicht zusammenhängt. Handelt es sich bei der vereinbarten causa um den Erfüllungszweck, so greift bei Zweckverfehlung ein Bereicherungsanspruch ein; dies gilt freilich nicht, wenn schon der Sicherungszweck verfehlt wurde, weil sich dann die schwereren Folgen der Akzessorietät ergeben. Wenn z. B. im letzten Fall die Hauptforderung nicht bestand, so kann es keine Bereicherungsansprüche geben, da der Gläubiger nichts erlangt hat[671].

III.
Die Theorie der Zweckgemeinschaft

Von Interesse für unsere Betrachtung ist in diesem Zusammenhang noch, daß Heck[672] den Akzessoritätsgedanken (Anlehnungsdogma[673])

---

[669] So auch Jung, a. a. O., S. 89, Anm. 149. An anderer Stelle behauptet er aber (S. 99) m. E. unzutreffend, diese Berücksichtigung eines besonders gesetzten weiteren Zwecks habe nichts mit der causa zu tun. Schließlich wirft Jung hier noch die „Voraussetzung" in die Debatte (S. 96).

[670] Enneccerus-Nipperdey II, § 148 Anm. 6, drückt das zutreffend dahin aus, daß causa der Bürgschaft eine Sicherungsvereinbarung sei. Es muß dann — wie in den obigen Fällen gezeigt — nur geprüft werden, zwischen wem die Sicherungsvereinbarung wirkt, vgl. dazu auch unten S. 192 ff.

[671] Jung, a. a. O., S. 138.

[672] Sachenrecht, § 78 II 6.

[673] Vgl. zu diesem Ausdruck Wolff-Raiser, § 132 I.

durch seine Theorie der Zweckgemeinschaft ersetzen will. Heck wirft der h. M. vor, sie fasse bei der Analyse des Sicherungszwecks nur die Sicherung der Forderung ins Auge, die nur ein ihrerseits zur Sicherung der Leistungsaussicht gedachtes „Gebotsgebilde“ darstelle. Das Pfandrecht diene aber nicht der „Erhaltung des konkurrierenden Gebotsgebildes“, sondern Pfandrecht und Forderung seien *gemeinsam* zur Sicherung der Leistungsaussicht bestimmt.

Diese Kritik scheint mir indes nicht zuzutreffen. Wie oben gezeigt wurde, kann die causa einer Pfandbestellung auch noch in einer weiteren Beziehung bestehen als nur in der Sicherstellung der bereits durch das Gebotsgebilde „Forderung“ gesicherten Leistungsaussicht. Durch die Einführung der Akzessorietät hat das Gesetz[674] dem Gläubiger das einseitige Risiko der Verfehlung des Sicherungszwecks aufbürden wollen; wenn er dieses Risiko umgehen will, so muß er sich der nicht akzessorischen Sicherungsrechte bedienen, wie Grundschuld und Sicherungsübereignung[675]. Damit hat das Gesetz eine von causa-Vorstellungen unabhängige Interessenbewertung getroffen.

Selbst wenn aber — so bei der typischen Sicherungscausa — der Zweck ausschließlich in der Sicherstellung besteht, so ist Heck immer noch entgegenzuhalten, daß doch eher das Gebotsgebilde „Forderung“ als die Leistungsaussichten des Gläubigers gesichert werden sollen. Denn bei der Hypothek soll derjenige, der eine Sicherung zuwendet, gar nicht selbst leisten, sondern nur die Verwertung seines Grundstücks dulden[676], ebenso beim Pfandrecht an beweglichen Sachen; der Sinn der Sicherung besteht darin, den Gläubiger zur Begründung der Forderung zu veranlassen oder ihn zum Stillhalten zu bewegen, wenn der Schuldner notleidend wird. Hecks Theorie hätte also allenfalls bei der Bürgschaft Berechtigung, wo der Bürge selbst sich zur Leistung bereithalten muß.

Für diese Abhandlung jedenfalls ist am Begriff der Akzessorietät in der oben[677] definierten Form und an ihrer Abgrenzung zur vereinbarten causa festzuhalten.

---

674 Das räumt auch Heck, a. a. O., § 78 IV, ein, doch meint er, daran nicht gebunden zu sein.

675 Vgl. oben S. 122 und Anm. 664.

676 Westermann, Sachenrecht, § 93 II 4.

677 S. 123.

VIERTES KAPITEL

Bedeutung der causa im BGB und im Code Civil. (Ausschnitte)

Nachdem erörtert wurde, welche systematische Stellung die cause im französischen und die causa im deutschen Recht einnehmen, und nachdem auf dieser Grundlage der Versuch einer Begriffsbestimmung unternommen wurde, geht es im abschließenden vierten Teil dieser Arbeit darum, die Bedeutung der causa bzw. cause bei der Erklärung anderer Institutionen der beiden Gesetzbücher aufzuzeigen. Daß sich diese Untersuchung für das deutsche Recht wegen des Fehlens einer einheitlichen Regelung der Zweckverfehlung empfiehlt, wurde bereits öfter gesagt; im Bereich des französischen Rechts weist in diese Richtung die Beobachtung, daß die Rolle der absence de cause neben dem Irrtum ungeklärt ist, so daß die Verwandtschaft der cause mit anderen — im Rahmen des Irrtumsrechts und des enrichissement sans cause erheblichen — Vorstellungen des Zuwendenden möglich erscheint. Hieraus ergibt sich auch gleich die Zweiteilung des folgenden Kapitels, in dem nicht auf alle gesetzlichen Ausprägungen der causa eingegangen werden kann[678], das sich daher auf eine Untersuchung der Irrtumslehre im Code Civil und im BGB sowie des Bereicherungsrechts in beiden Gesetzen beschränkt.

1. Abschnitt
Bedeutung der causa im Irrtumsrecht

§ 13. Die Beziehungen der causa zur Irrtumslehre im BGB

Die Anfechtung eines Geschäfts wegen Irrtums, insbesondere wegen Eigenschaftsirrtums, hatten wir schon des öfteren[679] zur causa-Lehre in Beziehung gesetzt, und zwar war danach der Irrtum als eine Form der Zweckverfehlung des Erklärenden, die Anfechtung als eine Reaktionswirkung darauf anzusehen. Die nachfolgende Untersuchung hat nun der genauen Art der in den §§ 119 ff. BGB. bzw. Art. 1110

---

[678] Die Bedeutung des causa-Gedankens für das Synallagma, die eigentlich in diesem Kapitel hätte dargestellt werden müssen, wurde aus methodischen Gründen in die Erörterung in § 7, oben S. 84 ff., einbezogen.

[679] Vgl. z. B. oben S. 60, 97.

C. civ. geregelten Zweckverfehlungen nachzugehen, wobei weiter zu prüfen ist, ob die Voraussetzungen der „Reaktion“ auf die Zweckverfehlung, der Anfechtung also, den Erfordernissen der causa-Lehre entsprechen. Es wird sich dabei zeigen, daß das Irrtumsrecht im BGB und im Code Civil wenigstens teilweise als Ausfluß des causa-Gedankens betrachtet werden kann.

I.
Grundlagen der Regelung im BGB

Die Irrtumsregelung des BGB steht nicht auf eindeutigen dogmatischen Grundlagen. Zum Teil waren sich die Verfasser des Gesetzes über Umfang und Tragweite der Regelung selbst nicht klar[680], ferner wollten sie die Klärung der seinerzeit umstrittenen Fragen, so die Entscheidung zwischen der Willens- und der Erklärungstheorie, der Wissenschaft überlassen[681]. Da aber Einigkeit über die wesentlichen Fragen immer noch nicht besteht, bleibt nichts übrig, als im folgenden die grundsätzliche systematische Einordnung der Irrtumsfälle durch Rechtsprechung und Wissenschaft zu verfolgen und mit der causa-Lehre zu vergleichen.

a) Wesen der Zweckverfehlung und des Irrtums

Den Ausgangspunkt dieser Untersuchung bildet die Feststellung, was unter einer Zweckverfehlung i. S. der causa-Lehre zu verstehen ist: Ist die causa der typische oder vereinbarte Bezug einer Vermögenszuwendung auf das wirtschaftliche Gesamtergebnis der Güterschiebung, so wird diese Zweckbeziehung erreicht oder verfehlt nur durch bestimmte *Gestaltungen der tatsächlichen Lage*, indem also z. B. der Konsens mit dem Zuwendungsempfänger über den Austausch- oder Schenkungszweck nicht zustandekommt. Nicht in den Bereich der causa-Lehre gehört es dagegen, wenn dem Zuwendenden die Erklärung seiner subjektiven Zwecke mißlingt; dabei handelt es sich um einen Vorgang, der sich im Inneren oder sonst im Herrschaftsbereich des Zuwendenden abspielt. Diese Feststellung stimmt mit der Behauptung[682] überein, daß die causa ein bestimmter, besonders ausgezeichneter Beweggrund ist, der sich von den sonstigen Motiven durch eine

[680] So war sich die 2. Kommission (Protokolle I, S. 114) nicht darüber klar, inwieweit der Irrtum im Beweggrund unter § 119 I fallen könne, was sie bewog, die Beachtlichkeit des Eigenschaftsirrtums besonders klarzustellen.

[681] So sollte die Formulierung des § 119 Abs. 1 1. Alt. unentschieden lassen, ob es sich um einen Motiv- oder einen Erklärungsirrtum handle. Vgl. im übrigen Brox, S. 48 m. w. N.

[682] Vgl. oben S. 98.

Vereinbarung oder durch sein typisches Vorliegen abhebt; denn ist ein Motiv einmal zur causa erhoben, so liegt seine Verwirklichung nicht mehr an einer Äußerung des Zuwendenden, sondern nur an der tatsächlichen Gestaltung der Güterschiebung. Ein erster Vergleich zum Irrtumsrecht ergibt hier, daß auch dieses systematisch nicht bei einer „Kränkung der Willenssphäre" ansetzt, sondern grundsätzlich deshalb ein Anfechtungsrecht gibt, weil das Geschäft für den Erklärenden nachteilig war[683]. Dies kommt insbesondere darin zum Ausdruck, daß nach § 119 I Anfechtbarkeit nur dann eintritt, wenn der Erklärende die Erklärung ohne den Irrtum nicht abgegeben haben würde.

1. Die verschiedenen Irrtumslagen

Liegt die Zweckverfehlung in einer bestimmten, von den Parteien nicht erwarteten Gestaltung der Umstände, so enthalten zwar viele, aber durchaus nicht alle Fälle des Irrtums Abweichungen der tatsächlichen Lage von den Vorstellungen des Erklärenden. Allerdings trifft es auf alle Irrtumsfälle zu, daß die subjektiven Vorstellungen des Erklärenden enttäuscht werden[684]: So, wenn ich ein mir angebotenes Gemälde für 3000 DM erwerben will, aber in meinem Antwortschreiben fälschlich 30 000 DM biete (§ 119 I 2. Alternative: Eine Erklärung dieses Inhalts wollte ich nicht abgeben); ebenso, wenn ich das Angebot, das auf 30 000 DM lautete, falsch lese und im Glauben, der Verkäufer habe 3000 DM verlangt, ohne weiteres mein Einverständnis erkläre (hier habe ich über den Inhalt meiner Annahmeerklärung geirrt, § 119 I 1. Alt.). Auch im Fall des Eigenschaftsirrtums schließlich wird der Erklärende in seinen subjektiven Vorstellungen enttäuscht: So, wenn ich im vorigen Beispiel der Meinung war, das Bild sei ein echter van Dyck, während es sich in Wahrheit um eine Kopie aus dem 19. Jahrhundert handelte.

Da es aber beim Irrtum, so wie er in § 119 geregelt ist, nicht in erster Linie darauf ankommt, ob die subjektiven Vorstellungen des Erklärenden sich als falsch erweisen, muß unterschieden werden: *§ 119 I geht von einem Zwiespalt zwischen Wille und Erklärung aus; im Falle des § 119 II stimmen dagegen Wille und Erklärung überein, während die Vorstellungen des (oder der) Erklärenden von der Wirklichkeit abweichen.* Diese grundsätzliche Verschiedenheit der Irrtumsfälle mag zwar zunächst auf der Hand liegen, doch wird sie keineswegs allgemein anerkannt.

---

[683] Lange, Allg. Teil, § 55 I 2.

[684] Titze, Mißverständnis, S. 445: „Von Irrtum läßt sich schlechterdings nur da reden, wo jemand sich über gewisse Dinge bestimmte Vorstellungen gemacht hat, diese Vorstellungen aber mit der Wirklichkeit nicht übereinstimmen." Vgl. Palandt-Danckelmann, § 119 Anm. 2.

Unstreitig ist allerdings, daß § 119 I Fälle des Zwiespalts von Wille und Erklärung regelt[685], und zwar sowohl dann, wenn der Erklärende eine Erklärung dieses Inhalts gar nicht abgeben wollte, also nicht wußte, was er sagte[686], als auch dann, wenn er über die Tragweite seiner entsprechend seinem Willen gebildeten Worte irrte, also nicht wußte, was er damit sagte[687]. Umstritten ist dagegen, ob derjenige, der sich über wesentliche Eigenschaften der Person oder der Sache irrt, eine Erklärung abgibt, die seinem Willen nicht entspricht, oder ob hier Wille und Erklärung übereinstimmen. Nach der herrschenden und m. E. auch zutreffenden Ansicht[688] wird man aber § 119 II als die Regelung eines Zwiespalts von Wille und tatsächlicher Lage bei Übereinstimmen von Wille und Erklärung aufzufassen haben. Wenn ich im obigen Beispiel eines Bilderkaufs das Angebot in der Meinung annahm, es handle sich um einen echten van Dyck, so stimmen mein Wille zu kaufen und meine Erklärung überein; die Beschaffenheit des Bildes entspricht aber nicht meinen Vorstellungen.

Aber auch die grundlegende Erkenntnis, daß beim Eigenschaftsirrtum Wille und Erklärung übereinstimmen und nur Wille und tatsächliche Lage auseinanderfallen, während der Erklärungsirrtum einen Zwiespalt von Wille und Erklärung hervorruft, ist nicht unbestritten: *Titze*[689] hat es durch Ausdehnung des Geschäftswillens über die juristischen Vorstellungen hinaus auf die rein wirtschaftlichen und faktischen Zweckvorstellungen[690] vermocht, jeden Zwiespalt von Wille und Sachlage in ein Auseinanderfallen von Wille und Erklärung umzuwandeln. Am Beispiel des Käufers, der ein ihm angebotenes Rennpferd „Nixe" in der Meinung kauft, es handle sich um einen mehrfach siegreichen Renner, während das Pferd noch nie ein Rennen gewann, führt er aus[691]: Der Käufer erklärt, er kaufe das ihm angebotene Pferd; er wollte aber, da Nixe und Preisträgerin für ihn identisch waren, sein Einverständnis zum Kauf einer Preisträgerin erklären. Also liege ein Zwiespalt von Wille und Erklärung vor.

Man kann nun bezweifeln, ob das BGB mit der Abstellung auf den Grund des Irrtums einen gangbaren Weg zur Unterscheidung erheb-

---

685 Enneccerus-Nipperdey, § 166 I; Lehmann, Allg. Teil, § 35 III 1; Lange, Allg. Teil, § 55 II; Siebert-Hefermehl, § 119 Anm. 4, 6; Erman-Westermann, § 119 Anm. 2.

686 Lehmann, Allg. Teil, § 34 III 1 c.

687 Lehmann, ebenda.

688 Enneccerus-Nipperdey, § 166 II (S. 1031); Lange, Allg. Teil, § 55 IV 1; Flume, Eigenschaftsirrtum, S. 101; Brauer, S. 46 f.; Staudinger-Coing, § 119 Anm. 1 e; zurückhaltend Erman-Westermann, § 119 Anm. 8.

689 Festschrift Heymann, S. 72 ff.

690 A. a. O., S. 92.

691 A. a. O., S. 81.

licher und unerheblicher Irrtümer eingeschlagen hat[692]; indem aber Titze dahin gelangt, jeder Irrtum sei nur ein Zwiespalt von Erklärung und Willen[693], gibt er jede Möglichkeit einer klaren Trennung der beachtlichen von den unbeachtlichen Irrtumsfällen auf und weicht auf den allgemeinen Gesichtspunkt der Risikoverteilung und die Berücksichtigung von Treu und Glauben aus[694]. Das dürfte jedoch keinen Fortschritt bedeuten, weshalb denn auch Titzes Meinung allgemein abgelehnt wird[695].

Anders als Titze, aber ebenfalls abweichend von der h. M., will *Schmidt-Rimpler*[696] den Eigenschaftsirrtum als eine falsche Wertung der Rechtsfolge durch den Erklärenden, damit als einen Erklärungsirrtum in diesem besonderen Sinne ansehen. Auf diese Meinung kann erst im folgenden eingegangen werden.

Das bedeutet, daß die oben versuchte Unterscheidung der beiden Abschnitte des § 119 BGB aufrechterhalten bleibt: Absatz I betrifft zwei untereinander verschiedene Fälle des Zwiespalts von Wille und Erklärung, während es in Absatz II um die Regelung eines Zwiespalts von Wille und Wirklichkeit geht.

2. Bedeutung des causa-Gedankens in diesen Irrtumslagen

Was nun die Beziehung des Irrtums zur causa-Lehre betrifft, so müßte danach der Irrtum i. S. des § 119 I aus dem Bereich der causa-Lehre völlig ausscheiden, weil es bei ihr nur um die von einer typischen oder vereinbarten Zwecksetzung abweichende Gestaltung der tatsächlichen Umstände geht. Hingegen erschiene es möglich, daß der Irrtum i. S. des § 119 II einen Fall der Zweckverfehlung darstellt, weil es hier auf eine Abweichung der Wirklichkeit von der vorgestellten Lage ankommt.

Diese Folgerung trifft grundsätzlich auch zu. Freilich wird auch die Behandlung des Irrtums i. S. des § 119 I die causa-Lehre umfassen müssen, und zwar in verschiedener Hinsicht:

Zunächst kann ein Erklärungsirrtum i. S. des I 119 I 2. Alt. dem Erklärenden auch bei einer causa-Vereinbarung unterlaufen, indem der Erklärende sich bei der Erklärung versieht. So liegt es z. B., wenn der aus mehreren Geschäften demselben Gläubiger verpflichtete

---

[692] So ENNECCERUS-NIPPERDEY, § 166 II (S. 1031); LANGE, Allg. Teil, § 55 I 2; FLUME, a. a. O., S. 28; BROX, S. 56.

[693] Festschrift HEYMANN, S. 96.

[694] Ebenda S. 105 ff.

[695] ENNECCERUS-NIPPERDEY, a. a. O.; FLUME, a. a. O.; BROX, S. 55 ff., mit ausführlicher Begründung; LARENZ, GG, S. 25, Anm. 10, der allerdings im Nixe-Fall Erklärungsirrtum annimmt.

[696] Festschrift LEHMANN, S. 221.

Schuldner einen Betrag überweist und sich bei der Erklärung, welche Forderung er begleichen wolle, irrt.

Ebenso ist aber ein Inhaltsirrtum bei der causa-Vereinbarung möglich, so z. B., wenn L die „Leihbücherei" des M betritt mit der Frage, ob er ein bestimmtes Buch leihen könne, und wenn L sich dann nachher weigert, die „Leihgebühr" zu zahlen, da die Leihe ein unentgeltliches Geschäft sei. Hier erklärte L objektiv, daß er das Buch mieten wollte, wollte aber entleihen; er wußte, was er sagte, wußte aber nicht, was er damit sagte[697]. Es handelt sich um einen Fall des Irrtums bei der Vereinbarung des Geschäftstyps, der nichts anderes ist als ein Irrtum über die causa. Überhaupt sollte § 119 I den im gemeinen Recht besonders erwähnten Fall des „error in negotio" umfassen[698], betrifft also in diesem Zusammenhang eine Reihe von Fällen des Irrtums über die causa.

Probleme werden hier kaum einmal auftreten; doch könnte man ferner daran denken, die causa-Lehre bei anderen Irrtümern über die Tragweite der Erklärung zur Bestimmung des Umfangs des Geschäftswillens heranzuziehen, so z. B. beim Irrtum über die Person des Geschäftsgegners. Hier ist zweifelhaft, inwieweit die Vorstellung von der Person des Verkäufers zum Geschäftswillen des K gehörte. Es würde nun zu weit gehen, schlechthin die Vorstellung von der Identität des Geschäftspartners (error in persona) als Inhalt des Geschäftswillens anzusehen[699], einen diesbezüglichen Irrtum also jedesmal als Inhaltsirrtum zu behandeln: Wenn ich im Geschäft des E einen Anzug kaufe im irrigen Glauben, das Geschäft gehöre meinem Schulkameraden B, so kann ich sicher nicht anfechten. Es können aber durchaus Fälle gedacht werden, in denen die Vorstellung von der Person des Geschäftspartners zum Geschäftswillen gehört[700]; letztere Fälle von den anderen abzugrenzen, könnte die causa-Lehre eine Möglichkeit bieten, indem der typische oder besonders vereinbarte Bezug einer Erklärung (Vermögenszuwendung) auf das Ergebnis der Güterschiebung als Begrenzung des Geschäftswillens in Richtung auf die bloßen Motive dient.

Schließlich könnten hierher Fälle des sog. Irrtums über die „Sollbeschaffenheit[701]" gerechnet werden, bei denen ebenfalls zweifelhaft ist, wie weit die Vorstellung von den Eigenschaften zum Geschäftswillen gehört.

---

[697] Vgl. oben S. 129 und Anm. 687.

[698] Protokolle I, S. 112; SIEBERT-HEFERMEHL, § 119 Anm. 11.

[699] So aber anscheinend SIEBERT-HEFERMEHL, a. a. O.; dagegen schon Protokolle, a. a. O.

[700] Vgl. z. B. KG, HRR 1932, Nr. 8: Irrtum über die durch eine Erbschaftsausschlagung begünstigte Person berechtigt u. U. zur Anfechtung.

[701] BRAUER, a. a. O., S. 22.

Diese Andeutungen müssen an dieser Stelle ausreichen, um die Bedeutung der causa-Lehre auch im Rahmen des Inhaltsirrtums aufzuzeigen; eine genauere Untersuchung erfolgt dann später[702]. Im gegebenen Zusammenhang kam es nur darauf an, die nähere Behandlung der Irrtumslehre in dieser Arbeit zu rechtfertigen; die im vorigen verfolgten Verbindungslinien dürften dazu bereits genügen.

b) Auswahl der erheblichen psychologischen Vorgänge

Noch eine der Grundlagen der Irrtumsregelung im BGB weist auf die Verwandtschaft dieses Instituts mit dem der Zweckverfehlung hin, und zwar die Auswahl derjenigen psychologischen Vorgänge, deren Fehlerhaftigkeit einen beachtlichen Irrtum herbeiführen soll. Sowohl die causa-Lehre als auch das Irrtumsrecht sehen sich der Frage gegenüber, welche aus einer Reihe von Gründen einer Zuwendung (Erklärung) für den Bestand dieser Zuwendung wesentlich sein sollen. Die causa-Lehre hat dieses Problem dadurch zu lösen versucht, daß sie auf die typischen oder vereinbarten Zwecke abstellt; im Irrtumsrecht war eine so einfache Lösung nicht möglich, da zumindest im Fall des Irrtums in der Erklärungshandlung der Erklärende immer schutzwürdig erschien, sein Versehen infolgedessen beachtlich sein sollte, ohne Rücksicht darauf, ob er sich bei der Erklärung einer typischen oder einer ganz individuellen Absicht versah. Dennoch lohnt es sich, der Einordnung der verschiedenen Irrtumsfälle unter die Kategorien des Motiv-, Erklärungs-, Geschäftsirrtums u. dgl. im folgenden nachzugehen.

1. Motiv- und Erklärungsirrtum

Die früher durchaus vorherrschende Einteilung der Irrtumsfälle kannte zwei Kategorien des Irrtums: Den grundsätzlich beachtlichen Erklärungsirrtum und den grundsätzlich — mit Ausnahme des § 119 II — unbeachtlichen Motivirrtum[703]. Die grundsätzliche Trennung von Motiv- und Erklärungsirrtum wird auch heute noch aufrechterhalten; nur besteht Streit darüber, was für Irrtumsfälle die beiden Absätze des § 119 normieren. Da nun § 119 I unstreitig den Erklärungsirrtum regelt, betreffen die Zweifel die Vorschrift des § 119 II. Diese wurde früher und wird z. T. auch heute noch für einen Fall des Motivirrtums gehalten, der nur wegen der besonderen Wichtigkeit der Eigenschaften der Sache für den Erklärenden dem

[702] Vgl. unten S. 137 ff.

[703] von Tuhr, Allg. Teil, II, 1, S. 569; Enneccerus-Nipperdey, § 166 II; Planck-Flad, § 199 Anm. I, 4; VI, 1; Saleilles, Déclaration de volonté, Nr. 14, 15.

Erklärungsirrtum gleichgestellt werden muß[704]; man legt aber Wert auf die Feststellung, daß damit keineswegs allgemein der Motivirrtum für beachtlich erklärt werde[705].

2. Geschäftlicher und außergeschäftlicher Irrtum

Gegenüber dieser hergebrachten Einteilung bedeutet es eine erhebliche terminologische Klärung, wenn neuerdings zwischen Geschäftsirrtum und außergeschäftlichem Irrtum unterschieden wird. Schon früher wurde als Charakteristikum der deutschen Irrtumsregelung der Umstand bezeichnet, daß die Maßgeblichkeit des Irrtums vom Inhalt des erklärten Geschäftswillens abhängt[706], so daß eine Untersuchung des Umfangs dieses Geschäftswillens zur Erfassung sämtlicher beachtlicher Irrtumsfälle führen mußte. Da nun *Flume*[707] nachgewiesen hat, daß sich der Geschäftswille des Erklärenden bei Erklärungen, die Rechte an einer Sache betreffen, auf die Eigenschaften dieser Sache beziehen kann, daß dies sogar typisch der Fall ist[708], ist es klar, daß auch der Irrtum über Eigenschaften beachtlich sein kann. Der beachtliche Geschäftsirrtum umfaßt sämtliche Fälle des Irrtums über Punkte, die zum Inhalt des Geschäfts gehören, also einerseits die Fälle des § 119 I, andererseits aber auch gewisse Eigenschaftsirrtümer (sog. geschäftlicher Eigenschaftsirrtum[709]). Außer Betracht bleibt also der Irrtum über solche Eigenschaften, deren Vorstellung nicht zum Inhalt des Geschäftswillens gehört, der außergeschäftliche Eigenschaftsirrtum[710].

Unser Ausgangspunkt verschiebt sich durch die Anerkennung nur des Geschäftsirrtums als wesentlich nicht: Zum beachtlichen Geschäftsirrtum gehören erstens Fälle, in denen Wille und Erklärung voneinander abweichen, also die des § 119 I; ferner die des § 119 II, in denen Wille und Wirklichkeit nicht übereinstimmen, sog. „Wirklichkeitsirrtum[711]". Diese Einteilung bestätigt Flume sogar ausdrücklich, indem er feststellt[712], beim geschäftlichen Eigenschaftsirrtum liege eine Divergenz von Wille und Erklärung nicht vor. Der Geschäfts-

---

[704] Protokolle I, S. 114; von Tuhr, Allg. Teil, II, 1, S. 578; Lehmann, Allg. Teil, § 34 III 1 e; Erman-Westermann, § 119 Anm. 8.

[705] Oertmann (Komm.), § 119 Anm. 4; Saleilles, Déclaration, Nr. 15.

[706] Saleilles, Déclaration, Nr. 10.

[707] Eigenschaftsirrtum und Kauf, S. 1—23; zustimmend die heute wohl h. M; a. A. Larenz, GG, S. 21, Anm. 1.

[708] Schmidt-Rimpler, Festschrift Lehmann, S. 215.

[709] Flume, a. a. O., S. 100.

[710] Flume, a. a. O., S. 83.

[711] Ausdruck von Coing, Staudinger-Coing, § 119 Anm. 1.

[712] Flume, a. a. O., S. 101.

irrtum umfaßt also sowohl den Erklärungs- als auch den Wirklichkeitsirrtum[713]. Weiter ist zu beachten, daß auch die Behandlung des Motivirrtums durch die Kategorie des Geschäftsirrtums sich nicht verändert: Außer Betracht bleiben in Gestalt des — unbeachtlichen — außergeschäftlichen Eigenschaftsirrtums alle reinen Motivirrtümer; der — beachtliche — geschäftliche Eigenschaftsirrtum ist psychologisch aber doch ein Motivirrtum[714].

3. Irrtum über die Ist- und die Sollbeschaffenheit

Ebensowenig wie Flumes Lehre vom Geschäftsirrtum ändert *Brauers*[715] Unterscheidung von Irrtum über die Sollbeschaffenheit und die Istbeschaffenheit[716] etwas daran, daß § 119 II einen Fall des ausnahmsweise beachtlichen Motivirrtums darstellt.

Wenn A in einem Geschäft auf einen Ballen Kattunstoff deutet, den er für „Kretonne", eine Art Leinwand, hält, weil er die Worte „Kattun" und „Kretonne" verwechselt[717], so irrt er über den objektiven Inhalt seiner Erklärung, die sich ja, wie im vorigen gesagt, auf die Eigenschaften der Sache bezieht. Wer dagegen eine rauschgiftsüchtige Erzieherin für seine Kinder anstellt[717a], bringt seinen Willen auch im Hinblick auf die Eigenschaften der Person durchaus fehlerfrei zum Ausdruck[718], sein Irrtum über die „Istbeschaffenheit" ist also ein Irrtum im Beweggrund. Die Einteilung des Eigenschaftsirrtums in Irrtum über die Sollbeschaffenheit und über die Istbeschaffenheit zwingt also nicht dazu, die Auffassung des § 119 II als Motivirrtum aufzugeben[719]. Auch zeigen gerade die angeführten Beispiele Brauers, daß beim Irrtum über die Istbeschaffenheit nicht Wille und Erklärung, sondern Wille und Wirklichkeit auseinanderfallen.

4. Die Lehre Schmidt-Rimplers

Ändern die bisher dargestellten Lehrmeinungen nichts an der oben versuchten Deutung der Grundlagen des Irrtumsrechts, so hat *Schmidt-*

---

713 STAUDINGER-COING, § 119 Anm. 1 e.

714 BROX, a. a. O., S. 69.

715 Der Eigenschaftsirrtum, S. 21 ff.

716 Dieser Lehre haben sich ENNECCERUS-NIPPERDEY, § 168 I; SIEBERT-HEFERMEHL, § 119 Anm. 12, 17 ff., und RAAPE, AcP 149, 481, weitgehend angeschlossen.

717 Beispiel von BRAUER, a. a. O., S. 25.

717a BRAUER, a. a. O., S. 45.

718 Anders TITZE, a. a. O., S. 82.

719 A. A. ENNECCERUS-NIPPERDEY, § 168 I (S. 1043).

Rimpler beachtliche Gründe dafür angeführt, daß der Eigenschaftsirrtum ein Erklärungsirrtum sei[720], auf den allerdings nicht ohne weiteres § 119 I Anwendung finde, sondern der nur dann zur Anfechtbarkeit führe, wenn die Eigenschaft typisch für jedermann wesentlich ist[721]. Die Einordnung des Eigenschaftsirrtums als Erklärungsirrtum, die Titze einfach dadurch erreicht hatte[722], daß er auch reine Motive mit zum Geschäftswillen rechnete, kommt nach Schmidt-Rimpler auf folgende Weise zustande: Er geht davon aus, daß der beachtliche Irrtum in einer Differenz von tatsächlichem und gewolltem Erklärungswert bestehe[723], also in einer Differenz zwischen den Überlegungen, die dem Gegner durch Erklärung zugänglich gemacht werden sollten, und denen, die der Erklärende für sich behalten wollte. Diese Differenz kann einmal darauf beruhen, daß der Erklärende glaubt, er habe seine Wertungsgrundlagen dem Gegner offengelegt, während er das in Wirklichkeit nicht oder nur unvollkommen getan hat; so im ersten Beispielsfall Brauers[724], wenn der Erklärende glaubt, durch das Wort „Kattun" seinen auf den Erwerb eines Leinwandstoffes gerichteten Willen kundgegeben zu haben. In diesen Fällen der ausdrücklichen, „wortmäßigen" Bezeichnung der Eigenschaft[725] kann, darin hat Schmidt-Rimpler recht, ein normaler Erklärungsirrtum i. S. des § 119 I vorkommen. Die ausschlaggebende Wendung vollzieht Schmidt-Rimpler aber dann, wenn er die sonstige Individualisierung des Gegenstandes ohne besondere Bezeichnung der Eigenschaften dem ersten Fall gleichstellt[726]: Wenn ein Käufer im Juweliergeschäft auf einen von ihm irrig als golden angesehenen Ring zeigt mit den Worten „Ich nehme diesen da", so habe er „ihn zugleich als goldenen Ring" bezeichnet[727].

Diese Gleichstellung von ausdrücklicher Bezeichnung und Individualisierung „durch das Hier und das Jetzt und weiter durch nichts[728]" ermöglicht die Deutung des Eigenschaftsirrtums als Erklärungsirrtum; sie trifft aber m. E. nicht ganz zu. Wenn Schmidt-Rimpler selber[729] es als Grund für die Unbeachtlichkeit des reinen Motivirrtums bezeichnet, daß dort der Erklärende seine Wertungsgrundlagen als solche dem Gegner nicht zugänglich mache, so liegt doch ein solcher Fall gerade auch dann vor, wenn der Erklärende die Eigenschaften,

---

[720] Festschrift LEHMANN, S. 221.
[721] Ebenda S. 222.
[722] Siehe oben S. 129.
[723] SCHMIDT-RIMPLER, a. a. O., S. 219.
[724] Siehe oben S. 134 und Anm. 717.
[725] SCHMIDT-RIMPLER, a. a. O., S. 220.
[726] Ebenda S. 221.
[727] Ebenda S. 220.
[728] LARENZ, GG, S. 21, Anm. 1.
[729] SCHMIDT-RIMPLER, a. a. O., S. 215.

die er im Auge hat, verschweigt und es vorzieht, dem Erklärungsgegner die Sache auf andere Weise zu individualisieren. Die Argumentation Schmidt-Rimplers wird auch dadurch nicht gerettet, daß man mit Flume den Geschäftswillen als auf die Eigenschaften der Sache gerichtet ansieht; denn soll es im Hinblick auf diesen Willensbestandteil[730] zu einem Irrtum kommen, so müssen die normalen Voraussetzungen des Geschäftsirrtums vorliegen, d. h. es muß das Rechtsgeschäft Abmachungen über die fraglichen Momente enthalten[731]. Flume entscheidet denn auch, der geschäftliche Eigenschaftsirrtum sei kein Erklärungsirrtum[732]. Im übrigen trifft sich Schmidt-Rimplers Meinung, daß der Eigenschaftsirrtum als Erklärungsirrtum dennoch nur unter den erschwerten Voraussetzungen des § 119 II beachtlich sei, praktisch wieder mit der ehemals h. M., die § 119 II als Fall des ausnahmsweise beachtlichen Motivirrtums ansah.

5. Eigene Ansicht

Dieser Meinung soll auch hier gefolgt werden, wobei freilich die Bezeichnung des in § 119 II geregelten Falles als „geschäftlicher Eigenschaftsirrtum" vor der als ausnahmsweise beachtlicher Motivirrtum den Vorzug verdient. Für den Vergleich zur causa, die typischen oder vereinbarten Motiven Beachtung verschafft, ergibt sich damit eine interessante Parallele: Auch § 119 berücksichtigt vereinbarte Motive, einmal in Gestalt des beachtlichen Erklärungsirrtums über Motive, die in den Geschäftswillen Eingang gefunden haben, in der Erklärung aber nicht oder nicht gehörig zum Ausdruck gekommen sind; zweitens aber in Gestalt des geschäftlichen Eigenschaftsirrtums. Bei letzterem hat aber, wie schon aus den Formulierungen Schmidt-Rimplers erhellt[733], im folgenden aber noch näher erläutert werden soll, § 119 II eine Ergänzung dahin vorgenommen, daß auch typische Zwecke Beachtung finden sollten, ohne daß eine dahingehende Erklärung vorliegt. Die Art, wie causa-Lehre und Irrtumsrecht beachtliche und unerhebliche Beweggründe voneinander scheiden, gleicht sich also.

Hinzuweisen ist nur am Schluß noch darauf, daß der Rahmen des Irrtumsrechts, das auf alle Arten von Willenserklärungen Anwendung findet[734], erheblich weiter gespannt ist als der der causa-Lehre, daß

---

[730] Flume, a. a. O., S. 28 ff., lehnt die Notwendigkeit und Möglichkeit eines besonderen auf die Eigenschaften gerichteten Willens ab; scheinbar a. A., jedoch nicht ganz klar Brauer, a. a. O., S. 29 ff.

[731] Staudinger-Coing, § 119 Anm. 1.

[732] Flume, a. a. O., S. 100.

[733] A. a. O., S. 222.

[734] RGRK-Krüger-Nieland, § 119 Anm. 6; Staudinger-Coing, § 119 Anm. 4.

also in vielen Fällen, die unter dem Gesichtspunkt des Irrtums geprüft werden sollen, an Stelle der Vereinbarung des Motivs die ausdrückliche, einseitige Erklärung zu setzen sein wird. Das führt dazu, daß die Beziehungen zwischen Zweckverfehlung und Irrtum hauptsächlich im Vertragsrecht, wo es grundsätzlich auf Vereinbarungen ankommt, zu Tage treten.

II.
Die verschiedenen Irrtumsfälle des BGB im einzelnen

Daß die causa eine Rolle bei der Erläuterung der Irrtumsfälle im BGB spielen kann und warum, ist bereits dargestellt. Aus den vorangegangenen Erörterungen dürfte sich auch ergeben, daß auf die Fälle des Irrtums in der Erklärungshandlung, zu denen auch § 120 zu zählen wäre, nicht mehr eingegangen zu werden braucht. Im Mittelpunkt der folgenden Betrachtung stehen demnach die beiden übrigen Spielarten des Geschäftsirrtums, Irrtum über den Inhalt der Erklärung und geschäftlicher Eigenschaftsirrtum.

a) Der Inhaltsirrtum (Einzelprobleme)

Das Gesetz berücksichtigt in § 119 I 1. Alt. den Irrtum des Erklärenden über den Sinn, die Tragweite seiner Worte, ohne dabei zu unterscheiden, ob der Erklärende den allgemeinen Sinn verkennt, den seine Worte haben (Beispiel[735]: Ein Belgier kauft in einem Schweizer Geschäft etwas „für zwei Franken“ und meint belgische francs), oder nur den Sinn, der ihnen nach der konkreten Geschäftssituation zukommt (so in dem bereits oben auf S. 128 erwähnten Fall, in dem der Empfänger eines auf 30 000 DM lautenden Angebots dies mit den Worten „ich nehme das Angebot an“ akzeptiert, weil er sich verlesen hat und meint, das Angebot belaufe sich auf 3000 DM[736]). Bekanntlich ist zweifelhaft, inwieweit hierunter auch ein Eigenschaftsirrtum fallen kann (darüber unter b); ferner hat das RG durch Anwendung dieser Vorschrift auf den Kalkulationsirrtum die Grenzen zum reinen Motivirrtum in bedenklicher Weise verwischt.

Doch drängt sich hinter diesen Einzelfragen das allgemeine Problem in den Vordergrund, inwieweit § 119 I einseitigen, im Erklärungsinhalt nicht zum Ausdruck gekommenen Vorstellungen des Erklärenden von der Tragweite und Bedeutung seiner Erklärung Geltung verschafft. In dieser Hinsicht ist oben[737] angedeutet worden, daß sich

---

[735] Vgl. ENNECCERUS-NIPPERDEY, § 167 IV 1; LANGE, Allg. Teil, §§ 55 II 2.
[736] Vgl. ENNECCERUS-NIPPERDEY, § 167 IV 2.
[737] Oben S. 131.

eine Begrenzung der Irrtumsanfechtung aus der Heranziehung der causa ergeben könnte. Dem dort erwähnten sog. error in persona können hier Fälle des Rechtsfolgenirrtums an die Seite gestellt werden.

1. Der Rechtsfolgenirrtum

Die Problematik läßt sich am besten an Hand eines Beispiels darlegen: Ich schenke meiner Freundin einen Hund im Glauben, das Geschenk bei einem Sinneswandel meinerseits jederzeit zurückfordern, die Schenkung also widerrufen zu können. Muß man hier sagen, meine Erklärung und mein Wille stimmten überein, da ich doch habe schenken wollen[738], oder liegt, da ich die Bindungswirkung meiner Erklärung, also ein wesentliches Element der Willenserklärung, nicht erkannt habe, ein Irrtum über den Inhalt der Erklärung vor[739]?

Abwandlung: Der Hund war, wie mir bekannt war, äußerst bissig; dennoch habe ich der Beschenkten diese Eigenart verschwiegen. Als sie für ihre zerrissenen Strümpfe Ersatz von mir verlangt, fechte ich die Schenkung wegen Inhaltsirrtums an, da ich in Unkenntnis des § 524 angenommen hatte, der Schenker hafte nicht für Fehler.

Schließlich: Ich habe meiner Freundin den Hund übergeben mit dem Bemerken, sie müsse ihn immer gut pflegen, und bin der Meinung, ich hätte damit eine auflösende Bedingung vereinbart.

In allen diesen Beispielen fragt sich, ob der jeweils vorliegende Irrtum über die rechtliche Tragweite meiner Erklärungen zur Anfechtung berechtigt. Dies muß davon abhängen, ob der rechtliche Erfolg, über den ich irrte, einen Bestandteil des erklärten rechtsgeschäftlichen Tatbestandes bildet[740] oder richtiger: bilden sollte, da dann der Geschäftswille von der Erklärung abweicht.

aa) Verlautbarungsirrtum

Von diesem Standpunkt aus läßt sich zunächst der letzte Fall lösen, da ich hier meinte, eine Bedingung gesetzt zu haben, die Bedingtheit der Rechtsfolge aber zum Rechtsfolgewillen gehört. Es handelt sich um einen Irrtum über die Tragweite ausdrücklicher Erklärungen, der dadurch zustandekam, daß der Erklärende sich zur Wiedergabe seines Erklärungswillens falscher Erklärungsmittel bediente (Verlautbarungsirrtum[741]). In diesem Fall läßt die Literatur allgemein auch

---

[738] So Enneccerus-Nipperdey, § 167 IV 5.
[739] Dies meint Henle, Irrtum über die Rechtsfolgen, S. 339.
[740] RG 88, 284; 89, 33; ebenso Flad, Festschrift Bumke, S. 249.
[741] Siebert-Hefermehl, § 119 Anm. 10.

beim Rechtsfolgenirrtum Anfechtung zu[742]. Freilich sind besondere Anforderungen an den Beweis des Irrtums zu stellen[743], der, wie auch das Beispiel zeigt, nicht leicht zu führen sein wird. Berücksichtigt man nunmehr, daß die ausdrückliche einseitige Erklärung im Rahmen des Irrtumsrechts der causa-Vereinbarung in der causa-Lehre entspricht, wie oben[744] bereits gesagt, so erlaubt die Lösung des vorliegenden Beispiels folgenden Schluß: Motive, auch einseitige, die der Erklärende ausdrücklich in die Vereinbarung eingehen lassen wollte, die er aber fehlerhaft wiedergegeben hat, sind als Erklärungsirrtum beachtlich, wenn — was selten der Fall sein wird — der Erklärende das Mißlingen seiner Erklärung beweisen kann. Ferner muß natürlich die allgemeine Voraussetzung der Anfechtbarkeit vorliegen, daß nämlich der Erklärende bei Kenntnis der Sachlage und verständiger Würdigung die Erklärung in dieser Form nicht abgegeben haben würde. Freilich handelt es sich hier nur um ein Mißlingen bei der Erklärung des Zwecks, nicht um eine Zweckverfehlung im eigentlichen Sinn.

bb) Irrtum über wesentliche Folgen der Erklärung

Die Regel von der Wesentlichkeit des Verlautbarungsirrtums hilft in den beiden ersten Fällen aber nicht weiter. Dort drückte nämlich der Erklärende seine Vorstellungen von den rechtlichen Folgen nicht aus, weil er glaubte, sie mit der Individualisierung des Rechtsgeschäfts durch Nennung des gesetzlichen Typs hinlänglich bezeichnet zu haben. Dem Gedanken, diesen Irrtum einfach als Irrtum über das objektive Recht, folglich als Motivirrtum, zu behandeln, steht die Überlegung entgegen, daß der Erklärende ja nicht nur über das objektive Recht, sondern über den Sinn irrt, den das Recht seiner Erklärung beilegt. Da es andererseits auch nicht angeht, jeden Irrtum über Rechtsfolgen zu berücksichtigen[745], gilt es, einen Mittelweg zu finden, der darin besteht, daß Fehlvorstellungen des Erklärenden von typischen, wesentlichen Bestandteilen des Geschäfts berücksichtigt werden, während im Hinblick auf weitere Folgen der Irrtum des Erklärenden nicht schadet. Nach Henle[746] kommt es darauf an, ob sich der Erklärende über das Existenzminimum an Rechtsfolgen irrt, d. h. über diejenigen

---

[742] ENNECCERUS-NIPPERDEY, § 167 IV 5, an Hand des Beispiels des Verzichts auf Eviktionshaftung im Glauben, Eviktionshaftung bedeute Fehlerhaftung; ferner LANGE, Allg. Teil, § 55 II 2 d; LEHMANN, Allg. Teil, § 34 III 1 c; SIEBERT-HEFERMEHL, a. a. O.

[743] STAUDINGER-COING, § 119 Anm. 44; vgl. auch LANGE, a. a. O.

[744] Oben S. 136 f.

[745] So TITZE, Mißverständnis, S. 450 ff.; gegen ihn HENLE, Irrtum über Rechtsfolgen, S. 339; ENNECCERUS-NIPPERDEY, § 167 Anm. 30.

[746] A. a. O., S. 339.

Folgen, welche erforderlich sind, um die Abwicklung des Verhältnisses für den einfachen Verlauf der Dinge zu gewährleisten. Hierher gehört z. B. auch der bereits oben S. 131 erwähnte Fall der Verwechslung von „Miete" und „Leihe". Die h. M. in der Literatur stellt auf den „Geschäftstyp[747]" ab. Wenn der Erklärende mithin im obigen Beispiel der Schenkung über die Widerruflichkeit, also die Bindungswirkung des Geschäfts irrte, so ist ein Inhaltsirrtum gegeben[748]; wenn er sich aber über die weitere Folge der Mängelhaftung irrte, so kann er nicht anfechten[749].

Im einzelnen wirft natürlich die Unterscheidung, welche Rechtsfolgen bei diesem Geschäft wesentlich sind und welche nicht, recht schwierige Fragen auf; die zu diesen Fällen ergangene Rechtsprechung ist denn auch umfangreich.

So erklärte RG 89, 29 eine Hypothekenbestellung für grundsätzlich anfechtbar, weil der Eigentümer irrigerweise annahm, das Grundstück sei mit einer erstrangigen Hypothek belastet, während in Wirklichkeit keine Belastung bestand und eine erstrangige Hypothek begründet wurde[750]. Die in diesem Zusammenhang genannte[751] Entscheidung RG 70, 349 ist dagegen nicht ganz klar: Dort hatte die Erblasserin auf Grund einer falschen juristischen Auskunft[752] gemeint, durch die Einsetzung der gesetzlichen Erben würden die Abkömmlinge ihrer halbbürtigen Geschwister von der Erbfolge ausgeschlossen. Das RG arbeitete hier einerseits mit dem Begriff des Verlautbarungsirrtums, wies aber andererseits auf die Vorschrift des § 2078 hin, in deren Rahmen die Grenze vom Motiv- zum Erklärungsirrtum, auf die es hier ankommt, gerade keine Rolle spielt. Recht weit ging das KG in HRR 1932 Nr. 8; es hielt bei der Erbschaftsausschlagung die Vorstellung von der dadurch begünstigten Person für so wesentlich, daß ein diesbezüglicher Irrtum zur Anfechtung berechtige. Hier hat allerdings vielleicht der geringe Vertrauensschutz, der sich an eine Erklärung im Erbrecht knüpft, eine Rolle gespielt. Irrt dagegen ein Konkursverwalter bei seinem Erfüllungsverlangen nach

---

[747] Lange, Allg. Teil, § 55 II 2 d; Lehmann, Allg. Teil, § 34 III 1 c; ähnlich Siebert-Hefermehl, § 119 Anm. 11; Palandt-Danckelmann, § 119 Anm. 3.

[748] Henle, a. a. O., S. 345; Oertmann, Seuff. Bl. 67, 29 ff., für den Abschluß eines Erbvertrages im Glauben, dieser sei widerruflich.

[749] So ausdrücklich für den Irrtum über die Haftung des Schenkers Lange, § 55 II 2 d; Lehmann, § 34 III 1 c.

[750] Das RG schloß die Anfechtung dann freilich aus, weil der Eigentümer bei verständiger Würdigung auch eine erstrangige Hypothek bestellt haben würde.

[751] Enneccerus-Nipperdey, § 167 Anm. 30.

[752] Auf die Fälle einer falschen juristischen Auskunft will Staudinger-Coing, § 119 Anm. 44, die Anfechtung wegen Irrtums über die Rechtsfolgen beschränken.

§ 17 KO darüber, daß damit die Verbindlichkeiten Masseschulden werden, so soll diese Folge unwesentlich sein, so daß keine Anfechtung möglich ist, RG 51, 283; 98, 139.

Als *Ergebnis* dieser Untersuchung ist festzuhalten, daß der Irrtum über den Geschäftstyp und typische Folgen der Erklärung beachtlich ist, der Irrtum über atypische oder nicht zur normalen Abwicklung gehörige Rechtsfolgen dagegen nur, wenn der Erklärende seine diesbezüglichen Vorstellungen ausdrücklich vorbringen wollte[753]. Nach unserer Deutung des Irrtumsrechts bildet die causa, d. h. hier die typische oder ausdrückliche Zwecksetzung des Erklärenden, die Begrenzung des Geschäftswillens zum reinen Motiv.

2. Error in persona

Diese soeben aufgestellte Behauptung soll, wie oben S. 131 bereits angekündigt, noch durch die Behandlung des error in persona erhärtet werden.

A, Inhaber eines Antiquitätengeschäfts, bietet dem K schriftlich einen barocken Eichenschrank an, den er in einem alten Bauernhaus entdeckt haben will. K kauft den Schrank, weil er sich auf den Sachverstand und die Ehrlichkeit des ihm persönlich bekannten A verläßt, möchte aber anfechten, als er erfährt, daß der ihm bekannte A seit einiger Zeit sein Geschäft seinem nicht sachkundigen und unzuverlässigen Sohn A übergeben hat.

Wenn § 119 I den Willen des Gesetzgebers, daß der Irrtum über die Person im Gegensatz zum Gemeinen Recht grundsätzlich unbeachtlich seine solle[754], gehörig zum Ausdruck gebracht hat, so kann K hier nicht anfechten. Ausdrücklich erwähnt § 119 I den error in persona indes nicht. Die h. M. billigt dem K das Anfechtungsrecht zu, indem sie auf den error in persona § 119 I anwendet[755], und zwar sogar auf den „Irrtum über die den Geschäftsgegner ... individualisierenden Eigenschaften[756]". Konstruktion und Begründung dieser Meinung bleiben manchmal etwas im Dunklen, so wenn es heißt[757], der Irrtum über die Identität der einem gegenüberstehenden mit der wirklich gemeinten Person löse als Irrtum im Beweggrund

---

[753] Zum Ergebnis vgl. LEHMANN, Allg. Teil, § 34 III 1 c.

[754] ENNECCERUS-NIPPERDEY, § 167 IV 2; Protokolle I, S. 112.

[755] ENNECCERUS-NIPPERDEY, § 167 IV 2; SIEBERT-HEFERMEHL, § 119 Anm. 11; OLG Karlsruhe, JW 1938, 662.

[756] LEHMANN, Allg. Teil, § 34 III 1 c.

[757] ENNECCERUS-NIPPERDEY, a. a. O.

einen Inhaltsirrtum aus; oder[758]: in Gestalt des error in persona habe man einen jener Fälle in die Anfechtung einbezogen, welcher „nach der Psychologie der Gesetzgeber einen schwereren Irrtum enthalte als der Irrtum über wesentliche Eigenschaften der Person".

M. E. geht die h. L. in der Zulassung der Anfechtung zu weit. Wenn A dem C, den er für den B hält, ein Angebot macht, so mag es sein, daß er damit sagen will: „Herr B, ich biete ihnen dieses an", während er tatsächlich sagt: „Herr C, ich biete Ihnen dieses an[759]". Doch dürfte A ein Anfechtungsrecht nur dann haben, wenn die Vorstellung von der Identität des ihm gegenüberstehenden Mannes mit dem B wirklich zum Inhalt des Geschäftswillens gehört. Für diese Frage sind dann auch die Eigenschaften des Geschäftsgegners von Bedeutung, nicht für die Individualisierung der Person. So kommt es im obigen Fall des Antiquitätenkaufs auf die Identität des Geschäftsgegners an, nicht aber, wenn ich auf dem Wochenmarkt von dem Bauern C, den ich für B hielt, einen Blumenkohl kaufe. Wie beim Rechtsfolgenirrtum[760] müssen hier Fehlvorstellungen des Erklärenden von typischen, wesentlichen Bestandteilen des Geschäfts berücksichtigt werden; es kommt also immer auf die Frage an, bei was für Geschäften die Person des Gegners typisch wesentlich ist. Insoweit trifft denn auch die erwähnte theoretische Begründung von Enneccerus-Nipperdey[761] zu, daß hier ein Motivirrtum einen Erklärungsirrtum hervorrufe: Wenn die Vorstellung von der Identität des Geschäftsgegners typisch zum Inhalt des Geschäftswillens gehört, ist sie als causa[762] vom reinen Motiv unterschieden, weswegen dann ein Irrtum bei ihrer Erklärung § 119 I anwendbar macht.

3. Kalkulationsirrtum

Ein letztes Problem, das mit dem Inhaltsirrtum zusammenhängt, soll noch von der causa-Lehre her betrachtet werden, weil sich hierbei eine gewisse Parallele zu der in § 4 dargestellten französischen Rechtsentwicklung beobachten läßt: Die Frage, inwieweit die Fehlerhaftigkeit sonstiger Motive des Erklärenden, etwa auch solcher, von denen beide Parteien ausgingen, zur Anfechtung berechtigt.

Zu einer Ausweitung des § 119 I griff das RG in zwei hauptsächlichen Falltypen: Den Fällen des beiderseitigen Irrtums über die

---

[758] Lange, Allg. Teil, § 55 II 2 c.

[759] Beispiel von Lange, a. a. O.

[760] Siehe oben S. 139.

[761] § 167 IV 2.

[762] Entsprechend sieht Capitant, a. a. O., Nr. 20, bei „intuitu personae" geschlossenen Verträgen die Vorstellung vom Geschäftsgegner als „cause de l'obligation" an.

Berechnungsgrundlage (so der Rubelfall[763]) und des Kalkulationsirrtums (z. B. der Silberfall[764]). Im Rubelfall gingen bei einem Darlehen von 30000 Rubeln, über das der Schuldner einen Schuldschein ausstellte, beide Parteien von einem Rubelkurs von 25 Pfennigen aus, der Schuldschein lautete daher auf 7500 Mark. In Wahrheit betrug der Rubelkurs nur einen Pfennig. Das RG nahm an, die irrige Ansicht über den Rubelkurs sei bestimmend gewesen für den Entschluß der Parteien, sei aber ferner Teil der Erklärung geworden. Voraussetzung der Anfechtung ist in diesem wie in den anderen Fällen[765], daß die Berechnungsgrundlage bzw. die Kalkulation zum Gegenstand der Vertragsverhandlungen gemacht, dem Gegner also erkennbar wird. In diesem Punkte treffen sich die Fälle des beiderseitigen Irrtums über die Geschäftsgrundlage (Rubelfall) und des Kalkulationsirrtums. Eben diese Voraussetzung des RG macht aber deutlich, daß der Erklärende seinen Geschäftswillen richtig erklärt, „an den Mann gebracht" hat. Ein Zwiespalt zwischen Wille und Erklärung, der für § 119 I weiterhin verlangt werden muß[766], liegt gar nicht vor[767], weil der Erklärende sich bei der Erklärung seines etwa vorhandenen Willens, die Motivation oder die Kalkulationsgrundlage zum Inhalt des Vertrages zu machen, gar nicht versehen hat. Der Fehler liegt vielmehr darin, daß die gemeinsame Vorstellung von tatsächlichen Umständen bzw. (beim Kalkulationsirrtum) die einseitige Ansicht, die — fehlerfrei in den Vertrag aufgenommene — Kalkulation sei richtig, nicht zutrifft. Es handelt sich also um einen Wirklichkeitsirrtum[768], wie ihn in Bezug auf Vorstellungen über Eigenschaften § 119 II regelt. (Deshalb nimmt es Wunder, warum das RG nicht statt § 119 I lieber § 119 II ausdehnend angewandt hat, was m. E. näher gelegen hätte[769].) Die h. L. qualifiziert daher sowohl den beiderseitigen Grundlagenirrtum als auch den Kalkulationsirrtum als Motivirrtum, für dessen ausnahmsweise Anerkennung es eben keine dem § 119 II vergleichbare Grundlage gibt[770]. In unserem Zusammenhang kann im übrigen dahingestellt bleiben,

---

[763] RG 105, 406.

[764] RG 101, 107; vgl. ferner RG 90, 268.

[765] RG 116, 15; 90, 268; 149, 235; insbesondere RG 64, 268.

[766] Enneccerus-Nipperdey, § 167 IV 4.

[767] Siebert-Hefermehl, § 119 Anm. 13; Larenz, GG, S. 24 ff.; Brox, a. a. O., S. 15.

[768] Staudinger-Coing, § 119 Anm. 14 a.

[769] Die Gefahr, daß die Instanzgerichte „jeden Motivirrtum unter diese Bestimmung gebracht hätten" (Brox, S. 63), bestand bei § 119 I und 119 II in gleicher Weise; dies übersieht m. E. Brox, a. a. O.

[770] Siebert-Hefermehl, § 119 Anm. 13; Larenz, GG, S. 27 f., 30; Brox, a. a. O., S. 15; von Tuhr, LZ 1921, 158.

[771] So Larenz, GG, S. 31.

inwieweit (beispielsweise im Silberfall[771]) auch eine Auslegung zu einem weit interessengemäßeren Ergebnis als die Anfechtung führt[772].

Man könnte nun versucht sein, die in der Praxis des RG[773] aufgetretene Tendenz zur Berücksichtigung des Irrtums über das in den Vertragsverhandlungen erkennbar hervorgetretene Motiv, das sich „bestimmend für den Entschluß" des Erklärenden[774] auswirkte, als Bestätigung einer causa-Lehre zu nehmen, die wie die des französichen Rechts auf der Gleichstellung von causa und bestimmendem Beweggrund („mobile déterminant[775]") fußen würde. Dieser Vergleich mit dem französischen Recht schlägt jedoch fehl, da die Rechtsprechung die Grundlagen und Grenzen des § 119 I nicht genügend berücksichtigt hat. Die heute h. M.[776] lehnt die Ausweitung des § 119 I ab; die Rechtsprechung des BGH[777] behilft sich mit der Lehre vom Fehlen oder Fortfall der Geschäftsgrundlage. Dieser letzten Ansicht, die weitgehend auch in der Literatur vertreten wird[778], wird man zuzustimmen haben; damit wird aber auch eine Übereinstimmung dieser Rechtsprechung mit der causa-Lehre geleugnet, da die Lehre von der Geschäftsgrundlage aus den im § 10 dieser Arbeit dargestellten Gründen über die Grenzen der causa-Lehre hinausgreift. Zu bemerken ist an dieser Stelle aber noch, daß die ausdehnende Handhabung des Irrtumsrechtes durch die deutsche Rechtsprechung und die Kritik, auf die diese Praxis gestoßen ist, in besonderem Maße die Richtigkeit der oben in § 4 gegen die heutige französische cause-Lehre erhobenen Einwände beweist: Die Anerkennung des „mobile déterminant" als Grundlage der cause, die ein Gegenstück in der Erhebung des Irrtums im bestimmenden Beweggrund zum Erklärungsirrtum hätte finden können, führt zu einem nicht vorhergesehenen, in seiner praktischen Ausdehnung unübersehbaren und wegen der Folge des § 142 BGB unerfreulichen[779] neuen Irrtumsfall. Die Möglichkeit gerechter Risikoverteilung im Einzelfall bietet weder das Irrtumsrecht noch die im BGB nicht selbständig geregelte causa, wogegen darauf bei der Entwicklung der Lehre von der Geschäftsgrundlage Wert gelegt wurde[780]. Dieselbe Schwierigkeit tritt übrigens auch in Fällen auf, die die französische Praxis mit der Unwirksamkeit

---

[772] ENNECCERUS-NIPPERDEY, § 167 IV 4; BROX, a. a. O., S. 182.

[773] Hier nur noch RG 64, 268; 116, 15.

[774] RG 105, 406 (407).

[775] Vgl. oben S. 24.

[776] ENNECCERUS-NIPPERDEY, § 167 IV 4; STAUDINGER-COING, § 119 Anm. 14 a; SIEBERT-HEFERMEHL, § 119 Anm. 13; LARENZ, GG, S. 24—32; FLUME, Eigenschaftsirrtum, S. 100; BROX, a. a. O., S. 15; a. A. RGRK-KRÜGER-NIELAND, § 119 Anm. 25; PALANDT-DANCKELMANN, § 119 Anm. 4.

[777] Betr. Ber. 1952, 330.

[778] ENNECCERUS-NIPPERDEY, a. a. O.; LARENZ, GG, a. a. O.

[779] BROX, a. a. O., S. 32 ff.

[780] Darüber im einzelnen oben S. 107 ff.

wegen absence de cause zu bewältigen versucht hat, so im Fall der entgeltlichen Übernahme einer längst bekannten Erfindung durch eine Gesellschaft[781]; ähnlich auch bei der Fehlkalkulation der Parteien oder nur des Verkäufers in dem häufiger entschiedenen Beispiel des Verkaufs eines Hauses gegen das Versprechen einer Rente, die unter dem normalen Ertrag des Hauses liegt[782]. Diese und ähnliche Fälle mit einer an causa-Gedanken ausgerichteten Irrtumslehre lösen zu wollen, geht somit wenigstens für das deutsche Recht nicht an.

Das *Ergebnis* der näheren Betrachtung des Erklärungsirrtums läßt sich etwa so zusammenfassen: Der Erklärungsirrtum ist zwar kein eigentlicher Fall der Zweckverfehlung, sondern regelt das Mißlingen jeder Art von Willens- und Zweckerklärung. Die beim Inhaltsirrtum bedeutungsvolle Begrenzung der beachtlichen Vorstellungen des Erklärenden, die den Geschäftswillen bilden, läßt sich aber mit Hilfe des Begriffs des typischen Zwecks vornehmen.

b) Der Eigenschaftsirrtum

Der Eigenschaftsirrtum i. S. des § 119 II ist bereits charakterisiert worden als ein Fall des geschäftlichen Wirklichkeitsirrtums[783]. Im folgenden kann daher diese theoretische Einordnung des § 119 II zugrundegelegt werden. Allerdings fordert das Interesse einer sauberen Behandlung des geschäftlichen Eigenschaftsirrtums, der eine Spielart der Zweckverfehlung darstellt, noch eine Abgrenzung von den Fällen des Eigenschaftsirrtums, die nach h. M.[784] unter § 119 I fallen können.

1. Abgrenzung von § 119 I und § 119 II

Fällt unter § 119 II nur die Verschiedenheit von Erklärung und Wirklichkeit, während § 119 I den Zwiespalt von Wille und Erklärung betrifft, so leuchtet es ein, daß *nur der Irrtum bei einer Beschaffenheitsvereinbarung unter § 119 I zu fassen ist, während § 119 II die Nichterfüllung einer an sich fehlerfreien Beschaffenheitsvereinbarung*[785] *behandelt.*

---

781 Cas. Req. S. 1933.1.242; vgl. ferner oben S. 27.

782 S. oben S. 27.

783 Oben S. 133 f.

784 Enneccerus-Nipperdey, § 167 IV 3; Lehmann, Allg. Teil, § 34 III 1 c; Siebert-Hefermehl, § 119 Anm. 12; Schmidt-Rimpler, Festschrift Lehmann, S. 220; Brauer, Eigenschaftsirrtum, S. 24 f.; Raape, AcP 150, 493 ff.

785 Zur Rechtsnatur der Beschaffenheitsvereinbarung kann auf unsere Untersuchung über das vereinbarte Motiv verwiesen werden, s. oben S. 52 ff., 100 f.

Einen klaren Fall des Irrtums bei einer Beschaffenheitsvereinbarung enthält das Beispiel Brauers[786], in dem jemand Waren bestellt „wie gehabt“ in der Annahme, bisher erste Qualität bezogen zu haben, während er in Wirklichkeit immer zweite Qualität bekommen hatte. Hier wollte der Erklärende erste Qualität vereinbaren; vereinbart wurde jedoch zweite Qualität. Also wichen Wille und Erklärung voneinander ab, während die Lieferung durchaus der Vereinbarung entsprach, Erklärung und Wirklichkeit also übereinstimmten. Es leuchtet auch ein, daß es in diesem Fall nicht auf die Verkehrswesentlichkeit der vorgestellten Eigenschaften ankommen kann: Der entscheidende Gesichtspunkt ist nämlich, daß der Erklärende eine Beschaffenheitsvereinbarung ausdrücklich treffen wollte, was ihm nicht richtig gelang. Ebenso liegt es, wenn dem Käufer im Juweliergeschäft ein Ring „aus Golddoublée“ angeboten wird und der Käufer sich unter Golddoublée ein doppeltes, besonders schweres Gold vorstellt[787].

Es kommt aber nicht darauf an, von welcher Partei die Beschaffenheit ausdrücklich genannt wird: Wenn der Verkäufer Ware „wie gehabt“ anbietet, und der Käufer akzeptiert in dem Glauben, er habe bisher erste Qualität bezogen, so kann er ebenfalls anfechten.

Ebensowenig ist ein Unterschied zwischen Gattungs- und Spezieskäufen anzuerkennen[788]: Wenn V dem K Haakjöringsköd anbietet, worunter K Walfischfleisch versteht, während es sich in Wirklichkeit um Haifischfleisch handelt[789], so ist die Erklärung wegen Inhaltsirrtums anfechtbar[790].

§ 119 I kommt aber nicht in Betracht, wenn der Erklärende sich bei der sonstigen Individualisierung der Sache, ohne auf seine Wünsche hinsichtlich der Beschaffenheit hinzuweisen, über die Eigenschaften der Sache irrt[791]. So, wenn der Käufer in der Meinung, der ihm angebotene Ring sei aus Gold, ihn schweigend kauft: Hier handelt es sich um einen Zwiespalt zwischen dem einseitigen Willen und der Wirklichkeit; also greift weder § 119 I noch § 119 II ein, sondern das Geschäft ist unanfechtbar. Wenn schließlich ein Käufer einen Ring „als

---

[786] A. a. O., S. 26; behandelt auch von Raape, AcP 150, 49 und von v. Gierke, ZHR 114, 81.

[787] Vgl. auch das Beispiel bei Lange, Allg. Teil, § 55 IV 1: Ein Juwelier hat einen 888 und einen 333 gestempelten Ring und bietet dem Kunden „den schwersten dieser Ringe“ an, wobei er den mit 333 gestempelten meint, während der Kunde auf Grund dieser Erklärung an den 888 gestempelten denkt. Hier wollte K eine ausdrückliche Beschaffenheitsvereinbarung treffen, die ihm mißlang. Auf die Abgrenzung zum „error in re“ geht Lange nicht ein, weil er ohnehin § 119 I anwenden will.

[788] Raape, AcP 150, 494; Brauer, S. 25.

[789] Abwandlung des bekannten Falles RG 99, 147.

[790] Flume, a. a. O., S. 106; Raape, AcP 150, 493 f.; v. Gierke, ZHR 114, 84; Fikentscher, S. 352.

[791] A. A. Schmidt-Rimpler, a. a. O., S. 220.

goldenen" kauft, der in Wirklichkeit aus Messing ist, so ist ihm bei der Beschaffenheitsvereinbarung kein Fehler unterlaufen, sondern es handelt sich lediglich um einen Irrtum über die „Istbeschaffenheit", also einen Fall des § 119 II.

Im Einzelnen ergeben sich mannigfache Probleme, da sich nicht immer leicht sagen läßt, ob der Erklärende sich bei einer Beschaffenheitsvereinbarung versehen hat oder ob er bei im übrigen einwandfreier Individualisierung des Gegenstandes über Eigenschaften irrte. Dies gilt z. B. für den bekannten „Gewere"-Fall: Ein Förster kauft Albrechts Buch über die Gewere in der Meinung, es handle sich um ein Buch über Schußwaffen. Hier hängt die Entscheidung davon ab, ob man die Angabe eines Buchtitels als Versuch einer Beschaffenheitsvereinbarung ansehen darf: Ist das der Fall, so wäre die Erklärung der Absicht, ein Buch über Schußwaffen zu kaufen, dem F mißlungen; andernfalls müßte Anfechtung nach § 119 I abgelehnt werden. Die Entscheidung der Frage nach der Bedeutung des Irrtums, zu dem der Titel eines Buches verleitet[792], würde in diesem Rahmen zu weit führen; überwiegend neigt die Literatur wohl zur Zulassung der Anfechtung[793]. Noch schwieriger gestaltet sich die Lösung des ebenfalls bekannten Falles, daß jemand eine Flasche „Deidesheimer" kauft in der Meinung, es handle sich um Moselwein. Einerseits ist die Bezeichnung „Deidesheimer" eine Individualisierung der Ware dahin, daß es sich um Wein aus einem bestimmten Ort handeln müsse; andererseits gibt der Käufer zu verstehen, daß er sich über die regionale Herkunft des Weines, die für die Qualität bekanntlich eine Rolle spielt, Gedanken macht. Sieht man in der Bezeichnung „Deidesheimer" die Qualitätsangabe, so ist Anfechtung zuzulassen; anders, wenn man den Ton auf die Individualisierung durch eine verkehrsbekannte Bezeichnung legt[794]. Hingegen ist m. E. dem Käufer, der in einer Roßschlächterei ein Stück Fleisch einfach als „Filet" gekauft hat, im irrigen Glauben, es handle sich um Rindsfilet, kein Irrtum bei der Bezeichnung der Beschaffenheit unterlaufen: Er machte sich über die Herkunft von Rind oder Pferd gar keine Gedanken, wollte insoweit auch keine Erklärung abgeben. Dennoch ist sich die Literatur bei der Behandlung dieses Falles nicht einig[795].

Die ausführliche Behandlung dieser Fälle, in denen entweder § 119 I eingreift oder aber die Anfechtung ausscheidet, empfahl sich

---

792 RAAPE, AcP 150, 496.

793 ENNECCERUS-NIPPERDEY, § 167 IV 3; SIEBERT-HEFERMEHL, § 119 Anm. 12; RAAPE, a. a. O.; BRAUER, a. a. O., S. 23; SCHMIDT-RIMPLER, Festschrift LEHMANN, S. 224; v. GIERKE, ZHR 114, 84.

794 Für Anfechtung: ENNECCERUS-NIPPERDEY, a. a. O.; SIEBERT-HEFERMEHL, a. a. O.; BRAUER, a. a. O.; RAAPE, AcP 150, 495; a. A. v. GIERKE, ZHR 114, 82.

795 „Keine Zweifel" an der Anwendung des § 119 I haben RAAPE, AcP 150, 496, und FLUME, a. a. O., S. 106; für Anfechtung auch ENNECCERUS-NIPPERDEY, a. a. O.; SCHMIDT-RIMPLER, S. 224 (§ 119 II); a. A. mit Recht v. GIERKE, ZHR 114, 85, Anm. 7.

aus folgendem Grunde: Da es der causa-Lehre entspricht, in § 119 II nur die Unrichtigkeit typischer oder in den Vertrag eingegangener Beschaffenheitsvorstellungen zu beachten, mußte der Sprengung dieser Grenze durch die Anerkennung geheimer Beschaffenheitsvorstellungen vorgebeugt werden. Hierzu scheint mir die im vorigen umrissene Beschränkung des § 119 I auf das Mißlingen ausdrücklicher Beschaffenheitsvereinbarungen ein gangbarer Weg zu sein.

2. Geschäftlicher Eigenschaftsirrtum nach § 119 II

Die Behandlung des geschäftlichen Eigenschaftsirrtums im einzelnen ist durch die vorhergegangene Untersuchung erleichtert worden: Handelt es sich um einen Zwiespalt zwischen Erklärung (beim Vertrag: Vereinbarung) und Wirklichkeit, so kommt es nur noch darauf an, in welcher Weise die Vorstellungen des Erklärenden in der Erklärung bzw. Vereinbarung zum Ausdruck kommen müssen. Ferner muß der Frage nachgegangen werden, was für Abweichungen der Wirklichkeit von der Erklärung zu einem Anfechtungsrecht führen können, d. h. ob über § 119 II hinaus das Abweichen der wirklichen von vereinbarten Tatumständen berücksichtigt werden kann.

aa) Wenn man, wie hier geschehen, für die Anwendung des § 119 II ein Abweichen der wirklichen Sachbeschaffenheit von der vereinbarten ausreichen läßt, so erspart man sich praktisch die Bestimmung dessen, was § 119 II unter verkehrswesentlichen Eigenschaften versteht. Diese Formel stellt nämlich auf die einzelne Erklärung oder Vertragsvereinbarung ab, verwirft damit die ältere Lehre, die nur solche Eigenschaften als wesentlich ansehen wollte, „welche für die Zugehörigkeit der Sache zu ihrer Art und Gattung bestimmend sind[796]“. Es war dies eine rein objektive Bestimmung der Wesentlichkeit, die sich darauf verläßt, jede Sache einigermaßen sicher verschieden gestuften Gattungen einordnen zu können[797]. Praktisch bedenklich wird dies vor allem bei den wesentlichen Eigenschaften von Personen, wobei es darauf ankommen soll, ob die Person „zu einer anderen Kategorie von Menschen zu zählen ist[798]“.

Wenn also ein Theaterdirektor eine Schauspielerin verpflichtet, die in Wirklichkeit Sängerin ist, so kann er möglicherweise anfechten[799]: wenn aber die Schauspielerin bisher nur in Strip-tease-Rollen

---

[796] v. TUHR II, 1, S. 579; vgl. auch das Savigny-Zitat bei STAUDINGER-COING, § 119 Anm. 18.

[797] STAUDINGER-COING, § 119 Anm. 18, wenden mit Recht ein, ein Linnésches System der ökonomischen Güter könne sich nicht herausbilden.

[798] v. TUHR II, 1, S. 584.

[799] v. TUHR ebenda.

aufgetreten ist und nun als Ophelia engagiert wurde, so hat er kein Anfechtungsrecht. Das RG, das auch einen vorwiegend objektiven Standpunkt einnimmt, hat sich denn auch nicht auf die Einordnung in Gattungen und Kategorien festgelegt und als wesentlich die Eigenschaften angesehen, die „einen Einfluß auf die Wertschätzung der Sache auszuüben pflegen[800]“. Da aber gleichzeitig bis heute[801] daran festgehalten wird, daß die Eigenschaften von gewisser Dauer sein müssen, ist die objektive Einordnung nach Wesensmerkmalen, d. h. doch wieder nach Gattungen, noch nicht ganz überwunden[802].

Demgegenüber stellt die heute wohl h. L. im Einklang mit der eingangs genannten Formel nur auf die Erklärung bzw. Vereinbarung ab, bezieht also einen zunächst subjektiven Standpunkt[803]. Es kommt danach für die Wesentlichkeit einer Eigenschaft immer auf das konkrete Geschäft an[804] und was dabei vereinbart wurde. Wenn ich also bei einem Juwelier einen „Diamanten von 2 Karat“ kaufe, und es stellt sich nachher heraus, daß der Stein nur 1 Karat hat, so fehlt eine wesentliche Eigenschaft[805]; wenn ich zwei chinesische Vasen aus der Ming-Dynastie im Werte von 200 000 DM in einer Warenhausabteilung für moderne China- und Japanwaren für 390,— DM verkaufe[806], so weicht die wirkliche Beschaffenheit von der vereinbarten ab. Welche Rechtsfolgen sich aus dieser Abweichung von der Vereinbarung ergeben, regeln grundsätzlich §§ 119 II, 142. Nach Gefahrübergang greift allerdings bei Irrtum des Käufers meist § 459 ein; nicht unstreitig ist ferner die Anwendbarkeit der §§ 119 II, 142 bei Irrtum auf Seiten des Verkäufers[807]. In allen diesen Fällen handelt es sich um die Verfehlung eines vereinbarten Zwecks des Käufers bzw. der Verkäufers. Causa der Verpflichtung war hier jeweils nicht nur das Bestreben, eine Gegenleistung zu erhalten, sondern der Wille, eine Leistung mit ganz besonderen Eigenschaften zu bekommen. Daß das Recht die Verfehlung dieses Zwecks berücksichtigen muß, versteht sich eigentlich von selber.

---

800 RG 64, 268; dem folgen LEHMANN, Allg. Teil, § 34 III 1 e; LANGE, Allg. Teil, § 55 IV 2 a.

801 Siehe BGH 16, 57; PALANDT-DANCKELMANN, § 119 Anm. 4 a.

802 Kritisch auch STAUDINGER-COING, § 119 Anm. 17.

803 ENNECCERUS-NIPPERDEY, § 168 II 2; FLUME, Eigenschaftsirrtum, S. 111, für den Fehlerbegriff; RAAPE, AcP 150, 500.

804 BAG, JZ 1958, 513; STAUDINGER-COING, § 119 Anm. 18.

805 Hier hätte v. TUHR II, 1, S. 579, schwerlich einen Eigenschaftsirrtum annehmen können.

806 RG 124, 115.

807 FLUME, a. a. O., S. 147 f., gewährt für den Regelfall das Anfechtungsrecht aus § 119 II; RAAPE, a. a. O., S. 504, will dem Verkäufer ein Rücktrittsrecht, dem Käufer dagegen ein Nachzahlungsrecht gewähren.

Nun wird eine ausdrückliche Beschaffenheitsvereinbarung selten getroffen werden; die Sachlage kann aber nicht anders sein, wenn der Wille des Erklärenden, eine Sache mit bestimmten Eigenschaften zu erwerben, sich aus den Umständen ergibt. Wenn also in dem „Gewere"-Fall der Förster im grünen Rock, das Gewehr über die Schulter gehängt, mit einem Waidmannsheil auf den Lippen die Buchhandlung betrat, so ergibt die Auslegung seiner Erklärung vom Empfängerhorizont, daß er ein Buch über Schußwaffen verlangt. Wenn der Verkäufer ihm nun ohne weiteres das rechtshistorische Buch aushändigt, so ist dennoch konkludent eine Beschaffenheitsvereinbarung getroffen, von der die wirklichen Eigenschaften abweichen. Also greift § 119 II ein. Dementsprechend hat es die Praxis für die Erhebung einer Eigenschaftsvorstellung zum Vertragsinhalt genügen lassen, wenn die Eigenschaften „dem Vertrag zugrundegelegt wurden, ohne daß sich die Verhandlungen zu einer Zusicherung (i. S. des § 459 II) ... verdichtet hatten[808]". Ebenso kann übrigens aus den Umständen geschlossen werden, daß eine bestimmte Beschaffenheit nicht vereinbart ist: Wenn ich einen großen Bergkristall als „prächtigen Brillanten für ganze 10,— DM" kaufe, so betrifft die Vereinbarung — objektiv gesehen — wohl nicht den Kauf eines Brillanten dieser Größe, sondern nur des vor mir liegenden Steines. Anfechtung nach § 119 II kommt daher nicht in Frage[809]; eine Anfechtung nach § 119 I dürfte an den Beweisschwierigkeiten scheitern.

Von dieser Anerkennung der stillschweigenden[810] Erhebung einer Eigenschaft zum Vertragsinhalt ist es nur noch ein Schritt zu dem Satz, daß auch das Fehlen typischer Eigenschaften, von denen bei den Vertragsverhandlungen nicht die Rede gewesen zu sein braucht, die Erklärung nach § 119 II anfechtbar macht. Zutreffend formuliert Coing[811], daß eine Eigenschaft entweder wegen einer Abrede im Einzelfall oder „angesichts der wirtschaftlichen Eigenart des Geschäfts und des Geschäftsgegenstandes nach der Verkehrsanschauung auch ohne besondere Abrede als vereinbart gilt". Vom Standpunkt seiner Einordnung des Geschäftsirrtums als Erklärungsirrtum will auch Schmidt-Rimpler[812] ein Anfechtungsrecht nur gewähren, „wenn die betreffende Eigenschaft bei diesem Geschäft so typisch für jedermann wesentlich ist und deshalb in die Rechtsfolge aufgenommen wird, daß der Erklärungsempfänger auch im vorliegenden

---

808 RG 64, 269; BGH 16, 57.

809 Ähnlich FLUME, a. a. O., S. 96 ff., bei der Behandlung eines Falles aus dem englischen Recht.

810 ENNECCERUS-NIPPERDEY, § 168 II 2.

811 STAUDINGER-COING, § 119 Anm. 18 a. E.; vgl. auch LEHMANN, Allg. Teil, § 34 III 1 e; LANGE, Allg. Teil, § 55 IV 1.

812 Festschrift LEHMANN, S. 222.

Falle damit rechnen muß". Der Käufer einer Sache kann also, auch wenn nichts vereinbart ist, die für jedermann typisch wesentlichen Eigenschaften doch erwarten[813].

Kauft z. B. jemand meine Dissertation, so gehört es zum typischen Inhalt seiner Vertragserklärung, daß das ihm gelieferte Exemplar vollständig, gut ausgedruckt und leserlich ist, nicht aber, daß der Inhalt auch nur im mindesten seine Billigung findet. Wenn ein Fabrikant einem Kunden auf Kredit liefert, gehört die Kreditfähigkeit des Käufers zu seinen typisch wesentlichen Eigenschaften[814], selbst wenn der Verkäufer keinerlei Mißtrauen zum Ausdruck gebracht, keine Sicherheiten verlangt hat usw. Ebenso ist bei der Bürgschaft die Zahlungsfähigkeit des Bürgen typisch wesentlich[815]. Beim Kauf eines Schiffes spielt das Alter auch ohne diesbezügliche Vereinbarung immer eine wesentliche Rolle[816].

Von diesem Standpunkt aus sollte auch das Problem des Irrtums über den Wert einer Sache gesehen werden. Nach ständiger Rechtsprechung[817] ist der Wert einer Sache keine Eigenschaft, sondern nur das Ergebnis von Eigenschaften[818]. Daß indes das Ergebnis, das Produkt aller Eigenschaften, selbst keine Eigenschaft sein soll, wird schwerlich einleuchten[819]. Der Kurswert einer Aktie wird denn auch als Eigenschaft angesehen[820]. Wenn Flume[821] diese Diskrepanz damit erklärt, daß sich auf den Kurswert der Aktie die Vereinbarung richte, so trifft er m. E. nicht ganz das wesentliche Unterscheidungsmerkmal von beachtlichem und unbeachtlichem Eigenschaftsirrtum: Ein bestimmter Wert gehört nicht zu den typischen Eigenschaften einer Sache, die jeder zu bekommen erwarten darf, weil der Wert je nach den Gegebenheiten des Marktes, persönlichen Interessen und anderen Imponderabilien Schwankungen unterliegt. Hingegen darf jeder Verkäufer einer Aktie erwarten, daß er zumindest den Kurswert bekommt. Aus diesem Grunde ist der Rechtsprechung, die eine Anfechtung wegen Irrtums über den Wert ablehnt, im Ergebnis beizupflichten[822]. Wenn aber der Wert der Sache besonders vereinbart ist, so ist nicht einzusehen, weshalb bei einer wesentlichen Abweichung des wirklichen vom vereinbarten Wert nicht § 119 II ein-

---

[813] Ähnlich Lenel, AcP 123, 189 f.

[814] RG 66, 385 ff.; RG JW 1912, 26; Staudinger-Coing, § 119 Anm. 20.

[815] RG Recht 1915, Nr. 2216.

[816] RG LZ 1929, 548.

[817] RG 64, 269; BGH NJW 1952, 778; noch weitergehend BGH 16, 57; Palandt-Danckelmann, § 119 Anm. 4 c; Erman-Westermann, § 119 Anm. 10.

[818] RG HRR 1932, 224.

[819] Staudinger-Coing, § 119 Anm. 29.

[820] Siebert-Hefermehl, § 119 Anm. 30.

[821] Eigenschaftsirrtum, S. 119, Anm. 21; S. 189, Anm. 29.

[822] Enneccerus-Nipperdey, § 168 Anm. 34; Staudinger-Coing, a. a. O.

greifen soll[823]. Man wird ferner nicht allgemein ausschließen dürfen, daß gelegentlich auch einmal der Wert zu den typischen Eigenschaften gehört, so ein gebundener Preis im Rahmen eines Systems lückenloser Preisbindung. Hier wäre folglich auch Anfechtung wegen Irrtums zuzulassen.

bb) Bisher wurde die Reaktion des § 119 II auf die Verfehlung vereinbarter und typischer Zwecke untersucht. Es ist nun aber denkbar und wird häufig vorkommen, daß die Verfolgung typischer Zwecke mit der besonderen Zweckvereinbarung zusammentrifft. Deshalb muß hier noch geklärt werden, ob eine Verfehlung vereinbarter Zwecke auch dann zur Anfechtung berechtigt, wenn die typischen Zwecke an sich erreicht sind.

Es wäre zu einfach, wollte man diese Frage nur mit dem Hinweis darauf beantworten, daß vereinbarte Zwecke typischen vorgehen[824]. Daß diese Lösung dem § 119 II nicht gerecht würde, soll an einem Beispiel gezeigt werden:

Ich gehe in das Juweliergeschäft der B und erkläre, ich wolle „einen schönen roten Edelstein für einen Damenring" erwerben. Die B legt mir einen Stein von 1,15 ct vor, der 265,— DM kosten soll und erklärt, es handele sich um einen Rubin. Ich finde 265.— DM für einen so kleinen Stein sehr teuer, entschließe mich aber trotzdem zum Kauf. Als sich herausstellt, daß es sich um einen roten Turmalin handelt (ein Rubin von 1,15 ct hätte 2650,— DM kosten müssen), will ich anfechten.

Es läßt sich nicht leugnen, daß die vereinbarte Beschaffenheit mit der wirklichen nicht übereinstimmt; daneben steht aber die Beobachtung, daß ich die Qualität, die ich nach der wirtschaftlichen Eigenart des Geschäfts (einen echten Rubin von 1,15 ct für dieses Geld zu erwerben, wäre nahezu ein Geschenk gewesen) erwarten konnte[825], durchaus bekommen habe. Das heißt, daß der typische Zweck erreicht ist, nicht aber der vereinbarte; gehen die vereinbarten den typischen Zwecken vor, so ist Anfechtung zu bejahen.

Der Unterschied zum Fall des Kaufs eines Bergkristalls „als Brillanten" für 10,— DM[825a], wo eine Anfechtung ausgeschlossen wurde, liegt darin, daß ich hier als Laie durchaus der Meinung sein konnte, ich bekäme einen echten Rubin: Schließlich ist in den Augen eines Laien ein Preis von fast 300,— DM für einen so kleinen und etwas unscheinbaren Stein nicht so gering, daß er auf die Unechtheit schließen mußte.

---

[823] KEGEL, AcP 150, 361; SIEBERT-HEFERMEHL, § 119 Anm. 30, will sogar u. U. einen Erklärungsirrtum annehmen.

[824] Vgl. oben S. 80.

[825] Vgl. die Formulierung von LENEL, AcP 123, 189 f.

[825a] Oben S. 150.

Die Anfechtung kann aber ausgeschlossen sein, wenn feststeht, daß ich die Erklärung bei verständiger Würdigung der gesamten Sachlage nicht abgegeben haben würde. Es kommt dann nach einer verbreiteten Formulierung[826] darauf an, ob ich, als verständiger Mensch gedacht, diesen Stein auch gekauft hätte, wenn ich gewußt hätte, daß es sich nicht um einen Rubin handelte. Da es mir nur darauf ankam, einen „schönen roten Stein" zu erwerben, wird man das vielleicht schon annehmen können. Ich werde durch die Erklärung nicht schlechter gestellt, als ich bei Kenntnis der Sachlage gestanden hätte, was nach der Rechtsprechung[827] die Anfechtung ausschließt. In anderen Fällen dieser Art wird man dem Käufer allerdings kaum zumuten dürfen, sich mit einer Sache zufrieden zu geben, die seiner Erklärung nicht entspricht.

Im allgemeinen wird es also dabei bleiben, daß vereinbarte Eigenschaften den typischen vorgehen, nur in Ausnahmefällen hat das Gesetz in § 119 II noch eine zusätzliche Berücksichtigung des typischen Zwecks vorgesehen: Um nichts anderes handelt es sich doch, wenn der Erklärende, wie das RG empfiehlt, seiner persönlichen Anschauung ledig gedacht und damit so gestellt wird, wie der durchschnittliche, gewöhnliche Vertragspartner stehen würde.

cc) Nach alledem läßt sich wohl der Schluß rechtfertigen, daß tatsächlich § 119 II eine der Ausprägungen des causa-Gedankens enthält: Die Vorschrift behandelt eine Zweckverfehlung, die darin besteht, daß eine Sache, auf die sich die Erklärung bezieht, nicht die vereinbarten oder typischen Eigenschaften hat, so daß der Erklärende — z. B. ein Käufer — nicht bekommt, was er zu beanspruchen hat[828], bzw. daß er mehr weggibt, als er eigentlich hätte opfern müssen. Es kann bei dieser Einordnung des § 119 II nicht verborgen bleiben, daß die Vorschrift in weiten Bereichen ihrer theoretischen Anwendbarkeit eine Nichterfüllungsregelung ist[829], keine eigentliche Irrtumsregelung. Der Irrtum ist nicht Grund der Anfechtung, sondern nur Bedingung[830]; der wahre Grund besteht vielmehr in der Nichterfüllung einer Vereinbarung. Auch in der Nichterfüllung steckt aber, wie schon oben (S. 87 ff.) angedeutet wurde, ohne daß dieser Gedanke hier näher ausgeführt werden kann, ein Fall der Zweckverfehlung.

Im Gebiet des Kaufs tritt nun die Frage des Verhältnisses zwischen § 119 II und § 459 einerseits, ferner von § 119 II und §§ 320 ff. auf.

---

[826] RG 62, 206; Staudinger-Coing, § 119 Anm. 36.

[827] RG 128, 116.

[828] Flume, Eigenschaftsirrtum, S. 87.

[829] Enneccerus-Nipperdey, § 168 I a. E.; Staudinger-Coing, § 119 Anm. 33; Flume, Eigenschaftsirrtum, S. 100; Kegel, AcP 150, 360.

[830] Raape, AcP 150, 500.

Während aber im Verhältnis von Anfechtung und Sachmängelhaftung § 119 II weitgehend von § 459 verdrängt wird[831], so daß er praktisch nur die Zweckverfehlung des Verkäufers betrifft[832], tritt zwischen § 119 II und §§ 320 ff. ein echtes Konkurrenzverhältnis nicht ein. Denn, wie schon erwähnt wurde[833], bezieht sich die Leistungsvereinbarung zwar auf eine bestimmte — vereinbarte oder typische — Sacheigenschaft, die Leistungspflicht betrifft aber nur die Sache, nicht die Eigenschaft, so daß eine Unmöglichkeit, die Voraussetzung der §§ 320 ff. wäre, nicht vorliegt.

dd) Da nach alledem die Regelung des § 119 II auf den allgemeinen Gedanken der Sanktion einer bestimmten Art von Zweckverfehlung zurückgeführt worden ist, stellt sich nunmehr die Frage, ob sich nicht dieser (causa-)Gedanke in seiner allgemeinen Form bereits verwerten läßt, ohne auf die Grenzen des § 119 II beschränkt zu sein. Es wäre dann nur erforderlich, das, was im vorigen von den Eigenschaften der Person oder Sache gesagt wurde, über die Eigenschaften hinaus auf alle vereinbarten Tatumstände auszudehnen.

Diesen Weg ist *Kegel*[834] gegangen, indem er vorschlägt, auf den Eigenschaftsbegriff ganz zu verzichten und ihn durch die Wesentlichkeit des vereinbarten Tatumstandes zu ersetzen. Wenn also[835] eine Tanzkapelle nach den Bedingungen ihres Engagements aus eigenen Noten spielen soll, so ist das Vorhandensein solcher Noten ein vereinbarter Tatumstand, dessen Fehlen die Anfechtbarkeit nach § 119 II begründen kann.

Man wird dieser Meinung nicht entgegenhalten können, daß die Anerkennung aller Arten von vereinbarten Tatumständen der Rechtssicherheit Abbruch tun würde, da ja über die Wesentlichkeit dieser Umstände eine Vereinbarung entscheiden würde. Doch ist zu berücksichtigen, daß weder die Zweckverfehlung noch ein „Nichtvorliegen vereinbarter Tatumstände" dem BGB als allgemeine Institutionen bekannt sind[836], sondern daß der Gedanke der Zweckverfehlung

---

[831] Von der Übergabe an bestimmen sich die Rechte des Käufers ausschließlich aus §§ 459 ff., RG 61, 171; 97, 351; 135, 340; ENNECCERUS-NIPPERDEY, § 168 III; STAUDINGER-COING, § 119 Anm. 32.

[832] ENNECCERUS-NIPPERDEY, a. a. O.; dies gilt aber nur, wenn der Verkäufer sich nicht durch Anfechtung der Mängelhaftung entzieht; FLUME, S. 148, Anm. 3; BRAUER, S. 43.

[833] Oben S. 100.

[834] AcP 150, 360; auch für das französische Recht wird übrigens eine solche Entwicklung von PÉROT-MOREL, L'équilibre des prestations, S. 211, für möglich gehalten.

[835] Beispiel von KEGEL, a. a. O., S. 361, vgl. oben S. 101.

[836] Vgl. oben S. 95.

vom Gesetz von verschiedenen systematischen Ansatzpunkten her aufgegriffen wird. Im genannten Beispiel überschneiden sich, wie oben auf S. 101 dargestellt, Irrtumsrecht und Recht der Leistungsstörung: Wenn z. B. die Noten schon bei Vertragsabschluß gestohlen waren, so handelt es sich doch eher um einen Fall der Nichterfüllung oder gar Unmöglichkeit als um einen Irrtum. Wie hier aber Irrtum und Nichterfüllung, so müssen auch sonst die verschiedenen Formen der Zweckverfehlung unterschieden werden.

So wird etwa die in § 119 II enthaltene Regelung einer Zweckverfehlung in Voraussetzungen und Rechtsfolgen anders behandelt als z. B. die Verfehlung von Leistungszwecken im Rahmen der §§ 812 ff., auf die der letzte Abschnitt dieser Arbeit noch eingehen wird. Hinzu kommt, daß der Haftungsmaßstab für den Empfänger einer causalosen Zuwendung — worunter in diesem Zusammenhang nicht nur Leistungen, sondern auch von einem Irrtum nach § 119 II beeinflußte Leistungsversprechen zu verstehen sind — in den einzelnen Fällen durchaus unterschiedlich sein kann, was eine gesetzliche Differenzierung der Erscheinungsform wohl rechtfertigt[837]. Schließlich drängt sich gerade im Rahmen einer rechtsvergleichenden Arbeit die Parallele zum französischen Recht auf, wo die unscharfe Scheidung zwischen Irrtum und allgemeiner Causalosigkeit, wie früher[838] dargestellt, zu großer dogmatischer Unsicherheit geführt hat.

Im *Ergebnis* ist daher hier mit Enneccerus-Nipperdey[839] entgegen Kegel am überkommenden Eigenschaftsbegriff festzuhalten.

§ 14 Cause und Irrtumsrecht im Code civil

Die Beziehungen der causa zur Irrtumslehre, die im deutschen Recht nur bei einer Würdigung der zunächst ganz eigenständigen Dogmatik des Irrtumsrechts zur Geltung gebracht werden können, treten im französischen Recht viel klarer zu Tage. Der Hauptgrund hierfür besteht darin, *daß § 119 BGB in erster Linie bei der Unterscheidung von Erklärungs- und Wirklichkeitsirrtum ansetzt,* während *Art. 1110 C. civ.* den Erklärungsirrtum nicht berücksichtigt, sondern *versucht, die erheblichen Irrtümer an Hand ihres Gewichts für die Entscheidung des Erklärenden zu ermitteln.*

So lag es nahe, bei der Bestimmung des erheblichen Irrtums auf das bestimmende Motiv (mobile déterminant) abzustellen, d. h. einen Irrtum über die „substance même de la chose" i. S. des Art. 1110

---

837 Siehe v. Caemmerer, Rabel-Festschrift, S. 342.

838 Oben S. 35 ff.

839 Enneccerus-Nipperdey, § 168.

al. 1 C. civ. bzw. über die in Art. 1110 al. 2 genannten Umstände nur dann zu berücksichtigen, wenn dieser Irrtum bestimmendes Motiv gewesen ist bzw. wenn er die cause de l'obligation betraf[840]. Damit ist bereits die Identifizierung der cause und des beachtlichen Irrtums vollzogen, auf die wir bereits hingewiesen haben, ebenso wie auf die daraus sich ergebenden Schwierigkeiten für die Abstimmung der Irrtumsfälle der Art. 1110 und 1131 C. civ. untereinander[841]. Dieser Abgrenzung kommt ein besonderes Gewicht deshalb zu, weil für die Anfechtbarkeit wegen Irrtums Rechtsprechung und Lehre die Voraussetzung aufgestellt haben, daß der Anfechtende seinen Irrtum nicht verschuldet hat[842], während die Art. 1131, 1134 C. civ. keinen Anlaß bieten, auf Verschuldensfragen einzugehen.

Die Frage, welche Bedeutung die absence de cause neben Art. 1110 C. civ. hat, bzw. welche Rolle der Irrtum neben dem einer erheblichen Ausweitung zugänglichen Art. 1131 C. civ. spielen kann, soll hier nicht erneut aufgegriffen werden; sie ist m. E. bei dem Gebrauch, der in der Rechtsprechung von beiden Institutionen gemacht wird, einwandfrei nicht zu beantworten. Im vorliegenden Abschnitt soll nur dargetan werden, inwieweit die Entwicklung des in Art. 1110 C. civ. enthaltenen Falls der Zweckverfehlung einen Beweis für die Richtigkeit unserer causa-Definition abzugeben vermag.

Außer dem Gedanken der absence de cause könnte noch eine weitere Idee die Bedeutung des Art. 1110 C. civ. einengen, nämlich die des „erreur obstacle", eines Irrtums über wesentliche Teile der Vereinbarung. Die Erläuterung dieses Irrtums durch die Literatur stellt ihn dem Dissens i. S. des BGB nahe; doch hat es eher den Anschein, als umfasse er Fälle des error in negotio, error in corpore u. dgl. Wie schon aus dieser vorsichtigen Einordnung des erreur obstacle erhellt, verschwimmen seine Grenzen zum in Art. 1110 geregelten sog. „erreur vice du consentement". Hier Klarheit zu schaffen, ist vor allem dadurch erschwert, daß der erreur obstacle ein rein theoretisches Gebilde ist, von dem sich selten ein praktischer Anwendungsfall finden läßt[843]. Das Schwergewicht unserer Erörterung wird also beim erreur vice du consentement zu liegen haben.

---

[840] Grundlegend CAPITANT, Cause Nr. 102 (S. 222); ferner IONASCO, Rev. tr. 1931, 46: „L'erreur est essentielle en tant qu'elle rend la cause fausse"; JOSSERAND, Les mobiles, Nr. 36, 41; SAVATIER, Cours II, Nr. 108.

[841] Oben S. 34 f.

[842] Trib. Civ. Nîmes (Mängelhaftung), D. H. 1950, 556; PLANIOL-ESMEIN, Nr. 180; RIPERT-BOULANGER II, Nr. 172.

[843] RIPERT-BOULANGER II, Nr. 152.

I.
Erreur obstacle

Der erreur obstacle ist ein Mißverständnis, das ein Hindernis für das Zustandekommen einer Einigung bildet. Hier scheitert die Vertragsbegründung[844] daran, daß sich die Parteien über einen wesentlichen Punkt des Vertrages nicht einigen. Die Bezeichnung als „Irrtum" ist also mißverständlich. Im Unterschied zum Irrtum i. S. der Art. 1109, 1110 C. civ., der ein Anfechtungsrecht gibt, führt dieser Fall nach h. M.[845] zur völligen Nichtigkeit, die von jedermann jederzeit geltend gemacht werden kann, ohne daß eine Bestätigung des Geschäfts möglich ist. Hierhin gehören der error in negotio und der error in corpore[846] als unproblematische Fälle; man nimmt aber auch einen Irrtumsfall auf, der „erreur sur la cause" heißt, wobei streitig ist, ob der Irrtum die cause de l'obligation betrifft[847] oder die cause du contrat[848]. Diese Erweiterung gibt indes zu denken: Ist es richtig, daß viele Probleme, die nach unserer im vorigen Paragraphen entwickelten Ansicht ins Recht der Zweckverfehlung, speziell ins Irrtumsrecht gehören, im französischen Recht schon als erreur obstacle beim consentement, also bei der Einigung, abgetan werden, so wird die vorhin behauptete Annäherung von Irrtumsrecht und cause-Lehre im Code civil an einem theoretisch — nicht praktisch — recht wesentlichen Punkt in Frage gestellt.

a) Error in negotio

Manche Fälle, die aus der Praxis als Beispiele des erreur obstacle genannt werden, werfen die Frage auf, ob es sich nicht um einen im allgemeinen vom Code civil nicht berücksichtigten Erklärungsirrtum handelt. Dies gilt besonders für eine Entscheidung des Kassationshofes[849], auf die als Beispiel für den error in negotio hingewiesen wird: Dort hatte der Kläger der kurzsichtigen Beklagten in einem Augenblick, als sie keine Brille trug, einen Kaufvertrag zur Unterschrift vorgelegt mit der Vorspiegelung, es handle sich lediglich um die Einräumung eines Vorkaufsrechts, das sie ihm versprochen

---

844 Ripert-Boulanger, a. a. O.; Mazeaud II, Nr. 161; Colin-Capitant Nr. 651; Savatier, Cours, Nr. 107.

845 Demogue, Obligations, I, Nr. 249; Mazeaud II, Nr. 161; Capitant, a. a. O., Nr. 102; Josserand, a. a. O., Nr. 33; a. A. Planiol-Esmein, Nr. 176; Colin-Capitant II, Nr. 651.

846 Mazeaud II, Nr. 161; Colin-Capitant, a. a. O.; Savatier, a. a. O., Nr. 107.

847 Mazeaud, a. a. O.

848 Colin-Capitant, a. a. O.

849 D. 1949.135.

hatte. Abgesehen davon, daß hier eine arglistige Täuschung vorlag — nur unter diesem Gesichtspunkt hat das Gericht den Fall gelöst — handelte es sich unzweifelhaft um einen Erklärungsirrtum[850], nicht um ein verstecktes Fehlen übereinstimmender Willenserklärungen; denn der Kläger konnte keineswegs annehmen, die Beklagte habe einen Kaufvertrag abschließen wollen, so daß nicht einmal ein rein äußerer Konsens zustande kam.

Ebenfalls ein einseitiger Irrtum, und zwar über die Bedingungen eines Bausparvertrages, lag der Cour d'Appel de Lyon[851] zur Entscheidung vor: Hier hatte der Sparer nach der Praxis der Bausparkasse auf keinen Fall die Aussicht, mit seinen Prämien in der vorhergesehenen Zeit auch nur einen Bruchteil der versprochenen Summe zu erhalten. Das Gericht hat Anfechtung wegen „erreur sur la substance" (Art. 1110 C. civ.) zugelassen, ohne die nur angedeutete Frage der Täuschung zu entscheiden. Der klassische Fall des error in negotio, wo beide Parteien verschiedene Geschäfte abschließen wollen, lag hier nicht vor.

Das am häufigsten genannte[852] Beispiel des erreur obstacle findet sich in einer Entscheidung des Kassationshofes aus dem Jahr 1878[853]: Hier wollte der Beklagte einen Versicherungsvertrag mit festen Prämien abschließen, schloß aber, ohne das „durch arglistige Machenschaften des Klägers" zu merken, einen Versicherungsvertrag auf Gegenseitigkeit ab. Das Gericht sah einen Irrtum „sur l'élément essentiel et constitutif du contrat, c'est à dire sur la substance même de la chose objet de ce contrat" für gegeben an und annulierte den Vertrag in Anwendung der Art. 1109, 1110 C. civ. Das Wort „erreur obstacle" fiel nicht.

In den gezeigten Beispielen fällt auf, daß es sich nicht eigentlich um Dissens handelt, was nach der Definition des erreur obstacle durch die Literatur angenommen werden könnte, sondern um einen echten Irrtum einer Partei über den Inhalt ihrer Erklärung[854]. Da Art. 1110 C. civ. den Irrtum nur für erheblich erklärt, wenn er die „substance de la chose" oder auch die Person des Vertragspartners betrifft, sah man sich wohl zur Anwendung einer anderen Anfechtungs- und Vernichtungsmöglichkeit gezwungen. Um einen echten Irrtumsfall i. S. des Code civil handelt es sich aber nicht. So wie sich im deutschen Recht der Erklärungsirrtum nicht aus dem Gedanken der Zweckverfehlung ergibt, so besteht auch im französischen Recht

---

[850] So auch Ripert-Boulanger II, Nr. 152.

[851] D. 1952.753.

[852] Mazeaud II, Nr. 161; Demogue, Obligations, I, Nr. 249; Colin-Capitant II, Nr. 651; Josserand, a. a. O., Nr. 33.

[853] DP 1880.1.12.

[854] So auch Demogue I, Nr. 249; im deutschen Recht wäre — abgesehen von § 123 — meist § 119 I anwendbar gewesen.

m. E. keine Aussicht, die cause-Lehre für die Ausgestaltung des erreur obstacle fruchtbar zu machen.

b) Erreur sur la cause

Zweifel an dieser Behauptung können allerdings aufkommen, wenn man bedenkt, daß zum „erreur obstacle“ auch ein Irrtum über die cause gehört. Die Bestimmung dieses Irrtums wird aber durch den Vergleich mit zwei anerkannten Rechtssätzen erschwert: Zunächst dadurch, daß manche Fälle des Irrtums über den Inhalt eines Geschäfts in Gestalt des error in negotio bereits als Unterfall des erreur obstacle angesehen werden; ferner aber, weil der Code civil in Art. 1131 eine Verpflichtung, die einer cause ermangelt, für unwirksam erklärt. Während also nach Art. 1131 die Verpflichtung wegen Nichterreichung oder Nichterreichbarkeit eines mit ihr verfolgten Zwecks unwirksam ist, andererseits der Irrtum über den Inhalt des abgeschlossenen Geschäfts (der ja auch zur Nichterreichbarkeit des verfolgten Zwecks führen kann) Nichtigkeit zur Folge hat, soll es nunmehr noch einen davon getrennten Irrtum über den mit einem Geschäft verfolgten Zweck geben, der allerdings nur die sog. „nullité relative[855]“ nach sich zieht. Das Gesetz kennt außerdem noch den Fall der „fausse cause“, in dem nach Art. 1131 C. civ. ebenfalls keine wirksame Verpflichtung zustandekommt. Es liegt auf der Hand, daß diese verschiedenen Formen der Zweckverfehlung in ihren Voraussetzungen ununterscheidbar ineinander übergehen, was wegen des Unterschieds von nullité absolue und relative sowie des im Irrtumsrecht noch hinzukommenden Erfordernisses der Nichtvertretbarkeit des Irrtums erheblich ist.

Daß bei Fallösungen die Übergänge zwischen der Erwähnung des Irrtums und dem Gedanken der Abwehr von Äquivalenzstörungen[856] ein wenig verfließen, beweisen einige praktische Beispiele: Ich versichere ein geerbtes Feld gegen Hagel, ohne zu wissen, daß der Erblasser das bereits getan hatte[857]: „Erreur sur l'efficacité juridique de la cause de l'engagement“. Dagegen: Eine Gesellschaft kauft einem Ingenieur die Rechte aus einer Erfindung ab, ohne zu wissen, daß es sich um ein längst allgemein bekanntes Verfahren handelt[858]: absence de cause. Ähnlich, als ein junger Mann, der, ohne es zu wissen, durch das Los vom Militärdienst befreit war, zur Ableistung dieses Dienstes einen anderen vertraglich verpflichtet hatte[859]: absence de cause. Der erste und der dritte Fall lassen sich

---

[855] Zu diesem Begriff siehe unten S. 175.

[856] Oben S. 24.

[857] Kassationshof, D. 1932.396; Colin-Capitant II, Nr. 651.

[858] Kassationshof, S. 1933.1.242.

[859] Chambre de Requêtes, D. P. 1873.1.330.

auf den Gedanken zurückführen, daß eine Verpflichtung, deren Zweck schon zur Zeit ihrer Übernahme erreicht war, keinen Bestand haben soll; gleichwohl werden sie mit verschiedenen Begriffen gelöst. Im dritten Fall lag aber — wie sicherlich im zweiten — außerdem noch eine Äquivalenzstörung vor, die auch eine Anwendung der causa-Lehre gerechtfertigt erscheinen läßt.

Die Verwirrung wird vollkommen, wenn man in die Betrachtung noch die „fausse cause" einbezieht, die nach Art. 1131 C. civ. auch Unwirksamkeit der Verpflichtung nach sich zieht. Der Satz: „Die falsche cause ist ein Irrtum über die Existenz der cause und findet sich immer, wenn die cause nicht besteht[860]", mutet wie ein Eingeständnis der Identität des erreur sur la cause und der absence de cause an. Im Regelfall der absence de cause wird ein Irrtum vorliegen (z. B. Kauf einer nicht existenten Sache[861]); wenn allein auf die absence de cause abgestellt wird, so liegt das meistens daran, daß in besonderem Maße die Äquivalenz der gegenseitigen Verpflichtungen gestört erscheint, was nach der Anwendung des cause-Gedankens ruft[862]. Ohne Irrtum einer oder beider Parteien kommt aber eine solche Verpflichtung nicht zustande, es sei denn im Fall des animus donandi, der aber bekanntlich als eigene cause de l'obligation anerkannt wird.

c) Beziehungen des erreur obstacle zur cause-Lehre

So sehr die Ähnlichkeit von absence de cause und erreur sur la cause vom juristisch-technischen Standpunkt zu bedauern sein mag, so klar wird hier der unlösbare Zusammenhang zwischen der cause-Lehre und dem Irrtumsrecht. Während im deutschen Recht, wie gezeigt, der in allgemeiner Form vom Gesetz nicht behandelte causa-Gedanke sich im Rahmen einer sehr präzise abgegrenzten Irrtumslehre wiederfindet, der Irrtum also als eine gesetzlich geregelte Form der beachtlichen Zweckverfehlung angesehen werden kann, sind im französischen Recht Irrtum und Zweckverfehlung bei der Bildung der Verpflichtung[863] wesentlich dasselbe, und der Irrtum ist nur rein gesetzestechnisch ein besonderer Blickwinkel, unter dem die Zweckverfehlung behandelt wird[864]. Die Sonderform des erreur obstacle dient dagegen wohl nur der Lösung der seltenen Fälle

---

[860] Aus einer Entscheidung von 1831 zitiert von Maury, Répertoire, Art. cause, Nr. 94.

[861] Capitant, a. a. O., Nr. 91; Planiol-Esmein, Nr. 262.

[862] Vgl. oben S. 24 f.

[863] Capitant, a. a. O., Nr. 102—106, behandelt das Irrtumsrecht bezeichnenderweise im Abschnitt über die „Rolle der cause beim Abschluß des gegenseitigen Vertrages".

[864] Vgl. Josserand, a. a. O., Nr. 41.

des Erklärungsirrtums. Wenn dadurch der erreur obstacle wenigstens teilweise außerhalb der cause-Lehre steht, so gilt dies nicht für den gesetzlich geregelten „erreur vice du consentement“, wie im folgenden nachzuweisen sein wird.

II.
Der „erreur vice du consentement“

Unter den erreur vice du consentement fällt nach dem Gesetzeswortlaut nur der Irrtum über die Eigenschaften einer Sache und einer Person. Da aber — unter dem Einfluß der cause-Lehre — die Tendenz dahin ging, als beachtlich alle Irrtümer anzusehen, die für den Entschluß materiell besonders wesentlich gewesen sind[865], ist es zu einer Ausweitung dieses beschränkten Bereichs der Anfechtbarkeit gekommen. Diese geschah entweder, indem in den Fällen eines beachtlichen Irrtums jedesmal durch Ausdehnung des Begriffs „substance de la chose“ — etwa auf „qualité substantielle[866] — ein erreur sur la substance konstruiert wurde: Dies scheint häufig der Weg der Judikatur zu sein[867]. Die andere Möglichkeit besteht aber darin, daß neben den gesetzlich anerkannten Irrtumsfällen ein „erreur sur la cause“ oder „sur le motif déterminant“ anerkannt wird[868], z. T. sogar unter Hinweis auf den diese Ausweitung vorschreibenden Art. 1131 C. civ[869]. Wenn man sogar das ganze Irrtumsrecht so versteht, daß einerseits nur der Irrtum über die cause, dieser aber auch jedesmal, zur Anfechtung berechtige[870], kann man die in Art. 1110 C. civ. genannten Irrtümer nur als besonders geregelte Einzelfälle auffassen[871]. Dabei darf man freilich keine theoretisch vollkommen befriedigende Erfassung des Geschäftswillens erwarten; insbesondere macht es Schwierigkeiten, zwischen solchen Vorstellungen des Erklärenden von einer Sache, die als cause im Rahmen des Art. 1110 C. civ. Beachtung verdienen, und sonstigen Vorstellungen zu unterscheiden, die reine Motive bleiben. So war sich z. B. Capitant, der sich besonders um den Aufbau einer Irrtumslehre aus der cause bemüht hat, offensichtlich nicht klar darüber, wann die Vorstellung von Sacheigenschaften zur cause gehört und wann nicht. Wörtlich

[865] Nach Ripert-Boulanger II, Nr. 153, waren für diese Ausweitung „préoccupations d’ordre moral“ ursächlich.

[866] Chambre civile, S. 1939.1.260; vgl. i. ü. Boulanger, Répert., Art. „erreur“, Nr. 10.

[867] Boulanger, a. a. O., Nr. 29.

[868] Josserand, a. a. O., Nr. 34; Ripert-Boulanger II, Nr. 161.

[869] Planiol-Esmein, Nr. 175.

[870] Capitant, a. a. O., Nr. 102 (S. 222).

[871] Capitant, a. a. O., Nr. 104 (S. 225).

führt er aus[872]: „Cette considération subjective, la substance de la chose, a été incorporée par moi au but que je visais, elle est donc devenue partie intégrante de la cause de mon obligation". Im gleichen Atemzuge entfernt Capitant den Verwendungszweck wieder aus dem cause-Begriff, wenn er sagt: „Sans doute, on ne peut pas dire que mon obligation soit sans cause puisque je deviens propriétaire de la chose ..."

Abgesehen davon ist die Frage nach der Bezeichnung des Bereichs der beachtlichen Irrtümer[873] aber nicht die einzige, die Beziehungen der Irrtumslehre zur cause aufdeckt. Wenn festgestellt werden sollte, daß bereits der Irrtum im bestimmenden Motiv beachtlich ist, was eine erhebliche Gefährdung des Rechtsverkehrs bedeutet, so fragt sich, ob nicht eine Einschränkung der Anfechtbarkeit im Interesse der Verkehrssicherheit geboten ist. Diese Einschränkung ergibt sich im BGB aus der Orientierung des gesamten Rechts der Willenserklärung am äußeren Erklärungstatbestand, die im französischen Recht fehlt[874]. Dort stellt sich aber stattdessen die Frage, ob die Verfehlung des bestimmenden Zwecks nur dann beachtlich ist, wenn der Zweck dem Erklärenden und dem Erklärungsgegner gemeinsam ist, oder ob die Zweckverfehlung auf Seiten nur einer Partei ausreicht[875]. Auch dieses Problem hat im französischen Recht eine Lösung erfahren, die der causa-Lehre nahesteht.

Erweist sich bei dieser Untersuchung unsere Annahme als zutreffend, daß der Irrtum im französischen Recht nur eine besondere Form der Zweckverfehlung darstellt, so muß abschließend zur Charakterisierung dieser Sonderform noch etwas über die Rechtsfolgen eines beachtlichen Irrtums ausgeführt werden.

a) Maßgeblichkeit des mobile déterminant in den verschiedenen Irrtumsformen

Die Frage nach der materiellen Bedeutung eines Irrtums für die Willenserklärung ist deshalb wichtig, weil der Irrtum allein über Motive nach französischem Recht unbeachtlich sein soll[876]. Dieser einfache, selbstverständliche Grundgedanke des Verkehrsschutzes, der

---

[872] Capitant, a. a. O., Nr. 103 (S. 223).

[873] In der französischen Literatur ist von „domaine de l'erreur vice du consentement" die Rede, vgl. Mazeaud II, S. 133.

[874] Kritik am deutschen System unter diesem Gesichtspunkt übt Josserand, a. a. O., Nr. 59.

[875] Ripert-Boulanger II, Nr. 168; Planiol-Esmein, Nr. 177; Mazeaud II, Nr. 173; Josserand, a. a. O., Nr. 65—67.

[876] Kassationshof, S. 1939.1.260; Capitant, a. a. O., Nr. 112; Josserand, a. a. O., Nr. 37; Demogue, Obligations I, Nr. 236; Ripert-Boulanger II, Nr. 165; Colin-Capitant II, Nr. 658; Mazeaud II, Nr. 166.

schon der Ausweitung der klassischen cause-Theorie (cause abstraite) zur modernen Auffassung von der Beachtlichkeit des mobile déterminant im Wege stand, wenn er sie auch nicht hat verhindern können, bildet auch im Irrtumsrecht die Schwelle, die bei der Interpretation des Art. 1110 C. civ. nicht überschritten werden dürfte.

Dazu soll auch nicht die These führen, daß die Falschheit des bestimmenden Motivs zur Anwendung des Art. 1110 C. civ.[877] genüge. Nun besteht aber die Gefahr, daß praktisch jeder Beweggrund, also auch jeder Irrtum darüber, als bestimmend angesehen wird[878]; da aber eine allgemeine theoretische Einschränkung der Anfechtbarkeit nicht vorgenommen worden ist, muß versucht werden, sie im Wege einer kasuistischen Darstellung der Irrtumsfälle zu finden.

1. Irrtum über die substance de la chose

Bei diesem Irrtumsfall läßt sich eine solche Einschränkung der Anfechtbarkeit durch eine ähnlich objektive Fassung des Wortes „substance“ finden, wie sie auch im deutschen Recht beim Eigenschaftsbegriff zeitweise geherrscht hat[879]. Danach liegt nur dann ein erheblicher Eigenschaftsirrtum vor, wenn er sich auf die Natur der Sache (des Materials in seiner physischen und chemischen Beschaffenheit[880]) bezieht, so daß die Sache in Wirklichkeit einer anderen Art und Gattung angehört als der Irrende meint[881] (théorie objective). Diese Meinung erkennt aber an, daß auch der Irrtum über andere Eigenschaften als die spezifische Natur dann wesentlich ist, wenn die Parteien diese Eigenschaft bei Vertragsschluß hauptsächlich im Auge gehabt haben[882]. Die heute ganz h. M. in der Literatur stellt ausschließlich darauf ab, auf welche Eigenschaften einer Sache es dem Erklärenden ankam (théorie subjective[883]). Die „substance de la chose“ ist also nichts von vornherein Feststehendes, sondern wechselt je nachdem, zu welchem Zweck der Erklärende[884] sie bestimmt[885].

Dies wird in vielen Fällen (wie sie ähnlich auch in der deutschen Literatur behandelt werden) im Ergebnis keinen großen Unterschied

---

877 JOSSERAND, a. a. O., Nr. 41; RIPERT-BOULANGER II, Nr. 153; COLIN-CAPITANT II, Nr. 656; MAZEAUD II, Nr. 170.

878 MAZEAUD, a. a. O.

879 Vgl. v. TUHR II, S. 579.

880 Vgl. RIPERT-BOULANGER II, Nr. 155.

881 AUBRY und RAU (Bearb. BARTIN), § 343 bis Nr. 1.

882 AUBRY und RAU ebenda; COLIN-CAPITANT II, Nr. 654.

883 CAPITANT, a. a. O., Nr. 103; RIPERT-BOULANGER II, Nr. 155; COLIN-CAPITANT II, Nr. 655.

884 Oder die Parteien, darüber unter b).

885 COLIN-CAPITANT II, Nr. 655.

zur objektiven Theorie in der obigen Fassung ausmachen, da sich häufig wird ermitteln lassen, daß die Parteien eine der feststehenden, nicht wechselnden Eigenschaften der Sache hauptsächlich im Auge gehabt haben, so z. B.[886] beim Bilderkauf: A kauft ein als echten Corot bezeichnetes und von diesem Maler auch signiertes Bild, von dem sich aber später herausstellt, daß nur einige verhältnismäßig unwesentliche Teile sowie die Signatur von Corot selber herrühren, der Rest von einem unbedeutenden Zeitgenossen Corots, dem dieser so beim Absatz seiner Bilder hatte helfen wollen. Hier lag nach der rein objektiven Theorie ein Irrtum über die Substanz keinesfalls vor; eher schon dann, wenn — was die genannte Mittelmeinung für ausreichend hält — die Parteien gerade die Urheberschaft Corots im Auge hatten. Nach der subjektiven Theorie bestehen aber sicherlich keine Bedenken, Art. 1110 C. civ. anzuwenden; ebenso ist in vielen Fällen des Bilder- und Antiquitätenkaufs entschieden worden[887].

Auch der Irrtum über Art und Umfang von Rechten gehört hierher[888], obwohl Art. 1110 nur von den Sacheigenschaften redet. Bezeichnenderweise erwähnt aber die Literatur gelegentlich[889] solche Fälle als „erreur sur la cause". Es werden ferner Fälle unter dem Gesichtspunkt des erreur sur la substance behandelt, in denen es nur noch um die Verwendbarkeit, nicht um eine Eigenschaft oder gar die Substanz der Sache ging. Ein treffendes Beispiel hierfür lag der Cour de Cassation vor[890], als der Käufer eines Grundstücks, der das Stück parzellieren und weiterverkaufen wollte, später feststellte, daß es kleiner war als angegeben, so daß es für seine Zwecke unbrauchbar war. Das Gericht entschied, daß hier, wo der Käufer das Grundstück im Hinblick auf eine bestimmte Verwendung gekauft habe, die Größe zu einer „qualité substantielle de l'objet du contrat" geworden sei, was Art. 1110 C. civ. anwendbar machte[891]. Wenn auch zu dieser Entscheidung der Umstand beigetragen haben wird, daß der Verkäufer den Käufer getäuscht hatte, so kann doch mit Josserand[892] geschlossen werden, daß nach dieser Rechtsprechung die Gültigkeit des Kaufvertrages davon abhänge, daß der Käufer seinen mit der Kaufsache verfolgten Zweck erreicht.

---

[886] Kassationshof, D. 1904.1.611.

[887] D. 1950.269 (Rubens-Bilder); Paris, D. 1954.337 (Botticelli-Schule); Zusammenstellung bei Ripert-Boulanger II, Nr. 155.

[888] Diesen Irrtum sieht der Kassationshof, D. 1932.1.161, für erheblich an.

[889] So Ripert-Boulanger II, Nr. 162; richtig Laurent in der Anm. zur Entscheidung des Kassationshofs, D. 1932.1.161.

[890] D. 1932.1.129.

[891] Der Größenunterschied war nicht erheblich genug, um das Geschäft nach Art. 1619 wegen lésion für unwirksam zu erklären; über die Grundsätze der Nichterfüllung schwieg das Gericht.

[892] Anm. zu D. 1932.1.129; vgl. auch Bordeaux, D. 1908.2.287; Pérot-Morel, Equilibre, S. 216, 217.

Auf der gleichen Linie liegt eine Entscheidung[893], in der die fehlende Eignung eines Geländes zum Schulbau (Fehlen der gesetzlich vorgeschriebenen Mindestgröße) als wesentlich i. S. des Art. 1110 angesehen wurde, was im übrigen der deutschen Literatur entsprechen dürfte[894].

Der Satz, daß der vom Erwerber vorgesehene Gebrauch einer Sache zur „substance de la chose" i. S. des Art. 1110 C. civ. gehöre, führte auch zu einer Entscheidung der Cour d'Appel de Lyon[895], in der nach der Systematik des deutschen Rechts — man vergleiche die sehr ähnliche, bereits oben (S. 86) zitierte Entscheidung des BGH[896] — die Grenzen des Irrtumsrechts zur Lehre von der Leistungsstörung überschritten wären: Der Käufer eines Motorrades, dem der Verkäufer nicht die zur Benutzung der Maschine notwendigen behördlichen Urkunden auslieferte, konnte den Kaufvertrag wegen Irrtums über eine „qualité de la chose vendue, dont la considération a été la cause déterminante de son engagement" anfechten. Dem Käufer wurde auch ein Schadensersatzanspruch zugebilligt. Obwohl beim Kauf eines Motorrades die zu seiner Benutzung erforderlichen Papiere selbstverständlich mitverkauft sind, wurde in der Entscheidung die Frage nicht einmal aufgeworfen, ob die Rechte des Käufers nicht eher aus dem Gesichtspunkt der „inexécution du contrat" hätten hergeleitet werden müssen.

Um ein ursprüngliches oder nachträgliches Unvermögen handelte es sich auch im Falle des Verkaufs einer Schiffsladung Mais, die vor der Lieferung beschlagnahmt werden mußte, während die Parteien bei Abschluß des Kaufvertrages davon ausgingen, die Lieferung sei erlaubt[897]: Hier hat der Kassationshof die Irrtumsbestimmungen angewandt mit der Begründung, der gemeinsame Irrtum über die Verfügbarkeit der Ware habe sich auf die „substance de la chose" bezogen.

Mehr, als bisher an Hand der theoretischen Einordnung des Irrtums durch die Wissenschaft gezeigt werden konnte, geht aus diesen Entscheidungen[898] hervor, wie sehr auch das Irrtumsrecht dazu dient, die Folgen der Zweckverfehlung auf Seiten eines der Vertragspartner wiedergutzumachen. Man kann diese Tendenz darauf zurückführen, daß allgemein auch das Irrtumsrecht dem Ausgleich

---

893 Orléans, D. P. 1895.2.417.

894 Staudinger-Coing, § 119 Anm. 28; Siebert-Hefermehl, § 119 Anm. 31.

895 D. 1954.14.

896 BGH NJW 1953, 1347.

897 Req. Gaz. Pal. 1946.2.204.

898 An denen Kritik kaum geübt wird, vgl. Ripert-Boulanger II, Nr. 155; Pérot-Morel, Equilibre, S. 219.

einer unbilligen Entwicklung des Vertrages dienen soll[899]; es gehört damit sogar in die Nähe der lésion[900], von der es sich aber doch durch seine subjektive Ausrichtung unterscheiden dürfte. Auch der Umstand, daß der Gedanke der subjektiven Äquivalenz zu den hauptsächlichen Grundlagen der cause-Lehre zählt[901], zeigt die enge Verbindung zwischen cause und erreur. Freilich darf diese Einordnung nicht als gesichert gelten, da gelegentlich die Beziehung des Irrtumsrechts auf die cause ausdrücklich abgelehnt wird[902], die Rechtsprechung auch eine eindeutige dogmatische Begründung ihrer Entscheidung selten gibt, sondern mehr intuitiv entscheidet. Insgesamt aber sprechen doch beachtliche Gründe für die Meinung, daß cause und Irrtum auch im französischen Recht korrespondierende Erscheinungen sind, die von verschiedenen theoretischen Ansatzpunkten her, aber mit praktisch sehr ähnlichen Ergebnissen Folgen der Zweckverfehlung regeln sollen. Diese Behauptung gilt es im folgenden bei der Betrachtung des erreur sur la personne noch zu untermauern.

2. Irrtum über die Person

Während die subjektive Betrachtungsweise des erheblichen Irrtums beim Substanzirrtum dem Text des Art. 1110 al. 1 C. civ. zunächst widerspricht, drängt sie sich beim „erreur sur la personne" i. S. des Art. 1110 al. 2 deswegen auf, weil hier darauf abgestellt wird, ob die Erwägung der Eigenschaften der Person „cause principale de la convention" gewesen ist. Das ist nach ganz h. M.[903] nur der Fall, wenn die Willenserklärung im Rahmen eines Geschäfts, das „intuitu personae" abgeschlossen ist, der Person gegenüber abgegeben wird, auf deren Eigenschaften es ankommt. Bemerkenswert ist dabei, daß hier nicht wie nach § 119 II BGB[904] nur der Irrtum über Eigenschaften einer an sich irrtumsfrei bestimmten Person behandelt wird, sondern daß Art. 1110 C. civ. gleichermaßen den Irrtum über die Identität der Person als den über ihre Eigenschaften betrifft[905]; Fälle, die im deutschen Recht entweder unter § 119 II oder unter § 119 I gebracht werden müßten, werden hier somit ohne Unterscheidung behandelt.

---

[899] Ripert-Boulanger II, Nr. 154.

[900] Ripert, Règle morale, Nr. 43; insbesondere Pérot-Morel, a. a. O., S. 212 ff.

[901] Oben S. 25; Planiol-Esmein, Nr. 252; Maury, Rev. Int. 1951, S. 496.

[902] Ripert, Règle morale, Nr. 42; Planiol-Esmein, Nr. 175.

[903] Ripert-Boulanger II, Nr. 159; Mazeaud II, Nr. 167; Colin-Capitant II, Nr. 652; Planiol-Esmein, Nr. 182.

[904] Vgl. oben S. 141.

[905] Ripert-Boulanger II, Nr. 160; Planiol-Esmein, Nr. 182.

Immer kommt es darauf an, ob die Erwägung der Identität oder der Eigenschaften des Vertragspartners zu den wesentlichen Zweckvorstellungen bei Abgabe der Erklärung gehört. Das ist zwar vorwiegend, doch nicht immer bei unentgeltlichen Geschäften der Fall. Ausnahmen bilden z. B. die Schenkungen an einen unbestimmten Personenkreis sowie an Stiftungen und Verbände[906].

Die meisten entgeltlichen Geschäfte sind nicht intuitu personae geschlossen, doch nehmen Auftrag, Dienst- und Werkvertrag sowie der Gesellschaftsvertrag von vornherein eine Sonderstellung ein[907]. Nicht so allerdings, wie Art. 2053 C. civ. glauben machen könnte, der Vergleich, da trotz der weiten Fassung dieser Vorschrift auch ein Vergleich wegen erreur sur la personne nur anfechtbar ist, wenn er intuitu personae geschlossen wurde[908]. Aber auch solche Geschäfte, bei denen die Person des Vertragsgegners regelmäßig keine oder nur eine geringe Rolle spielt — Kauf, Miete, Pacht —, können anerkanntermaßen vom intuitus personae beherrscht sein[909], so daß bei ihnen der Irrtum über die Identität des Vertragspartners oder seine Eigenschaften erheblich sein kann.

Voraussetzung ist aber immer, daß die Erwägung einer bestimmten, in Wirklichkeit nicht vorhandenen Eigenschaft bestimmend für den Entschluß des Erklärenden war. Hier nun hat es den Anschein, als wollte man einfach dieses Problem mit der Beantwortung der Frage, ob das Geschäft unter dem intuitus personae geschlossen wurde, als gelöst betrachten. Beispielsweise zog das Tribunal Civil Angers[910] diesen Schluß in folgendem Fall:

Frau P verpachtete ihr landwirtschaftliches Anwesen an Herrn G und Fräulein T, die als „Eheleute G" auftraten. Ihre Anfechtung wegen Irrtums über die Identität des Frl. T mit der von G getrennt lebenden Ehefrau G hatte Erfolg, da es bei der Pacht wesentlich auf die Eigenschaften der Person ankomme. Aus der — sogar als Normalfall bezeichneten — Regel, daß bei diesen Verträgen die Erwägung der Eigenschaften des Pächters „cause principale de la convention" sei, folgerte das Gericht, daß im vorliegenden Fall die Verpächterin auf die Ehe der beiden Pächter Wert gelegt haben müsse. Letztere Annahme wird untermauert durch den Hinweis, daß die Geliebte anders als die Ehefrau jederzeit den Hof verlassen könne, ohne daß der Pächter sie daran hindern könne, daß ferner den Pächter noch finanzielle Verpflichtungen gegenüber seiner Ehefrau

---

906 Josserand, a. a. O., Nr. 47.

907 Josserand, a. a. O., Nr. 48 f.; Ripert-Boulanger II, Nr. 159; Colin-Capitant II, Nr. 652.

908 Planiol-Savatier (Bd. IX), Nr. 1599; Fuzier-Herman, Art. 2053, Anm. 1.

909 Josserand, a. a. O., Nr. 50—55; Mazeaud II, Nr. 167.

910 D. 1921.2.125.

träfen. Diese Ausführungen lassen nicht deutlich erkennen, wieso der Umstand, daß der Pachtvertrag intuitu personae geschlossen wurde, das Verheiratetsein der Pächter zur wesentlichen Eigenschaft gerade im Rahmen des vorliegenden Pachtvertrages macht; die wahre Kernfrage ist die, ob die Ehe der Pächter im Pachtvertrag typisch wesentlich ist. Läßt sich diese Frage bejahen, trifft die Entscheidung zu, sonst nicht.

Ein treffendes Beispiel für die Richtigkeit dieser Fragestellung bieten zwei Entscheidungen des Tribunal Civil de la Seine[911], die allerdings im Rahmen des Eherechts ergingen, Art. 180 C. civ.[912]. Im ersten Fall hatten die Parteien im Jahre 1914 nach Kriegsausbruch geheiratet, im anderen Fall bereits 1906; beide Ehemänner hatten behauptet, Elsässer zu sein, obwohl sie in Wirklichkeit Deutsche waren. Die 1914 geschlossene Ehe wurde wegen Irrtums der Frau über die Nationalität des Mannes geschieden; die andere Ehe nicht. Das Gericht führte aus, die Nationalität des Ehegatten habe im Regelfall keine Bedeutung für die Erwägungen des Eheschließenden; anders jedoch im Kriege, wo die klagende Ehefrau, wenn sie durch Heirat Deutsche geworden wäre, die gegen feindliche Ausländer verhängten Repressalien hätte erdulden müssen, so daß geschlossen wurde, daß in Kriegszeiten die Nationalität des Ehegatten für die Erklärung wesentlich sei. Aus diesen Entscheidungen ergibt sich, daß es auch bei Geschäften, die immer intuitu personae geschlossen werden, noch nicht von vornherein feststeht, ob eine bestimmte Eigenschaft wesentlich ist, sondern daß es ferner auf die typische Bedeutung der fehlenden Eigenschaft für Geschäfte dieser Art ankommt[913].

Freilich ist die hier beobachtete Einschränkung der Anfechtung auf das Fehlen typisch wesentlicher Eigenschaften nicht allgemein beachtet worden. Einen Extremfall berichtet Mazeaud[914]: Die Familie A beabsichtigte, abends ins Theater zu gehen. Zuerst traf A selber am Theater ein und kaufte für sich, seine Frau und seine Tochter drei Eintrittskarten. Seine Frau, die etwas später kam, kaufte, ohne davon zu wissen, noch einmal drei Eintrittskarten. A verlangte vom Theaterunternehmen Rückzahlung des Geldes, das seine Frau für die zweite Gruppe von Eintrittskarten bezahlt hatte. Das Gericht gab der Klage statt, da Frau A sich geirrt habe und „dieser Irrtum sich auf die Substanz bezog, die Eigenschaft, die sie beim Vertragsabschluß hauptsächlich im Auge hatte, jene, ohne die

---

911 D. 1920.2.78 und 79.

912 Zum Verständnis sei hinzugefügt, daß im Eherecht die Täuschung keinen Anfechtungsgrund abgibt („en mariage trompe qui peut"), Fuzier-Herman, Art. 180, Anm. 26; Josserand, a. a. O., Nr. 45.

913 Josserand, a. a. O., Nr. 45, stellt ein wenig vage darauf ab, ob die Staatsangehörigkeit im konkreten Fall „un rôle décisif" gespielt habe.

914 Trib. Com. Seine, Gaz. Pal. 1943.2.81 (siehe Mazeaud II, S. 145).

sie ihre Willenserklärung (consentement) nicht abgegeben hätte, die darin bestand, daß sie das Recht zum Besuch der Vorstellung erwarb, welches sie schon hatte, und das sie in diesem Fall nicht zweimal ausüben konnte".

Es lohnt sich, diese Begründung wörtlich wiederzugeben, da sie erstens erkennen läßt, wie „erreur sur la substance" und Irrtum über Eigenschaften der Person vermischt werden — ohne daß es sich hier übrigens um eine Eigenschaft der Frau gehandelt haben dürfte — wodurch letztlich allgemein die Zweckverfehlung gutgemacht werden soll. Ferner drängt sich ein Vergleich mit dem oben auf S. 159 erwähnten Fall des „contrat de remplacement militaire" auf, der in durchaus diskutabler Weise mit dem Begriff der absence de cause gelöst wurde. Während sich jene Entscheidung aber dadurch rechtfertigt, daß die Vorstellung des Erklärenden, er sei wehrpflichtig, im Geschäft deutlich zum Ausdruck kam, hat das Gericht hier eine Anfechtung wegen der Verfehlung völlig persönlicher, im Vertrag in keiner Weise zum Ausdruck gekommener Vorstellungen zugelassen[916].

Allerdings läßt sich nicht leugnen, daß es der Vorstellung jedes Käufers von Eintrittskarten entspricht, daß er noch nicht das Recht hat, die Veranstaltung zu besuchen, so daß man sagen muß, daß durchaus ein typischer Zweck verfehlt wurde. Aber erstens ist diese Zweckvorstellung für den Vertragspartner ebenso typisch unwesentlich wie sie für den Käufer wesentlich sein mag; es gehört schlechthin zum typischen Bild dieser Verträge, daß es niemals darauf ankommt, ob der Käufer die Veranstaltung besuchen kann oder nicht. Zweitens sollten aber auch im französischen Recht, das eine allgemeine Lehre von der Zweckverfehlung kennt, bei Anwendung der Vorschriften über Irrtum deren gesetzliche Schranken eingehalten werden, im obigen Fall die durch den Eigenschaftsbegriff gezogenen. Auf die Ausführungen zum Vorschlag Kegels, im Rahmen des § 119 II den Eigenschaftsbegriff gänzlich aufzugeben, wird verwiesen[917].

Daß es überhaupt zu der mitgeteilten, nach Begriffen des deutschen Rechts unhaltbaren Entscheidung gekommen ist, mag daran liegen, daß sich im französischen Recht der Gedanke der allgemeinen Zweckverfehlung und die Irrtumslehre viel mehr überschneiden als es im Recht des BGB je der Fall sein könnte.

Zusammenfassend kann zum erreur sur la personne gesagt werden, daß dieser Irrtumsfall deutliche Beziehungen zur cause-Lehre aufweist, nicht so sehr durch die wörtliche Erwähnung der „cause

---

[915] Der Wortlaut der Entscheidung läßt noch die Auslegung zu, daß das Gericht vielleicht eine Eigenschaft der Eintrittskarten im Auge gehabt haben könnte, doch kann es unmöglich als eine Eigenschaft einer Eintrittskarte angesehen werden, daß sie jemanden zum Eintritt berechtigt, der dieses Recht bislang noch nicht hatte.

[916] Dies kritisiert auch MAZEAUD, a. a. O.; zustimmend dagegen SAVATIER, Cours II, Nr. 108.

[917] Oben S. 154 f.

principale" in Art. 1110 al. 2 C. civ.[918], sondern hauptsächlich in der Ausgestaltung der wesentlichen Irrtumsfälle im einzelnen. Anders als im deutschen Recht mit den festen Grenzen der §§ 119 ff. BGB besteht aber im französischen Recht eine große Unsicherheit hinsichtlich der Trennung von beachtlichem Irrtum und reinem Motivirrtum. Die Lehre hat dieses Problem z. T. mit der Forderung nach einer Zweiseitigkeit des Irrtums zu bewältigen versucht[919].

3. Irrtum über die cause

Da anerkanntermaßen als Hauptkriterium für die Erheblichkeit eines Irrtums die Frage beantwortet werden muß, ob der Irrtum bestimmend war, weil es sich im Grunde um den Irrtum im mobile déterminant handelt[920], nimmt es nicht Wunder, daß der Rahmen, den Art. 1110 C. civ. der Irrtumsanfechtung gezogen hat, gesprengt worden ist. Dies geschah weitgehend dadurch, daß die Rechtsprechung Fälle unter den Substanzirrtum gebracht hat, die als solcher schlechthin nicht mehr angesehen werden können[921] — Beispiele dafür wurden vorgelegt. Die Literatur neigt z. T. dazu, diese Fälle des Irrtums im bestimmenden Beweggrund offen als „erreur sur la cause" entsprechend Art. 1110 zu behandeln[922]. Sie tut dies deshalb, weil diese Art von Irrtümern zu schweren Nachteilen führen kann[923], also aus Gründen der materiellen Erheblichkeit der Zweckverfehlung. Aus dieser Erweiterung leitet man z. T. auch das Recht her, den Irrtum über rechtliche Verhältnisse dem über Tatsachen gleichzustellen[924].

Hierher gehören z. B. der Irrtum über die außereheliche Vaterschaft bei Eingehung einer Verpflichtung zur Alimentation des Kindes (hierzu ist der Vater nach französischem Recht im allgemeinen nicht verpflichtet). Ähnlich liegt es beim Irrtum über die einer Verpflichtungserklärung vermeintlich zugrundeliegende Schadensersatzpflicht[925]. Versteht man nun unter der cause den typischen oder vereinbarten Zweck einer Vermögenszuwendung, so wird man in den genannten Beispielen sagen können, daß sich der Erklärende

---

[918] Ob der Begriff der „cause" hier technisch gemeint ist oder nicht, ist im übrigen auch streitig. Vgl. dazu Capitant, a. a. O., Nr. 103 (S. 224); Ionasco, Rev. trim 1931, 45, einerseits; Planiol-Esmein, Nr. 175, andererseits.

[919] Darüber unten S. 172 ff.

[920] Oben S. 161.

[921] Boulanger, Rép. Dr. Civ., Art. „Erreur", Nr. 29.

[922] Boulanger ebenda; Ripert-Boulanger II, Nr. 161.

[923] Planiol-Esmein, Nr. 185.

[924] Ripert-Boulanger II, Nr. 161; Capitant, a. a. O., Nr. 104.

[925] Kassationshof, D. H. 1931.445; Req. D. P. 1926.1.27.

jeweils bei der Verwirklichung eines typischen Zwecks — Abdeckung einer seiner Meinung nach bestehenden Verpflichtung, Verhältnis von Leistung und Gegenleistung u. dgl. — geirrt hat, daß also hier die Irrtumslehre nicht die Grenzen des nach der cause-Lehre Vertretbaren überschreitet. Als „erreur sur la cause" ist aber auch der Irrtum des Bürgen über die Zahlungsfähigkeit des Hauptschuldners angesehen worden[926], m. E. grundsätzlich ein unbeachtlicher Motivirrtum. Freilich wird jeder Bürge typischerweise davon ausgehen, daß der Hauptschuldner erfüllen kann; doch ist es gerade der typische, dieser Vertragsform eigene Zweck der Parteien, das Risiko der Zahlungsunfähigkeit des Hauptschuldners dem Bürgen aufzubürden[927].

Die Besonderheit des erwähnten Falles bestand allerdings darin, daß schon zur Zeit der Bürgschaftserklärung die Zahlungsunfähigkeit des Hauptschuldners feststand, daß ferner Gläubiger und Hauptschuldner den Bürgen insofern arglistig getäuscht hatten. Hier stellt sich dann — neben dem allein schon ausreichenden Einwand der Täuschung — die Frage[928], ob nicht die Bürgschaft wegen der fehlenden Ungewißheit, ob der Hauptschuldner erfüllt, wegen des Fehlens des typischen Zwecks also, von vornherein unwirksam war. Leider ist das Gericht hierauf nicht eingegangen.

Es braucht nicht näher ausgeführt zu werden, daß insoweit, als die Zweckerreichung oder -verfehlung von rechtlichen Umständen abhängt, auch der Irrtum über diese rechtlichen Verhältnisse den Vertrag vernichten kann. Es kommt eben nur darauf an, ob der Rechtsirrtum sich auf die „cause même de l'obligation" bezieht[929]. Dies Kriterium erschien bereits bei der Behandlung des deutschen Irrtumsrechts für die Beantwortung der Frage maßgebend, wann der Irrtum über rechtliche Folgen der Willenserklärung zur Anfechtung berechtige: Dort[930] ist festgestellt worden, daß es immer darauf ankommt, ob der Irrtum typisch wesentliche Hauptfolgen der Erklärung betrifft — dann ist Anfechtbarkeit zu bejahen. Wie nun im deutschen Recht, das auf die Festlegung der Grenzen des Geschäftswillens besonders großen Wert legt, der causa-Gedanke als Begrenzung des Geschäftswillens dient, so stellt der französische Jurist, der sich weniger am Zwiespalt von Willen und Erklärung als an der eigentlichen Zweckverfehlung[931] des Erklärenden orientiert, da-

---

926 Rennes, D. 1952.712; Ripert-Boulanger II, Nr. 161.

927 So richtig Rennes, a. a. O.

928 Aufgeworfen in der Anmerkung A. T. zu der genannten Entscheidung.

929 Capitant, a. a. O., Nr. 104.

930 Oben S. 139 ff.

931 Wie bereits ausgeführt (oben S. 130), ist der Zwiespalt von Wille und Erklärung normalerweise kein Fall der Zweckverfehlung.

rauf ab, ob ein allgemein wesentlicher oder ein unwesentlicher (persönlicher) Zweck des Erklärenden verfehlt wurde. Bei dieser Frage wird dann aber ebenfalls die cause-Lehre zu Hilfe genommen.

b) Gemeinsamkeit des Irrtums

Im vorigen sind in den drei Spielarten des erreur vice du consentement die m. E. recht engen Beziehungen zur cause-Lehre aufgezeigt worden, wobei als Ergebnis vorläufig festgestellt werden kann, daß das französische Recht, das zunächst die Erheblichkeit eines Motivs, nicht so sehr seine Erscheinung im Erklärungstatbestand als Ausgangspunkt nimmt, für diese Erheblichkeit weitgehend den geschäftstypischen Zweck des Erklärenden als Maßstab heranzieht. In allen Formen — erreur sur la substance, sur la personne, sur la cause — sind aber Grenzübergriffe zum Motivirrtum vorgekommen. Manchmal erscheint deshalb die Verkehrssicherheit gefährdet. Deshalb muß noch geprüft werden, ob und inwieweit Art. 1110. C. civ. Zweiseitigkeit des Irrtums oder Kenntnis des Irrtums der einen durch die andere Partei verlangt.

Die Meinungen über diesen Punkt sind geteilt, da sich aus Art. 1110 keine Lösung ergibt; doch stimmen die Ergebnisse der Rechtsprechung und der Literatur in den meisten Fällen schließlich überein.

Nach der Meinung von Aubry und Rau[932] sowie wohl auch von Savatier[933] genügt einseitiger Irrtum. Dafür spricht, wie Ripert-Boulanger[934] andeuten, natürlich die Tatsache, daß es sich nach dem Gesetz immer nur um die Verfälschung *einer* Willenserklärung (vice du consentement) handelt, nicht um die *beider* Erklärungen.

Die Gegenmeinung, wonach beide Parteien dem Irrtum unterliegen müssen (erreur commune), ohne daß die Partei freilich wissen muß, daß sich der Gegner irrt, dürfte heute vorherrschen[935], doch wird sie nirgends rein durchgeführt und ist wohl auch undurchführbar[936]. Auf der Grundlage dieser Meinung nimmt man heute meist an, daß es darauf ankomme, ob die — später als irrig sich herausstellende — Vorstellung der Partei in den Vertrag Eingang gefunden[937] bzw. zum gemeinsamen Willen der Parteien gehört hat[938]. Damit soll die ein-

---

[932] § 343 bis (S. 437), wobei nicht ganz klar ist, ob sich das Gesagte nicht auf den „erreur de droit" beschränkt.

[933] Dieser spricht in Cours II, Nr. 108, von „la victime" de l'erreur.

[934] II, Nr. 168.

[935] Josserand, a. a. O., Nr. 165, unter Hinweis auf die Rechtsprechung; Planiol-Esmein, Nr. 177.

[936] Ripert-Boulanger II, Nr. 168.

[937] Paris, D. P. 1849.2.67; Planiol-Esmein, Nr. 177.

[938] Civ., D. P. 1867.1.248; Civ., D. P. 1901.1.71.

seitige Vorstellung, die eine Partei für sich behalten hat, ausgeschaltet werden[939].

Nun scheint es aber ausgeschlossen, zur Umschreibung dessen, was als gemeinsamer Wille der Parteien in den Vertrag Eingang gefunden hat, auf eine aktuell vorhandene Vorstellung der Partner abzustellen. Dabei würde z. B. die Irrtumsanfechtung bei allen Gesamtakten oder gesellschaftsrechtlichen Erklärungen sowie auch beim Irrtum über persönliche Eigenschaften eines Vertragspartners praktisch unmöglich gemacht[940]. Aber auch sonst bestünde die Gefahr, daß gerade ein solcher Irrtum sich nur als einseitiger nachweisen ließe, dem eine Partei nur deshalb erlegen ist, weil sie von der Richtigkeit ihrer Vorstellung als selbstverständlich ausging und deshalb in den Vertrag keine entsprechende Bestimmung aufnehmen ließ. Man muß daher — und das tun eigentlich alle französischen Autoren und wohl auch die Rechtsprechung in mehr oder weniger eindeutiger Weise — zu einer Typisierung des Vertragsinhalts oder, wie es sonst heißt[941], zu Vermutungen greifen.

Aus den Umständen des Vertrages, den Bedingungen (beispielsweise der Höhe der Gegenleistung), lassen sich mit ziemlicher Sicherheit eine Reihe von Vorstellungen erschließen, die ein Vertragspartner selbstverständlich hat. So ist es keine Frage, daß der Käufer eines teuren Gemäldes die Herkunft von einem bestimmten bekannten Maler annimmt; daß man beim Kauf eines verstaubten und beschädigten Möbelstücks für einen hohen Preis von einem hohen Alter der Sache ausgeht[942]; daß ich bei der Übernahme der Verpflichtung, den durch eine Brandstiftung verursachten Schaden zu ersetzen, annahm, ich sei für den Schaden verantwortlich[943]. Letztlich gibt es also den Ausschlag, welche Vorstellungen sich ein „contractant normal[944]" machen würde; ist eine solche Vorstellung im Einzelfall falsch, so kann in diesem Fall die bestimmende Wirkung des Irrtums bejaht, nicht nur vermutet werden, so daß Anfechtung möglich ist[945]. Eine atypische Vorstellung hingegen spielt nur dann eine Rolle, wenn die andere Partei sie und ihren Einfluß auf die Willensbildung des Irrenden erkannt hat[946].

Wenn hier gelegentlich[947] als wichtig hervorgehoben wird, daß in diesem Fall der Erklärungsgegner den Irrtum habe erkennen müs-

---

[939] Josserand, a. a. O., Nr. 65 (S. 84).

[940] Boulanger, Rép., Art. „Erreur", Nr. 54.

[941] Ripert-Boulanger II, Nr. 169.

[942] Josserand, a. a. O.; Ripert-Boulanger II, Nr. 169; vgl. ferner Colin-Capitant II, Nr. 657.

[943] Req. D. 1924.509.

[944] Mazeaud II, Nr. 173.

[945] Mazeaud ebenda.

[946] Mazeaud ebenda.

[947] Ripert-Boulanger II, Nr. 169.

sen[948], so hängt das damit zusammen, daß die Anfechtung des Irrtums häufig in die Sphäre der Wiedergutmachung einer Vertragsverletzung durch denjenigen gerückt wird, der sich auf eine vom Irrtum beeinflußte Willenserklärung beruft, also in die Nähe der „faute“. Für den Regelfall des Irrtums wird sich aber keine Vertragsverletzung des Gegners feststellen lassen; höchstens kann man untersuchen[949], ob der Irrende selber schuldhaft gehandelt hat. Der Gedanke der Typisierung der zur Irrtumsanfechtung führenden Vorstellungen — bzw. einer Vermutung, daß der Irrtum bestimmend gewesen ist — dürfte also tragfähiger sein als der einer faute des Vertragspartners des Irrenden.

Diese Feststellung erhärtet aber noch einmal unsere Behauptung, daß die Anfechtung einer Erklärung wegen Irrtums und die Unwirksamkeit wegen absence de cause zwei in Voraussetzungen und Ergebnis sehr ähnliche Institutionen sind. Jeweils handelt es sich um Ausprägungen des Gedankens der Zweckverfehlung; in beiden Formen wirkt eine solche Zweckverfehlung nur dann auf die Erklärung ein, wenn ein typischer oder beiden Parteien bekannter Zweck verfehlt wird[950]. Verständlicherweise werden daher sehr ähnliche Fälle von unterschiedlichen Ausgangspunkten her, aber mit recht ähnlichen Argumenten gelöst.

c) Unterschiede zwischen erreur und absence de cause

Unter der „Lösung“ im obigen Sinne ist freilich zunächst nur die Feststellung zu verstehen, daß die Erklärung — entweder wegen Irrtums oder wegen absence bzw. fausseté de cause — nicht verbindlich ist. Das heißt aber noch nicht, daß die Folgen dieser Unverbindlichkeit in jeder Hinsicht dieselben wären.

1. Bedeutung des Verschuldens

Da im Irrtumsrecht bekanntlich die Forderung erhoben wird, der Irrende dürfe den Irrtum nicht zu vertreten haben[951], taucht bei verschuldetem Irrtum die Frage auf, welche Folgen die Schuld des Irrenden hat. Da es im Code civil keine im einzelnen benannten Formen

---

[948] Wenn er den Irrtum kannte, greift regelmäßig der Gesichtspunkt der Arglist durch, BOULANGER, Rép. Art. „Erreur“, Nr. 57; RIPERT-BOULANGER II, Nr. 170.

[949] Was bekanntlich auch geschieht, vgl. oben S. 156 und Anm. 842.

[950] Hier würde das deutsche Recht theoretisch eine Vereinbarung verlangen müssen; zwischen einem Kennen der Zwecke des Gegners und einer Aufnahme seiner Vorstellungen in den Vertragsinhalt verfließen aber die Grenzen.

[951] PLANIOL-ESMEIN, Nr. 180; RIPERT-BOULANGER II, Nr. 172.

der Delikts- und Vertragshaftung gibt, greift hier ungehindert die Generalklausel der Art. 1383, 1384 C. civ. ein, wonach jeder dem anderen zugefügte Schaden zu ersetzen ist. Dieser allgemeine Gedanke führt im Bereich des verschuldeten Irrtums dazu, entweder dem Vertragspartner, der auf die Gültigkeit der Erklärung vertraut hat, einen Anspruch auf Ersatz des durch die Ungültigkeit bei ihm eingetretenen Schadens zu geben[952] — also zu einer dem § 122 BGB ähnlichen Lösung —, oder aber der Irrtum ist von vornherein nur beachtlich, wenn er unverschuldet geschah[953], da die Unbeachtlichkeit in diesem Fall die beste Form der Wiedergutmachung ist.

Für eine solche Verschuldensprüfung mit entsprechenden Rechtsfolgen ist dagegen im Rahmen der Unwirksamkeit der Zuwendung wegen absence de cause kein Raum. Man braucht sich nur daran zu erinnern, daß die absence de cause im Grunde ein Fall des Fehlens der Vertragsgerechtigkeit ist[954], um einzusehen, daß hier aus objektiven, grundsätzlich nicht im Bereich einer Partei gelegenen Erwägungen, u. U. sogar wegen später eingetretener, von keiner Partei zu vertretender Ereignisse, eine Unwirksamkeit der Zuwendung bestimmt wird. Hierin liegt also ein Unterschied zwischen allgemeiner cause- und spezieller Irrtumslehre im französischen Recht.

2. Nullité absolue und nullité relative

Hinsichtlich der Rechtsfolgen ist zu unterscheiden: Während nach Art. 1131 C. civ. die ohne cause erfolgte Zuwendung keine Wirkung haben soll („ne peut avoir aucun effet“ — sog. nullité absolue), bestimmt für die Nichtigkeit wegen Irrtums Art. 1117 C. civ., daß Nichtigkeit nur auf Anfechtung hin eintritt, sog. nullité relative.

Einer der Hauptunterschiede zwischen der bei absence de cause eintretenden nullité absolute und der nullité relative ist der, daß die „action en nullité“, durch die allein die relative Unwirksamkeit geltend gemacht werden kann, nach Art. 1304 C. civ. auf einen Zeitraum von 10 Jahren beschränkt ist. Diese Beschränkung gilt bei der Nullité absolue nicht. Ferner kann die absolute Nichtigkeit von jedermann geltend gemacht werden, die relative nur durch denjenigen, zu dessen Schutz sie eingetreten ist. Die nur von einer nullité relative angetasteten Zuwendungen schließlich können, im Gegensatz zu den absolut nichtigen, bestätigt werden[955].

---

[952] Civ., S. 1902.1.317; Colin-Capitant II, Nr. 657.

[953] Nîmes, D. 1950.556; Planiol-Esmein, Nr. 180 m. w. N.; Ripert-Boulanger II, Nr. 177.

[954] Oben S. 25.

[955] Vgl. zum Ganzen Colin-Capitant II, Nr. 757.

Trotz dieser theoretischen Verschiedenheit haben sich im Hinblick auf die Rechtsfolgen von absence de cause und Irrtum praktische Bedürfnisse soweit durchgesetzt, daß eine große Annäherung der tatsächlichen Ergebnisse erreicht wurde. Zwar hält man beim erreur vice du consentement an sich an der nullité relative fest[956] (beim sog. erreur obstacle soll bekanntlich die Nichtigkeit von vornherein automatisch eintreten, weil dort niemals etwas vorhanden war[957]). Anders als im deutschen Recht ist aber die Feststellung von Teilnichtigkeit und eine anderweitige Vertragsanpassung zulässig[958]. Andererseits ist bei der absence de cause grundsätzlich noch von einer nullité absolue auszugehen[959]; doch führt die Überlegung, daß die absence de cause meist einen der Vertragspartner einseitig benachteilige, häufig dazu, nur dieser Partei die Berufung auf die absence de cause zu gestatten, also insoweit zu einer nullité relative[959]. Z. T. wird diese Folge nur da angenommen, wo erreur sur la cause vorliegen soll[960] — wie man sieht, verfließen auch insofern die Formen der Zweckverfehlung weitgehend. Mit denselben Argumenten befürwortet man auch die Anwendung der Frist des Art. 1304 C. civ. auf die Geltendmachung der Nichtigkeit wegen absence de cause[961]. Dem ist allerdings die Praxis nicht gefolgt[962]. Wichtig für die Angleichung der Rechtsfolgen von absence de cause und Irrtum ist schließlich die Tatsache, daß auch im Rahmen des Art. 1131 C. civ. eine Teilvernichtung (absence partielle de cause) der Zuwendung allgemein für zulässig gehalten wird[963].

3. Ergebnis zu c).

Als Ergebnis ist zu diesem letzten Punkte festzuhalten, daß die Überschneidung der Voraussetzungen von absence de cause und erreur sich im Bereich der Rechtsfolgen der Zweckverfehlung ebenfalls ab-

---

[956] Planiol-Esmein, Nr. 188; Mazeaud II, Nr. 175; Colin-Capitant II, Nr. 751.

[957] Oben S. 157 und Anm. 845.

[958] Planiol-Esmein, Nr. 188 m. w. N.

[959] Ripert-Boulanger II, Nr. 300; Mazeaud II, Nr. 282.

[960] Colin-Capitant II, Nr. 755.

[961] Planiol-Esmein, Nr. 263.

[962] Civ., S. 1934.1.1; D. H. 1933.4.

[963] Ripert-Boulanger II, Nr. 301; Planiol-Esmein, Nr. 264; Mazeaud II, Nr. 282; einen gesetzlich geregelten Anwendungsfall dieser Lehre kann man in Art. 1601 al. 2 C. civ. erblicken, der bei teilweisem Untergang einer Kaufsache dem Käufer die Wahl zwischen Teilerfüllung und vollständiger Vertragsauflösung gibt. Voraussetzung hierfür ist allerdings, daß man die Auflösung („résolution pour inexécution") als Ausfluß der causa-Lehre ansieht, wie es Capitant (Nr. 132 ff.) tat.

zeichnet. Berücksichtigt man ferner, welche Rolle das in der cause-Lehre zur Ausscheidung der reinen Beweggründe herangezogene „mobile déterminant“ auch im Irrtumsrecht spielt, so darf insgesamt wohl von sehr engen Beziehungen zwischen cause und erreur die Rede sein. Die Ähnlichkeit des hier gefundenen Ergebnisses mit der im vorigen Abschnitt versuchten Deutung des deutschen Irrtumsrechts aus Grundsätzen der cause-Lehre liegt deutlich zu Tage; sie berechtigt zu der abschließenden, im ersten Teil dieser Arbeit allgemein aufgestellten Behauptung, daß das Irrtumsrecht sowohl im deutschen als auch im französischen Rechtssystem einen Ausfluß der causa-Lehre in Gestalt des Gedankens von der Vernichtbarkeit einer Vermögenszuwendung wegen ursprünglicher Zweckverfehlung darstellt.

2. Abschnitt
Bedeutung der causa im Bereicherungsrecht

§ 15. Bedeutung der causa im deutschen Bereicherungsrecht

I. Grundlegung: Der Bereicherungstatbestand

Wie im französischen Recht[964], so geht auch im deutschen Recht der sog. Bereicherungsanspruch auf den allgemeinen Gedanken zurück, daß eine Vermögensbewegung, die nicht den Ansprüchen einer „gerechten Zuordnung der Güterwelt zum Vermögen eines bestimmten Berechtigten[965]“ entspricht, rückgängig gemacht werden muß. Mit der Erkenntnis dieses allgemeinen Billigkeitsprinzips ist aber noch nichts gewonnen; man darf sich nicht, wie es dem RG gelegentlich unterlaufen ist[966], den Blick dafür trüben lassen, daß das Gesetz scharfe Tatbestandsmerkmale aufgestellt hat bzw. zumindest aufstellen wollte, nach denen sich der Bereicherungsanspruch richtet[967]. Auch das in § 812 genannte Tatbestandsmerkmal des Fehlens eines rechtlichen Grundes darf nicht als Einfallstor für die Durchsetzung allgemeiner Billigkeitserwägungen dienen; vielmehr war schon im Zuge der Vorarbeiten klar, daß das Bereicherungsrecht verschiedene ziemlich genau bestimmte Fehlerquellen des rechtfertigenden Grundes kennt, die sich in zwei grundsätzlich verschiedenen Kondiktionsformen widerspiegeln[968].

---

964 Darüber unten S. 229 ff.

965 ENNECCERUS-LEHMANN, § 220 I; vgl. auch RGRK-SCHEFFLER, vor § 812 Anm. 5.

966 RG, JW 1906, 96 ff. (70); vgl. ferner RG 120, 299 ff.; 120, 349 ff.

967 SCHEYHING, AcP 157, 372; VON LÜBTOW, Beiträge, S. 24; VON CAEMMERER, Rabel-Festschrift, S. 337; WILBURG, S. 19 f.

968 MUGDAN, Materialien II, S. 463.

a) Leistungs- und Eingriffskondiktion

Ob nun die einzelnen Tatbestände der §§ 812 ff. auf einen für alle Fälle einheitlichen Grundfall zurückgehen[969] oder nicht[970], kann hier dahingestellt bleiben; Einigkeit besteht weitgehend darüber, daß eine grundsätzliche Unterscheidung den § 812 und damit das ganze Bereicherungsrecht durchzieht, und zwar die Unterscheidung, ob ein Vermögensvorteil „durch die Leistung eines anderen" oder „in sonstiger Weise" erlangt worden ist[971]. Während aber diese Unterscheidung meist nur bei der Prüfung verschiedener Tatbestandsmerkmale, so des Rechtsgrundes oder der sog. Unmittelbarkeit der Vermögensverschiebung, ernst genommen wird, muß hier von Anfang an klargestellt werden, daß es sich um zwei völlig verschiedene Arten von Vermögensbewegungen handelt, die unter durchaus verschiedenen Voraussetzungen und in verschiedenem Umfang der Rückforderung unterliegen.

Im Vordergrund der gesetzlichen Regelung steht die Leistungskondiktion[972], bei der es darum geht, wann und von wem eine Vermögensverschiebung, die als „Leistung" charakterisiert ist, herausverlangt werden kann. Das ist der Fall, wenn die mit der Zuwendung verbundene Zweckbestimmung nicht erreicht wird[973]. In der Terminologie unserer Untersuchung bedeutet das, daß eine Zuwendung zurückgefordert werden kann, deren typischer[974] oder vereinbarter Bezug zum Gesamtgeschäft gestört ist. Hingegen befindet sich, wie oben[975] ebenfalls bereits gesagt wurde, die Rückforderung wegen ungerechtfertigter Bereicherung „in sonstiger Weise" außerhalb der causa-Lehre: Dieser Anspruch geht meistens auf die Verletzung eines Rechts des Entreicherten zurück, das den Zweck hat, bestimmte Güter dem Berechtigten zuzuweisen[976], und aus dessen Zuweisungsgehalt sich ergibt, daß der durch die Vermögensverschiebung Begünstigte den Vorteil dem Berechtigten zu erstatten hat (Rechtsfortwirkungsanspruch[977], auch Eingriffskondiktion genannt). Ob diese Rückforde-

---

[969] ENNECCERUS-LEHMANN, § 220 II; VON LÜBTOW, S. 25.

[970] LEONHARD, Besonderes Schuldrecht, § 238.

[971] ENNECCERUS-LEHMANN, § 220 II; LARENZ, § 62; ESSER, § 189, 1; STAUDINGER-SEUFERT, § 812 Anm. 1; WILBURG, S. 12 ff.; SCHEYHING, AcP 157, 372; KÖTTER, AcP 157, 194; BERG, AcP 160, 507; BGH 40, 272; 48, 70.

[972] Auf sie sind bis auf § 816 alle Vorschriften zugeschnitten, vgl. BERG, AcP 160, 507.

[973] Vgl. hier nur STAUDINGER-SEUFERT, § 812 Anm. 17; VON LÜBTOW, S. 26.

[974] Siehe v. LÜBTOW, S. 26, unter Hinweis auf STAMPE, Wertbewegungslehre, S. 191.

[975] S. 82.

[976] WILBURG, S. 27 ff.; v. CAEMMERER, Rabel-Festschrift, S. 353 ff.; kritisch JAKOBS a. a. O., S. 32 ff.

[977] WILBURG, S. 49.

rung stattfindet, richtet sich hierbei nicht wie bei der Leistungskondiktion nach einer (subjektiven) Zweckbestimmung durch Parteien, sondern nach dem (objektiven) Zweck (besser: Zuweisungsgehalt) eines Rechts. Wenn das Gesetz diesen objektiven Zweck eines Rechts ebenfalls als „Rechtsgrund“ bezeichnet, so ändert das nichts daran, daß es sich um eine causa im Sinne der hier erarbeiteten Begriffsbestimmung nicht handeln kann. Einen einheitlichen Begriff des Rechtsgrundes gibt es also nicht[978].

b) Besonderheiten der Einteilung in Leistungs- und Eingriffskondiktion

Von dieser grundsätzlichen Einstellung her muß noch auf einige weitere Punkte hingewiesen werden, die das Bereicherungsrecht als ganzes betreffen: Zunächst einmal spielt der Gesichtspunkt keine ausschlaggebende Rolle, daß zwischen den formellen, der Sicherheit und leichten Erkennbarkeit von Rechtsverhältnissen dienenden Vorschriften und den Forderungen der materiellen Gerechtigkeit ein schuldrechtlicher Ausgleich herbeigeführt werden müsse[979], womit das Bereicherungsrecht hauptsächlich auf die Tatsache der Anerkennung abstrakter Zuwendungen durch das deutsche Recht zurückgeführt wäre. Man kann nicht sagen, daß durch die §§ 812 ff. in Anwendung einer höherwertigen Ausgleichsordnung[980] gewisse im Interesse des Verkehrsschutzes nur vorläufig als wirksam anerkannte Zuwendungen rückgängig gemacht würden. Vielmehr kommt es allein darauf an, ob die vemögensrechtliche Besserstellung, die jemand durch eine zweckgebundene Zuwendung oder durch eine nicht zweckgebundene Vermögensverschiebung erlangt hat, im ersten Fall dem Zuwendungszweck und im zweiten Fall der objektiven Rechtsordnung entspricht. So kann die Leistungskondiktion auf Erstattung von Zuwendungen gehen, bei denen sich von Abstraktheit oder Kausalität gar nicht sprechen läßt, z. B. Arbeitsleistungen[981]. Andererseits kann der Eigentümer einer Sache, über die ein Nichtberechtigter unwirksam verfügt hat, deren Erwerber also keinen Vertrauensschutz genießt, trotzdem nach § 816, also mit der Eingriffskondiktion, den Erlös der Sache beanspruchen, wenn er die Verfügung genehmigt, sie also nach § 185 wirksam macht[982]. Dies zeigt, daß auch der Rechtsfortwirkungsan-

---

[978] Oben S. 12 und die in Anm. 53 daselbst angegebene Literatur.

[979] So aber z. B. ENNECCERUS-LEHMANN, § 220 I; RGRK-SCHEFFLER, vor § 812 Anm. 6; wie hier VON CAEMMERER, Rabel-Festschrift, S. 338 f.; LEONHARD, Besond. Teil, § 248; WILBURG, S. 20 f.

[980] Siehe BARNSTEDT, S. 100; v. LÜBTOW, S. 26; vorsichtig FIKENTSCHER, S. 88, 519.

[981] v. CAEMMERER, a. a. O.; a. A. KRAWIELICKI, Grundlagen, S. 7, der abstrakte und kondizierbare Zuwendung völlig gleichsetzt.

[982] Ganz h. M., BGH 29, 157; ENNECCERUS-LEHMANN, § 225 I 3; STAUDINGER-SEUFERT, § 816 Anm. 4 a m. w. N.

spruch durchaus nicht immer auf der im Verkehrsschutz begründeten Wirksamkeit einer abstrakten Vermögensverschiebung beruhen muß, sondern auch manchmal vom Willen des Rechtsinhabers abhängen kann.

Der Unterscheidung von Leistungsbereicherung und Bereicherung „in sonstiger Weise" wird also bei der Erörterung der §§ 812 ff. eine entscheidende Bedeutung zukommen. Es versteht sich von selber, daß in der Untersuchung der causa die Problematik der Eingriffskondiktion vernachlässigt werden muß. Das schließt aber nicht aus, daß zwischen den beiden Bereicherungsarten Überschneidungen auftreten können, d. h. also, daß eine Bereicherung des A „durch Leistung" des B und zugleich „auf sonstige Weise" auf Kosten einer geschützten Rechtsposition des C eintritt, z. B. im Fall der wirksamen, aber rechtsgrundlosen Verfügung über das Eigentum eines anderen. Diese Kollisionsfälle, in denen es darum geht, ob sich Leistungs- und Eingriffskondiktion ausschließen, müssen hier trotz der sonstigen Vernachlässigung der Eingriffskondiktion erörtert werden.

II.

Die einzelnen Kondiktionsfälle

Eine nähere Betrachtung der einzelnen Kondiktionsfälle muß notwendig auf einer Erörterung des Leistungsbegriffs aufbauen, um eine saubere Scheidung der beiden Hauptformen zu ermöglichen. Die Bestimmung des Rechtsgrunds bzw. der Rechtsgrundlosigkeit ergibt sich aus dem Leistungsbegriff, wie später[983] zu zeigen sein wird. Mit der Behandlung der *Leistungskondiktion* ist dann aber, da die Eingriffskondiktion nach dem Gesetzestext alle Fälle sonstiger unmittelbarer Vermögensverschiebung erfassen soll, vieles über den Bereicherungsanspruch bereits ausgesagt. Es ist daher zunächst die Leistungskondiktion, dann die Eingriffskondiktion zu behandeln.

a) Die Leistungskondiktion

Zunächst ist hier der Leistungsbegriff zu klären.

1. Der Leistungsbegriff

Das BGB behandelt die Leistung als allgemeinen Begriff des Schuldrechts in § 241. Hier meint es das Verhalten, das der Gläubiger „kraft des Schuldverhältnisses" vom Schuldner fordern kann; das Gesetz stellt ausdrücklich klar, daß auch ein Unterlassen Gegenstand

---

[983] Darüber unten S. 201 ff.

einer Leistung sein könne, § 241 Satz 2. Eine Leistung im Sinne des § 812 kann aber nur ein Verhalten sein, durch das „etwas" in das Vermögen eines anderen gelangen kann, also eine Zuwendung[984]; dieser Leistungsbegriff ist also enger als der des § 241[985]. Es versteht sich, daß nur ein willensgetragenes Verhalten hierher gehört; fraglich ist jedoch, welche Anforderungen an den Willen gestellt werden müssen. Hier interessiert insbesondere, ob der Wille den Adressaten der Zuwendung und ihren Zweck umfassen muß, ferner, ob der Wille irrtumsfrei gebildet sein muß[986]. Im einzelnen steht dazu folgendes fest:

aa) Wenn es heißt, daß nur ein *willentliches Verhalten* den Leistungsbegriff erfüllt[987], so muß also der Zuwendende wissen, daß er einen Vermögenswert einem fremden Vermögen zuführt. Wenn derjenige, der tatsächlich einen Vermögenswert in ein fremdes Vermögen verbringt, annimmt, der Vermögenswert verbleibe in dem Vermögen, in dem er sich bisher befand, so liegt keine willentliche Zuwendung vor und schon aus diesem Grunde keine Leistung: So in dem bekannten Beispiel des Hausmeisters, der für die Sammelheizung eigene Kohlen statt der des Eigentümers verwendet[988]. Die Frage, ob der Wille irrtumsfrei gebildet sein muß, spielt hier nicht hinein[989].

Durch „Leistung" können verschiedene Arten von Vermögenswerten in das Vermögen eines anderen verbracht werden[990], und zwar jeweils in der Art und Weise, die das Recht für ihre Einführung in ein Vermögen fordert. So müssen Sachen durch besonderen dinglichen Vertrag übereignet werden; ein Pfandrecht muß eigens bestellt werden: Hier bedarf es also einer rechtsgeschäftlichen Zuwendung in Gestalt einer Einigung, ebenso beim abstrakten Versprechen, §§ 780, 781. Rechtsgeschäftliche, aber einseitige Zuwendungen sind z. B. der Verzicht auf dingliche Rechte (§§ 1064, 1255, 1168), die nach § 181 mögliche Genehmigung des Selbstkontrahierens[991]. Der Vermögenswert, der sich aus getaner Arbeit ergibt, kann nur durch tatsächliches Han-

---

984 SCHÖNINGER, Leistungsgeschäfte, S. 3, 4.

985 KÖTTER, AcP 153, 195; s. auch ZEISS, AcP 165, 334; a. M. JAKOBS S. 161.

986 SCHEYHING, AcP 157, 376.

987 KRAWIELICKI, a. a. O., S. 1; LEONHARD, Besonderes Schuldrecht, § 242; SIBER, JhJb 70, 262; STAUDINGER-SEUFERT, § 812 Anm. 2; SIEBERT-MÜHL, § 812 Anm. 4.

988 SCHEYHING, AcP 157, 376, Fn. 28; v. CAEMMERER, Rabel-Festschrift, S. 352; ENNECCERUS-LEHMANN, § 222 II 3.

989 A. A. wohl SCHEYHING, a. a. O.

990 LEONHARD, Bes. SchuR., § 242, sieht hierin einen entscheidenden Unterschied zur Vermögensverschiebung „in sonstiger Weise".

991 Die Kondiktion einer solchen Genehmigung wegen Wegfalls der Verpflichtung dazu behandelt RG 110, 214.

deln zugewendet werden. An manche Tathandlungen knüpft das Gesetz von sich aus eine Rechtsfolge, so z. B. an die Verbindung, Vermischung oder Verarbeitung, §§ 946 ff. Wird diese Tathandlung willentlich vorgenommen, so kann es sich auch um eine Leistung handeln[992]. Schließlich kann auch ein willentliches Unterlassen eine tatsächlich wertvolle Position — und jede derartige Stellung genügt als Bereicherungsobjekt[993] — in ein fremdes Vermögen bringen: Ein Handelsvertreter gibt auf Grund einer Absprache mit einem Vertreter der einzigen Konkurrenzfirma die Bearbeitung eines bestimmten Bezirks auf und verschafft dem anderen dadurch den Vorteil, der einzige Anbieter in diesem Bezirk zu sein.

Wenn also ausgeführt wird[994], die Leistung müsse eine Veränderung der Rechtslage bewirken, so ist dies mißverständlich. Aus dem vorigen ergibt sich ferner auch, daß der Begriff der Leistung nicht voraussetzt, daß der zugewendete Gegenstand oder das zugewendete Recht schon in dieser Form im Vermögen des Zuwendenden vorhanden war[995], es reicht aus, wenn durch ein willentliches Handeln des Zuwendenden in der dafür gesetzlich vorgesehenen Form ein Vermögenswert in das Vermögen des Zuwendungsempfängers verbracht wird. So hat z. B. der nichtberechtigte Verfügende dem Gutgläubigen das Vollrecht geleistet, da er in den Formen der §§ 892, 932 und dgl. das Eigentum, nicht nur den Besitz oder die Buchposition, die er selbst hatte, in das Vermögen des Zuwendungsempfängers hat gelangen lassen[996].

Der Satz, daß jede „Leistung" eine willentliche Zuwendung enthält, verträgt aber, wie sich insbesondere bei den Grundsätzen der Kondiktion im Dreiecksverhältnis an Beispielen nachweisen läßt, keine Umkehrung: Es gibt willentliche Zuwendungen, die keine Leistungen sind, die folglich entweder überhaupt nicht oder beim Vorliegen der dafür aufgestellten Voraussetzungen nur mit der sog. Eingriffskondiktion zurückerlangt werden können. Wie sich hieraus ergibt, hat der Leistungsbegriff außer dem Vorliegen einer willensgetragenen Zuwendung noch andere Voraussetzungen. Wie auch sonst beim Erfordernis einer willentlichen Vermögensweggabe — so im Rahmen des § 935[997] — könnte man auch hier versucht sein, die Frage aufzuwerfen, ob für die Willensgetragenheit der Zuwendung natürliche Willensfähigkeit ausreicht oder ob der Zuwendende einen

[992] Berg, AcP 160, 508 f.

[993] Vgl. auch das Beispiel von Wilburg, S. 49.

[994] RGRK-Scheffler, § 812 Anm. 45; dagegen auch Staudinger-Seufert, § 812 Anm. 2.

[995] So aber Collatz, S. 5.

[996] v. Caemmerer, Boehmer-Festschrift, S. 151; Esser, § 190, 6 c; Haymann, JhJb 77, 325; a. M. Boehmer, Grundlagen, II, 2, S. 14; Oertmann, Recht 1915, 511; Schöninger, Leistungsgeschäfte, S. 33 f.

[997] Dazu siehe Westermann, Sachenrecht, § 49 I 3.

rechtlich erheblichen Willen muß bilden können. Bei genauerer Betrachtung stellt sich indes heraus, daß diese Frage hier müßig ist. Welche Erfordernisse nämlich an den Willen zu stellen sind, richtet sich nach der gesetzlichen Regelung der Zuwendung: Selbstverständlich setzen die Zuwendungen, die durch Rechtsgeschäft vollzogen werden, die Geschäftsfähigkeit des Zuwendenden voraus; bei Überbringung durch einen Geisteskranken wird wegen des Eingreifens des § 985 die Anwendung der § 812 ff. nicht praktisch. Hingegen wird man eine willentlich geleistete Arbeit auch dann als willentliche Zuwendung anzusehen haben, wenn der Arbeitende geschäftsunfähig war. Bei §§ 946 ff. kommt es für die Rechtsfolge des Eigentumsverlustes auf den Willen des Verbindenden gar nicht an[998].

Ob es sich allerdings um Leistungen handelt, ist damit noch nicht entschieden; diese Frage richtet sich danach, ob die Verwirklichung der sonstigen Merkmale des Leistungsbegriffs Geschäftsfähigkeit erfordert.

Mit wenigen Ausnahmen[999] sind die Zuwendungen, die durch „Leistung" erfolgen, abstrakt. Sie weisen also die Besonderheit auf, daß die Zweckbestimmung hier nicht zum Inhalt des Zuwendungsgeschäfts[1000] gehört, sondern davon derart gelöst ist, daß sie auf den eigentlichen durch die Zuwendung bewirkten Rechtsübergang nicht einwirkt. Das Recht der Leistungskondiktion ist also die Form, in der die Einwirkung der Parteizwecke auf eine abstrakte Zuwendung sichergestellt wird, und zwar kann es sich nur um eine mittelbare Einwirkung[1001] handeln, da die Zuwendung als solche unberührt bleibt.

Grundsätzlich geht die Abstraktheit der Zuwendungen auf den Willen des Gesetzes zurück; in gewissem Rahmen kann aber auch der Parteiwille an sich kausale Zuwendungen — bei denen also die Zweckerreichung zum Tatbestand der Zuwendung gehört — zu einem weiteren Rechtsverhältnis in Bezug setzen[1002], wodurch die Zuwendung der Kondiktion zugänglich gemacht wird. An diesen Akt der Bezugsetzung, in dem wir bereits oben[1003] die causa erblickten, knüpft also offensichtlich die Regelung der Kondiktion von Vermögenszuwendungen an. Er soll daher im folgenden näher betrachtet werden.

bb) Es besteht Einigkeit darüber, daß die bloß willentliche Zuwendung noch keine Leistung darstellt, sondern daß sie außerdem

---

998 RG 51, 81; Westermann, § 51 I 4; Staudinger-Berg, § 946 Anm. 3

999 Vgl. oben S. 179.

1000 Wohl aber zum Inhalt des Leistungsgeschäfts, darüber unten S. 185.

1001 Lange, AcP 146, 47.

1002 Krawielicki, a. a. O., S. 45.

1003 S. 80 f.

noch zur *Erfüllung irgendeines Zwecks*[1004] bestimmt sein muß. Zuwendungen erfolgen eben nicht um ihrer selbst willen[1005]. Zutreffend wird ausgeführt, daß hier jeder Zweck in Frage kommt, der nach dem Willen der Beteiligten für das Rechtsgeschäft bestimmend ist[1006]. Welche rechtliche Gestalt und Bedeutung diese Zweckbestimmung hat, bleibt allerdings häufig unklar. So heißt es[1007]: „Leistung ist die an eine causa gebundene Zuwendung, die ... eine Einwirkung auf die relativen Beziehungen des Leistenden und Leistungsempfängers hervorbringt". Hier gilt es zu klären, wie man sich diese Bindung an eine causa vorzustellen hat, und ob mit dem Ausdruck „Einwirkung auf die relativen Beziehungen" der Leistungsbegriff nicht zu eng gefaßt ist.

Als Zweck einer Zuwendung wird meist die Durchführung einer schuldrechtlichen Vereinbarung genannt[1008], mit anderen Worten die Erfüllung[1009]. Von Caemmerer[1010] nennt dann aber die Durchführung schuldrechtlicher Absprachen und die Erfüllung sonstiger Ansprüche gleichwertig nebeneinander. Diese Erweiterung ist richtig, da ja die Zweckbeziehung auf gesetzliche — z. B. dingliche — Ansprüche der auf rechtsgeschäftliche gleichsteht. So konnte z. B. der aus einer Vormerkung Berechtigte, der auf Grund eines vermeintlichen Anspruchs eines Hypothekengläubigers auf Rangrücktritt diesem Gläubiger den Vorrang eingeräumt hatte, die Vorrangeinräumung mit der Leistungskondiktion zurückfordern[1011]. Man wird aber vom Vorhandensein eines schuldrechtlichen oder sonstigen Anspruchs überhaupt absehen können: Die Parteien können eine Zuwendung auch auf eine nur sittliche oder gesellschaftliche Pflicht beziehen; auch hierbei handelt es sich dann um eine Zweckbeziehung im Sinne des Leistungsbegriffs, wenn nur diese Pflicht nach dem Willen der Beteiligten für das Rechtsgeschäft bestimmend war[1012].

Dabei ergibt sich die causa regelmäßig aus einem — rechtsgeschäftlich gesetzten oder gesetzlich bestehenden — Anspruch; doch besteht sie bei vielen willentlichen Zuwendungen z. Z. ihrer Vornahme

---

[1004] ESSER, § 189, 6; SIEBERT-MÜHL, § 812 Anm. 4; KÖTTER, AcP 153, 193, 196; SCHEYHING, AcP 157, 371, 376; JUNG, S. 68; ZEISS, JZ 1963, 8, 1. Sp.

[1005] PLANCK-LANDOIS, § 812 Anm. 3, SCHEYHING, a. a. O., S. 376.

[1006] RG JW 1917, 103; WarnRspr 1910, Nr. 17; PLANCK-LANDOIS, § 812 Anm. 3; RGRK-SCHEFFLER, § 812 Anm. 76.

[1007] RGRK-SCHEFFLER, § 812 Anm. 45; ähnlich die schon früher erörterte Definition des Rechtsgrundes von JUNG.

[1008] VON CAEMMERER, Rabel-Festschrift, S. 344; WILBURG, S. 11; ROTHOEFT, AcP 163, 224.

[1009] SCHEYHING, a. a. O., S. 377.

[1010] A. a. O., S. 366; siehe ferner ZWEIGERT, JZ 1964, 353.

[1011] RG 146, 355.

[1012] SIBER, JhJb 70, 262, verlangt nur einen in der Zuwendung selbst nicht schon enthaltenen Erwerbstitel.

noch nicht. So kann es vorkommen, daß eine Zuwendung willentlich erbracht wurde im Hinblick auf eine z. Z. noch nicht bestehende schuldrechtliche Beziehung, die erst später begründet werden soll: Der Onkel gibt seinem Neffen Geld mit der Maßgabe, daß es vom Examensprädikat abhängen soll, ob er das Geld als Darlehen später zurückzahlen muß oder als Schenkung behalten kann. Wenn hier der Neffe gar nicht ins Examen steigt, weil er rechtzeitig eine reiche Heirat gemacht hat, so ändert das Nichtzustandekommen eines Schuldvertrages mit dem Onkel m. E. nicht daran, daß die Zuwendung von einem Zwecktstreben getragen war, so daß eine „Leistung" vorlag. Eine Zweckbeziehung im Sinne des Leistungsbegriffs kann auch dann vorliegen, wenn es ein gültiges rechtsgeschäftliches Verhältnis, auf das die Zuwendung bezogen wird, nicht gibt[1013].

Auch in den Handgeschäften des täglichen Lebens findet eine willentliche Zuwendung statt, ohne daß bereits vorher eine schuldrechtliche Beziehung bestand. Eine solche entsteht hierbei gleichzeitig mit der Zuwendung. Diese Lage hat Anlaß dazu gegeben, den Leistungsbegriff auf die Zuwendungen auszudehnen, mit denen „ein auf dem Willen des Leistenden beruhender rechtfertigender Grund verknüpft ist[1014]". Diese Fälle bieten aber im Hinblick auf den Leistungsbegriff eigentlich gar keine Besonderheit[1015], da eine Zwecksetzung auf ein außerhalb der reinen Zuwendung gelegenes Rechtsverhältnis auch hier erkennbar ist. (Ob freilich die Rechtsgrundbestimmung in diesen Fällen anders ausfallen muß, soll später erörtert werden[1016].) Ähnlich liegt es bei Zuwendungen, die auf eine nicht bestehende Verpflichtung erfolgen, obwohl sich der Zuwendende darüber klar ist, das eine Verpflichtung nicht besteht (§ 814). Eine Zweckbeziehung auf ein Rechtsverhältnis liegt auch hier vor.

Diese Zweckbeziehung, die aus einer Zuwendung eine Leistung macht, ist die eigentliche causa der Zuwendung[1017]. Sie kommt zustande

---

[1013] Ebenso SIEBERT-MÜHL, § 821 Anm. 5; KÖTTER, AcP 153, 219, trennt in ähnlicher Weise die Frage nach dem Vorhandensein einer Zwecksetzung von der nach der Ungültigkeit der Zwecksetzung. A. A., aber m. E. in sich nicht folgerichtig SCHEYHING, a. a. O., S. 386: Danach soll eine Zweckbeziehung auf ein nichtiges schuldrechtliches Geschäft nicht möglich sein, wohl aber auf ein anfechtbares Geschäft. Ist also ein Kaufvertrag von vornherein wegen Dissenses nichtig, so müßte eine Eingriffskondiktion stattfinden; ist er nur nach § 119 II anfechtbar, kommt es zur Leistungskondiktion!

[1014] SCHEYHING, a. a. O., S. 379.

[1015] Vgl. v. CAEMMERER, Rabel-Festschrift, S. 343.

[1016] S. unten S. 204 f.

[1017] Vgl. ENNECCERUS-LEHMANN, § 222 I: Beruht die Bereicherung auf dem Willen, mithin einer Leistung des Geschädigten, so liegt eine causa im subjektiven Sinne stets vor.

durch eine Abrede des Zuwendenden und des Zuwendungsempfängers (vereinbarter Zuwendungszweck) oder ergibt sich ohne weiteres aus den Umständen (typischer Zuwendungszweck[1018]). Zeiß[1019], der die Frage aufwirft, ob die Art der Zweckbeziehung lediglich vom Willen des Zuwendenden aus oder vom Standpunkt des Zuwendungsempfängers zu beurteilen sei[1020], stellt hierbei darauf ab, ob der Zuwendende einen Willen zum Ausdruck gebracht hat, der von dem regelmäßig vermuteten klar abweicht; er erkennt an, daß die Zuwendung durch den Schuldner eo ipso die Beziehung zum Schuldgrund erkennen lasse. Auch Zeiß kommt daher praktisch dazu, typische von besonderen Zweckbeziehungen zu unterscheiden. Beide sind aber selbständige Bestandteile der Leistung als solcher und dürfen mit dem der Zuwendung zugrundeliegenden, durch sie z. B. zu erfüllenden, Rechtsverhältnis nicht verwechselt werden.

Die Bedeutung dieser Zweckbeziehung ist eine mehrfache: Eine Rückforderung nach § 812 hat zunächst nicht dann stattzufinden, wenn das „zugrundeliegende Rechtsverhältnis" fehlerhaft ist[1021], sondern, wenn der Zuwendungszweck nicht erreicht oder nicht erreichbar ist[1022]. Daraus folgt weiter, daß die Rückforderung einer Zuwendung mit der Leistungskondiktion nicht zwischen dem tatsächlich Zuwendenden und dem tatsächlichen Zuwendungsempfänger, auch nicht zwischen den Personen in Betracht kommt, die an dem zugrundeliegenden Rechtsverhältnis beteiligt sind, sondern nur zwischen den Beteiligten der Zwecksetzung[1023].

Es sei hier noch einmal darauf hingewiesen, daß diese causa durchaus kein auf Leistungen beschränktes Merkmal ist. Sie tritt nur bei jenen Zuwendungen, die vom zugrundeliegenden Rechts-

---

[1018] ESSER, § 189, 3; ähnlich v. LÜBTOW, Beiträge S. 26.

[1019] JZ 1963, 8; siehe auch AcP 165, 335.

[1020] Beispiel (BGH 36, 30): A beauftragt eine Wohnungsbaugesellschaft, ihm ein Haus zu bauen. Der von der Gesellschaft im Namen des A, aber ohne dessen Vollmacht hierzu verpflichtete C erbringt die Arbeitsleistungen für seinen vermeintlichen Gläubiger A. In der Entscheidung 40, 272 hat der BGH nunmehr eindeutig klargestellt, daß es nach seiner Meinung auf den Standpunkt des Empfängers ankomme; so auch BAUR-WOLF, JuS 1966, 395 f; a. A. FLUME, JZ 1962, 281 f.; BERG, NJW 1964, 720; v. CAEMMERER, Dölle-Festschrift, S. 158 f.

[1021] Unrichtig daher, auf den obligatorischen Anspruch abzustellen, wie COLLATZ, a. a. O., S. 20, es tut. Dagegen auch KRAWIELICKI, Grundlagen, S. 5.

[1022] ESSER, § 189, 3; KRESS, Besonderes Schuldrecht, § 35, 1; KÖTTER, AcP 153, 224 a. E.

[1023] v. CAEMMERER, Rabel-Festschrift, S. 351: „Die Leistungskondiktion steht stets dem Leistenden zu und richtet sich gegen den Leistungsempfänger"; vgl. ferner KÖTTER, AcP 153, 202: Die Lage des Leistungsverhältnisses bestimme die Sachbefugnis bei der Leistungskondiktion; vgl. ferner ESSER, § 189, 7; SIEBERT-MÜHL, § 812 Anm. 22; SCHEYHING, AcP 157, Fn. 37.

verhältnis getrennt werden, eben den Leistungen, besonders in Erscheinung, weil die Zweckerreichung sich hier als entscheidendes Kriterium für das Behaltendürfen der Zuwendung darstellt. Bei den sogenannten kausalen Zuwendungen — so den Zuwendungen eines Anspruchs im Schuldvertrag — ist, wie gezeigt, die causa ebenfalls vorhanden[1024]; nur hat das positive Recht sie hier in die Gestalt des genetischen Synallagmas gekleidet, in welcher Form sie viel einschneidender wirkt, weil die Zweckverfehlung die gegenseitigen Zuwendungen automatisch vernichtet. Daß die causa nicht begriffsnotwendig nur bei Leistungen vorkommt, bestätigt übrigens auch der Blick auf das französische Recht, wo die cause eine legitime Rolle spielt, obwohl nicht wie im deutschen Recht eine große Gruppe von Zuwendungen durch Abstraktion von der automatischen Wirkung der Zweckverfehlung ausgeschlossen worden ist.

cc) Da hiermit die Zweckbeziehung (causa) in das Zentrum nicht nur des Leistungsbegriffs, sondern überhaupt der Leistungskondiktion gerückt ist, stellt sich sofort die Frage nach der *Rechtsnatur der causa*. Da die herrschende Lehre bisher meist das zugrundeliegende Rechtsverhältnis als causa einer Zuwendung ansah[1025], lag es auf der Hand, der Zwecksetzung rechtsgeschäftlichen Charakter beizumessen. Dies ist darum auch geschehen[1026]. Aber auch Scheyhing, der besonders scharf die Trennung der Zwecksetzung (von ihm „Zuordnung" genannt) vom zugrundeliegenden Verhältnis herausgestellt hat, hält die Zwecksetzung für einen rechtsgeschäftlichen Akt, dem er Verfügungscharakter beimißt und für den er auch Verfügungsbefugnis verlangt[1027].

Die Annahme, die Zwecksetzung sei in vollem Umfang rechtsgeschäftlicher Natur, führt zu Schwierigkeiten in den Fällen, in denen einer der Zuwendungspartner geschäftsunfähig ist. Diese Problematik entspricht genau der Frage nach der Rechtsnatur der Verbindung von realer Zuwendung und Obligation im Rahmen der Erfüllungslehre, auf die oben[1028] eingegangen wurde. Ohne daß der Streitstand noch einmal dargestellt zu werden brauchte, ist hier von der herrschenden Theorie der realen Leistungsbewirkung[1029] auszugehen, die als Erfüllung eine reale Zuwendung und den erkenn-

---

[1024] TITZE, Schuldrecht, § 51, 1 c, und § 17, 1.

[1025] Vgl. LARENZ II, § 62, I a; MOLITOR II, § 29 I 1; TITZE § 51, 1 c; VON CAEMMERER, Rabel-Festschrift, S. 343; nach ESSER, § 189, 4, handelt es sich hier um eine gesetzliche Vereinfachung.

[1026] RG 49, 49; PLANCK-LANDOIS, § 812 Anm. 3; ENNECCERUS-LEHMANN, § 222 I 1.

[1027] SCHEYHING, a. a. O., S. 386.

[1028] S. 89 ff.

[1029] Nachweis oben S. 91.

baren Bezug zur Obligation genügen läßt. Das bedeutet, daß eine echte vertragliche Zwecksetzung nicht stattfindet.

Die Untersuchung hat an zwei verschiedenen Fallgruppen anzusetzen: „Leistung" durch einen Geschäftsunfähigen und „Leistung" an einen Geschäftsunfähigen.

(1) Im Regelfall wird die Frage der *Leistung eines Geschäftsunfähigen* keine besonderen Probleme aufwerfen: Erfolgt die Zuwendung durch rechtsgeschäftlichen Akt, so ist keine wirksame Zuwendung, folglich keine kondizierbare Leistung vorhanden. Wendet aber der Geschäftsunfähige einen Wert durch Tathandlung zu, die erkennbar auf eine bereits bestehende Obligation bezogen ist, so fragt sich allerdings, ob nunmehr die Zwecksetzung fehlerhaft ist, so daß keine Leistung mehr vorhanden ist.

Beispiel: Auf Grund eines von seinem Vormund geschlossenen gültigen Dienstvertrages gräbt der geisteskranke A meinen Garten um. Verlangt man jetzt mit Scheyhing für den Zwecksetzungsakt Geschäftsfähigkeit, so liegt keine Leistung vor, sondern nur eine Bereicherung in sonstiger Weise. Danach könnte ein Geschäftsunfähiger keine Leistung erbringen.

Anders, wenn man die typische Zwecksetzung, den offen erkennbaren Bezug einer realen Zuwendung auf eine bestimmte Obligation, nicht als besonderen rechtsgeschäftlichen Akt auffaßt. Diesen typischen Bezug einer Tathandlung, hier einer Arbeitsleistung, auf ein Rechtsgeschäft, kann auch ein Geschäftsunfähiger herstellen: Wenn also der mit dem Vormund geschlossene Vertrag notleidet, so hat A die Leistungskondiktion gegen mich als seinen Partner beim Leistungsgeschäft, und zwar auch dann — Unterschied zur Bereicherung in sonstiger Weise —, wenn sich herausstellt, daß der bestellte Garten gar nicht mir, sondern dem X gehört, der ihn von mir herausverlangt hat und dem deshalb die Früchte der Arbeit des A zugute kommen.[1030]

Freilich ließe sich auch diese Anwendung der Grundsätze der Leistungskondiktion rechtfertigen, ohne die rechtsgeschäftliche Natur der Zwecksetzung leugnen zu müssen. Hierzu ist zu beachten, daß die Zwecksetzung nicht unbedingt zeitlich mit der Zuwendung zusammenfallen muß, sondern vorweggenommen werden kann. Die Vereinbarung des Vormunds mit mir, daß der Mündel A kommen und für mich arbeiten solle, könnte außer als Grundgeschäft auch bereits als Zwecksetzung für die reale Zuwendung des A an mich angesehen werden. Durch diese Zwecksetzung würde dann aus der realen Arbeitsleistung eine Leistung im Rechtssinne.

Hiermit hinge aber die Entscheidung darüber, ob eine Leistung oder eine sonstige Zuwendung vorliegt, weitgehend davon ab, ob das Grundgeschäft gültig ist: Ist der Dienstvertrag hinfällig, so kann man eine

[1030] Müßte man in allen diesen Fällen die Eingriffskondiktion anwenden, so wäre hiermit weitgehend der Versionsanspruch anerkannt, den das BGB bewußt ablehnt; von Caemmerer, Rabel-Festschrift, S. 370 f.

gültige Zwecksetzung durch den Vormund nur dann gelten lassen, wenn man wiederum eine Trennung vom Grundgeschäft vornimmt und die Zwecksetzung — was grundsätzlich auch richtig ist[1031] — trotz der Ungültigkeit des Grundgeschäfts bestehen läßt. Das bedeutet aber doch wieder, daß sich die typische Zwecksetzung vom rechtsgeschäftlichen Akt unterscheidet. So scheint mir die Figur der vorweggenommenen Zwecksetzung doch mehr ein konstruktives Hilfsmittel zur Begründung der Beobachtung zu sein, daß normalerweise eine tatsächliche Zuwendung einen so deutlich sichtbaren Bezug auf ein wirtschaftliches Gesamtgeschäft in sich trägt, daß es überspitzt wäre, hier einen besonderen rechtsgeschäftlichen Akt sehen zu wollen.

Näher liegt die Annahme eines rechtsgeschäftlichen Akts dagegen in Fällen, wo eine besondere Zweckbeziehung geschaffen wird, die in der tatsächlichen Zuwendung nicht ohne weiteres enthalten ist.

Beispiel: Wenn ich im angegebenen Fall mit dem A in Abweichung von dem mit seinem Vormund geschlossenen Vertrag vereinbare, daß er heute einmal den Garten meiner Nachbarin, der ich einen Gefallen erweisen möchte, umgraben soll, so ändert das an sich nichts daran, daß die tatsächliche Zuwendung des A in einer gewollten Zweckbeziehung zu der zwischen ihm und mir geschlossenen Obligation stehen soll. Verlangt man nun aber, daß die Zwecksetzung jeweils rechtsgeschäftlich erfolgt, so bedeutet das, daß hier keine „Leistung" an mich vorliegen kann. Stellt sich heraus, daß der vom Vormund des A mit mir geschlossene Vertrag fehlerhaft ist, hat A folglich keine Leistungskondiktion gegen mich, sondern höchstens eine Kondiktion wegen Bereicherung in sonstiger Weise gegen meine Nachbarin. Eine Zweckvereinbarung kann auch nicht im Geschäft zwischen dem Vormund des A und mir vorweggenommen worden sein, da niemand an eine solche Gestaltung gedacht hat.

Letzteres Ergebnis mag noch einleuchten. Genauso wäre die Rechtslage aber merkwürdigerweise, wenn das Grundgeschäft gültig ist: Hier könnte eine Leistung an mich nicht vorgelegen haben, also läge es für A nahe, sich mit einem Anspruch wegen Bereicherung in sonstiger Weise an die tatsächlich Bereicherte zu wenden. Ein ganz unmögliches Ergebnis; denn woher sollte diese einen Rechtsgrund zum Behalten ihrer Bereicherung nehmen als aus dem Verhältnis des A zu mir, was zumindest im Bereich der Eingriffskondiktion nicht zulässig sein soll[1032]? Ferner sollte A immerhin nach meinem Willen und auch nach dem seines Vormunds nur auf meine Rechnung und Kosten arbeiten, dürfte deshalb weder auf einen Anspruch gegen einen Dritten angewiesen bleiben, noch sich auf diesem Wege

---

[1031] Vgl. oben S. 185.

[1032] Kötter, AcP 153, 220; von Caemmerer, Rabel-Festschrift, S. 382; Berg, NJW 62, 102; BGH 14, 7 (Eingriffskondiktion); a. A. allgemein Titze, a. a. O., S. 203; für die Leistungskondiktion BGH NJW 1961, 2253.

für meine eventuelle Zahlungsunfähigkeit schadlos halten können[1033]. Legt man schließlich Wert darauf, den Partnern eines Grundgeschäfts möglichst auch im Zuge seiner Abwicklung oder Rückabwicklung nur Rechtsbeziehungen untereinander zu verschaffen, so kommt eine Ausdehnung des Bereichs der ohne Leistung, also „in sonstiger Weise" vor sich gegangenen Bereicherung sicher nicht erwünscht. Es empfiehlt sich daher, es bei der Lösung bewenden zu lassen, die ähnlich auch in der Erfüllungslehre vertreten wird[1034]: Die Zwecksetzung ist kein Rechtsgeschäft, sondern ein tatsächliches Merkmal der Zuwendung.

(2) Die Regelung der *Zuwendung an einen Geschäftsunfähigen* muß diesem Grundsatz entsprechen: Danach kann die Zwecksetzung, die eine reale Zuwendung zur Leistung im Rechtssinne erhebt, auch zwischen dem Geschäftsunfähigen bzw. -beschränkten und dem Zuwendenden erfolgen. Die Geschäftsunfähigkeit bzw. beschränkte Geschäftsfähigkeit des Zuwendungsempfängers kann sich aber auf die Wirksamkeit der Zuwendung als solcher und auf die Erreichung bzw. Verfehlung des an sich wirksam gesetzten Zwecks auswirken.

Die Übereignung eines einem Geschäftsunfähigen geschuldeten Gegenstandes an ihn ist schon nach § 105 nichtig, so daß keine Zuwendung des Eigentums vorliegt; insoweit kann § 985 eingreifen. Was aber die Übertragung des Besitzes angeht, der selbständig Gegenstand eines Bereicherungsanspruchs sein kann[1035], so muß der „Zuwendende" insoweit einen Bereicherungsanspruch haben[1036], der sich als Leistungskondiktion darstellt, da die Parteien des mißlungenen Zuwendungsgeschäfts die Besitzübertragung zum Grundgeschäft wirksam in Beziehung gesetzt haben. Eine gültige Zuwendung und eine gültige causa, mithin eine voll wirksame Leistung, liegt dort vor, wo ein Geschäftsunfähiger bzw. -beschränkter eine tatsächliche Zuwendung bekommt, z. B. ein Friseur schneidet einem Geisteskranken das Haar. Dasselbe gilt, wenn eine von §§ 946 ff. mit Rechtsfolgen ausgestattete Tathandlung an einen Geschäftsunfähigen erfolgt: Auch hier liegt eine Leistung an den Geschäftsunfähigen vor. Beispiel: Der Bauhandwerker B baut auf Grund eines Vertrages mit dem geschäftsunfähigen Bauunternehmer U Baumaterialien in das Haus des E ein, der seinerseits zu U in Vertragsbeziehungen

---

[1033] v. CAEMMERER, Rabel-Festschrift, S. 370.

[1034] BOEHMER, Erfüllungswille, S. 47; vgl. im einzelnen oben S. 90 f.

[1035] RG 115, 31; BGH NJW 1953, 59; STAUDINGER-SEUFERT, § 812 Anm. 14.

[1036] RG Warn 25, 169; LARENZ, § 62 I a, a. E.; PALANDT-GRAMM, § 812 Anm. 5 a.

steht. Hier liegt nach heute wohl h. M.[1037] eine Leistung des B an den U vor; eine direkte Eingriffskondiktion nach §§ 951, 812 gegen E kommt nicht in Betracht[1038].

Lag die Lösung dieser Fragen nach der Stellungnahme zur Rechtsnatur der Zwecksetzung an sich auf der Hand, so muß noch erwähnt werden, daß das Recht der Minderjährigen in § 107 noch einen Sonderfall bereithält, der eine besondere Erörterung verlangt. Das oben besprochene Beispiel der Übereignung der einem Geschäftsunfähigen geschuldeten Sache erfährt hier folgende Veränderung: Nach h. M. soll die Zuwendung einer Sache, die einem Geschäftsbeschränkten geschuldet wird, nach § 107 wirksam sein, weil sie dem Zuwendungsempfänger lediglich rechtlichen Vorteil bringe[1039]. Man nimmt dann aber an, daß es dem Minderjährigen an der Empfangszuständigkeit für die geschuldete Leistung fehle, so daß die Erfüllungswirkung nicht eintreten könne.

Das heißt nicht etwa, daß die Zwecksetzung nicht wirksam wäre; vielmehr handelt es sich um eine nach § 107 wirksame Zuwendung, die wegen ihrer Zweckbeziehung auf das Grundgeschäft auch als Leistung anzusehen ist. Sie kann nur ihren Zweck nicht erreichen, weil der Minderjährige ohne Zustimmung seines gesetzlichen Vertreters die mit einem Verlust seiner Forderung verbundene Erfüllungswirkung nicht herbeiführen darf. Der Leistende muß also, wenn der gesetzliche Vertreter die Annahme der Leistung nicht genehmigt, eine Leistungskondiktion wegen Verfehlung des Leistungszwecks haben. Diese Leistungskondiktion besteht unabhängig davon, daß das obligatorische Grundgeschäft, kraft dessen der Minderjährige die Leistung zu fordern hatte, wirksam ist.

Die Besonderheit der von dieser h. M. zu § 107 abweichenden Ansicht[1040], die Grund- und Erfüllungsgeschäft im Rahmen des § 107 als Einheit betrachten will, besteht nicht in einer abweichenden Auffassung der bereicherungsrechtlichen Problematik, sondern lediglich in einer anderen Deutung des Begriffs des „rechtlichen Vorteils" in § 107. Folgt man dieser Ansicht, so kann wegen der dem Minderjährigen nachteiligen Erfüllungswirkung auch die reine Übereignung nicht nur vorteilhaft sein; da damit § 107 entfällt, liegt keine wirksame Zuwendung vor, und der Zuwendende kann vindizieren[1041]. Für die Besitzkondiktion gilt dann das oben auf S. 190 Gesagte.

[1037] RG 130, 312; BGH LM § 812 Nr. 14; Berg, AcP 160, 512; von Caemmerer, Rabel-Festschrift, S. 372.

[1038] Ob allerdings wegen des sog. „Doppelmangels" ein Durchgriff möglich ist, soll hiermit nicht entschieden werden.

[1039] BGH JZ 1955, 243; Staudinger-Coing, § 107 Anm. 7; Palandt-Danckelmann, § 107 Anm. 2; Enneccerus-Lehmann, § 60, Fn. 10.

[1040] Nachweis oben S. 91.

[1041] Dafür auch Larenz, § 26 I, S. 270, Fn. 1.

Als *Ergebnis* dieser Untersuchung kann damit festgehalten werden, daß die These, die Zwecksetzung sei nicht rechtsgeschäftlicher Natur, sich mit den Erfordernissen des Minderjährigenschutzes durchaus vereinbaren läßt. Unsere Ansicht, „das Inbezugsetzen der Zuwendung zum Schuldgrund" sei nicht rechtsgeschäftlicher Natur, sondern ein Akt des tatsächlichen Willens, teilt nach eingehender Begründung auch Zeiß in einer Untersuchung über den Leistungsbegriff in der Erfüllungs- und Bereicherungslehre[1042].

2. Die Parteien der Zweckbeziehung

Im vorigen wurde der Leistungsbegriff, der nach der hier vertretenen Ansicht den Angelpunkt des Bereicherungsrechts darstellt, im einzelnen erörtert. Es ist nun notwendig, die bereits oben[1043] angedeuteten Folgerungen aus dieser Einordnung des Leistungsbegriffs zu ziehen und zu prüfen, inwieweit sich die causa-Beziehung auf die Frage nach den Parteien des Bereicherungsanspruchs auswirkt und was unter einer durch diesen Anspruch auszugleichenden „Rechtsgrundlosigkeit" zu verstehen ist[1044].

Ein Bereicherungsanspruch wegen Zweckverfehlung kann immer nur zwischen den Personen bestehen, die eine tatsächliche Zuwendung durch eine Zwecksetzung zur zwischen ihnen erfolgenden Leistung erhoben haben. Es kommt also nicht darauf an, zwischen welchen Personen sich die tatsächliche Zuwendung vollzogen hat[1045], erst recht nicht darauf, zwischen welchen Personen ein Schuldverhältnis schon vorher bestand. Diese Sätze enthalten ein *Abgehen* vom Prinzip der sog. „*Unmittelbarkeit* der Vermögensverschiebung" im Rahmen der Leistungskondiktion[1046], stellen aber insofern nichts neues dar, als sie z. T. zu denselben Ergebnissen führen wie die bisher gestellte Frage nach der Unmittelbarkeit. Im einzelnen verdienen folgende Punkte hervorgehoben zu werden:

[1042] JZ 1963, 9 ff.; als „rechtsgeschäftsähnliche Erklärung" wird die „Bestimmung des Zwecks der Leistung" von Berg, NJW 1964, 721, bezeichnet.

[1043] Oben S. 186.

[1044] Dieser Arbeitsplan drängt sich auf, wenn man berücksichtigt (Berg, NJW 1962, 101), daß erst nach der Feststellung, zwischen welchen Personen ein Ausgleichsanspruch in Betracht kommt, die Frage nach der Rechtmäßigkeit des Erwerbs gestellt werden kann.

[1045] Krawielicki, JhJb 81, 311, der allerdings a. a. O., S. 313, darauf abstellt, wessen Vermögen einen Verlust erlitten hat.

[1046] Eine im Vordringen begriffene Meinung hat diesen Schritt bereits getan, vgl. Kötter, AcP 153, 200 ff.; Esser, § 189, 7; Siebert-Mühl, § 812 Anm. 22; Wilburg, S. 113; Rothoeft a. a. O., S. 264; BGH 40, 272.

aa) „Die Unmittelbarkeit der Vermögensverschiebung"

Das RG hat das Prinzip der sog. Unmittelbarkeit verschieden umschrieben: Nach RG 73, 177 darf der Übergang des Wertes von Einem zum Anderen nicht auf dem Umweg über das Vermögen eines Dritten durch ein Rechtsgeschäft mit diesem erfolgen[1047]. Später stellte das RG nur noch darauf ab, ob „zwischen Vermögensminderung des einen und Vermögensmehrung des anderen ein unmittelbarer ursächlicher Zusammenhang[1048]" bestand oder ob „ein einheitlicher Vorgang" Vermögensvorteil und Vermögensnachteil bewirkt hat[1049].

Diese Definitionen reichen nicht aus: Wenn ich als offener Vertreter des S dem G 20,— DM überbringen soll, den mir übergebenen 20,— DM-Schein aber unterwegs ausgebe und dem G nachher zwei 10,— DM-Scheine aushändige, so läßt sich sicher nicht bestreiten, daß ich das Eigentum an den 10,— DM-Scheinen an G im Zuge eines einheitlichen Vorgangs übertragen habe, und daß zwischen meiner Vermögensminderung und der Vermögensvermehrung auf Seiten des G ein unmittelbarer ursächlicher Zusammenhang besteht. Da ich Eigentümer der 10,— DM-Scheine war, wird man sogar sagen müssen, daß es sich hier um einen „Umweg über das Vermögen eines Dritten" handelte, wobei ich als Beauftragter (§ 662), also doch auch „durch ein Rechtsgeschäft" eingeschaltet war. Dennoch steht fest, daß bei einer Fehlerhaftigkeit des Verhältnisses S — G nur S kondizieren kann[1050], ohne daß dazu überhaupt die Grundsätze des sog. „Dreiecksverhältnisses" bemüht werden müßten. Dies alles gilt, obwohl die Vermögensverschiebung durch „mehrere Zuwendungsakte verursacht worden war[1051]".

Entscheidend für das zutreffende Ergebnis der h. M. spricht, daß meine Abmachung mit G die Zuwendung der zwei 10,— DM-Scheine in eine Zweckbeziehung zu dem Schuldverhältnis S — G stellte. Da ich mich als Vertreter des S offen zu erkennen gab und, wirtschaftlich gesehen[1052], das von ihm an mich übergebene Geld nur weitergab,

---

[1047] So auch Enneccerus-Lehmann, § 221 III; Titze, a. a. O., S. 202; Krawielicki, JhJb 81, 316.

[1048] RG 97, 165.

[1049] RG 106, 386; Larenz, § 62 II b; Staudinger-Seufert, § 812 Anm. 8 a; RGRK-Scheffler, § 812 Anm. 34.

[1050] RG Warn 1917, Nr. 116; RG 60, 287; so auch RG 79, 285; 81, 264, für den insoweit gleichliegenden Fall des Leistungsempfangs durch einen Vertreter; vgl. ferner Esser, § 190, 1; Enneccerus-Lehmann, § 221 III 1 a; Siebert-Mühl, § 812 Anm. 42; Erman-Seiler, § 812 Anm. 4 b, bb.

[1051] Was nach Staudinger-Seufert, § 812 Anm. 8 b a, die Unmittelbarkeit ausschließen müßte.

[1052] RG 93, 145 verlangt für die Unmittelbarkeit Berücksichtigung der Gesamtumstände und des wirtschaftlichen Ergebnisses.

stellte ich eine Zweckbeziehung zwischen S und G her, aus der ich selber herausblieb. Es liegt also eine Leistung nur zwischen diesen beiden vor, obwohl Zuwendungsakte und andere Erwerbsvorgänge — z. B. ein eventueller Erwerb der 20,— DM durch Vermischung mit meinem eigenen Geld — stattfanden, an denen ich beteiligt war. Folgerichtig erkennt aber die Rechtsprechung an[1053], daß der Zuwendende nicht gehindert ist, dem Empfänger gegenüber noch einen besonderen Zweck der Zuwendung zu erklären, in welchem Fall zwischen ihm und dem Empfänger ein Leistungsverhältnis entsteht. Dann kann bei Zweckverfehlung der Zuwendende selber kondizieren.

bb) „Dreiecksverhältnisse"

Dieselben Grundsätze gelten in den Fällen der Bereicherung durch mittelbare Zuwendung[1054], die auch als „Dreiecksverhältnis" bezeichnet werden[1055]. Diese unterscheiden sich von den unter aa) besprochenen Fällen dadurch, daß die Einschaltung des tatsächlich Zuwendenden nicht in der Form vor sich geht, daß er nur eine Zweckbeziehung zwischen zwei anderen Personen herstellt, sondern daß eine tatsächliche Zuwendung mit mehreren Zweckbeziehungen verknüpft ist, an denen auch der tatsächlich Zuwendende beteiligt ist[1056]. Hierher rechnet man wirtschaftlich so unterschiedliche Gestaltungen wie die „Leistung mittels eines Dritten", die „Leistung eines Dritten[1057]" und die „unmittelbare Leistung durch Leistung an einen Dritten[1058]". Da aber die rechtliche Form der Einschaltung des Dritten im ersten und dritten Fall dieselbe ist, sollen hier nur die beiden ersten Gestaltungen erörtert werden.

(1) Das beste Beispiel einer *„Leistung mittels eines Dritten"* ist die Anweisung. Hier steht in Rechtsprechung[1059] und Literatur[1060] fest, daß der Angewiesene, der auf Grund der Anweisung an den Anweisungsempfänger gezahlt hat, gegen diesen dennoch keine Kondiktion haben kann. Es finden hier nach der Lehre „zwei mittelbare Zuwendungen[1061]" bzw. „eine doppelte Wertbewegung[1062] statt, da

[1053] RG Warn 1917, Nr. 116; RG JW 1910, 752 Nr. 11.

[1054] Vgl. zum Ausdruck ENNECCERUS-LEHMANN, § 221 III 1 b; ROTHOEFT a. a. O., S. 229 ff.

[1055] ESSER, § 190, 1.

[1056] v. TUHR, II 2, S. 56.

[1057] Ausdrücke von ESSER, § 190, 2, 3.

[1058] LARENZ, § 62 II b; v. TUHR, a. a. O.

[1059] RG 60, 24; 98, 240; 130, 310; BGH 5, 281; BGH NJW 1952, 1171.

[1060] ENNECCERUS-LEHMANN, § 221 III 1 b; LARENZ, § 62 II b; ESSER, § 190, 3; RGRK-SCHEFFLER, § 812 Anm. 47; a. A. LEONHARD, Bes. T., § 243.

[1061] ESSER, a. a. O.

[1062] LARENZ, a. a. O.

der tatsächlich Zuwendende (Z) den Schuldner (S) von seiner Schuld befreit und dadurch seine Vermögensposition verbessert, da ferner S mittels des Z einen Wert in das Vermögen des Gläubigers (G) gelangen läßt. Für die Lage der Bereicherungsansprüche kommt es nun nach Esser[1063] darauf an, „ob der mit der mittelbaren Zuwendung an G im Einzelfall verfolgte Zweck verfehlt oder weggefallen ist" — dann kondiziert S von G[1064] — oder ob „der mit der mittelbaren Zuwendung an S im Einzelfall verfolgte Zweck verfehlt oder weggefallen ist" — dann kondiziert Z von S.

Diese Darlegungen sind auch von unserem Standpunkt aus zu billigen. Als Z sich bereit erklärte, die ihm von S erteilte Anweisung zu befolgen und dem G eine Zuwendung zu machen, wurde die tatsächliche Zuwendung den schuldrechtlichen Beziehungen Z—S „zugeordnet", eine causa zwischen Z und S gesetzt. Dieser Vorgang kann übrigens und wird auch häufig antizipiert werden, indem sich z. B. eine Bank bereiterklärt, von einem Konto ihres Kunden ihr vorgelegte, vom Kunden ausgestellte Schecks zu honorieren: Hier ist von vornherein neben dem schuldrechtlichen Grundverhältnis zwischen Z und S auch die causa für jede erfolgende tatsächliche Zuwendung gesetzt. Die tatsächliche Zuwendung von Z an G ist aber andererseits auch dem Verhältnis G — S „zugeordnet", wobei man den Z, wenn er zu erkennen gibt, daß er für Rechnung des S handelt, als Überbringer der causa-Erklärung des S ansehen kann. So haben die bei einer Postanweisung gemachten Angaben über den rechtlichen Zweck der Zuwendung nur für den Adressaten Bedeutung; die Post interessiert sich hierfür nicht und überbringt sie lediglich[1065]. Die eine tatsächliche Zuwendung ist also durch zwei Zweckbeziehungen mit zwei Grundverhältnissen verknüpft; eine Kondiktion tritt zwischen den Parteien ein, zwischen denen der Zweck verfehlt worden ist.

Voraussetzung dieser Kondiktion „übers Dreieck" ist nur, daß die erwähnte doppelte Zweckverknüpfung tatsächlich vorliegt. Dies hängt auch nicht davon ab, daß die Anweisung oder die sonst vorliegende Abrede, die das „Dreieck" begründet, rechtlich voll wirksam ist. Man sollte nicht bei Ungültigkeit der Anweisung einen unmittelbaren Durchgriff Z — G zulassen[1066].

Beispiel: S schuldet der G-Bank aus Darlehen 7000 DM. Er benutzt seine Stellung als Postbeamter dazu, unter Fälschung der Buchungsunterlagen der Post mehrere Postanweisungen über insgesamt 7000 DM an

---

[1063] § 190, 3.

[1064] So auch LARENZ, § 62 II b; vgl. zum Ergebnis auch SCHEYHING, AcP 157, Fn. 37.

[1065] RG 60, 18 (24).

[1066] So aber WILBURG, S. 114; KRAWIELICKI, JhJb 81, 311.

die G-Bank abzusenden, ohne die jeweiligen Beträge bei der Post einzuzahlen. Die Post zahlt die in den Anweisungen angegebenen Summen an die G-Bank aus, verlangt sie aber nach Aufdeckung der Fälschung zurück. Das RG[1067] wies die Klage ab, da die Post an S und S an G geleistet habe. Dabei komme es nicht darauf an, ob der Anweisungsvertrag als solcher gültig sei oder ob er nur aus sonstigen Gründen „die einem solchen Vertrage an sich zukommenden Rechtswirkungen nicht gehabt habe".

Die Entscheidung des RG verdient, was die bereicherungsrechtliche Seite angeht, m. E. Zustimmung. Ob im übrigen, wie von Caemmerer[1068] meint, des Vorliegen einer gültigen Anweisung Geschäftsgrundlage der Zahlung des Angewiesenen an den Begünstigten ist, mag hier dahingestellt bleiben. Selbstverständlich erscheint mir dies jedoch nicht, da man durchaus bezweifeln kann, ob sich der Zuwendungsempfänger oder der Zuwendende das Risiko[1069] der Falschheit der Anweisung anrechnen lassen muß. Im Bankverkehr schafft ohnehin, worauf von Caemmerer hinweist[1070], das Stornorecht der Allgemeinen Geschäftsbedingungen eine besondere Lage.

Dies alles gilt bei sämtlichen Arten von Zuwendungen, insbesondere auch bei Tathandlungen, an die das Recht einen Vermögensübergang knüpft; so z. B. bei Verbindung und Vermischung. Nach heute einhelliger Meinung[1071] verhindert der hier maßgebende § 951 nicht, daß eine Leistungskondiktion immer nur zwischen den Parteien eines causa-Verhältnisses in Frage kommt. So kann im Falle des Einbaus von Sachen in ein fremdes Grundstück auf Grund eines Vertrages mit dem Bauunternehmer der Bauhandwerker nur von dem Bauunternehmer und der Bauunternehmer seinerseits vom Bauherrn kondizieren, weil in diesen Verhältnissen zweckgetragene Zuwendungen vorgekommen sind. Daß der Bauhandwerker sein Eigentum unmittelbar zum Vorteil des Grundstückseigentümers verloren hat, spielt insoweit keine Rolle; jedenfalls gibt ihm die Praxis[1072] keinen Anspruch aus Eingriffskondiktion gegen den Eigentümer.

Dasselbe gilt auch, wenn durch bloße Tathandlung wirtschaftliche Werte zugewendet werden: Wenn der Gärtner G auf Grund seines eigenen Vertrages mit dem Gartenarchitekten A Arbeiten im Garten

---

[1067] RG 60, 24.

[1068] JZ 1962, 387.

[1069] Die Rückforderung aus dem Gesichtspunkt des Wegfalls der GG ist wesentlich einer Frage der Risikoverteilung, wie oben § 10, insbesondere auf S. 111 ff., dargelegt wurde.

[1070] A. a. O.

[1071] v. Caemmerer, Rabel-Festschrift, S. 370; v. Lübtow, S. 155; Esser, § 190, 4; RGRK-Scheffler, § 812 Anm. 36; Erman-Hefermehl, § 951 Anm. 3 a.

[1072] RG SeuffA 63, Nr. 11; BGH NJW 1954, 794; siehe auch BGH 40, 272; zustimmend Zeiss, AcP 165, 340; Baur-Wolf, JuS 1966, 396.

des E leistet, der nur in Vertragsbeziehungen zu A steht, so ist die Arbeitsleistung des G durch ihre doppelte Zweckverknüpfung mit den Verhältnissen G — A und A — E Leistung des G an A und des A an E. Die Parallele dieses Falles zum Einbau von Sachen — man stelle sich vor, daß der Gärtner nicht nur arbeitet, sondern auch ihm gehörige Pflanzen einpflanzt — ist eine weitere Bestätigung dafür, daß für einen direkten Anspruch gegen den Eigentümer kein Raum besteht.

Von dem im vorstehenden dargestellten Grundsatz, daß Bereicherungsansprüche aus dem Gesichtpunkt der Leistungskondiktion nur zwischen den Parteien des Leistungsverhältnisses möglich sind, hat das Gesetz in § 822 eine Ausnahme geschaffen[1073]. Wird das aus der rechtsgrundlosen Leistung Erlangte unentgeltlich einem Dritten zugewendet, so gibt das Gesetz dem Kondiktionsgläubiger unter Durchbrechung der sonstigen Regel, wonach er sich an seine Partner beim Leistungsgeschäft halten müßte, eine direkte Kondiktion gegen den letzten Empfänger.

Dieser Rechtsgrundsatz ist nach h. M.[1074] analoger Anwendung zugänglich, wenn grundsätzlich zwischen dem Zuwendenden und dem Zuwendungsempfänger mangels Zweckverknüpfung keine Leistungskondiktion stattfinden dürfte, wenn aber im Valutaverhältnis eine unentgeltliche Leistung erfolgen sollte. Wenn Z die aus einem gültigen Schenkungsvertrag zwischen S und G sich ergebende Verpflichtung des S erfüllt, im Verhältnis Z — S aber ein Rechtsgrund fehlt, so kann nach dieser Ansicht Z gemäß §§ 812, 822 analog direkt von G kondizieren. Diese Lösung ist mit dem allgemeinen Satz motiviert, ein unentgeltlicher Erwerb sei „nicht stark genug, um auf Kosten des Leistenden aufrecht erhalten zu werden[1075]". Sieht man hierin den Sinn der von § 822 gestatteten Durchbrechung der Prinzipien der Leistungskondiktion, so ist der Entscheidung zuzustimmen. Richtiger wäre es m. E., § 822 als auf die Fälle beschränkt anzusehen, in denen der eigentliche Partner des Leistungsgeschäfts sich auf Wegfall der Bereicherung berufen kann; diese Auslegung des § 822 verbietet die analoge Anwendung auf Dreiecksverhältnisse.

Von der zutreffenden Auffassung, daß es für die Parteien der Kondiktion nur auf die Lage der Zweckbeziehungen ankommt, nicht auf die Gültigkeit der zugrundeliegenden schuldrechtlichen

---

[1073] § 822 wird als Durchbrechung des Unmittelbarkeitsprinzips betrachtet, ENNECCERUS-LEHMANN, § 221 III; ERMAN-SEILER, § 822 Anm. 1.

[1074] RG JW 1934, 2458 m. zust. Anm. OERTMANN; STAUDINGER-SEUFERT, § 812 Anm. 8 b; ERMAN-SEILER, § 812 Anm. 4 b c; ESSER, § 190, 3.

[1075] RG, a. a. O., S. 2459, r. Sp.

Verhältnisse, machen die meisten[1076] eine Ausnahme im Fall des sog. *Doppelmangels*. Man nimmt an, daß bei einer „Leistung mittels eines Dritten" der Zuwendende einen direkten Bereicherungsanspruch gegen den Zuwendungsempfänger hat, wenn sowohl das Valuta- als auch das Deckungsverhältnis unwirksam sind. Wenn also im Falle der Anweisung der Angewiesene, ebenso im Falle des Baus auf fremdem Boden der zum Einbau Verpflichtete geschäftsunfähig sind, so daß beide der Zuwendung zugrundeliegenden Ansprüche nichtig sind, soll der Angewiesene bzw. der Bauhandwerker sich unmittelbar an den Begünstigten bzw. den Bauherrn halten können. Diese Lösung steht im Widerspruch zur causa-Lehre und ist, wie Esser[1077] ausführt, nicht zu billigen[1078].

Wenn zu ihrer Begründung nur angeführt wird[1079], die beiden Rechtsgrundverhältnisse seien unwirksam, so legt diese Begründung den Verdacht nahe, daß hier die Frage nach der „Unmittelbarkeit" mit der nach einem Rechtsgrund verwechselt wird[1080]: Eine Zweckverknüpfung einer Zuwendung an ein Schuldverhältnis kann bestehen, obwohl das Schuldverhältnis nichtig ist[1081]; wenn beide Grundverhältnisse nichtig sind, so ändert dies nichts daran, daß sich eine doppelte Wertbewegung vollziehen sollte, indem der Angewiesene an den Anweisenden und dieser an den Begünstigten eine Leistung erbringen wollte. Daß dem jeweils Leistenden dies nicht gelungen ist, löst zwei Bereicherungsansprüche aus, verschiebt aber nicht die Lage der Leistungsbeziehungen, und zwar muß dies entgegen der erwähnten Ansicht von v. Caemmerer[1082] gleichmäßig bei Rechtsgrundlosigkeit beider Leistungen und bei Nichtigkeit der Grundgeschäfte wegen Geschäftsunfähigkeit des Mittelsmannes gelten. Eine analoge Anwendung des § 822 kommt nicht in Frage[1083]: Schon die von der h. M. gebilligte Ausdehnung dieser Vorschrift auf den Fall unentgeltlicher Zuwendung im Valutaverhältnis begegnet den oben

---

[1076] RG Warn 1911, 114; JW 1932, 735; RG 86, 347; BGH NJW 1961, 2252; Wilburg, S. 115; Siebert-Mühl, § 812 Anm. 59; Erman-Seiler, § 812 Anm. 4; Enneccerus-Lehmann, § 221 III 1 b; Westermann, Sachenrecht, § 54, 3; anders jetzt BGH 48, 70.

[1077] § 190, 4; ebenso Berg, NJW 1962, 101; Kötter, AcP 153, 216; v. Caemmerer, JZ 1962, 388 f., mit Ausnahme des Falles der Geschäftsunfähigkeit des Mittlers (an die Anweisung eines Geisteskranken könnten rechtliche Folgen überhaupt nicht geknüpft werden); ebenso v. Lübtow, S. 32.

[1078] Enneccerus-Lehmann, § 221, Fn. 12, bezeichnet sie als „inkonsequent".

[1079] RG 86, 347.

[1080] Auf diese Gefahr weist auch Kötter, AcP 153, 219, hin.

[1081] A. M. Scheyhing, AcP 157, 386.

[1082] Siehe Anm. 1077; wie hier auch Heck, S. 432.

[1083] Esser, § 190, 4.

aufgezeigten Bedenken; darüber hinaus ist eine weitere Durchbrechung der Grundsätze der Leistungskondiktion nicht zu billigen. Die Behauptung, allein die direkte Kondiktion stelle eine praktikable Lösung dar[1084], wiegt nicht allzu schwer, da auch die hier gebilligte Meinung ein handliches Ergebnis zu bieten hat: Derjenige, für den mittelbar geleistet worden ist (der Anweisende bzw. der Bauunternehmer), hat eine Leistungskondiktion gegen den Begünstigten auf Herausgabe des erlangten Vorteils. Dieser Anspruch ist das, was er selbst aus der Leistung des unmittelbar Zuwendenden an ihn erlangt hat; er muß folglich den Anspruch gemäß §§ 812, 818 abtreten[1085]. Daß im übrigen die Zulassung eines direkten Durchgriffs zu erheblichen praktischen Schwierigkeiten führen kann, legt v. Caemmerer[1086] im einzelnen dar.

Die Ablehnung einer direkten Leistungskondiktion bei Doppelmangel beruht darauf, daß zwei Leistungen vorliegen, wobei eine an sich wirksame Zuwendung mehreren Rechtsgrundverhältnissen gültig zugeordnet worden ist. Diese Rechtslage ist zu unterscheiden von dem Fall, daß wegen der Geschäftsunfähigkeit des Mittelsmannes die Zuwendungen als solche nicht wirksam sind: Hier können keine Leistungen vorliegen und es tritt als Ersatz für eine noch mögliche Vindikation bei sonstigem Rechtserwerb des letzten „Zuwendungsempfängers" der Rechtsfortwirkungsanspruch ein. Daß dieser Anspruch direkt durchgreift, entspricht der ganz herrschenden Meinung[1087].

So liegt es z. B., wenn A dem geschäftsunfähigen B eine Sache übereignen will und B seinerseits die Sache an C weitergibt, der sie durch Vermischung originär erwirbt. Hier greift die Kondiktion des A gemäß §§ 951, 812 direkt gegen C durch; eine Besitzkondiktion dagegen kann nur A gegen B und B gegen C haben, da Besitz ohne Rechtsgeschäft übertragen wird[1088]. Nur wer bei Doppelmangel einen Durchgriff zuläßt, kann auch insoweit eine Leistungskondiktion A — C bejahen. Wieder anders, wenn bereits B die Sache durch Vermischung oder dgl. erwarb; dann hat A sein Recht unmittelbar an B verloren und hat die Eingriffskondiktion nur gegen B; kann er nachweisen, daß der geisteskranke B das vermischte Geld an C weitergegeben hat, so hat A dennoch keine direkte Kondiktion gegen C, es sei denn, man wendet wegen der Rechtsgrundlosigkeit § 822 entsprechend an[1089], was wir abgelehnt haben.

[1084] ENNECCERUS-LEHMANN, § 221 III 1 b, Fn. 12.

[1085] ESSER, § 190, 4; BERG, NJW 1962, 101.

[1086] JZ 1962, 389.

[1087] RG 51, 80; WARNR 1917, Nr. 116; HAYMANN, JhJb 77, 265; v. LÜBTOW, S. 17; SIBER, Schuldrecht, S. 440; ENNECCERUS-LEHMANN, § 221 III 3; STAUDINGER-SEUFERT, § 812 Anm. 8 b e.

[1088] Siehe STAUDINGER-SEUFERT, a. a. O.

[1089] v. LÜBTOW, S. 17.

(2) Während bei der Leistung mittels eines Dritten die direkte Kondiktion des Zuwendenden gegen den Zuwendungsempfänger entfällt, entscheidet die h. M. im Fall der *Leistung eines Dritten,* der auch den sogen. Dreiecksverhältnissen zugerechnet wird, teilweise anders. Wenn jemand ohne Ablösungsrecht, also nach § 267 die Schuld eines Dritten zahlt, so bedeutet dies eine unmittelbare Zuwendung an den Gläubiger, die der Erfüllung eines Grundgeschäfts dienen sollte, ferner eine mittelbare Zuwendung an den Schuldner in Gestalt der Schuldbefreiung[1090]. Wenn nun der Zweck einer Zuwendung des Schuldners an den Gläubiger wegen der Nichtigkeit der Forderung nicht erreicht werden kann, so ergäbe sich bei einer Abwicklung des Verhältnisses „übers Dreieck" die Schwierigkeit, daß S keine Schuldbefreiung vom Zuwendenden erlangt haben kann, da er nichts schuldete, so daß ein Bereicherungsanspruch des Zuwendenden gegen ihn nicht bestehen kann. Berücksichtigt man nun den allgemeinen Satz, daß derjenige, der fremde Schulden zahlt, nur zahlen will, soweit eine Schuld besteht[1091], so liegt es nahe, dem Zuwendenden einen direkten Bereicherungsanspruch gegen den Zuwendungsempfänger zu geben. Dies tut die h. M.[1092].

Doch ist zu berücksichtigen, daß in diesem Fall wie in dem der Leistung mittels eines Dritten in gleicher Weise die eine Zuwendung sich auf zwei schuldrechtliche Grundverhältnisse auswirkt, so daß zunächst nicht einzusehen ist, warum der tatsächlich Zuwendende im zweiten Fall besser stehen soll als im ersten. Die Begründung allein in dem Umstand zu suchen, daß der Zuwendende keinen Anspruch gegen den vermeintlichen Schuldner haben kann, reicht kaum aus. Der Unterschied liegt aber m. E. in einem anderen Punkt: Wenn auf Grund einer Anweisung oder eines Vertrages mit dem Bauunternehmer an den Dritten geleistet wird, so besteht bereits eine Abrede zwischen dem Zuwendenden und dem, für den er die Zuwendung macht. In dieser Abrede setzen die Beteiligten die Zuwendung zu ihrem schuldrechtlichen Grundverhältnis in Beziehung, begründen die causa der Zuwendung. Wenn aber jemand ohne Abrede mit dem vermeintlichen Schuldner für diesen an den vermeintlichen Gläubiger eine Zahlung macht, so fehlt es an einer causa-Abrede zwischen ihm und dem vermeintlichen Schuldner, so daß die Zuwendung nicht als Leistung an diesen angesehen werden kann. Hingegen haben der Zuwendende und der vermeintliche Gläubiger eine Abrede entsprechend § 267 getroffen, da ja der Zuwendende seine Absicht, die

---

[1090] Esser, § 190, 2 a.

[1091] v. Caemmerer, JZ 1962, 386, r. Sp., führt aus, das Bestehen der Schuld sei causa der Zahlung; siehe auch Dölle-Festschrift, S. 143.

[1092] Esser, a. a. O.; Palandt-Danckelmann, § 267 Anm. 5; Erman, § 267 Anm. 5; Zeiss, AcP 165, 335.

Schuld eines anderen zu zahlen, offenlegen muß[1093]. Somit liegt nur in diesem Verhältnis eine causa vor, nicht zwischen dem vermeintlichen Gläubiger und Schuldner (so daß es mißverständlich ist, mit Esser von zwei Zuwendungszwecken zu sprechen).

Es kann daher, wenn die Schuld nicht besteht, nur eine Leistungskondiktion des Zuwendenden gegen den vermeintlichen Gläubiger Platz greifen; ebenso dann, wenn der Zuwendende in Wirklichkeit nicht die Absicht hatte, fremde Schulden zu tilgen[1094], da auch in diesem Fall ein echter Zuwendungszweck verfehlt wurde. Der vermeintliche Schuldner dagegen hat gegen den Gläubiger keine Bereicherungsansprüche, da er nicht — auch nicht mittels eines Dritten — an ihn geleistet hat und auch kein Recht zugunsten des vermeintlichen Gläubigers verloren hat. Besteht die Schuld, kann sich aber der Zuwendende aus anderen Gründen nicht bei dem Schuldner schadlos halten (beispielsweise, weil seine Leistung nicht dem wirklichen oder mutmaßlichen Willen des Schuldners entsprach, § 683), so kann der Zuwendende nicht mit der Leistungskondiktion[1095], sondern wegen einer Bereicherung in sonstiger Weise den durch die Schuldbefreiung erlangten Vorteil kondizieren[1096].

Es zeigt sich also, daß auch im Falle der Erfüllung fremder Schulden ohne Ablösungsrecht die strenge Trennung von Zweckabrede und Lage der Grundverhältnisse zu einer brauchbaren Lösung führt.

3. Fehlen eines die Bereicherung rechtfertigenden Grundes

Ob es zwischen den Parteien der Zweckbeziehung zu einer Leistungskondiktion kommt, richtet sich danach, ob der typische oder spezielle Zweck verfehlt worden ist. Wann das der Fall ist, bestimmen hauptsächlich die allgemeinen Regeln über die Wirksamkeit der Rechtsgeschäfte[1097]; nur einige besondere Erweiterungen (so § 813) und Einschränkungen (so § 814) finden sich im eigentlichen Bereicherungsrecht. Wenn dagegen der Zweck erreicht worden ist, so ist diese Zweckerreichung Rechtsgrund des Behaltendürfens[1098] der Leistung und trägt in diesem Sinne die Bezeichnung causa[1099].

[1093] v. Tuhr II, 2, S. 85; Esser, § 190, 2; Krawielicki, a. a. O., S. 81; Zeiss, JZ 1963, 9; v. Caemmerer, Dölle-Festschrift, S. 141.

[1094] RG HRR 1933, 995; LG Traunstein, NJW 1954, 1727; Erman, § 267 Anm. 5; mit anderer Begründung auch Maier a. a. O., S. 102 ff.; differenzierter v. Caemmerer, Dölle-Festschrift, S. 142 ff.

[1095] So aber Esser, a. a. O., der in diesem Fall von der Verfehlung eines Leistungszwecks spricht.

[1096] v. Caemmerer, JZ 1962, 386.

[1097] v. Caemmerer, Rabel-Festschrift, S. 343; Scheyhing, AcP 157, 379 ff.

[1098] Vgl. dazu oben S. 18; Rothoeft, a. a. O., S. 224.

[1099] Siehe oben S. 82.

Die Antwort auf die danach ausschlaggebende Frage, ob der Zuwendungszweck erfüllt ist, ist zwar in den meisten Fällen, aber nicht immer davon abhängig, ob ein zwischen den Partnern des Leistungsgeschäfts gewolltes Rechtsgrundverhältnis gültig ist. Bekanntlich kann auf ein erst in Zukunft entstehendes Rechtsgrundverhältnis geleistet werden; ferner ist es häufig, daß Rechtsgrundverhältnis und causa-Vereinbarung gleichzeitig mit der Bewirkung der tatsächlichen Zuwendung entstehen. Auch wenn hier die Begründung des Rechtsgrundverhältnisses scheitert, etwa weil ein Partner geschäftsunfähig ist, so muß der Leistende kondizieren können[1100], obwohl, wie oben[1101] dargestellt wurde, die eigentliche causa-Abrede zustandegekommen war. Auch bei der Leistung einer anderen als der geschuldeten Sache greift § 812 I ein[1102], obwohl das Rechtsgrundverhältnis voll wirksam ist. Tragfähig für die Leistungskondiktion ist demnach allein der Gedanke der Zweckverfehlung[1103], nicht die Frage nach dem Schicksal des Grundgeschäfts.

Häufig werden die möglichen Zweckverfehlungen, die unter § 812 I 1 und 2 erste Alternative fallen, in condictiones „sine causa", „indebiti" und „ob causam finitam" eingeteilt[1103a]. Andere[1104] erkennen einen echten Unterschied zwischen condictio sine causa und condictio indebiti nicht an. Nach der hier vertretenen Auffassung läßt sich eine einheitliche Kategorie der condictiones sine causa nicht bilden, da die hierher gerechneten Fälle zum Teil tatsächlich keinen Unterschied zur condictio indebiti aufweisen, zum Teil eine besondere Zwischenstellung zwischen Leistungs- und Rechtsfortwirkungskondiktion einnehmen. Sie sollen deshalb abschließend behandelt werden. Überhaupt ist aber eine erschöpfende Kategorisierung der denkbaren Zweckverfehlung kaum möglich. Es sollen daher nur die Hauptgruppen herausgegriffen werden.

aa) Die „condictio indebiti"

Bei der „condictio indebiti" wird der Zweck deshalb verfehlt, weil die Forderung, auf die geleistet wurde, nicht besteht. Hierher gehören selbstverständlich Leistungen auf schuldrechtliche, dingliche und gesetzliche Verpflichtungen. Bei Forderungen aus Verträgen kann es

---

[1100] ENNECCERUS-LEHMANN, § 222 I 1 c.

[1101] Oben S. 188—192.

[1102] ESSER, § 191, 1.

[1103] Es geht um die „Fehlerhaftigkeit des Leistungsverhältnisses", KÖTTER, AcP 153, 210; vgl. ferner ESSER, § 189, 3.

[1103a] ESSER, a. a. O.; PALANDT-GRAMM, § 812 Anm. 6 A; ERMAN-SEILER, § 812 Anm. 5 A; RGRK-SCHEFFLER, § 812 Anm. 76, 78, 102.

[1104] STAUDINGER-SEUFERT, § 812 Anm. 18 a; SIEBERT-MÜHL, § 812 Anm. 95; ESSER, a. a. O., bezeichnet die condictio sine causa als „unklar profiliert".

nun m. E. nicht darauf ankommen, ob die Leistung deshalb nicht geschuldet wird, weil der Vertrag wegen Dissenses oder wegen Verstoßes gegen eine Formvorschrift oder ein gesetzliches Verbot nichtig war, ob etwa die Forderung bereits durch Erfüllung gemäß § 362 oder durch Schuldnerverzug und Vorgehen des Gläubigers gemäß § 326 erloschen war, oder ob schließlich die Vertragsbeziehungen wegen Geschäftsunfähigkeit eines Partners gar nicht entstehen konnten. Wer den letzteren Fall als „condictio sine causa" ansieht[1105], übersieht dabei, daß hier ebenso wie beim Erlöschen der rechtswirksam begründeten Forderung vor der Leistung eine einverständlich zur Erfüllung bestimmte Zuwendung vorlag. Wohin die Unterscheidung von nichtigen und erst nach wirksamer Begründung erloschenen Schuldverhältnissen in diesem Zusammenhang führen kann, zeigt sich im Gedankengang Scheyhings[1106], der die im Leistungsbegriff enthaltene „Zuordnung" der Zuwendung auf ein Grundgeschäft nur für möglich hält, wenn ein rechtlich gültiges Geschäft besteht; andernfalls falle die Zuordnung „ins Leere", so daß folgerichtig die Leistungskondiktion überhaupt vom Rechtsfortwirkungsanspruch verdrängt wird. Da aber, wie oben[1107] eingehend erörtert wurde, die Zweckbestimmung überhaupt kein rechtsgeschäftlicher Akt ist, ist die Zweckverfehlung bei Nichtigkeit und späterem Erlöschen des Grundgeschäfts durchaus dieselbe. In jedem Fall greift also die Leistungskondiktion ein.

Zur condictio indebiti gehören auch, wie sich aus dem vorigen ergibt, die zahlreichen Kondiktionen, die sich aus Leistungen auf formungültige Verträge ergeben[1108]; die Tatsache, daß die Rückforderung solcher Leistungen manchmal mit der condictio indebiti[1109], manchmal mit der condictio sine causa[1110] begründet wird, zeigt m. E. deutlich, daß beide Arten von Kondiktionen im entscheidenden Punkt, nämlich dem der Zweckverfehlung wegen Ungültigkeit des Grundgeschäfts, völlig übereinstimmen.

Die sog. condictio indebiti setzt aber keineswegs die Unwirksamkeit des ganzen Schuldverhältnisses voraus[1111]. Die Forderung, auf die geleistet wird, gibt auch dann keinen Rechtsgrund ab, wenn sie zwar rechtsgültig entstand, aber ihre Fälligkeit vom Eintritt einer aufschiebenden Bedingung[1112] abhängt; auch hier greift also die Lei-

---

1105 ENNECCERUS-LEHMANN, § 222 I 1 c.

1106 AcP 157, 386.

1107 S. 188—192.

1108 RG 111, 98; 137, 177; 170, 207.

1109 ESSER, § 191, 1 b.

1110 PALANDT-GRAMM, § 812 Anm. 6 A b; RGRK-SCHEFFLER, § 812 Anm. 77.

1111 Wie COLLATZ, S. 20, noch zu glauben scheint.

1112 ESSER, a. a. O.; STAUDINGER-SEUFERT, § 812 Anm. 22; anders, wenn auf eine betagte Verbindlichkeit geleistet wird: Eine solche Forderung gibt einen Rechtsgrund ab, § 813 Abs. 2.

stungskondiktion ein. Besteht die Forderung, wird aber eine andere als die geschuldete Sache geleistet, so entsteht bei einem Versuch der Einordnung der dann notwendigen Kondiktion die Frage, ob der Fall der Zweckverfehlung wegen Nichtschuld vorliegt[1113] (schließlich bestand auf Leistung *dieser* Sache kein Anspruch), oder ob es sich um die allgemeinere Form der Zweckverfehlung (condictio sine causa) handelt[1114]. Auch hier ist m. E. die Unterscheidung sinnlos; zur Begründung der Kondiktion reicht der Hinweis darauf, daß der zwischen dem Zuwendenden und dem Zuwendungsempfänger einverständlich gesetzte Erfüllungszweck nicht erreicht werden konnte[1115].

Erwähnenswert ist in diesem Zusammenhang die abweichende Auffassung Scheyhings[1116], der bei Leistung einer Sache, die zur Erfüllung nicht geeignet war — Lieferung gestohlener Sachen auf einen gültigen Kaufvertrag — das Vorliegen einer Leistung bestreitet, mithin auf den Fortwirkungsanspruch des wahren Berechtigten zurückgreifen muß. Dieser Auffassung läßt sich entgegenhalten, daß auch hier der einverständlich gesetzte Zuwendungszweck aus Gründen, die im allgemeinen Recht — hier § 935 — zu suchen sind, nicht erreicht werden kann, so daß deswegen der Zuwendende eine Leistungskondiktion haben muß. Letztere Lösung entspricht auch praktischen Bedürfnissen, da der Zuwendende nach wie vor den Erfüllungsansprüchen seines Gläubigers und unabhängig davon Ansprüchen des Eigentümers der Sache ausgesetzt ist.

Weitere Fälle der Zweckverfehlung trotz Bestehens der Forderung sind: Zahlung einer fremden Schuld im irrigen Glauben, selber Schuldner zu sein[1117]; Zahlung an eine irrtümlich für den Gläubiger gehaltene Person[1118], wenn diese Zahlung nicht befreiende Wirkung hat, da sonst der Zweck erreicht wäre[1119].

bb) Besonderheiten bei der condictio indebiti

Eine Sonderstellung im Rahmen des Rechtsgrundbegriffs räumen viele[1120] den sog. *Handgeschäften* ein. Auch hier kommt es aber lediglich darauf an, ob der Leistungszweck erreicht worden ist bzw. erreicht werden konnte. Aus dieser Fragestellung ergibt sich beispielsweise dann die Lösung, wenn bei Handgeschäften die Zuwendung als

---

1113 So wohl ENNECCERUS-LEHMANN, § 223 I 2 g; STAUDINGER-SEUFERT, § 812 Anm. 24.

1114 So ESSER, § 191, 1 a.

1115 Vgl. BGH 7, 124.

1116 AcP 157, 385.

1117 RG 87, 251; 98, 64.

1118 RGRK-SCHEFFLER, § 812 Anm. 89.

1119 LEONHARD, Bes. T., § 255; STAUDINGER-SEUFERT, § 812 Anm. 23.

1120 JUNG, S. 63 f. und Fn. 105; SIBER, JhJb 70, 235 ff.; KRAWIELICKI, Grundlagen, S. 50 f.; SCHEYHING, AcP 157, 378 f.

solche wirksam erfolgt, die Begründung des Rechtsgrundverhältnisses aber mißlingt: Zwar sagt man hier nichts wesentliches aus, wenn man darauf hinweist, die Zuwendung sei „nicht geschuldet" gewesen, da dies auch dann zutrifft, wenn das Grundverhältnis später entsteht; doch kann auch hier wegen Nichtbestehens der zugrundegelegten Forderung die Zuwendung ihren Zweck nicht erreichen[1121]. Dasselbe gilt, wenn an einen beschränkt Geschäftsfähigen eine Zahlung darlehenshalber erfolgt: Wenn der gesetzliche Vertreter die Darlehnsaufnahme nicht genehmigt, fehlt es an der Erreichung des wirksam mit der Zuwendung verbundenen Zwecks, so daß der Leistende kondizieren kann. Der Begriff der Rechtsgrundlosigkeit ist also bei Handgeschäften kein anderer als bei den Leistungen auf bereits bestehende Schuldverhältnisse.

Neben dem Rechtsgrundbegriff bei Handgeschäften bedarf die Frage einer besonderen Beleuchtung, wann ein *Schuldanerkenntnis* i. S. des § 812 II als rechtsgrundlos geleistet kondiziert werden kann. Hier wird zunächst die Kondiktion wegen Irrtums über eine Pflicht zum Anerkennen[1122] erwähnt. Dieser Fall enthält keine Besonderheit, da hier eine Zuwendung zum Zwecke der Erfüllung erfolgte und dieser Zweck wegen Nichtbestehens der Verbindlichkeit nicht verwirklicht werden konnte. Daneben wird aber die Kondiktion — die sich praktisch hauptsächlich als Bereicherungseinrede nach § 821 auswirken wird — auch dann bejaht, wenn das Anerkannte unrichtig ist.

Hier muß aber im Einzelfall genau festgestellt werden, welchen Zweck die Parteien verfolgen[1123]: Wollten sie mit dem Anerkenntnis erreichen, daß eine bisher unübersichtliche und streitige Rechtslage endgültig festgestellt werde, wobei sie also eine eventuelle Änderung der Rechtslage in Kauf nahmen, so ist dieser Zweck mit gültigem Zustandekommen des Anerkenntnisses erreicht, eine Kondiktion ausgeschlossen[1124]. Zutreffend formulieren hier Staudinger-Seufert[1125] im Anschluß an einen Ausdruck des RG, daß der Rechtsgrund im Willen der Parteien liege, die bestehende Unsicherheit zu beseitigen: Die Erfüllung dieses Zwecks ist der Rechtsgrund i. S. des § 812. Schon aus diesem Grunde — abgesehen von prozessualen Überlegungen — ist z. B. das Anerkenntnis gemäß § 307 ZPO nicht kondizierbar[1126]. Wenn dagegen die Parteien nur die nach ihren Vorstellungen richtige Rechtslage feststellen und im übrigen dem Gläubiger die Rechtsverfolgung erleichtern wollen, so ist dieser Zweck mit der Umkehrung der Beweislast erreicht. Dieser Zweck wird jedoch verfehlt, wenn der Gläubiger die Möglichkeit erhält, eine

---

1121 v. Caemmerer, Rabel-Festschrift, S. 343.

1122 RG Recht 1915, Nr. 1527; Staudinger-Seufert, § 812 Anm. 3 b a; RGRK-Scheffler, § 812 Anm. 73.

1123 RG JW 1910, 1002.

1124 RG, a. a. O.; ferner RG Recht 1915, Nr. 2267.

1125 § 812 Anm. 3 b c.

1126 RGRK-Scheffler, § 812 Anm. 66.

Forderung durchzusetzen, die in Wirklichkeit nicht oder nicht in dieser Weise besteht. Daher ist in diesem Fall die Leistungskondiktion zu geben[1127]. Ähnlich liegt es in den — übrigens auch im französischen Recht mit dem cause-Begriff gelösten[1128] — Fällen des Anerkenntnisses, das eine vermeintliche gesetzliche Verpflichtung, z. B. die Verpflichtungen des außerehelichen Erzeugers, konkretisieren soll. Derartige Anerkenntnisse können, wenn die gesetzliche Verpflichtung in Wirklichkeit nicht besteht, kondiziert werden, wenn der Anerkennende mit der Vereinbarung nur den Zweck verfolgte, seine Erzeugerpflichten festzulegen[1129].

Die condictio indebiti ist i. d. R. eine Reaktionswirkung auf Zweckverfehlungen, die im allgemeinen Recht begründet sind. Das Bereicherungsrecht dehnt nun, wie bereits erwähnt, in einigen Punkten die Rückforderbarkeit einer Leistung aus und schränkt sie in anderen Punkten ein. Dies geschieht, indem der Umfang der erheblichen Zweckverfehlungen eingeschränkt bzw. erweitert wird. So gesehen bestimmt *§ 813 I,* daß der Erfüllungszweck auch dann als verfehlt gilt, wenn auf einen Anspruch hin geleistet wurde, der wegen des Entgegenstehens einer Einrede dauernd nicht geltend gemacht werden konnte. Ohne den Eingriff des Gesetzgebers hätte sich hier eine Rückforderung nicht begründen lassen, da der Erfüllungszweck als solcher durchaus erreicht werden konnte. Während § 813 I eine Erweiterung der erheblichen Zweckverfehlung enthält, nehmen die übrigen Spezialvorschriften Einschränkungen des Bereicherungsanspruchs vor. So weicht *§ 814 erste Alternative* davon ab, daß regelmäßig die Verfehlung eines einverständlich gesetzten Zwecks die Kondiktion begründet, indem die Vorschrift bestimmt, daß der Leistende, der einseitig seinen Zweck nicht verfehlt hat, seine Leistung dem Leistungsempfänger belassen muß. In dieser umgekehrten Formulierung des § 814 bringt das Gesetz zum Ausdruck, daß nur *die irrtümliche Zweckverfehlung* zum Bereicherungsanspruch führt, d. h. die irrige Annahme, mit dieser Zuwendung den gesetzten Zweck erreichen zu können. Die Leistungskondiktion rückt damit unter die Institutionen zum Schutz der Willensbildung auf[1130]. Hier kann man nicht, wie früher behauptet wurde[1131], von einer Zuwendung schenkungshalber sprechen, da der Zuwendungsempfänger davon ausging, daß eine Erfüllung erfolgen solle. Vielmehr hält das Gesetz den Zuwendenden hier an einem von ihm erklärten Zweck fest, weil er die

---

1127 Staudinger-Seufert, § 812 Anm. 3 b c; RGRK-Scheffler, § 812 Anm. 66.

1128 Vgl. dazu oben S. 170.

1129 RG JW 1917, 103; RGRK-Scheffler, § 812 Anm. 66.

1130 Wilburg, S. 7, 11; Rothoeft, AcP 163, 225 f., 235.

1131 Collatz, S. 18; für das französische Recht Mazeaud II, Nr. 658.

Zuwendung machte, obwohl er wußte[1132], daß er den erklärten Zweck nicht erreichen konnte[1133].

Die Vorschrift des *§ 814 zweite Alternative* enthält die Besonderheit, daß ohne Rücksicht auf die Verfehlung eines subjektiven Zuwendungszwecks eine objektive Gegebenheit zum Rechtsgrund des Behaltendürfens erhoben wird. Man könnte die Bestimmung zunächst als eine Klarstellung des Umstands auffassen, daß auch die Verfolgung einer Anstandspflicht eine gültige causa ist, so daß die Rückforderung einer zur Erfüllung solcher Pflichten gedachten Zuwendung ausgeschlossen wäre. Doch da allgemein die Verfolgung jedes Zwecks als causa und damit die Zweckerreichung als Rechtsgrund genügt[1134], solange nicht gesetzliche Vorschriften entgegenstehen, hätte es dieser Regelung nicht bedurft. § 814 zweite Alternative dehnt aber diesen Satz dahin aus, daß die Leistung, die zur Erfüllung einer in Wahrheit nicht bestehenden Schuld erfolgte, auch dann nicht zurückgefordert werden kann, wenn sie objektiv — ohne daß es dem Zuwendenden darum ging, diesen Zweck zu verwirklichen[1135] — einer Anstandspflicht genügt. Der Leistende muß sich also ohne Rücksicht auf die Zweckverfehlung die objektiven Anstandspflichten entgegenhalten lassen.

Einen weiteren Fall, in dem trotz Zweckerreichung die Kondiktion begründet sein kann und trotz Zweckverfehlung u. U. ein Bereicherungsanspruch versagt wird, wo also die Zweckerreichung völlig außer Ansatz bleibt[1136], bietet § 817. Diese Sondervorschrift schränkt sämtliche nach § 812 an und für sich begründeten Bereicherungsansprüche ein[1137]. Sie befindet sich auch insoweit außerhalb des eigentlichen causa-Rechts, weil hier eine Untersuchung nicht nur des typischen oder vereinbarten Zwecks, sondern der Gesamtumstände des Geschäfts[1138] und der Motive der einzelnen Parteien stattfindet. Es kommt auf Vereinbarungen nicht an, wie sich daraus ergibt, daß auch die einseitig verwerfliche Handlungsweise des Empfängers, von der der Leistende nicht zu wissen braucht — Annahme einer Belohnung für eine gute Tat, der sich der Empfänger nur zu Unrecht gerühmt hatte[1139] —

1132 Die Abweichung von der Norm gilt nur bei positiver Kenntnis der Nichtschuld, RG 144, 91; 154, 397.

1133 LARENZ, § 63 I.

1134 RG 71, 316; RG JW 1917, 103; ZWEIGERT, JZ 64, 353, bezeichnet schlechthin § 814 als „causa".

1135 ESSER, § 191, 4 b; LARENZ, § 63 I.

1136 ESSER, § 193, 1, 2.

1137 Ständige Rechtsprechung, RG 60, 354; 70, 4; 111, 153; 151, 70; BGH JZ 1953, 282; ferner ENNECCERUS-LEHMANN, § 226, 3; LARENZ, § 63 III b; ESSER, § 194, 3; a. A. LEONHARD, Bes. T., § 264.

1138 ENNECCERUS-LEHMANN, § 226 1 a.

1139 LARENZ, § 63 III a.

die Kondiktion begründet. Jede causa-Vereinbarung, über deren Sittenwidrigkeit beide Parteien im Bilde sind, würde außerdem hinfällig sein, so daß sogar die Frage nach dem Ausschluß einer Leistung im technischen Sinne gestellt werden könnte. Die Vorschrift des § 817 befindet sich schließlich insoweit außerhalb des causa-Rechts, als von der Rechtsprechung[1140], wenn auch gegen den Widerstand eines Teils der Lehre[1141], ein bewußter, also schuldhafter Verstoß gegen die guten Sitten verlangt wird. Die Vorschrift nimmt damit Strafcharakter an[1142].

cc) Die condictio ob causam finitam

Das Gesetz erwähnt in § 812 I 2 erste Alternative ausdrücklich, daß der spätere Wegfall des rechtlichen Grundes seinem ursprünglichen Fehlen gleichstehe (sog. condictio ob causam finitam). Hier kann auf Grund einer späteren Entwicklung des Rechtsgrundverhältnisses der bei der Zuwendung gesetzte Zweck nicht erreicht werden. Worauf die Rechtsgrundlosigkeit zurückgeht, bestimmen wie bei der condictio indebiti die allgemeinen Vorschriften. Gleichgültig ist, ob danach das Rechtsgrundverhältnis mit Wirkung ex tunc (z. B. durch Anfechtung) oder ex nunc (z. B. durch Rücktritt) vernichtet wird[1143], da in jedem Fall die nachträgliche Vernichtung des Rechtsgrundverhältnisses zur Zweckverfehlung führt.

Hierher rechnet man auch den Fall, daß sich erst nach der Erfüllung einer gesetzlichen Verpflichtung herausstellt, daß diese nicht bestand, ohne daß das Nichtbestehen der Schuld auf rechtsgestaltende Willenserklärungen einer Partei zurückging. So, wenn eine gestohlene Sache, für die die Versicherungssumme bereits bezahlt worden ist, plötzlich wieder aufgefunden wird[1144].

Die condictio ob causam finitam ist diejenige gesetzlich geregelte Form der Leistungsrückgewähr, bei der die oben[1145] behauptete Einheitlichkeit des allgemeinen causa-Begriffs und der im Bereicherungsrecht konkretisierten causa besonders hervortritt[1146]: Die Verfehlung des Zuwendungszwecks obligatorischer Ansprüche im Rahmen gegenseitiger Verträge z. B. ist im Recht der Leistungsstörung behandelt. Ist

---

[1140] RG 95, 349; 151, 73; 161, 57; OGH 4, 59; ferner RGRK-Scheffler, § 817 Anm. 15.

[1141] Larenz, § 63 III a; Esser, § 193, 3.

[1142] RG 95, 349; Siber, SchuR., S. 429; Erman-Seiler, § 817 Anm. 1.

[1143] Esser, § 191, 1 c; Staudinger-Seufert, § 812 Anm. 34; a. M. Siebert-Mühl, § 812 Anm. 29 (nur bei Auflösung ex nunc).

[1144] RG 108, 112.

[1145] Oben S. 82.

[1146] Siehe auch v. Caemmerer, Boehmer-Festschrift, S. 150.

aber vor der endgültigen Verfehlung des Zwecks der Verpflichtung (z. B. durch nachträgliche Unmöglichkeit der Gegenverpflichtung, § 275) bereits eine Leistung erfolgt, so schlägt die Regelung der Leistungsstörung (im Beispiel das Entfallen der Verbindlichkeit, § 323 I) automatisch in eine condictio ob causam finitam um (so im Beispiel in Gestalt des § 323 III). Ähnliche gesetzliche Spezialregelungen der condictio ob causam finitam gibt es öfter, so z. B. §§ 326, 327, 346; 528, 533; 1144[1147].

Dadurch, daß die condictio ob causam finitam auch eingreift, wenn der Leistungszweck wegen der ex nunc eingetretenen Auflösung des Rechtsgrundverhältnisses verfehlt wird, gerät diese Form des Bereicherungsanspruchs in besonderem Maße in die Nähe des Wegfalls der Geschäftsgrundlage. Sie berührt sich dabei mit den Grundgedanken, die historisch zur Ausbildung der causa-Lehre geführt haben; es besteht aber die Gefahr, daß die gesetzestechnische Begrenzung des Bereicherungsrechts gesprengt wird. Ein Beispiel mag dies verdeutlichen:

A wollte in dem neu zu errichtenden Hause des B eine Wohnung mieten und leistete dazu, wie üblich, Baukostenzuschüsse, und zwar erstens einen sog. „abwohnbaren", also eine Mietvorauszahlung, ferner einen sog. „verlorenen" Baukostenzuschuß. Die Parteien schlossen einen langfristigen Mietvertrag, den der Vermieter B aber lange vor Ablauf der Frist wegen Konkurses des A gemäß § 19 KO kündigte[1148].

Es liegt auf der Hand, daß sich durch die Kündigung der Zweck, der bei der Leistung der Mietvorauszahlung erreichbar erschien, insoweit als unerreichbar erwiesen hat, als Miete für die Zeit nach der Kündigung gezahlt worden ist. Den entsprechenden Teil des abwohnbaren Baukostenzuschusses kann A also mit der condictio ob causam finitam zurückverlangen[1149].

Wie aber steht es mit dem „verlorenen" Baukostenzuschuß? Auch hier soll der Mieter auf Grund einer condictio ob causam finitam einen Anspruch auf Erstattung des Betrages haben, den er bei verhältnismäßiger Umrechnung des gesamten Zuschusses auf die Zeit zwischen dem vorzeitigen und dem gedachten Ende des Mietverhältnisses geleistet hat[1150]. Diese Lösung erscheint bedenklich: Wenn man — mit der offenbar herrschenden Ansicht[1151] — davon ausgeht,

---

[1147] ESSER, § 191 1 c; v. CAEMMERER, Rabel-Festschrift, S. 342.

[1148] Der Fall ist in Rechtsprechung und Literatur häufig erörtert worden. Herausgegriffen seien hier nur die Entscheidungen BGH NJW 1958, 1582; 1959, 872; ferner MÖLDERS, NJW 1955, 777.

[1149] BGH NJW 1958, 1582; MÖLDERS, a. a. O.; RGRK-SCHEFFLER, § 812 Anm. 109; a. A. OLG Stuttgart, ZMR 1952, 207.

[1050] BGH NJW 1959, 872; MÖLDERS, a. a. O.; LARENZ, § 62, S. 313, FN. 6.

[1151] Nachweise vgl. BGH, a. a. O.

daß dieser Zuschuß keine Miete ist, so kann er nur für den Abschluß des Mietvertrages oder für den Aufbau des Gebäudes geleistet sein. Dieser Zweck wurde erreicht und ist auch später trotz der nur ex nunc wirkenden Kündigung nicht weggefallen[1152]. Freilich hat sich das Vertragsverhältnis nicht so entwickelt, wie es die Parteien bei Vertragsabschluß einverständlich voraussetzten. Es handelt sich dabei aber m. E. eher um ein Problem des Wegfalls der Geschäftsgrundlage[1153]; in diesem Rahmen lassen sich die Fragen nach dem Grund der Kündigung und nach dem treuwidrigen Verhalten einer der Parteien, die in der angegebenen Rechtsprechung und Literatur eine Rolle spielen, besser behandeln als im Bereicherungsrecht mit §§ 814, 815 oder 817. Der von v. Caemmerer[1154] in ähnlichem Zusammenhang gerügte Rückgriff auf das Bereicherungsrecht in Fällen des Wegfalls der Geschäftsgrundlage wäre damit vermieden.

dd) Die condictio sine causa

Die als condictio sine causa bezeichnete Sonderform haben wir bereits insoweit abgelehnt, als sie Leistungen auf von vornherein nichtige Schuldverhältnisse umfassen soll[1155]. Hierher rechnet man aber vielfach auch die Fälle des *Dissenses bei der causa-Vereinbarung*[1156], die zweifellos eine Lösung mit einem Bereicherungsanspruch verlangen, soweit nicht schon § 985 eingreift. Letzteres wird überall da der Fall sein, wo wegen des Dissenses bei der Leistung — der Zuwendende will einen Mietvertrag über die Sache erfüllen, der Empfänger betrachtet sie als geschenkt — keine Einigung über den Eigentumsübergang zustandekommt[1157]. Auch insoweit stellt sich jedoch die Frage nach der Besitzkondiktion[1158].

Bei Dissens über die causa gibt die h. M. einen Bereicherungsanspruch in der Form der Leistungskondiktion[1159]. Dies gilt bei Handgeschäften, aber auch bei Dissens über den Zweck von Zuwendungen, die auf ein bereits bestehendes Grundgeschäft erfolgen.

1152 Vgl. auch Müller, NJW 1958, 571.

1153 Vgl. auch die Entscheidung BGH LM, § 812, Nr. 4, die m. E. einen Fall des Fortfalls der GG behandelt und mit der condictio entscheidet.

1154 Festschrift Rabel, S. 246.

1155 Oben S. 203.

1156 So Palandt-Gramm, § 812 Anm. 6 A b; Planck-Landois, § 812 Anm. 3 a; Collatz, S. 34; Fikentscher, S. 511.

1157 v. Tuhr II, 2, S. 106; ähnlich Siber, Schuldrecht, S. 426.

1158 Esser, § 191, 1 a; Palandt-Gramm, a. a. O.; Erman-Seiler, § 812, Anm. 5 A a.

1159 Esser, a. a. O.; Enneccerus-Lehmann, § 222 I, 1 c; Palandt-Gramm, a. a. O.; RGRK-Scheffler, § 812 Anm. 77.

So in dem instruktiven Beispiel RG 87, 41: A war dem B zur Bestellung einer Kaution verpflichtet. Sie vereinbarten, daß dies dadurch geschehen sollte, daß A dem C eine Hypothek abtreten sollte, wobei C eine Treuhänderstellung für A und B gemeinsam einnehmen würde. B verabredete jedoch mit dem gutgläubigen C, daß die ihm abzutretende Hypothek eine Kaufpreisschuld des B bei C sichern solle. Ohne weitere Erklärungen zum Grund der Abtretung trat dann A die Hypothek an C ab, wobei A zur Kautionsstellung verfügte und C die Verfügung in dem Glauben entgegennahm, ihm werde eine Sicherheit erbracht. Das RG kam zu dem Ergebnis, daß A seine Verpflichtung gegenüber B erfüllt habe, ohne daß allerdings der Vertrag mit C, der den Grund für die Leistung an C abgab, zustandegekommen sei. Das RG gab dem A daher einen Bereicherungsanspruch gegen C, d. h. die Leistungskondiktion, entschied sich also dafür, daß A dem B (durch Erfüllung) und ferner auch dem C geleistet habe.

Daß *eine* Zuwendung in *zwei* Rechtsgrundverhältnissen als Leistung gelten kann, trifft zu[1160]; doch zeigt sich gerade in diesem Fall, daß sich die beiden als Leistung bezeichneten Zuwendungen wesentlich unterscheiden: Die Zuwendung von A an C haben A und B zu ihrem Grundverhältnis gültig in (Erfüllungs-)Beziehung gesetzt, während es im Verhältnis A/C an einer Zweckvereinbarung fehlt, da A weder selbst noch über den vollmachtslos handelnden B etwas erklärt hat. Auch die Denkfigur eines typischen Zuwendungszwecks hilft hier nicht weiter, da ein Schuldverhältnis zwischen A und C, auf das sich die Zuwendung erkennbar beziehen könnte, nicht bestand. Vom Leistungsbegriff her, wie er oben[1161] entwickelt wurde, liegt es daher nahe, wegen des Fehlens einer Zweckverknüpfung zwischen Zuwendung und Grundverhältnis die Leistungskondiktion auszuschließen.

Es bleibt dann nur der Rechtsfortwirkungsanspruch. Dieser Anspruch umfaßt aber im allgemeinen[1162] Vermögensverschiebungen ohne Willen des Entreicherten; danach richtet sich der Begriff des Rechtsgrundes, der hier objektiv zu verstehen ist. Wer eine Bereicherung nicht durch Leistung, sondern auf sonstige Weise erlangt hat, darf sie behalten, wenn die objektive Rechtsordnung die gegenwärtige Rechtslage billigt[1163]. Für eine solche Untersuchung bietet nun die Vermögenslage, die sich beim Scheitern einer causa-Vereinbarung ergibt, keinen rechten Anhaltspunkt, da immerhin eine subjektive (rechtsgeschäftliche) Veränderung der Rechtslage gewollt war und mißlungen

1160 Beispiel: Ich habe mich gegenüber dem Bürgen, der sich für meine Schuld verbürgt hat, selbständig verpflichtet, den Gläubiger pünktlich zu befriedigen, damit der Bürge nicht in Anspruch genommen wird.

1161 Oben S. 184 ff.

1162 Eine Ausnahme ist m. E. die vorteilhafte G. o. A., die nicht dem wirklichen oder mutmaßlichen Willen des Geschäftsherrn entspricht.

1163 Oben S. 178 f.

ist. Die Fälle des Dissenses bei der causa-Abrede nehmen also eine Zwischenstellung zwischen Leistungskondiktion und Bereicherung in sonstiger Weise ein, der man am besten durch die ausdehnende Anwendung der Grundsätze der Leistungskondiktion gerecht wird. Die Ausdehnung besteht darin, daß nicht wie sonst die Verfehlung eines vereinbarten oder typischen Zwecks den Bereicherungsanspruch begründet, sondern das Nichtzustandekommen der causa[1164]. *Die Leistungskondiktion ist dann gegeben zwischen den Parteien, zwischen denen eine causa-Abrede getroffen werden sollte.* Unter diesem Gesichtspunkt ist dann der erörterten RG-Entscheidung beizupflichten.

Die Anwendung dieses Grundsatzes schließt allerdings einige Fälle, die häufig hierher gerechnet werden, aus dem Rahmen der condictio sine causa aus: So sollte bei der Geschäftsführung ohne Auftrag keine causa-Abrede zwischen Geschäftsherrn und Geschäftsführer getroffen werden: Entspricht also die Geschäftsführung nicht dem wirklichen oder mutmaßlichen Willen des Geschäftsherrn, so kann von einer Leistungskondiktion nicht die Rede sein[1165], ebenso bei der Besorgung fremder Geschäfte in der Meinung, es handle sich um eigene (§ 687 I[1166]). Es kommt hier allenfalls die Bereicherung in sonstiger Weise in Betracht.

Von dieser Warte aus lassen sich in das System der Kondiktionen folgende Fälle der Zweckverfehlung einordnen: Erstens: Ein zum Handeln im fremden Namen beauftragter Vertreter des Zuwendenden handelt pflichtwidrig im eigenen Namen; ferner die entgegengesetzte Gestaltung, daß der Beauftragte, ohne hierzu eine Vollmacht zu haben, seinen Auftraggeber zum „Leistungsempfänger" machen will, wobei der Zuwendende meint, er leiste an den Auftraggeber, der Auftraggeber aber glaubt, ihm leiste sein Beauftragter durch den Zuwendenden (Dreiecksverhältnis). Beide Male ist ein unmittelbarer Bereicherungsanspruch des Zuwendenden gegen den Zuwendungsempfänger nur dann gegeben, wenn diese beiden untereinander eine causa-Abrede treffen wollten. Über die Zurechnung der Leistungen entscheidet der zum Ausdruck gekommene Wille des Leistenden, so daß es entscheidend auf die Sicht des Zuwendungsempfängers ankommt[1167].

[1164] Enneccerus-Lehmann, § 222 I 1 c, drückt sich ebenso aus, meint aber offenbar nur das Nichtzustandekommen des Grundgeschäfts.

[1165] A. A. Planck-Landois, § 812 Anm. 3 a.

[1166] Auch hier gibt Planck-Landois, a. a. O., die Leistungskondiktion. Bezeichnend, daß er den Fall der irrigen Verwendung eigener Sachen für fremde Zwecke, der nach h. M. (oben S. 181 und Anm. 988) zur Bereicherung in sonstiger Weise zählt, mit den genannten Beispielen auf eine Stufe stellt.

[1167] Siehe die oben auf S. 186 in FN. 1020 Genannten; etwas anders v. Caemmerer, JZ 1962, 386.

Hiervon wich früher die h. M. ab. Den ersten Fall löst sie durch einen direkten Bereicherungsanspruch des Zuwendenden gegen den Zuwendungsempfänger[1168], was an einer Entscheidung des RG (RG 98, 64) demonstriert werden soll:

> Der Kläger lieferte an den Beklagten Fleisch im irrigen Glauben, der von ihm dazu Bevollmächtigte L habe als sein Vertreter für ihn den Vertrag abgeschlossen. In Wirklichkeit hatte aber L im eigenen Namen den Vertrag geschlossen. Das RG entschied, hier habe sich eine unmittelbare Vermögensverschiebung vollzogen, ferner habe der Beklagte ohne Rechtsgrund erworben, da er gegen L keinen Anspruch auf Lieferung von Fleisch hatte, das dem Kläger gehörte, und da der Kläger andererseits die eigene und keine fremde Schuld erfüllen wollte. Somit hatte der Kläger einen Bereicherungsanspruch[1169].

Dieser Entscheidung ist entgegenzuhalten, daß nicht beide Parteien, sondern nur der Kläger eine causa-Vereinbarung mit dem Beklagten treffen wollte, während der Beklagte glaubte, der Kläger leiste auf das Schuldverhältnis des L zu ihm. Hält man an den hier aufgestellten Grundsätzen fest, so muß m. E. ein unmittelbarer Anspruch des Klägers gegen den Beklagten abgelehnt werden. Dies Ergebnis ist nicht unbillig, da es demjenigen das Risiko des Fehlschlagens der Zuwendung aufbürdet, von dem sie ausgeht[1170]. Schließlich ergibt sich aus den Umständen nicht, daß der Zuwendende auf eine eigene Schuld leisten will, so daß der Empfänger annehmen darf, daß sein Schuldner an ihn mittels eines Dritten leistet[1171]. Die Entscheidung zeigt überdies, daß bei unzutreffender Beantwortung der Frage nach den Parteien des Bereicherungsanspruchs die Behandlung des Rechtsgrundes notwendig in ein schiefes Licht rückt: Bejaht man mit dem RG eine direkte Durchgriffsmöglichkeit, so kann der Zuwendungsempfänger niemals eine Zuwendung mit Rechtsgrund erhalten haben!

Nach denselben Grundsätzen richtet sich die Entscheidung in dem genannten Gegenbeispiel. Hier lag dem BGH[1172] — als eine von mehreren Auslegungsmöglichkeiten — folgender Fall vor:

[1168] RG 98, 64; 101, 322; Flume, JZ 1962, 282; RGRK-Scheffler, § 812 Anm. 77; Palandt-Gramm, § 812 Anm. 6 A b; Erman-Seiler, § 812 Anm. 5 A b.

[1169] Diese Entscheidung bestätigte RG 101, 322, wo der Bereicherungsanspruch ausdrücklich als condictio sine causa bezeichnet wird.

[1170] A. A. Flume, JZ 1962, 282, der den Bereicherungsanspruch gegen den Zuwendungsempfänger für billig hält, weil § 818 III einen genügenden Schutz für ihn darstelle; ähnlich Berg, NJW 1964, 721.

[1171] Esser, § 190, 2; siehe auch den Fall BGH 2, 40, 272.

[1172] BGH 2, 36, 30.

Der Beklagte E beauftragte den Architekten W, ein Wohnhaus schlüsselfertig zu errichten. W schloß im Namen des E, aber ohne seine Vollmacht, einen Vertrag mit dem Kläger, der daraufhin Leistungen an E erbrachte im irrigen Glauben, dem E dazu verpflichtet zu sein. Der BGH hat darauf abgestellt, ob zwischen dem Beklagten und W ein gültiger Vertrag bestand, wollte also diesen Vertrag als Rechtsgrund einer an ihn erfolgten Leistung ansehen.

Berg[1173] hält dem BGH entgegen, es liege eine Leistung des Klägers an E vor, die auch rechtsgrundlos sei. Nach den hier vertretenen Grundsätzen scheitert aber ein direkter Bereicherungsanspruch daran, daß nicht beide Parteien eine causa-Abrede treffen wollten[1174]. Für eine Leistungskondiktion ist daher m. E. kein Raum, wie sich auch wieder darin zeigt, daß bei Annahme einer unmittelbaren Leistung des Klägers an den Beklagten letzterer, dessen Zweck doch durch den Empfang einer ihm geschuldeten Zuwendung erreicht wurde, zur Verteidigung dieses Standpunkts auf sein Verhältnis zu einem Dritten zurückgreifen muß. Das aber gibt, zumindest im Rahmen der Leistungskondiktion, wo Rechtsgrund nur die Zweckerreichung zwischen Leistendem und Leistungsempfänger sein kann, zu Bedenken Anlaß, wenn man es nicht überhaupt für unzulässig hält[1175].

Eine andere Frage ist jedoch, ob eine Kondiktion aus dem Gesichtspunkt der Rechtsfortwirkung eingreift. Da der Rechtserwerb des Vertretenen unmittelbar gemäß §§ 946 ff. eintrat, wird man diese Möglichkeit bejahen müssen. Auch die hierfür vom BGH[1174a] zuletzt aufgestellte Voraussetzung, daß der Bereicherungsgegenstand dem Empfänger von niemandem geleistet worden ist, dürfte hier gegeben sein. Ob ein Rechtsgrund vorliegt, ist dann bekanntlich nach objektiven Kriterien zu beurteilen, wobei sich bei Gültigkeit des Vertrages E/W die Meinung des BGH, daß E mit Rechtsgrund erlangt hat, durchaus halten läßt. Wenn aber ein Auftragsverhältnis zwischen E und W überhaupt nicht vorlag, so liegt es tatsächlich nahe, mit dem RG[1176] den Anspruch aus §§ 951, 812

[1173] Anmerkung zu der Entscheidung NJW 1962, 102. Gegen den BGH auch FLUME, JZ 1962, 282. Daß der BGH die Frage nach der Unmittelbarkeit und die nach dem Rechtsgrund vermischt hat, ist BERG zuzugeben, vgl. die Formulierung in NJW 61, 2253, r. Sp.

[1174] Später (40, 272) hat der BGH seine frühere Entscheidung dahin erläutert, daß aus der Sicht des Zuwendungsempfängers keine Leistung vorliege, daher auch kein Raum für eine Leistungskondiktion bestehe. Hierzu siehe wiederum BERG, NJW 1964, 721.

[1174a] BGH 2, 40, 272.

[1175] So BGH 9, 335; 14, 7; BERG, NJW 1962, 102; v. CAEMMERER, JZ 1963, 587.

[1176] JW 1919, 715 m. zust. Anm. OERTMANN; als „einwandfreie condictio wegen grundloser irrtümlicher Leistung" behandelt WILBURG, S. 118, Fn. 551, diesen Fall; unter dem Gesichtspunkt des Doppelmangels läßt ENNECCERUS-LEHMANN die Klage durchgreifen.

durchgreifen zu lassen. Ob man sich freilich bei der Frage, ob nach dem gesamten Inhalt der Rechtsordnung E die Bereicherung behalten darf, über die Tatsache leichthin hinwegsetzen darf, daß der Baumeister den Anspruch aus § 179 gegen W hat[1177], kann hier nicht endgültig entschieden werden. Doch kann man m. E. durchaus die Ansicht vertreten, daß das Gesetz wegen der Regelung in § 179 die Vermögensverschiebung „endgültig in Kauf nimmt", was nach Staudinger-Seufert[1178] einen Rechtsgrund im Sinne der Eingriffskondiktion abgibt.

Als *Ergebnis* der Erörterung der sog. condictio sine causa ist festzuhalten, daß diese Anerkennung verdient, soweit es sich um das Fehlschlagen einer zwischen den Parteien des Zuwendungsgeschäfts beabsichtigten causa-Abrede handelt.

ee) Die condictio causa data causa non secuta

Von jeher hat die Einordnung der Leistungskondiktion wegen „Zweckverfehlung" (condicto causa data causa non secuta[1179]) ins System der Bereicherungsansprüche Schwierigkeiten bereitet. Faßt man diesen Bereicherungsanspruch so auf, wie ihn das Gesetz formuliert — „wenn der mit einer Leistung nach dem Inhalte des Rechtsgeschäfts bezweckte Erfolg nicht eintritt" —, so besteht die Gefahr, daß dieser Anspruch sämtliche anderen Kondiktionsformen überwuchert und damit die vom Gesetz selbst eingeleitete differenzierende Behandlung der Kondiktionen unmöglich macht. Zum Verständnis der condictio causa data sei daher vorab erwähnt, daß es sich hier um ein Überbleibsel einer historisch früheren Betrachtung des Rechtsgeschäfts handelt[1180], das sich durch die völlige Anerkennung des Konsensualvertrags einerseits und die z. T. detaillierte Regelung der Zweckverfehlung bei gegenseitigen Verträgen und Leistungen andererseits weitgehend erledigt hat. Man bedient sich dieser Kondiktionsform daher nur noch in wenigen Fallgruppen, die weniger durch ein einheitliches Prinzip als durch das Bestreben zusammengehalten werden, bestimmten bei Geschäftsabschluß zutage getretenen Vorstellungen über künftige Entwicklungen, die sich später als falsch erweisen, Rechnung zu tragen. Vielfach würde sich die Behandlung nach der Lehre über Fehlen bzw. Fortfall der Geschäftsgrundlage empfehlen[1181].

Die Besonderheit der in diesem Fall zum Inhalt des Geschäfts erhobenen Zwecksetzung gegenüber jener Zweckabrede, die eine

---

1177 Dies tut das RG, ebenso OERTMANN, a. a. O.; v. LÜBTOW, S. 1; WILBURG, a. a. O.; STAUDINGER-SEUFERT, § 812 Anm. 8 b; a. M. v. CAEMMERER, Dölle-Festschrift, S. 164 ff.

1178 § 812 Anm. 52 a.

1179 Auch „condictio ob causam datorum".

1180 v. CAEMMERER, Rabel-Festschrift, S. 346; zur Geschichte siehe SÖLLNER, AcP 163, 23 ff.

1181 v. CAEMMERER, a. a. O., S. 347; LARENZ, § 63 II; a. A. ESSER, § 192, 2.

Zuwendung zur Leistung macht, wird in verschiedenen Kriterien gefunden: Esser[1182] beschränkt den § 812 Abs. 1 S. 2, zweite Alternative auf solche Vereinbarungen, die einen bestimmten, in einem Verhalten des Empfängers liegenden Erfolg herbeiführen sollen. Für diese Einschränkung bietet der Wortlaut keinerlei Anhaltspunkte; die Praxis hat darum die Vorschrift auch auf andere Fälle angewandt, so bei Leistungen in Erwartung des Zustandekommens eines künftigen Schuldverhältnisses[1183], ferner bei Zahlung eines Vorschusses auf einen erwarteten Gewinnanteil einer GmbH[1184] (wobei freilich völlig offenbleibt, worin in letzterem Beispiel die Zweckvereinbarung liegen soll). Ein anderer Versuch der Charakterisierung besteht darin, daß nur solche Leistungen bei Zweckverfehlung der Rückforderung nach § 812 Abs. 1 S. 2 zweite Alt. unterliegen sollen, die „unmittelbar durch sich selbst einen bestimmten Zweck erfüllen“ sollen[1185]. Worin diese unmittelbare Verbindung von Leistungen und Zweck bestehen soll, ist schwer einzusehen. Die Praxis hat überdies die Rückforderung von Zuwendungen nach § 812 Abs. 1 S. 2 zweite Alternative zugelassen, die keineswegs als solche einen Zweck erfüllen sollten, sondern nur in Erwartung eines künftigen Ereignisses geschehen waren. So bei der Hingabe eines Schuldscheins über ein versprochenes, dann aber nicht gewährtes Darlehen[1186]. Auch wenn jemand dem Verlobten seiner Tochter in der Erwartung künftiger Eheschließung eine Zuwendung macht, so greift bei Auflösung des Verlöbnisses die Kondiktion ein[1187], obwohl der Zweck — die Eheschließung — sicherlich nicht unmittelbar durch die Zuwendung erreicht werden sollte und konnte.

Die Verbindung der Zuwendung mit dem angestrebten Zweck braucht also nicht besonders eng zu sein. Im Gegenteil: Die condictio causa data causa non secuta ist ein Bereicherungsanspruch wegen der Verfehlung von Zwecken, die mit der Zuwendung loser verknüpft sind als die eigentliche causa im Sinne des Bereicherungsrechts. Meist beschränkt man diesen Anspruch auf die Verfehlung sog. „weiterer Zwecke[1188]“; die Verfehlung der anerkannten typischen Leistungszwecke — so z. B. des Erfüllungszwecks — regeln die sonstigen Formen der Leistungskondiktion. Unsere oben[1189] aufgestellte Behaup-

---

[1182] § 192, 3; ebenso Siebert-Mühl, § 812 Anm. 141; dagegen RGRK-Scheffler, § 812 Anm. 97.

[1183] RG 98, 237; Larenz, § 63 II; Söllner, a. a. O., S. 34.

[1184] RG 85, 43.

[1185] RGRK-Scheffler, § 812 Anm. 98.

[1186] RG JW 1909, 415; Esser, § 192, 3.

[1187] Siebert-Mühl, § 812 Anm. 153; RGRK-Scheffler, § 812 Anm. 98.

[1188] v. Caemmerer, Rabel-Festschrift, S. 344, FN. 39, a. E.; Larenz, § 63 II; a. A. Planck-Landois, § 812 Anm. 3 b, bb (nicht nur der unmittelbare, sondern auch der weitergehende Erfolg); wieder anders Söllner, a. a. O., S. 29 ff.: nur die Gegenleistung.

[1189] Oben S. 83.

tung, daß der Zweckbegriff der condictio causa data causa non secuta nicht in den Bereich der causa gehöre, findet damit ihre Bestätigung. Die „weiteren“ Zwecke müssen beiden Parteien in ihrer Bedeutung klar sein, wobei insbesondere auch der Leistungsempfänger wissen muß, daß der Leistende nur zu diesem Zweck seine Zuwendung machen will[1190]; bloße — auch vom Leistungsempfänger erkannte — Motive genügen also nicht[1191].

Die Beschränkung des Anspruchs auf die Verfehlung weiterer Zwecke ist durchaus ernst zu nehmen. Es ist nicht angängig, durch Anwendung dieser Kondiktion auf die anerkannten typischen Leistungszwecke den Rahmen der im allgemeinen Schuldrecht vorgesehenen Reaktionswirkungen auf Leistungsstörungen zu sprengen. In diesem Sinne sollte man den von der h. M.[1192] anerkannten, von Esser[1193] als „seltsames Axiom“ bekämpften Satz verstehen, daß bei gegenseitigen Verträgen die Kondiktion nur eingreift, wenn ein über die Erbringung der jeweiligen Gegenleistung hinausgehender Erfolg Vertragsinhalt geworden ist. Hier ist der typischen causa-Abrede durchaus Genüge geschehen, so daß wegen Erreichung des Zwecks die Zuwendung an sich mit Rechtsgrund erfolgt ist[1194].

Da es nur auf die Verfehlung „weiterer“ Zwecke ankommt, spielt es auch keine Rolle, ob die unmittelbaren Leistungszwecke erreicht sind oder nicht. § 812 I 2, zweite Alternative findet Anwendung, wenn eine Zweckstaffelung vorliegt, bei der nur der entferntere Zweck verfehlt ist. Beispiel: Eine Frau verkauft ihrem Verlobten ein Haus als künftige Ehewohnung, die Verlobung geht auseinander[1195]; das Disziplinarverfahren gegen einen ungetreuen Beamten wird eingeleitet, obwohl ein anderer zur Abwendung des Verfahrens für die Schuld des Beamten die Bürgschaft übernommen hatte[1196]. Dieselbe Rechtsfolge gilt dann, wenn nur eine „weitere“ Zwecksetzung nicht erreicht wurde (ich habe Anliegerbeiträge gezahlt, die Straße wird aber nicht gebaut[1197]).

[1190] Larenz, § 63, II; Staudinger-Seufert, § 812 Anm. 43; Siebert-Mühl, § 812 Anm. 140.

[1191] RG JW 1917, 103; Söllner, a. a. O., S. 43.

[1192] RG 66, 132; 106, 97; 132, 242; BGH MDR 1952, 33; Enneccerus-Lehmann, § 224 I 2; Staudinger-Seufert, § 812 Anm. 44; Siebert-Mühl, § 812 Anm. 144; Erman-Seiler, § 812 Anm. 5 A d; Palandt-Gramm, § 812 Anm. 6 A.

[1193] § 192, 2; differenzierter auch Söllner, a. a. O., S. 43 ff.

[1194] Larenz, § 63 II, erkennt dies ausdrücklich an für Zweckbestimmungen, die mit einem Darlehen oder einer Schenkung verbunden sind; der Satz gilt aber allgemein.

[1195] RG LZ 1925, 712.

[1196] RG 118, 360.

[1197] RG 75, 145.

Da, wie gezeigt, diese Zweckvereinbarung nicht mit der causa-Abrede identisch ist — man wird beispielsweise, da die Zweckbestimmung vollgültiger Bestandteil des Geschäfts wird[1198], Geschäftsfähigkeit beider Partner bei dieser Vereinbarung verlangen müssen — braucht im Rahmen unserer Untersuchung die Abgrenzung dieser Zweckverfehlung zur condictio ob causam finitam, zur Bedingung und zum Wegfall der Geschäftsgrundlage nicht im einzelnen dargestellt zu werden. Insoweit genügt der Hinweis auf früher Behandeltes, aus dem sich ergibt, daß die Geschäftsgrundlage nicht wie der Zweck i. S. der condictio ob causam finitam Vertragsinhalt ist[1199], daß eine Bedingung anders als die hier vorliegende Zweckvereinbarung einen Rechtsfolgewillen auf Hinfälligkeit der Zuwendung enthält[1200], daß es schließlich bei der condictio ob causam finitam um die Verfehlung eines typischen oder vereinbarten Zwecks i. S. einer echten causa geht — wenn auch dort, wie wir erörtert haben[1201], die Grenzen zum Fortfall der Geschäftsgrundlage in der Praxis zu verfließen drohen.

4. Sonstige Merkmale der Leistungskondiktion

Die Erörterung der Rolle der causa für die Parteien und die Voraussetzungen der Leistungskondiktion erhebt keineswegs den Anspruch, den archimedischen Punkt für die Behandlung des gesamten Bereicherungsrechts oder nur der Bereicherung „durch die Leistung eines anderen" gefunden zu haben. Im Rahmen dieses Instituts spielen noch mehrere andere Gesichtspunkte eine tragende Rolle.

Dies gilt vor allem für Fragen der Risikoverteilung, so bei der Anwendung des § 818 Abs. 3. Die Schwierigkeiten, die sich bei der Erfüllung ungültiger gegenseitiger Verträge ergeben, wenn man jede Leistung — und damit jede Zweckverfehlung — isoliert betrachtet[1202] (Zweikondiktionentheorie), werden z. T. überwunden auf der Grundlage der Überlegung, daß „trotz ihrer Rechtsgrundlosigkeit die beiderseitigen Leistungen auch weiterhin als durch den Austauschzweck miteinander verknüpft[1203]" angesehen werden müssen. Dieser Gedanke hat zur Ausbildung der sog. „Saldotheorie" beigetragen, die im Grundsatz darin besteht, bei der Ermittlung der nach § 818 III noch herauszugebenden Bereicherung die erbrachte Gegenleistung als unselbständigen Abzugsposten zu berücksichtigen[1204]. Ihre Ausgestaltung im einzelnen hat aber mit so vielen Schwierigkeiten zu rechnen,

1198 RG 66, 132; 106, 93; Siebert-Mühl, § 812 Anm. 140.
1199 Oben S. 115; vgl. auch Siebert-Mühl, § 812 Anm. 143.
1200 Oben S. 103.
1201 Oben S. 209.
1202 Dazu Esser, § 199, 4.
1203 Larenz, § 64 II; ähnlich v. Caemmerer, Rabel-Festschrift, S. 386.
1204 Esser, § 199, 4; Fikentscher, S. 542.

wie sie das Wertverhältnis verschiedener Leistungen des Wirtschaftslebens, die Anforderungen des Minderjährigenschutzes u. dgl. ergeben; sie ist daher mindestens ebenso sehr wie von dem Gedanken des Austauschzwecks von dem Bestreben getragen, die faktische Durchführung eines Vertrages gegenüber der juristisch begründeten Nichtigkeit zu berücksichtigen[1205]. Ihre technische Ausgestaltung vom causa-Begriff her zu versuchen, verspricht daher keinen Erfolg. Auch die Bedeutung des Austauschzwecks kann im Rahmen des Bereicherungsrechts nur begrenzt sein, da es sich hier um Leistungen handelt; der Austauschzweck spielt aber grundsätzlich seine wesentliche Rolle nur bei kausalen Zuwendungen.

Wie früher bereits erwähnt, finden sich die Gründe der Kondiktion weitgehend außerhalb des Bereicherungsrechts. Die Leistungskondiktion ist aber wie die Irrtumsanfechtung[1206], wie das Recht der Leistungsstörung, die Regelung des Rücktritts und schließlich das Gewährleistungsrecht der §§ 459 ff. eine durchaus selbständige Regelung einer bestimmten Art von Zweckverfehlungen. Der Haftungsumfang (§§ 818, 819, 820, 822), die Durchsetzung in besonderen Fällen (§ 812) sind daher selbständig normiert. Z. T. werden hier noch — ähnlich wie im Recht der Leistungsstörung — Gesichtspunkte der subjektiven Kenntnis neben den der Zweckverfehlung gestellt. Auch diese Tatsache rechtfertigt übrigens die zu Beginn[1207] vertretene Herauslösung des Bereicherungsrechts aus allgemeinen Billigkeitserwägungen oder dem Gedanken einer Überwindung des Gegensatzes von abstrakten und kausalen Zuwendungen. Die Leistungskondiktion kann danach als eine aus sich heraus verständliche Spezialregelung der Zweckverfehlung bei abstrakten Zuwendungen verstanden werden, die allerdings in einer in den Grundgedanken erkennbaren Beziehung zum allgemeinen causa-Recht steht.

b) Die Kondiktion wegen Bereicherung „in sonstiger Weise“

Der Anspruch wegen ungerechtfertigter Bereicherung „in sonstiger Weise“ läßt sich dahin kennzeichnen, daß hierunter solche Vermögensverschiebungen fallen, die meist nicht durch willentliche Zuwendungen, keinesfalls aber durch „Leistung“ erfolgt sind[1208]. Der Anspruch nimmt also notwendigerweise in einer Untersuchung über die Bedeutung der causa keinen breiten Raum ein. Wesentlich scheint mir nur, die Funktion dieses Anspruchs als „Annex zu Leistungsbeziehungen[1209]“ dem Rechtsfortwirkungsanspruch gegenüberzustellen

---

[1205] v. Caemmerer, a. a. O., S. 386.

[1206] Darüber oben § 13.

[1207] Oben S. 177.

[1208] Esser, § 195, 1; gegen diese negative Bestimmung Scheyhing, AcP 157, 380, der aber keine andere zusammenfassende Formel mitteilt.

[1209] Scheyhing, a. a. O.; zweifelnd Jakobs, a. a. O., S. 169 ff.

und sein Verhältnis zur Leistungskondiktion zu bestimmen. Den Rechtsgrundbegriff dieser Kondiktionsform haben wir bereits formuliert[1210].

1. Die Grundtypen der Bereicherung in sonstiger Weise

Da hierher alle Vermögensverschiebungen gehören, die nicht durch Leistung erfolgt sind, kann eine abschließende Aufzählung der möglichen Verschiebungsarten nicht erfolgen. Dies gilt um so mehr, als die Bereicherung mit Willen des Entreicherten hier nicht, wie gelegentlich geschieht[1211], ausgeschaltet werden kann. Bei der Untersuchung der Leistungskondiktion haben sich Fälle ergeben, in denen willentliche Zuwendungen sich nicht als „Leistungen" darstellten; manche davon (so die Geschäftsführung, die nicht den Voraussetzungen des § 683 entspricht) müssen mit dem Anspruch wegen Bereicherung in sonstiger Weise ausgeglichen werden können.

Im Vordergrund der Erörterung stehen einige Typen, die der Praxis in erster Linie beschäftigt haben, nämlich die Rückgriffsfälle und die Bereicherung aus fremdem Gut (auch Rechtsfortwirkung). Dagegen ordnet man die sog. „Bereicherung kraft gesetzlicher Vorschrift" besser mit v. Caemmerer[1212] von vornherein dem sog. Rechtsfortwirkungsanspruch ein, so den Anspruch wegen des Verbrauchs von fremdem Gut.

aa) Der Rückgriffsanspruch

Ein Rückgriffsanspruch gegen den Schuldner steht demjenigen zu, der fremde Schulden getilgt hat. Aus der Kategorie des Rückgriffs im Wege des Bereicherungsanspruchs scheiden aber alle jene Fälle aus, in denen der Zuwendende durch seine Tilgungshandlung dem Schuldner eine Leistung erbracht hat, so bei der Zuwendung auf Anweisung, die bekanntlich eine Zuwendung des Schuldners an den Gläubiger und eine des Zuwendenden an den Schuldner enthält[1213]. Wenn aber die Zuwendung an den Gläubiger nur eine Leistung an diesen darstellt, und der Zuwendende und der Schuldner keine causa-Abrede getroffen haben, so ist der Zuwendende (z. B. im Fall des § 267) auf einen Anspruch aus Geschäftsführung oder Bereicherung gegen den Schuldner angewiesen, da die Vermögensposition des Schuldners sich durch Erlöschen der Schuld verbessert hat. Es kann z. B. vorkommen, daß bei einer Verbesserung der

[1210] Oben S. 178 f.

[1211] Enneccerus-Lehmann, § 222 II; Staudinger-Seufert, § 812 Anm. 5; Palandt-Gramm, § 812 Anm. 6 B.

[1212] Rabel-Festschrift, S. 363 ff.; ähnlich Larenz, § 62 I b.

[1213] Oben S. 194; v. Caemmerer, a. a. O., S. 360, FN. 106; Scheyhing, AcP 157, 380.

Vermögensposition des Schuldners durch Leistung an den Gläubiger die causa-Vereinbarung mit dem Schuldner an dessen Widerstand scheitert; so, wenn der Gläubiger die letzten Raten einer vom Schuldner unter Eigentumsvorbehalt gekauften Sache gegen dessen Widerspruch bezahlt, um dann in die dem Schuldner gehörige Sache vollstrecken zu können: Hier hat der Zuwendende — der Vollstreckungsgläubiger — einen Anspruch aus ungerechtfertigter Bereicherung, und zwar wegen Bereicherung in sonstiger Weise[1214].

Die Notwendigkeit eines Rückgriffs gegen den im Innenverhältnis letztlich Verpflichteten bei einer Inanspruchnahme aus Mithaftung hat der Gesetzgeber bereits erkannt und sie regelmäßig durch gesetzlichen Anspruchsübergang berücksichtigt (vgl. §§ 268, 774, 426 II, 840 II, III usw.[1215]). Greifen die gesetzlichen Vorschriften aber aus irgendeinem Grunde nicht ein, so kommt es darauf an, ob durch eine Leistung (d. h. zweckgebundene Zuwendung an den Gläubiger) der Schuldner bereichert ist, ohne daß in seinem Verhältnis zum Zuwendenden eine causa besteht; ist dies der Fall, so hat der Zuwendende einen Bereicherungsanspruch. Der Rechtsgrund muß hier, da man auf die Zweckverfehlung bzw. Zweckerreichung nicht abstellen kann, nach dem Gesamtinhalt der zwischen den Beteiligten bestehenden Rechtsbeziehungen ermittelt werden[1216], und zwar durch eine objektive Würdigung der endgültigen Lastenverteilung.

bb) Der Rechtsfortwirkungsanspruch

Große praktische Bedeutung, die den Gesetzgeber ebenfalls zu bestimmten Sondervorschriften veranlaßt hat, kommt dem Bereicherungsanspruch wegen Eingriffs in fremde Rechte oder wegen der Verwendung fremden Gutes zu. Hier handelt es sich um etwas grundsätzlich anderes als bei den sonstigen Bereicherungsansprüchen, da weder eine Zuwendung, noch überhaupt eine eigentliche Vermögensverschiebung notwendig ist: Es reicht schon aus, wenn jemand durch Inanspruchnahme einer Vermögensposition eines anderen bereichert ist, ohne daß ein Gegenstand aus dem einen in das andere Vermögen übergewechselt zu sein braucht[1217]. Es kommt nur darauf an, daß der Bereicherte einen Vorteil aus einer Rechtsposition des Entreicherten gezogen hat, den eigentlich nur der Entreicherte selbst hätte ziehen dürfen. In diesem Sinne ist der häufig genannte Satz[1218] zu verstehen, daß es keine Rolle spiele, ob der Entreicherte selbst

[1214] v. Caemmerer, Rabel-Festschrift, S. 361.

[1215] v. Caemmerer, a. a. O., S. 362 f.; Scheyhing, AcP 157, 361.

[1216] v. Caemmerer, a. a. O.; Scheyhing, a. a. O.

[1217] Larenz, § 62 II a; Esser, § 195, 2 b (einen Nachteil des Kondiktionsgläubigers festzustellen, erübrige sich). Weitergehend Jakobs, a. a. O., S. 61 ff.; Gewinnhaftung.

[1218] RG 97, 312; 135, 94; BGH 22, 395; RGRK-Scheffler, § 812 Anm. 30; v. Caemmerer, Rabel-Festschrift, S. 358.

den Gewinn aus seinem Recht gezogen hätte oder hätte ziehen können.

Die Frage nach der Unmittelbarkeit der Vermögensverschiebung, die bei der Leistungskondiktion hinter der nach den causa-Beziehungen mit Recht zurücktritt[1219], gewinnt im Rahmen der Eingriffskondiktion, der keine so klaren Grenzen bezüglich der Beteiligten an der Be- und Entreicherung gezogen sind, größere Bedeutung. Dies liegt daran, daß im Kausalverlauf nach einem Eingriff in fremdes Gut mehrere Personen bereichert sein können. Den Ausschlag gibt hier, wer den Eingriff in das fremde Rechtsgut vorgenommen und dadurch einen Vermögensvorteil erlangt hat[1220]. Wer nicht selber eingegriffen hat, sondern nur die Vorteile eines Eingriffs genießt, haftet nicht, weil eine solche Haftung auf die Zulassung der actio de in rem verso hinausliefe[1221], die das Gesetz mißbilligt[1222].

Deshalb sind in dem der Eingriffskondiktion verwandten Fall des § 951 — der lediglich das Merkmal „in sonstiger Weise" des § 812 ausfüllt und im übrigen auf diese Vorschrift verweist[1223] — Parteien des Bereicherungsanspruchs derjenige, der den Rechtsverlust erleidet und derjenige, „zu dessen Gunsten die Rechtsänderung eintritt".

Ob die Bereicherung mit Rechtsgrund erfolgte, richtet sich dort, wo eine Spezialregelung wie in § 951 fehlt, nach dem objektiven Zuweisungsgehalt des verletzten Rechts. Wie weit der Zuweisungsgehalt geht, in welchem Verhältnis er zum abstrakten Recht und dessen Schutzfunktion steht, braucht hier aber nicht näher ausgeführt zu werden, da es sich nicht um eine Frage der causa handelt.

Zwei Sonderfälle der ungerechtfertigten Bereicherung durch Eingriff in fremdes Rechtsgut regelt § 816, und zwar die Verfügung über fremde Sachen (§ 816 I) und die über fremde Forderungen (§ 816 II)[1224]. Die Verfügung enthält, sofern sie zum Rechtserwerb führt, einen Eingriff, aus dem der Eingreifende einen Gegenwert erlangt hat. Wenn Esser[1225] den § 816 als Durchbrechung des Kondiktionssystems ansieht, weil der ehemalige Berechtigte einen Anspruch auf Herausgabe der Leistung des Rechtserwerbers an den nichtberechtigt Verfügenden hat, obwohl er außerhalb dieses Leistungsverhältnisses steht, so steckt in dieser Formulierung die Beob-

---

1219 Oben S. 193.

1220 v. Lübtow, Beiträge, S. 18; Esser, § 195, 3.

1221 v. Caemmerer, a. a. O., S. 372.

1222 Motive, Bd. II, S. 871 ff.; Näheres bei Zeiss, AcP 165, 342 ff.

1223 Enneccerus-Lehmann, § 221 III 1, b beta; Westermann, Sachenrecht, § 54, 1; Palandt-Hoche, § 951 Anm. 1.

1224 v. Caemmerer, Rabel-Festschrift, S. 353, 357; Larenz, § 62 I b; Esser, § 195, 5.

1225 § 196, 1; ähnlich Titze, Schuldrecht, S. 206; ganz anders Rothoeft, a. a. O., passim.

achtung, daß *§ 816 dem ehemaligen Berechtigten gestattet und ihn gleichzeitig verpflichtet, in die ganze Rechtsposition des Verfügenden einzutreten.* Die Zuwendung eines Anspruchs auf den Erlös beruht auf dem Grundgedanken der schuldrechtlichen Surrogation[1226], die dem ehemaligen Berechtigten einen Ausgleich dafür gewähren soll, daß der nach den Regeln über Erwerb vom Nichtberechtigten endgültig eingetretene Rechtsverlust auch nicht nach Bereicherungsgrundsätzen rückgängig gemacht werden kann[1227], daß also der Erwerber dem Altberechtigten gegenüber die Sache mit Rechtsgrund besitzt[1228]. Die konstruktive Bedeutung des § 816 liegt daneben darin, daß hier die Frage nach der Unmittelbarkeit der Vermögensverschiebung gelöst wird, die sonst hätte umstritten sein können, weil der Verfügende das Entgelt nicht eigentlich durch seinen Eingriff, sondern durch eine neue Verfügung des Erwerbers erlangt hat[1229].

2. Das Verhältnis von Leistungs- und Eingriffskondiktion

Zur Darstellung der Unterschiede des Anspruchs aus Bereicherung „in sonstiger Weise" von der auf der causa beruhenden Leistungskondiktion mag die im vorigen gegebene Übersicht genügen. Sie sollte aber noch eine Erörterung des Verhältnisses der beiden Formen des Bereicherungsanspruchs zueinander ermöglichen.

Leistungs- und Eingriffskondiktion können kollidieren, indem derselbe Gegenstand von der einen Person unter Berufung auf eine Zweckverfehlung, von einer anderen aus dem Gesichtspunkt der Rechtsfortwirkung beansprucht wird. Welcher Anspruch den Vorzug genießt, wird in verschiedenen Fällen ohne Hervortreten eines klaren Prinzips unterschiedlich behandelt. Grundsätzlich bestehen zwei Möglichkeiten, und zwar einerseits die, daß wegen ein und derselben Vermögensverschiebung eine Leistungs- und eine Eingriffskondiktion erhoben wird (im folgenden: Überlagerung), sowie der Fall, daß auf Grund zweier Vermögensverschiebungen entgegengesetzte Leistungs- und Eingriffskondiktionen bezüglich desselben Gegenstandes aufeinandertreffen. Für eine allgemeine Vorherrschaft der Leistungskondiktion haben sich Kötter[1230] und Scheyhing[1231] entschieden. Was geleistet sei, könne nicht mehr mit der Eingriffskondiktion herausverlangt werden. Im gleichen Sinne ist wohl auch BGH NJW 1964, 400 zu verstehen, wo es heißt, daß eine Eingriffskondiktion nur möglich sei,

---

[1226] v. Caemmerer, Boehmer-Festschrift, S. 146 FN. 6.

[1227] Boehmer, Grundlagen II, 2, S. 26; falsch Titze, S. 203, FN. 2.

[1228] v. Caemmerer, Boehmer-Festschrift, S. 157.

[1229] In diesem Sinne Larenz, § 62 II, c 1; abweichend Grunsky, JZ 1962, 207.

[1230] AcP 1953, 208.

[1231] AcP 157, 383; so auch Berg, NJW 1964, 720.

wenn der Bereicherungsgegenstand dem Empfänger überhaupt nicht, also von niemandem geleistet worden sei. Mit der Richtigkeit dieses Satzes wird sich der folgende Abschnitt beschäftigen.

aa) Überlagerung der beiden Formen

Die Lösung von Kötter und Scheyhing entspricht der h. M. im Falle des Rechtsverlustes gem. §§ 946 ff., wenn der Verlierende diesen Rechtsverlust im Hinblick auf schuldrechtliche Beziehungen herbeigeführt, also geleistet hat[1232]. Wenn man die Vorherrschaft der Regeln über die Leistungskondiktion auch nicht gut mit der Erwägung begründen kann, daß der Verlierer sich zum Rechtsverlust verpflichtet habe[1233] — sonst müßte bei Hinfälligkeit dieser Verpflichtung gerade doch wieder die Eingriffskondiktion angewandt werden —, so ist doch zu berücksichtigen, daß hier der Verlierer den Rechtsverlust (bei willentlicher Verbindung oder Vermischung also die Zuwendung) durch causa-Abrede seinen Beziehungen zu einem anderen zugeordnet hat. An dieser Zuordnung muß er sich festhalten lassen.

Hieraus folgt zunächst, daß eine wegen Scheiterns der causa-Abrede mißlungene Leistung durchaus eine Eingriffskondiktion begründen kann[1234]. Ferner ergibt sich aber, daß die Leistungskondiktion, die ein anderer wegen derselben Vermögensverschiebung hat, die Eingriffskondiktion noch nicht grundsätzlich ausschließt: Baut der Bauunternehmer B rechtsgrundlos Sachen des E ohne dessen Wissen ins Haus seines Vertragspartnes V ein, so kann E keineswegs seine Eingriffskondiktion nach § 951 gegen V verloren haben, weil er nicht geleistet hat; vielmehr ergibt sich aus dem Bereicherungsrecht für einen Ausschluß seines direkten Anspruchs gegen V kein Anhaltspunkt[1235]. Ob eine entsprechende Anwendung des § 932, der bei Übereignung statt Einbau fraglos eingegriffen hätte, hier statthaft ist[1236], kann dahingestellt bleiben, da es sich dabei jedenfalls um eine Korrektur des unerwünschten, bereicherungsrechtlich aber richtigen Ergebnisses handelt. Ebenso stehen die auf den Besitz gerichtete Leistungskondiktion des Nichtberechtigten und die auf das Eigentum gerichtete Eingriffskondiktion des Altberechtigten gleichberechtigt

---

[1232] Oben S. 196; v. CAEMMERER, Rabel-Festschrift, S. 372; ESSER, § 190, 4; WESTERMANN, § 54, 2; BAUR-WOLF, a. a. O., S. 398; anders noch SCHEYHING, JZ 1956, 14; differenzierter ROTHOEFT, a. a. O., S. 237 ff.

[1233] So aber PALANDT-HOCHE, § 951 Anm. 2 b; WESTERMANN, § 54, 2; ähnlich BGH NJW 1954, 794.

[1234] Siehe dazu oben den auf S. 214 erörterten Fall, RG JW 1919, 715.

[1235] WOLFF-RAISER, § 74 I 3 a; a. M., aber in diesem Punkt nicht ganz eindeutig BGH NJW 1964, 400, der wohl nur den Fall der Leistung vom Bauhandwerker an den Unternehmer und von diesem an den Bauherrn im Auge hat.

[1236] Dafür v. CAEMMERER, a. a. O., S. 391; WESTERMANN, § 54, 2; ERMAN-HEFERMEHL, § 951 Anm. 3 b; SCHEYHING, JZ 1956, 15.

nebeneinander, wenn der Erwerber das Recht mangels Gutgläubigkeit nicht durch Zuwendung, sondern auf Grund eines späteren ursprünglichen Erwerbsvorgangs erlangt, z. B. durch Verarbeitung (§ 950[1237]). Bereicherungsrechtlich lautet das Ergebnis jedenfalls dahin, daß eine Überlagerung der Eingriffs- durch die Leistungskondiktion nur möglich ist, wenn der durch einen Eingriff Entreicherte selber eine Leistung erbracht hat.

Die Meinungen darüber, wie der ebenfalls hierher gehörige Fall der wirksamen, aber rechtsgrundlosen Verfügung eines Nichtberechtigten zu behandeln sei, gehen weit auseinander. Fest steht, daß der Erwerber die Zuwendung nicht behalten darf[1238]; muß er sie nun aber an denjenigen herausgeben, mit dem ihn ein Leistungsverhältnis verbindet, oder an den, der das Recht verloren hat?

Die Literatur sieht und umkämpft nur diese Seite des Problems, stellt aber nicht die Frage, wie sich die tatbestandsmäßig gegebenen Ansprüche auf den Erlös — Leistungskondiktion des Erwerbers, Anspruch des Altberechtigten aus § 816 — zueinander verhalten. Dieser Fall des Aufeinandertreffens entgegengesetzter Kondiktionen soll unter bb) behandelt werden.

Setzt man im Hinblick auf die Herausgabe der Sache die in den beiden vorigen Beispielen verfolgte Linie fort, so ergibt sich: Der Berechtigte hat den Vermögensverlust nicht irgendwelchen schuldrechtlichen Beziehungen zugeordnet, hat also keine Leistung erbracht. Geleistet hat vielmehr nur der Verfügende[1239], der die Sache zur Erfüllung seines mit dem Erwerber geschlossenen Vertrages übereignet hat. Nur gegen ihn hat also der Altberechtigte einen Anspruch, und zwar den aus § 816 Abs. 1, während der Verfügende einen Anspruch auf die Herausgabe der Sache hat. Eine Überlagerung von Leistungs- und Eingriffskondiktion im Hinblick auf denselben Gegenstand liegt also nicht vor, so daß beide Ansprüche bestehenbleiben müssen[1240].

1237 Siber, Schuldrecht, S. 439.

1238 Im Ausgangspunkt übereinstimmend Boehmer, Grundlagen II, 2, S. 7; v. Caemmerer, Boehmer-Festschrift, S. 146; Staudinger-Seufert, § 816 Anm. 8 b.

1239 A. M. Rothoeft, a. a. O., S. 229 und Boehmer, a. a. O., S. 14: Der Nichtberechtigte habe nicht geleistet. Doch läßt sich m. E. nicht leugnen, daß der Nichtberechtigte das Eigentum willentlich zugewendet hat, da er sich in der dafür vorgesehenen Form mit dem Erwerber geeinigt hat.

1240 Ebenso im Ergebnis Esser, § 190, 6 b; zu seiner Begründung, es komme darauf an, ob der Erwerber das Recht durch eine Leistung oder auf sonstige Weise erlangt hat, ist zu sagen, daß der Erwerber sowohl durch Leistung als auch in „sonstiger Weise" erlangt hat. Rechtsgrundlos war aber nur die Leistung, während der Eingriffserwerb gerechtfertigt ist. Nur im Leistungsverhältnis kommt also eine Kondiktion in Betracht.

Ein Teil der Literatur gibt dem Altberechtigten dennoch einen direkten Anspruch gegen den Erwerber, der nur eine Eingriffskondiktion sein kann[1241]. Da der Erwerber durch seine Einigung mit dem Nichtberechtigten und die Besitzerlangung unmittelbar das Recht auf sich übergeleitet hat, liegen die Voraussetzungen dieses Anspruchs vor, wenn die Vermögensverschiebung rechtsgrundlos war. Freilich bestand zwischen dem Erwerber und dem Altberechtigten kein causa-Verhältnis, dessen Erfüllung als Rechtsgrund zu gelten hätte. Doch beurteilt sich die Rechtsgrundlosigkeit der Verschiebung bei der Eingriffskondiktion nach dem Gesamtinhalt der Rechtsordnung: Hier aber bestimmen die Vorschriften über Erwerb vom Nichtberechtigten, daß der Erwerber ein endgültiges und unanfechtbares Recht erhalten soll; auch ein Bereicherungsanspruch des ehemaligen Berechtigten entfällt also[1242]. Angesichts der objektiven Bestimmung des Rechtsgrundes im Verhältnis des Altberechtigten zum Erwerber kann es nicht darauf ankommen, ob (subjektiv) der Verfügende seinen Leistungszweck gegenüber dem Erwerber erreicht hat oder nicht[1243].

Andere[1244] begründen den unmittelbaren Durchgriff durch entsprechende Anwendung des § 816 Abs. 1 S. 2, also durch eine Gleichbehandlung von unentgeltlichem und rechtsgrundlosem Erwerb. Diese Begründung geht nach heute h. M. fehl, da rein begrifflich der hier vom RG zu § 988 entwickelte neutrale oder erweiterte Unentgeltlichkeitsbegriff[1245] farblos und unzutreffend ist[1246], da ferner auch das Interesse des Erwerbers, der eine Gegenleistung erbringen sollte oder erbracht hat, anders als bei der unentgeltlichen Zuwendung eine Berücksichtigung dieser Gegenleistung verlangt[1247]. Dies ist aber nur möglich, wenn er das Recht hat, sich allein mit seinem Vertragspartner auseinanderzusetzen.

Auf dem Dogma, daß der rechtsgrundlos Besitzende nicht schutzwürdiger sei als der unentgeltlich Besitzende, baut letzten Endes

---

[1241] SIBER, Schuldrecht, S. 438 f.; KRAWIELICKI, JhJb 81, 320; WILBURG, a. a. O., S. 119 f.

[1242] v. CAEMMERER, Boehmer-Festschrift, S. 152; STAUDINGER-SEUFERT, § 816 Anm. 8 b h; vgl. auch KRAWIELICKI, JhJb 81, 282.

[1243] Hierauf stellt aber KRAWIELICKI, JhJb 81, 318, ab; ebenso OERTMANN, Recht 1915, 514; TITZE, Schuldrecht, S. 203; wie hier SCHLOSSER, a. a. O., S. 146.

[1244] OERTMANN, Komm., § 816 Anm. 5 b; Recht 1915, 512; v. TUHR II, 2, S. 414 f.; ERMAN-SEILER, § 816 Anm. 3; ähnlich auch BGH 37, 363.

[1245] RG 163, 354 ff.

[1246] BOEHMER, Grundlagen II, 2, S. 11; HAYMANN, JhJb 77, 243 f.

[1247] ENNECCERUS-LEHMANN, § 225 I 2; LARENZ, § 62 II 2 c; ESSER, § 190, 6; STAUDINGER-SEUFERT, § 816 Anm. 8 b f.; v. CAEMMERER, Boehmer-Festschrift, S. 156; SCHLOSSER, JuS 1966, 146.

jede Begründung der unmittelbaren (Eingriffs-)kondiktion auf[1248]. Doch beweist gerade § 816 Abs. 1, daß den Altberechtigten außer im Fall der unentgeltlichen Weitergabe die Leistungsbeziehungen zwischen dem Verfügenden und dem Erwerber nichts angehen sollen, daß der Erwerber also im Regelfall dem Altberechtigten gegenüber vollen Schutz genießen soll. Nur diese Deutung des § 816 Abs. 1 vermeidet eine Aushöhlung des Gutglaubensschutzes[1249], indem sie Sorge trägt, daß der Erwerber, wenn er schon schuldrechtlich zur Herausgabe verpflichtet ist, die aus dem Schuldverhältnis entstehenden Einreden behält. Nur bei unentgeltlichem Erwerb erachtet das Gesetz die möglichen Einwände des Erwerbers gegenüber dem Recht des Altberechtigten für unerheblich. Die Ablehnung einer direkten Eingriffskondiktion des Altberechtigten gegen den Erwerber, die oben[1250] konstruktiv begründet wurde, findet also im Sinn und Zweck des § 816 eine Stütze.

Bei wirksamer, aber rechtsgrundloser Verfügung des Nichtberechtigten überlagern sich also Eingriffs- und Leistungskondiktion nicht, noch schließen sie sich aus, sondern sie bestehen beide und können in der soeben geschilderten Weise, gewissermaßen hintereinander geschaltet, geltend gemacht werden.

Wenn nun auch beide Bereicherungsansprüche bestehen, so ist noch zu bedenken, daß der Verfügende nur den Besitz in seinem Vermögen hatte, aber Eigentum geleistet hat[1251]. Da das Maß dessen, was herauszugeben ist, nicht in der Entreicherung des Leistenden, sondern in der Bereicherung des Leistungsempfängers besteht[1252], kann der Verfügende grundsätzlich des Eigentum kondizieren[1253]. Die dann auftretende Schwierigkeit, daß letztlich der Altberechtigte das Eigentum wiedererlangen soll, lösen die Vertreter der sog. „Doppelkondiktion" mit der Rechtsfigur der Übereignung an den, „den es angeht". Wenn der Nichtberechtigte seine Leistungskondiktion auf Rückgabe der Sache durchsetzt, so

---

[1248] So auch die Meinung BOEHMERS, vgl. Grundlagen II, 2, S. 27; ferner OERTMANN, Recht 1915, 514; ROTHOEFT, a. a. O., S. 221 ff.; dagegen beruht die Ansicht von GRUNSKY, a. a. O., auf der Vindikationsähnlichkeit der Eingriffskandiktion.

[1249] Es handelt sich also weniger um konstruktive Fragen des Bereicherungsausgleichs als um die Tragweite und Begrenzung des Gutglaubensschutzes, worin übrigens BOEHMER, a. a. O., S. 8, und v. CAEMMERER, Boehmer-Festschrift, S. 147, übereinstimmen.

[1250] S. 225.

[1251] Siehe oben S. 182.

[1252] STAUDINGER-SEUFERT, § 821 Anm. 7 b; ESSER, § 198, 2; WILBURG, S. 20; KRAWIELICKI, JhJb 81, 296; HAYMANN, JhJb 77, 250 f.

[1253] HAYMANN, a. a. O., S. 255; SCHÖNINGER, Leistungsgeschäfte, S. 34; a. A. KRAWIELICKI, JhJb 81, 303, der zwar zugibt, daß als Urheber der Leistung der Nichtberechtigte anzusehen sei, der aber bei „ungültiger Kausalvereinbarung" einen Erwerberschutz für überflüssig hält (S. 308) und dann allein auf den Rechtsverlust des Eigentümers abstellt.

erwirbt mit der Übergabe der Altberechtigte unmittelbar Eigentum[1254]. Um aber dem Altberechtigten selber bei dem durchaus denkbaren Desinteresse des Nichtberechtigten die Möglichkeit zu geben, seine Ansprüche durchzusetzen, ohne daß dabei die durch § 816 gesicherte Position des Erwerbers gefährdet wird, läßt man zu, daß der Altberechtigte vom Nichtberechtigten nach § 816 Abs. 1 die Ansprüche gegen den Erwerber herausverlangt[1255].

Diese Entscheidung setzt allerdings voraus, als den durch die Verfügung erlangten Bereicherungsgegenstand die Leistungskondiktion gegen den Erwerber anzusehen, ein Schritt, den die angegebene Literatur tut. Man muß aber noch weitergehen und aus dem in § 816 enthaltenen Surrogationsgedanken folgern, daß der Altberechtigte nach dieser Vorschrift nicht die Herausgabe einzelner Rechtsgüter, sondern nur den Eintritt in die ganze durch die Verfügung entstandene Rechtsstellung des Veräußerers fordern kann[1256]. Macht er also direkte Ansprüche gegen den Erwerber geltend, so muß er sich auf eine Saldierung der gegenseitigen rechtsgrundlosen Zuwendungen einlassen und kann auch etwaige auf §§ 814, 815, 817 gestützte Einreden des Erwerbers gegen den Bereicherungsanspruch nicht zurückweisen[1257]. Wenn Boehmer[1258] dies letztere als ungerecht bezeichnet, so ist ihm entgegenzuhalten, daß der Eigentümer nach den Vorschriften über den Gutglaubensschutz sogar in seiner dinglichen Position ganz dem Verfügenden ausgeliefert ist, so daß es nicht Wunder nimmt, wenn er auch schuldrechtlich nur in dessen Stellung einrückt.

bb) Aufeinandertreffen der beiden Kondiktionsformen

Nur von dem Gedanken der Übernahme der ganzen Rechtsposition des Verfügenden durch den Altberechtigten läßt sich die andere, oben auf S. aufgeworfene Frage bewältigen, wie sich die Leistungskondiktion des Erwerbers und der auf § 816 I gestützte Anspruch des Altberechtigten auf den Erlös verhalten. Man stelle sich vor, daß der Eigentümer E den sehr günstigen Verkauf seiner Sache durch V an G billigt und den Erlös verlangt, während G den Kaufvertrag wirksam anficht und den Erlös ebenfalls herausverlangt. Hier treffen eine auf den Eingriff des V in das Recht des E gestützte Eingriffskondiktion und die auf die Zweckverfehlung des G gestützte

---

[1254] Larenz, § 62 II c; Esser, § 190, 6 d; Staudinger-Seufert, § 816 Anm. 8 b k; v. Caemmerer, Boehmer-Festschrift, S. 158 ff.

[1255] Larenz, a. a. O.; Enneccerus-Lehmann, § 221 III, FN. 18; v. Caemmerer, a. a. O., S. 153; Haymann, JhJb 77, 262.

[1256] S. oben S. 223.

[1257] Staudinger-Seufert, § 816 Anm. 8 b 1; v. Caemmerer, Boehmer-Festschrift, S. 161 f.

[1258] Grundlagen II, 2, S. 18—20; ebenso Oertmann, Recht 1915, 512; Grunsky, JZ 1962, 209.

Leistungskondiktion aufeinander, ohne daß für die gefühlsmäßig gebotene Entscheidung zugunsten der Leistungskondiktion eine Grundlage im Gesetz ersichtlich wäre[1259]. V ist also hinsichtlich des Erlöses in der unangenehmen Lage, ihn an zwei Gegener herausgeben zu müssen und u. U. sogar demjenigen, der leer ausgeht, nach § 819 zu haften.

Hier läßt sich eine Lösung nur finden, wenn man dem E über § 816 I nur den Anspruch zubilligt, die ganze durch die Verfügung des V geschaffene Rechtsposition zu übernehmen. Dann unterliegt er, was den Erlös betrifft, der Leistungskondiktion des G und kann seinerseits die Leistungskondiktion des V gegen G auf Herausgabe der Zuwendung geltend machen. Für seine Ansprüche gegen V aus § 816 I gilt dann aber die Beschränkung, daß er den Erlös nur herausverlangen kann, wenn er durch Schuldübernahme oder Schuldbeitritt den V von den nach §§ 818, 819 bestehenden Ansprüchen des G freistellt.

Als *Ergebnis* der Untersuchung zu b) ist festzuhalten: Eine allgemeine Vorherrschaft der Leistungs- über die Eingriffskondiktion gibt es nicht; es kann lediglich gesagt werden, daß derjenige, der seinen Rechtsverlust seinen Beziehungen zu einem anderen zugeordnet hat, auf die Rechte aus diesem causa-Verhältnis beschränkt bleibt. Die übrigen Kollisionen der beiden Kondiktionsformen lösen sich durch eine am Gutglaubensschutz ausgerichtete Beschränkung der Eingriffskondiktion.

§ 16. Das Verhältnis von paiement de l'indu und action de in rem verso zur cause-Lehre

Bereits im Zuge der Standortbestimmung des cause-Begriffs wurde ausgeführt[1260], daß wegen der grundsätzlichen Kausalität der Zuwendungen im französischen Recht das enrichissement sans cause keine Reaktionswirkung auf die Verfehlung von Leistungszwecken sein kann. Die dem deutschen Bereicherungsrecht entsprechende Abhandlung über die Verfehlung von Leistungszwecken müßte sich also mindestens auch mit der Regelung der Leistungsstörung im Code civil befassen. Daß das Schicksal von vertraglichen Verpflichtungen bei Unmöglichkeit einer Leistung, Verzug u. dgl. mit dem Gedanken der cause zusammenhängt, könnte dabei im Anschluß

[1259] A. M. ROTHOEFT, a. a. O., S. 247 ff. Die Argumentation v. LÜBTOWS, a. a. O., S. 31, V sei um den Erlös nicht bereichert, weil er diesen nicht auf Grund eines rechtsgültigen Vertrages erlangt habe, trifft m. E. nur zu, wenn das dingliche Geschäft zwischen V und G nicht gültig ist.

[1260] Oben S. 8.

an Capitant[1261] dargestellt werden. Doch würde eine derartige Erörterung angesichts der detaillierten Einzelregelung dieser Probleme und der starken Beeinflussung des Code civil durch andere — dem cause-Gedanken z. T. entgegenwirkende — römischrechtliche Grundsätze[1262] den Rahmen unserer Untersuchung sprengen. Es erscheint daher sinnvoll, dieses Sachgebiet — im Gegensatz zum Irrtumsrecht, dessen Beziehungen zur cause-Lehre sehr viel enger sind — zu übergehen.

Nun haben aber Rechtsprechung und Wissenschaft im Zusammenhang mit der auf einem „enrichissement sans cause" beruhenden „action de in rem verso" einen besonderen, häufig als causa efficiens[1263] bezeichneten cause-Begriff entwickelt. Die Darstellung der cause im französischen Recht wäre unvollständig, wenn nicht wenigstens den Beziehungen dieser cause zu Art. 1108, 1131 C. civ. nachgegangen würde.

Angesichts der das „enrichissement au dépens d'autrui" eingehend behandelnden Gesamtdarstellung von Goré und der rechtsvergleichenden Arbeit von Grauer erübrigt es sich aber, auf dieses Rechtsinstitut besonders ausführlich einzugehen; es geht in unserem Zusammenhang lediglich darum, die Anküpfungspunkte zur allgemeinen causa-Lehre zu überprüfen.

Jedem, der sich mit der action di in rem verso befaßt, wird sich die Frage aufdrängen, wie sich diese action und der gesetzlich geregelte Anspruch aus paiement de l'indu (Art. 1235, 1376 ff. C. civ.) verhalten, da doch die Zahlung einer Nichtschuld normalerweise in enger Beziehung zum allgemeinen Bereicherungsanspruch, damit aber auch wieder zum cause-Begriff stehen müßte. Es fällt auch auf, daß die höchstrichterlichen Entscheidungen, die sich mit dem paiement de l'indu befassen, häufig als möglicherweise durch die Vorinstanz verletzte Vorschriften nebeneinander Art. 1131 und 1376 C. civ., also die Vorschriften über die cause und das paiement de l'indu erwähnen[1264], was auf die praktische Ähnlichkeit der Rückgängigmachung von Zuwendungen wegen „absence de cause" und „paiement de l'indu" hindeutet. Ohne daß diese Arbeit im übrigen über die Dogmatik des französischen „Bereicherungsrechts" Klarheit schaffen kann — dies ist, wie schon hervorgehoben, nicht Aufgabe einer rechtsvergleichenden Untersuchung durch einen Deutschen — sei hier vorweg die Behauptung gestattet, daß sich „paiement de l'indu"

[1261] Nr. 121—157.

[1262] So folgen Art. 1138, 1583 C. civ. (siehe oben S. 10 f.) dem Prinzip „res perit emptori", ohne auf die Zweckerreichung auf Seiten des Erwerbers Rücksicht zu nehmen, Capitant, Nr. 134.

[1263] Zum Ausdruck siehe oben S. 8.

[1264] So z. B. Civ. Gaz. Pal. 1938.1.667.

und „enrichissement au dépens d'autrui" in vieler Hinsicht wie Leistungsbereicherung[1265] und Bereicherung „in sonstiger Weise" in § 812 BGB verhalten[1266], was natürlich den cause-Begriff der action de in rem verso vom allgemeinen cause-Begriff ähnlich weit entfernt wie den Rechtsgrundbegriff bei der Bereicherung „in sonstiger Weise" vom allgemeinen Zweckbegriff im deutschen Recht.

I.
Die Verfehlung von Zuwendungszwecken

Wie im deutschen Recht, so öffnet auch hier die Behandlung des Leistungsbegriffs den Blick für die Problematik der cause.

a) Der Begriff des paiement

Als paiement bezeichnet man von vornherein nur die Bewirkung einer versprochenen Zuwendung[1267], die zum Erlöschen der Verpflichtung führt. Die allgemein aufgestellte Behauptung von der Kausalität der Zuwendung kommt hier darin zum Ausdruck, daß gemeinhin das paiement als notwendige „cause juridique" die Existenz der Verpflichtung voraussetzt[1268]. Wenn man dann das paiement wenigstens im Normalfall als Vertrag ansieht[1269], weist die Leistung in diesem Sinne gegenüber einem sonstigen Vertrag keine Besonderheit auf, da sie als Erfordernis ihrer Wirksamkeit die Zweckerreichung in Gestalt der Erfüllung voraussetzt. „La cause du paiement est, à notre sens, le fait par le solvens de poursuivre en effectuant sa prestation l'exécution d'une obligation préexistante[1270]". Danach setzt die Leistung objektiv voraus, daß eine Schuld besteht, subjektiv, daß der Leistende zur Schuldtilgung handelt[1271].

b) Das paiement de l'indu

Besteht die Schuld nicht, so kann die Leistung zurückverlangt werden. Dies folgt eigentlich schon aus dem allgemeinen Gedanken

---

1265 Bezeichnenderweise heißt der Anspruch wegen paiement de l'indu bei vielen Autoren auch „condictio": Demogue III, Nr. 84; Ripert-Boulanger II, Nr. 1242; Mazeaud II, Nr. 652; anders freilich Gorea, a. a. O., Nr. 29.

1266 So auch Grauer, a. a. O., S. 69.

1267 Planiol-Esmein, Nr. 1149; Ripert-Boulanger II, Nr. 1510; Colin-Capitant II, Nr. 1427; Mazeaud II, Nr. 716.

1268 Ripert-Boulanger II, Nr. 1512; Planiol-Esmein, Nr. 1149; Aubry et Rau, § 442, 1 b.

1269 Ripert-Boulanger II, Nr. 1511.

1270 Loussouarn, Rev. Trim. 1949, 220.

1271 A. A. Catala, a. a. O., Nr. 168, die nur auf das (objektive) Bestehen der Schuld abstellt.

der Kausalgebundenheit der Leistung[1272]; die gesetzliche Regelung des paiement de l'indu ist nur eine Anwendung dieses Grundsatzes. Doch wirft sie durch die Verteilung auf zwei an systematisch verschiedener Stelle stehende Vorschriften unnötige Schwierigkeiten auf. In Art. 1235 C. civ. heißt es:

„Jede Leistung setzt eine Schuld voraus: Was geleistet wurde, ohne geschuldet zu sein, unterliegt der Rückforderung.

Die Rückforderung ist ausgeschlossen, wenn eine natürliche Verpflichtung willentlich erfüllt worden ist."

Diese, im Zusammenhang mit dem paiement geschaffene Lösung greift das Gesetz wieder auf, indem es in Art. 1376 C. civ. bestimmt:

„Derjenige, der irrtümlich oder wissentlich etwas annimmt, was ihm nicht geschuldet wird, verpflichtet sich zur Rückgabe des zu Unrecht Empfangenen."

1. Voraussetzungen im allgemeinen

Diese scheinbare Abstellung auf einen vermuteten Willensakt des Zuwendungsempfängers ist irreführend[1273], da der Zuwendungsempfänger grundsätzlich nichts annimmt, was er nicht auch behalten will. Deshalb ist man sich trotz der Gesetzesfassung über die Eigenheiten des Anspruchs wegen paiement de l'indu im wesentlichen einig: Man zählt diesen Anspruch entsprechend der römischrechtlichen Klassifikation zu den quasi-contrats[1274]. Voraussetzung ist zunächst das Nichtbestehen der Schuld, wobei es nicht darauf ankommt[1275], ob die Schuld nie, noch nicht oder infolge Erfüllung nicht mehr bestand, ob sie durch wirksame Anfechtung vernichtet wurde, ob mehr gezahlt wurde, als die Schuld betrug, oder ob versehentlich ein Dritter geleistet hat, ohne daß daraufhin der Gläubiger die über die Schuld ausgestellten Urkunden vernichtet hat (sonst wäre die Rückforderung ausgeschlossen, Art. 1377 a. 2 C. civ.). Die Geschäftsunfähigkeit eines der Partner der Leistung ändert — wie für das deutsche Recht oben[1276] nachgewiesen — nichts an der Möglichkeit des Anspruchs. Der Geschäftsunfähige kann aber auch nur dann kondizieren, wenn es auch ein Geschäftsfähiger könnte[1277]; die

---

[1272] Colin-Capitant II, Nr. 1298; Grauer a. a. O., S. 54, 56.

[1273] Colin-Capitant ebenda.

[1274] Ripert-Boulanger II, Nr. 1242; Colin-Capitant II, Nr. 1298; Planiol-Esmein, Nr. 719.

[1275] Ripert-Boulanger II, Nr. 1244; Colin-Capitant II, Nr. 1301; Mazeaud II, Nr. 655.

[1276] S. 188 ff.

[1277] Planiol-Esmein, Nr. 743.

Geschäftsunfähigkeit des Empfängers beseitigt nicht seine Rückerstattungspflicht, sondern beschränkt sie nur auf die noch vorhandene Bereicherung[1278].

2. Die Rolle des Irrtums des Zuwendenden

Eine umstrittene, aber für unsere Untersuchung wichtige Rolle spielt im Rahmen des paiement de l'indu der Irrtum des Zahlenden, des „solvens". In der Tat nimmt es Wunder, daß Art. 1235 und 1376 C. civ. den Irrtum des Leistenden mit keinem Wort erwähnen, während in Art. 1376 vom Irrtum des Empfängers die Rede ist, den diese Bestimmung allerdings für bedeutungslos erklärt. Nur beim Sonderfall der Leistung eines Dritten (eines Nichtschuldners) nennt Art. 1377 den Irrtum des Leistenden als Voraussetzung der Rückforderung. Diese Erwähnung hat aber der Rechtsprechung[1279] und der h. L.[1280] genügt, im allgemeinen eine irrtümliche Leistung zu verlangen.

Dies Erfordernis zu begründen, fällt jedoch bei der französischen Konstruktion des Anspruchs nicht leicht, da bei Nichtbestehen der Schuld die Leistung jedenfalls „sans cause" ist und keinen Bestand haben kann. Der Irrtum spielt also neben dem Fehlen der cause jedenfalls nur eine sekundäre Rolle[1281]. Vielfach läßt sich sogar eine automatische Wirkung der Causalosigkeit beobachten, ohne daß ein Irrtum des Leistenden vorausgesetzt wird. Dieser Bedeutung der cause hat man z. B. in dem Falle Rechnung getragen, daß eine Leistung auf eine später rückwirkend annullierte Forderung erfolgte: Hier braucht der Leistende nicht nachzuweisen, daß er irrig an den Bestand der Schuld glaubte[1282]. Automatisch löst ferner das Vorliegen einer cause illicite die Rückforderung aus, ohne daß es hier auf den Irrtum des Zuwendenden über die Existenz der Schuld ankommt[1283]. Diese Ausnahme vom Irrtumserfordernis wird freilich nur selten eingreifen, da meist dem Leistenden selber ein Verstoß gegen die

---

[1278] MAZEAUD II, Nr. 666; PLANIOL-ESMEIN, a. a. O., RIPERT-BOULANGER II, Nr. 1263; a. A. (keine répétition de l'indu) AUBRY et RAU, § 442, 1 b.

[1279] Req., D. 1910.1.103; Req., DH 1933.3; Civ., Gaz. Pal. 1938.1.667.

[1280] MAZEAUD II, Nr. 658; AUBRY et RAU, § 442, 1 a; RIPERT-BOULANGER II Nr. 1245; PLANIOL-ESMEIN, Nr. 740; a. M. DEMOGUE III, Nr. 91; COLIN-CAPITANT II, Nr. 1303.

[1281] LOUSSOUARN, Rev. Trim. 1949, 19.

[1282] PLANIOL-ESMEIN, Nr. 740; MAZEAUD II, Nr. 660; RIPERT-BOULANGER II, Nr. 1248.

[1283] LOUSSOUARN, Rev. Trim. 1949, Nr. 15; COLIN-CAPITANT II, Nr. 1305; AUBRY et RAU, § 442, bis.

guten Sitten zur Last fällt, der die Rückforderung ausschließt (nemo auditur propriam turpitudinem allegans[1284]).

Vom Vorliegen eines Irrtums nehmen Rechtsprechung[1285] und Lehre[1286] auch dort Abstand, wo der Leistende durch Drohung, Verwaltungszwang oder gar durch Schmerz und Trauer zu seiner Leistung veranlaßt worden ist.

So entscheidet man im Fall der Zahlung unter Vorbehalt[1287] oder aus Furcht, seine Einwendungen nicht durchsetzen zu können[1288]. Weiter ging die Cour de Cassation in einem Falle, in dem von einem Irrtum des Leistenden durchaus keine Rede sein konnte: Hier hatte der Kläger einem Beerdigungsinstitut, das die Beerdigung seiner Schwester ausrichtete, zusätzliche Lieferungen, auf deren Bezahlung es keinen Anspruch hatte, trotzdem ersetzt. Das Gericht gab ihm den Rückforderungsanspruch, da er „unter dem Einfluß des Schmerzes wegen des Todes seiner Schwester nicht die geistige Freiheit gehabt habe, (die zusätzlichen Lieferungen) zu besprechen oder sie in Art und Umfang anzunehmen[1289]". Dabei stellte das Gericht noch ausdrücklich fest, daß deswegen die Zahlung irrtümlich erfolgt sei.

Diese Gerichtspraxis hat zu der Vermutung geführt, daß auf dem Wege über das Irrtumserfordernis demjenigen der Anspruch wegen paiement de l'indu verwehrt werden solle, der nicht schutzwürdig schien, wogegen von dem Nachweis des Irrtums überall da abgesehen werde, wo der Leistende billigerweise sein Rückforderungsrecht nicht verloren haben durfte[1290].

Manchmal hat es auch den Anschein, als betrachte man die bewußte Zahlung einer Nichtschuld als eine schuldhafte Handlung (faute[1291]), die zum Verlust des Rückforderungsrechts führen muß. Diese Betrachtungsweise läßt sich noch mit einer Übertragung der Irrtumsgrundsätze des Vertragsrechts auf das paiement de l'indu stützen: Wenn dort der Irrtum nur zur Anfechtung berechtigt, wenn ihn der Erklärende nicht zu vertreten hatte, so müßte auch hier nur ein entschuldbarer Irrtum genügen[1292]. Doch dürfte der Verlust der Rückforderung denjenigen, der leicht fahrlässig eine Nichtschuld

---

1284 Colin-Capitant, a. a. O.; Ripert-Boulanger II, Nr. 1250; Mazeaud II, Nr. 657.

1285 Cons. d'Etat, DP 1888.5.141.

1286 Colin-Capitant II, Nr. 1304; Loussouarn, a. a. O., Nr. 7; Mazeaud II, Nr. 659.

1287 Planiol-Esmein, Nr. 740.

1288 Req. D. 1909.1.175; Planiol-Esmein, a. a. O.

1289 Req., DH 1933.3.

1290 Demogue III, Nr. 91 (S. 153).

1291 Demogue, a. a. O., der allerdings diese faute nicht mit dem Verlust des Rückforderungsrechts bestrafen will.

1292 So tatsächlich Planiol-Esmein, Nr. 740.

erfüllt hat, im allgemeinen allzu hart treffen und auch den Leistungsempfänger zu Unrecht begünstigen. Insofern ist Demogue[1293] zuzustimmen, was gleichzeitig auch die Behauptung rechtfertigt, daß die Abstellung auf eine faute des solvens der Problematik des paiement de l'indu nicht gerecht wird. Die Rechtsprechung — man vergleiche z. B. die erwähnte Entscheidung DH 1933.3 — hat auch im allgemeinen wenig Neigung gezeigt, dem solvens die Rückforderung zu versagen[1294].

Wenn die Untersuchung, wann und warum ein Irrtum des solvens erforderlich ist, bisher nicht zu einem befriedigenden Ergebnis geführt hat, so liegt dies daran, daß häufig der Ausgangspunkt der Lehre vom paiement de l'indu bei dem Gedanken des Fehlens einer gültigen cause nicht genügend Beachtung findet. Wenn gesagt wurde[1295], daß der Anspruch objektiv das Nichtbestehen der Schuld, subjektiv ein Handeln des Leistenden zur Schulderfüllung voraussetzt, so ist doch zu berücksichtigen, daß im allgemeinen jede Handlung eines voll Geschäftsfähigen die Verfolgung eines Zwecks vermuten läßt. Diese Vemutung einer Zweckverfolgung (die auf Art. 1132 C. civ. gestützt werden könnte[1296]) gilt grundsätzlich auch, wenn eine objektiv nicht bestehende Schuld erfüllt wird: Hier muß angenommen werden, daß der Leistende einen anderen Zweck als die Schuldtilgung anstrebt, es sei denn, ihm gelingt der Nachweis, daß er nur die Schuld tilgen wollte und sich dabei geirrt hat. Dann allerdings ist die Vermutung widerlegt und der Weg für den Rückgewähranspruch frei. Unter dem Erfordernis eines Irrtums des solvens verbirgt sich also das Bestreben, festzustellen, daß tatsächlich eine Zweckverfehlung vorliegt[1297]. So erklärt es sich aber auch, daß es eines Irrtums überall da nicht bedarf, wo feststeht, daß der Leistende einen gültigen Zweck nicht angestrebt haben kann oder den angestrebten Zweck verfehlt hat[1298]: Erfüllung einer wegen cause illicite nicht bestehenden oder durch rückwirkende Anfechtung vernichteten Schuld, Zahlung auf eine künftige Schuld, die später nicht entsteht (condictio sine causa[1299]). Aus demselben Grunde reicht auch anstelle des Irrtums der Nachweis der Zahlung nur aus Furcht vor Repressalien oder aus Trauer zur Widerlegung der Vermutung und

---

[1293] Siehe Anm. 1290 und 1291.

[1294] LOUSSOUARN, a. a. O., Nr. 11.

[1295] Oben S. 232.

[1296] LOUSSOUARN, a. a. O., Nr. 20; daß Art. 1132 eine solche Vermutung enthält, ist anerkannt (DEMOGUE-LOUP, Art. 1132 Anm. 3), nur betrifft die Vorschrift an sich lediglich Versprechen.

[1297] LOUSSOUARN, a. a. O., Nr. 20.

[1298] Ähnlich ZACHARIÄ-CROME, Bd. 3, S. 747.

[1299] AUBRY et RAU, § 442 bis.

damit zur Begründung des Rückgewähranspruchs aus[1300]. Aus dem auf diese Weise gedeuteten Zusammenspiel von „absence de cause" und „erreur" ergibt sich aber schließlich deutlich, daß die Regelung des paiement de l'indu eine Übertragung der allgemeinen cause-Lehre der Art. 1108, 1131 C. civ. auf die Leistung enthält[1301].

3. Rechtsfolgen des paiement de l'indu

Diese Feststellung erläutert hinlänglich die Beziehung des paiement de l'indu zur allgemeinen cause-Lehre, so daß die übrigen Besonderheiten[1302] dieses Rückgewährsanspruchs hier nicht mehr sonderlich interessieren. Erwähnt sei noch, daß nur derjenige den Anspruch geltend machen kann, der selbst die tatsächliche Zuwendung vorgenommen hat[1303], nicht also derjenige, für dessen Rechnung geleistet wurde. Eine Ausnahme gilt wie im deutschen Recht hinsichtlich des Vertretenen bei der offenen Stellvertretung; ferner können nach Art. 1166 C. civ. die Gläubiger des Zuwendenden seinen Anspruch geltend machen[1304]. Komplikationen wie die, die sich im deutschen Recht durch die Anerkennung der Zuwendung auf Drittbeziehungen ergeben haben, sind dem französischen Recht offenbar unbekannt geblieben.

Zur Unterscheidung des paiement de l'indu von der Leistungskondiktion nach § 812 BGB sei ferner noch folgendes hervorgehoben: Da bei der vertraglich geschuldeten Übereignung einer Sache bekanntlich die Übereignung, damit die Erfüllung der Schuld, mit Abschluß des Vertrags bereits zustandekommt, ist, wenn sich die Unwirksamkeit des Vertrags herausstellt, auch der Eigentumsübergang hinfällig. Deshalb ist zu prüfen, ob der Veräußerer nicht in seiner Eigenschaft als Eigentümer einen Anspruch auf Herausgabe der Sache vom Besitzer hat.

Einen allgemeinen Herausgabeanspruch des Eigentümers gegen jeden Besitzer regelt der Code civil nicht, sondern befaßt sich nur mit den Ansprüchen auf Nutzungen und Früchte der Sache (Art. 547 bis 577). Hieran zeigt sich aber, daß das Recht des Eigentümers, seine Sache von jedermann mit der „action en revendication" herauszuverlangen, selbstverständlich vorausgesetzt wird[1305]. Dieser Heraus-

---

[1300] Loussouarn, a. a. O., Nr. 21.

[1301] Von dieser Ansicht geht wohl Grauer, a. a. O., S. 53 ff., aus.

[1302] So die Rolle der Gut- und Bösgläubigkeit des Empfängers, die Bedeutung der Vernichtung der über die Schuld ausgestellten Urkunden (Art. 1377 al. 2) usw.

[1303] Civ. D. 1917.1.61; Loussouarn, a. a. O., Nr. 13; Aubry et Rau, § 442; Demogue III, Nr. 97, mit Beispielen.

[1304] Ripert-Boulanger II, Nr. 1252.

[1305] Siehe Mazeaud II, Nr. 1627; Ripert-Boulanger II, Nr. 2333.

gabeanspruch steht dem Eigentümer grundsätzlich auch gegen seinen Vertragspartner zu; bei Sachen, die der Leistungsempfänger zur Zeit der Herausgabeklage noch in Natur besitzt, bestünde deshalb auch praktisch kein Bedenken, ohne Rücksicht auf etwaige Schwierigkeiten beim paiement de l'indu die action en revendication durchgreifen zu lassen. Wie dieser Anspruch geht auch der Anspruch aus Zahlung der Nichtschuld bei beweglichen und unbeweglichen Sachen auf Herausgabe in Natur, Art. 1379 C. civ. Es liegt daher zunächst nahe, eine weitgehende Überschneidung der beiden Ansprüche des Eigentümers anzunehmen[1306].

Doch ist bei der Rückforderung beweglicher Sachen die action en revendication in aller Regel gem. Art. 2279 C. civ.[1307] ausgeschlossen, da der gutgläubige Besitzer sich jedermann, auch seinem Rechtsvorgänger gegenüber[1308], auf seinen Besitz berufen kann. Die action en revendication nutzt dem Eigentümer daher nur gegen den bösgläubigen Besitzer[1309]. Im Bereich der Rückgabe unbeweglicher Sachen und unkörperlicher Gegenstände (auf diese trifft Art. 2279 C. civ. nicht zu[1310]) stehen die beiden Ansprüche dann aber nebeneinander.

II.

Die action de in rem verso

Der im vorigen näher umrissene Anspruch wegen paiement de l'indu wird meist als Unterfall der umfassenderen action de in rem verso angesehen[1311]. Da er aber die Zweckverfehlung bei willentlichen Zuwendungen erfüllungshalber betrifft, ist unsere oben[1312] aufgestellte Behauptung, daß die action de in rem verso nur außerhalb vertraglicher Beziehungen eingetretene Vermögensverschiebungen regle, im Grunde schon bewiesen. Zwar erfaßt die action en paiement de l'indu auch noch Leistungen auf gesetzliche, hauptsächlich Steuerschulden[1313], wenn auch ihre Anwendung auf diese Fälle nicht der Definition des paiement als „Vertragserfüllung" entspricht. Doch bleiben als Bereich des enrichissement sans cause im übrigen jene Vermögensverschiebungen, die sich außerhalb vertraglicher Beziehungen zwischen

---

[1306] Siehe DEMOGUE III, S. 127, Fn. 2; Nr. 82 (S. 133); ferner GRAUER, a. a. O., S. 65 f.

[1307] Art. 2279 al. 1: „En fait de meubles, la possession vaut titre."

[1308] PLANIOL-PICARD, Nr. 373.

[1309] RIPERT-BOULANGER II, Nr. 2334.

[1310] PLANIOL-PICARD, Nr. 370.

[1311] DEMOGUE III, Nr. 85; LOUSSOUARN, a. a. O., Nr. 1; COLIN-CAPITANT II, Nr. 1310.

[1312] Oben S. 10.

[1313] Conseil d'Etat, DP 1888.5.141; LOUSSOUARN, a. a. O., Nr. 7.

Be- und Entreichertem vollzogen haben, also entweder durch Handlung des Entreicherten, die nicht Schulderfüllung sein sollte, ferner durch Handlung des Bereicherten, durch Naturgeschehen oder durch das Dazwischentreten eines Dritten[1314]. Letzteres schließt zwar, wie gezeigt[1315], den Anspruch des Entreicherten wegen paiement de l'indu aus; doch besteht im Bereich der action de in rem verso die Möglichkeit, den Vermögensverlust einer Person einer anderen als anspruchsbegründend zuzurechnen[1316].

a) Anwendungsbereich

Da die action de in rem verso gesetzlich nicht geregelt ist, versteht es sich von selber, daß ihre Theorie und ihre praktische Ausdehnung sich schwer bestimmen lassen. Festzuhalten ist für unsere Abgrenzung vom paiement de l'indu und für die Erkenntnis der causa efficiens, daß man die action nicht wie gelegentlich den Anspruch wegen paiement de l'indu[1317] als Schutz der Willenssphäre oder der Zwecksetzung des Leistenden, sondern als ein Gebot der Moral oder der Gerechtigkeit ansieht[1318]. Ihr liegt der Satz zugrunde, daß „nul ne doit s'enrichir injustement au dépens d'autrui[1319]". Neben diesem Prinzip, dessen Gefährlichkeit bei Fehlen genauer Tatbestandsmerkmale nicht übersehen wird[1320], steht aber die Erkenntnis, daß die action de in rem verso in vieler Hinsicht ein Anspruch zum Schutz des Vermögens ist, der eine Wiederherstellung des status quo ante anstrebt[1321]. Hier tritt eine Beziehung zu dem Bereicherungsanspruch im deutschen Recht, der aus dem Gedanken der Rechtsfortwirkung folgt, deutlich in Erscheinung. Wenn auch die Begründung der action im Vermögensschutz heute nicht im einzelnen ausgewertet wird, so wird sich doch bei der Erörterung insbesondere des cause-Begriffs herausstellen, daß die Einordnung des Anspruchs durch Aubry und Rau[1322] m. E. zu Unrecht so weit zurückgedrängt worden ist.

[1314] ROUAST, Rev. Trim. 1922, S. 45 f., beschränkt die action, m. E. zu Unrecht, auf die Rückgewähr von Vorteilen, die aus einer Handlung des Entreicherten herrühren.

[1315] Oben S. 236.

[1316] Dies spricht die Entscheidung Civ., D. 1917.1.61 deutlich aus.

[1317] Vgl. LOUSSOUARN, a. a. O., Nr. 13 (S. 224).

[1318] Req., D. 1892.1.596; ROUAST, Rev. Trim. 1922, S. 91; GRAUER, a. a. O., S. 23 ff.; RIPERT, Règle morale, Nr. 134, 147; MAZEAUD II, Nr. 697.

[1319] DEMOGUE III, Nr. 76; RIPERT-BOULANGER II, Nr. 1276.

[1320] MAZEAUD II, Nr. 697.

[1321] So die ursprüngliche Ansicht von AUBRY und RAU, die die action nicht bei den quasi-contrats, sondern beim Schutz des Vermögens behandelten; vgl. AUBRY et RAU, § 577 Anm. 5; ferner DEMOGUE III, Nr. 79.

[1322] Siehe die vorige Anmerkung.

Was nun die praktische Anwendung der action betrifft, so erlaubt hierüber von den fünf gemeinhin genannten Voraussetzungen[1323] — enrichissement, appauvrissement, lien de causalité, absence de cause und absence de toute autre action (subsidiarité) — die Voraussetzung des *enrichissement* die beste Übersicht, wie im folgenden gezeigt werden soll.

1. Handlungen des Entreicherten

Im Vordergrund stehen Fälle der Verbesserung der einer Person gehörigen Sachen[1324], so der Bau auf fremdem Boden[1325], Umgestaltung eines Grundstücks[1326], nützliche Verwendungen auf fremde Sachen. Allgemein genügt ein rechnerischer Vorteil auf Seiten des Bereicherten, so daß die Verminderung der Schulden[1327], die Ersparung einer Ausgabe[1328] und die Verhinderung eines Verlusts[1329] der Bereicherung durch vermögensmehrende Zuwendung gleichstehen, sofern nur insgesamt im Zeitpunkt der Rückforderung der Beklagte noch einen Vorteil hat.

Die Überlegung, daß auch die Verhinderung eines Verlusts eine Bereicherung darstellt, hat Anlaß gegeben, als action de in rem verso sogar eine Art *Aufopferungsanspruch* zu gewähren: Um den Brand des Hauses des Beklagten löschen zu können, hatten die Feuerwehrleute das Haus des Klägers in Anspruch nehmen und beschädigen müssen. Der Kläger erhielt vom Beklagten Ersatz mit der Begründung, daß die Schäden am Haus des Beklagten ohne das geschilderte Vorgehen der Feuerwehr noch größer gewesen wären[1330].

Es liegt ferner auf der Hand, daß die Zahlung einer fremden Schuld eine Bereicherung des Schuldners hervorruft, so daß dem Zahlenden, sofern das für diesen Fall geschaffene Institut der „subro-

---

1323 MAZEAUD II, Nr. 698; COLIN-CAPITANT II, Nr. 1318; RIPERT-BOULANGER II, Nr. 1276; DEMOGUE III, Nr. 142.

1324 PLANIOL-ESMEIN, Nr. 753.

1325 Req., DP 1891.1.49; GORÉ, a. a. O., Nr. 57; die praktische Bedeutung dieses Problems auch in Deutschland bedarf angesichts der heftigen Diskussion um BGH 41, 157 keiner näheren Begründung.

1326 Req., S. 1941.1.121.

1327 GORÉ, a. a. O., Nr. 59.

1328 Fütterung eines fremden Tieres, GORÉ, Nr. 59, Fn. 7.

1329 DEMOGUE III, Nr. 149; GORÉ, Nr. 59 (S. 58); a. A. RENARD, Rev. Trim. 1920, 247.

1330 VANVES, DH 1927.535; zustimmend GORÉ, Nr. 59; DEMOGUE, a. a. O.; a. A. RENARD, a. a. O., Fn. 4.

gation[1331]" nicht eingreift, die Bereicherung zu erstatten ist[1332]. Aber auch sonstiges Tätigwerden im Interesse des Bereicherten zählt man hierher, sogar dann, wenn der Bereicherte von der Tätigkeit des Entreicherten gar nichts weiß, sondern die ihm dadurch gebotenen Möglichkeiten nur nachher ausnutzt: So der für deutsche Verhältnisse kaum denkbare, in Frankreich aber gelegentlich erörterte und sogar entschiedene Fall eines sog. „généalogiste", der die Erben einer verstorbenen Frau ausfindig gemacht und ihnen, die vom Anfall der Erbschaft nichts wußten, hiervon Mitteilung gemacht hatte[1333]. Das Gericht gab ihm einen Anspruch auf angemessenes Honorar[1334]. Ebensowenig wie diesen hat man den Fall des Maklers, der zwei Handelsgesellschaften Geschäftsbeziehungen miteinander und auf diese Weise Verdienste vermittelt hatte, mit dem Gesichtspunkt der gestion d'affaires gelöst, sondern hat ihm die action de in rem verso zugebilligt[1335].

2. Handlungen des Bereicherten

Wenn es auch auffällt, wie weit die action de in rem verso sich spannt, so weist sie doch daneben, abgesehen von den zuletzt genannten Anwendungsfällen, unverkennbare Ähnlichkeit mit der Regelung der Bereicherung „in sonstiger Weise" in § 812 BGB auf. Die Ähnlichkeit mit den praktischen Ergebnissen des deutschen Bereicherungsrechts ist dort noch größer, wo Eingriffe des Bereicherten in die geschützte Rechtssphäre des Entreicherten mit der action wieder gutgemacht werden. So steht es fest, daß die Benutzung fremder Anlagen, soweit sich der Benutzer nicht auf ein besonderes Recht dazu berufen kann, ihn aus dem Gesichtspunkt des enrichissement sans cause zur Zahlung einer angemessenen Gebühr oder sogar zur Beteiligung an den Errichtungskosten verpflichtet[1336].

Hier handelte es sich um echte Eingriffe in die Position des Entreicherten; ähnlich bei der Veräußerung einer einem anderen gehörigen Sache, die der Eigentümer vom Besitzer nach Art. 2279 C. civ. oder aus anderen Gründen nicht wiedererlangen kann: Hier

---

[1331] Abtretung der Forderung durch den Gläubiger, in gewissen Fällen auch gesetzlicher Forderungsübergang, Art. 1249 ff. C. civ.

[1332] Goré, Nr. 58; Demogue III, Nr. 146.

[1333] Cour d'Appel de Riom, DH 1937, 214.

[1334] Ebenso Rouast, Rev. Trim. 1922, S. 47; Demogue III, Nr. 147; Colin-Capitant II, Nr. 1320.

[1335] Rouast, a. a. O., S. 47; zwar erwähnt die von ihm genannte Entscheidung Req. D 1871.1.240 die action nicht, wohl aber Paris, D. 1911.5.1; ähnliche Beispiele teilt Demogue III, Nr. 147, mit.

[1336] Grenoble, DP 1926.2.41; Cass. DH 1929.18; Cass. S. 1928.1.19.

hat der Eigentümer gegen den Veräußerer einen dem § 816 BGB entsprechenden Anspruch auf den Erlös[1337]; ebenso ist jemand, der eine Zahlung annimmt, die ein anderer zu fordern hatte, entsprechend § 816 II BGB diesem zur Herausgabe verpflichtet[1338].

3. Dazwischentreten eines Dritten

Werfen die Bereicherungsformen im allgemeinen nicht allzuviel Probleme auf, so sind die Voraussetzungen der Bereicherung durch das Dazwischentreten eines Dritten doch umstritten. Hierher gehören insbesondere Leistungen an einen Pächter oder Mieter einer Sache, z. B. eines Grundstückes, die später dem Eigentümer zugutekommen. Eine solche Lieferung von Saatgut an einen Pächter, dessen Pachtvertrag bald nach der Lieferung ablief und der den Lieferanten nicht bezahlen konnte, hat der Kassationshof in seiner grundlegenden Entscheidung zur action de in rem verso (arrêt Boudier[1339]) mit einem Anspruch gegen den Eigentümer ausgeglichen. Die Rechtsprechung hat sich später gewandelt und den Vorteil des Eigentümers als gerechtfertigt angesehen[1340]; da es sich hier jedoch um eine Frage des Rechtsgrundes (cause) handelt, soll die Erörterung dieser Frage vorläufig zurückgestellt und bei der Behandlung des cause-Begriffs wieder aufgegriffen werden.

b) Anknüpfungspunkte zur cause-Lehre

Die im vorigen gegebene Übersicht über den Anwendungsbereich der action de in rem verso ermöglicht es, nunmehr diejenigen der von der Lehre aufgestellten Anspruchsvoraussetzungen näher zu untersuchen, bei denen Verbindungen mit der cause-Lehre zutage treten könnten. Es handelt sich um das Erfordernis eines „rapport de causalité" zwischen Be- und Entreicherung, die „absence de cause" und die „absence de toute autre action" oder „subsidiarité".

1. Rapport de causalité

Ginge die action de in rem verso auf eine Zweckverfehlung des Leistenden zurück, so hätte es im Interesse der manchmal angestrebten[1341] Einschränkung des Anspruchs gelegen, ähnlich wie bei der Leistungskondiktion des deutschen Rechts nur dort einen Anspruch

---

1337 Demogue III, Nr. 146.

1338 Demogue ebenda m. w. N.

1339 Entscheidung v. 15. Juni 1892, D. 92.1.596.

1340 Ripert-Boulangr II, Nr. 1282.

1341 Mazeaud II, Nr. 697.

zuzulassen, wo eine Zweckbeziehung zwischen Kläger und Beklagtem vorlag. Dies ist aber nicht geschehen. Vielmehr deutet man die Worte „au dépens d'autrui", die in der Bezeichnung der action als „enrichissement aux dépens d'autrui" vorkommen, meist so, daß zwischen Vermögensverlust und -zuwachs ein Ursachenzusammenhang bestehen müsse[1342]; daß das Wort „cause" hier auftaucht, hat keine rechtliche Aussagekraft[1343]. Ohne Erwähnung des Ursachenzusammenhangs wird häufig darauf abgestellt, ob ein und derselbe Vorgang Be- und Entreicherung hervorgerufen hat[1344], oder ob ohne die Entreicherung die Bereicherung nicht stattgefunden hätte[1345]. Im Grunde handelt es sich hier aber um unerhebliche Unterschiede in dem Grundgedanken, daß ein Anspruch verwehrt werden soll, wenn der Zusammenhang zwischen Vermögensverlust und Bereicherung allzu lose ist[1346].

Wenn auch feste Regeln über die Erheblichkeit eines Kausalzusammenhangs in diesem Sinne sich schwer aufstellen lassen und selten genannt worden sind, so verdient doch hier die Meinung Renards[1347] Erwähnung: Danach kommt es darauf an, ob bei Vornahme der entreichernden Handlung die Bereicherung vorhersehbar war, m. a. W. ob die Entreicherung die Bereicherung *adäquat kausal* hervorgerufen hat[1348]. Dies ist z. B. bei der unvorhergesehenen Weitergabe der Bereicherung an einen Dritten nicht der Fall. Da aber offensichtlich diese Bestimmung des „rapport de causalité" auch für die nicht willentlichen Entreicherungshandlungen gelten soll, muß man unter der Vorhersehbarkeit auch wohl eine bloß objektive Prognose verstehen, nicht eine Zweckverbindung.

Ein solcher Zusammenhang besteht immer dann, wenn ein Wert von einem Vermögen in ein anderes gewechselt hat[1349], oder wenn jemand aus einem vermögenswerten Opfer eines anderen einen Vorteil gezogen hat, den er von Rechts wegen bezahlen müßte.

So kann ein Lehrer, der von den Eltern seines Schülers keine Bezahlung für den Unterricht bekommen hat, ein angemessenes Entgelt von dem Schüler verlangen[1350]; ebenso kann eine Gemeinde, in deren Ge-

---

[1342] Demogue III, Nr. 156; Ripert-Boulanger II, Nr. 1279.

[1343] Rouast, Rev. Trim. 1922, S. 57.

[1344] Cass., D. 1895.1.391; Cass., D. 1899.1.105; Douai, D. 1901.2.1; Goré, a. a. O., Nr. 72; Ripert, Règle Morale, Nr. 143; Grauer, a. a. O., S. 86.

[1345] Planiol-Esmein, Nr. 755; Aubry et Rau, § 577, 1 c; Rouast, Rev. Trim. 1922, 263.

[1346] Planiol-Esmein, a. a. O.; Goré, Nr. 81; ähnlich im Ausgangspunkt Renard, Rev. Trim. 1920, 263.

[1347] A. a. O., S. 266 ff.

[1348] Grauer, a. a. O., S. 86.

[1349] Ripert-Boulanger II, Nr. 1279; Renard, a. a. O., S. 258.

[1350] Goré, Nr. 80.

meindehaus der Pfarrer nach der Säkularisation lange gewohnt hat, ohne etwas dafür zu bezahlen, mit der action de in rem verso Miete verlangen[1351].

In beiden Fällen bestand eine direkte, tatsächliche Beziehung (relation directe de fait[1352]), die übrigens sowohl dann als Verbindung zwischen Be- und Entreicherung ausreicht, wenn daran nur zwei Personen beteiligt waren, als auch dann, wenn sich ein Dritter eingeschaltet hat[1353]. Deshalb steht die Entscheidung des Kassationshofs von 1892[1354], die einen Versionsanspruch gegen einen Grundstückeigentümer anerkannte, obwohl das Saatgut auf Grund vertraglicher Beziehungen an den Pächter geliefert worden war, nur im Hinblick auf das Vorhandensein einer „juste cause" im Kreuzfeuer der Kritik; daß es sich dort um eine unmittelbare Beziehung von Be- und Entreicherten gehandelt hat, wird nicht bestritten.

Dennoch bestehen im Hinblick auf das Erfordernis einer direkten tatsächlichen Beziehung immer gewisse Unsicherheiten[1355]. Streitig ist insbesondere folgende Entscheidung des Kassationshofs:

> Die Gemeinde Arles versprach einer Gesellschaft, die eine Konzession zum Betrieb von Eisenbahnanlagen besaß, einen Zuschuß zur Errichtung einer Eisenbahnstrecke von örtlicher Bedeutung. Die Zusage der Gemeinde wurde als rechtsunwirksam annulliert; die Gesellschaft, die die Anlage ohne Zuschuß errichtet hatte, verlangte von der Gemeinde Zahlung eines Betrages, der den der Gemeinde durch den Betrieb der Bahn erwachsenen Vorteilen entsprechen sollte. Die Klage wurde abgewiesen, da kein Wert vom Vermögen der Gesellschaft in das der Gemeinde übergegangen sei und die Gemeinde nur einen indirekten Vorteil aus dem Bau der Bahn gezogen habe[1356].

Diese Begründung befriedigt tatsächlich nicht[1357], wenn man sich nicht einfach damit begnügt, daß die Kausalverbindung zwischen Be- und Entreicherung hier zu locker sei. Die im Rahmen der Eingriffskondiktion des deutschen Rechts ausgebildete Vorstellung, daß beim Rechtserwerb „auf Kosten" eines anderen eine Inanspruchnahme einer geschützten Rechtsposition des Bereicherungsgläubigers stattgefunden haben müsse, läßt sich im Bereich des enrichissement au

---

[1351] GORÉ, ebenda.

[1352] PETITON, Anm. D. 1889.1.393.

[1353] PLANIOL-ESMEIN, Nr. 755; GORÉ, a. a. O., Nr. 81.

[1354] Siehe Anm. 1339.

[1355] COLIN-CAPITANT II, Nr. 1320.

[1356] Civ., DP 1895.1.391; daß eine „causalité indirecte" nicht genüge, behauptet auch RIPERT, DC 1944.18, in der Anmerkung zu einer Entscheidung, auf die wir unten (S. 247) noch zurückkommen werden.

[1357] Dagegen auch ROUAST, Rev. Trim. 1922, S. 59, der behauptet, die

dépens d'autrui nicht nachweisen, insbesondere auch nicht in der Diskussion der erwähnten Entscheidung durch die Literatur.

Wir kommen also in diesem Punkt zu dem *Ergebnis*, daß das Erfordernis eines „rapport de causalité" zwischen Entreicherung und Bereicherung in keiner erkennbaren Verbindung zur cause-Lehre steht.

2. Absence d'une juste cause

Die Antwort auf die Frage, wie sich dieser cause-Begriff zu dem der Art. 1108, 1131 C. civ. verhält, kann so vielgestaltig ausfallen wie die zahllosen cause-Definitionen, die die französische Rechtswissenschaft erarbeitet hat. Das Wort cause eignet sich hier eher dazu, als Sammelbecken der verschiedensten Meinungen Verwirrung anzurichten[1358], als daß es eine exakte Definition der eine Bereicherung rechtfertigenden Umstände erlaubt. Die extremsten Ansichten vertreten auf der einen Seite (Verschiedenheit von cause finale und cause efficiente) Ripert-Boulanger[1359] und Mazeaud[1360], auf der anderen Seite (Identität der cause-Begriffe) Rouast[1361]. Da nun schon die Untersuchung der vorigen Punkte m. E. klar gezeigt haben dürfte, daß es bei der action de in rem verso keinen einheitlichen theoretischen Standpunkt gibt, von dem aus sich alle Einzelerscheinungen erfassen ließen, bleibt als einzige erfolgversprechende Methode der Erfassung nur eine kasuistische Überprüfung der als „juste cause" bezeichneten Umstände übrig.

aa) Der Vertrag als juste cause

Hier fällt zunächst auf, daß eine Bereicherung immer dann als gerechtfertigt gilt, wenn sie einem *vertraglich* bedungenem Recht entspricht[1362]. Hierher gehört als Leistung auf eine vertragliche Schuld das paiement[1363]; wenn die Schuld besteht, existiert auch eine juste cause. Mit diesen Gedanken haben Rechtsprechung und Literatur jedem Versuch entgegengewirkt, allzu hohe Gegenleistungen für vertragliche Leistungen als enrichissement sans cause zurückzufordern[1364].

Bereicherung der Gemeinde habe eine „cause juridique" gehabt und könne aus diesem Grunde nicht herausverlangt werden.

[1358] Goré, a. a. O., Nr. 95; Rouast, Rev. Trim. 1922, S. 61.

[1359] Band II, Nr. 1280.

[1360] Band II, Nr. 702.

[1361] Rev. Trim. 1922, S. 80.

[1362] Planiol-Esmein, Nr. 757; Mazeaud II, Nr. 703; Goré, Nr. 116; Demogue III, Nr. 145; Civ., Gaz. Pal. 1944.2.71; nach Renard, a. a. O., S. 279, genügt nur eine vertragliche Beziehung zur Rechtfertigung des Erwerbs.

[1363] Goré, Nr. 119.

[1364] Ripert-Boulanger II, Nr. 1280; Colin-Capitant II, Nr. 1322; Planiol-Esmein, Nr. 757; Civ., Gaz. Pal. 1944.2.71; Req. D. 1904.1.81.

Die Rechtsgrundwirkung eines Vertrags geht aber weiter: Wenn ein Pächter das Pachtgrundstück durch seine fachmännische und fleißige Arbeit verbessert hat, ohne daß er insoweit zu besonderen Anstrengungen verpflichtet war, so kann er nach Ablauf des Pachtvertrages für diese Verbesserungen einen Ersatz von dem Verpächter nicht verlangen, wenn der Vertrag vorsah, daß der Eigentümer die Sache in dem Zustand zurücknehmen solle, in den sie der Pächter versetzt hat[1365]. Aus diesem Gesichtspunkt würde man heute auch die Klage des Händlers abzuweisen haben, der für das an den zahlungsunfähigen Pächter gelieferte Saatgut nach Lösung des Pachtvertrages vom Eigentümer Bezahlung verlangte: Auch der wirksame Vertrag, den der Bereicherte mit einem Dritten geschlossen hat, stellt eine juste cause dar[1366].

An dieser Stelle läßt sich m. E. bereits mit Bestimmtheit behaupten, daß die cause i. S. des enrichissement sans cause mit der cause i. S. des allgemeinen Vertragsrechts nicht übereinstimmen kann: In Art. 1108, 1131 C. civ. handelt es sich grundsätzlich um den Zweck, um dessentwillen jemand eine Zuwendung in Gestalt einer Verpflichtung macht; ebenso könnte man beim paiement de l'indu die cause subjektiv, vom Zuwendenden her, sehen. Hier aber hat der Zuwendende den Zweck, den er mit seiner Leistung an den zahlungsunfähigen Pächter oder den sonstigen Vermittler der Bereicherung verfolgte, nicht erreicht und muß sich trotzdem den Behaltenstitel[1367] des Bereicherten, den dieser aus seinem Verhältnis zum Vermittler herleitet, entgegenhalten lassen. Ähnlich war in folgendem Fall zu entscheiden: Eine Versicherungsgesellschaft hatte nach dem Versicherungsvertrag bei einem Brand des versicherten Hauses die Wahl, entweder die eingetretenen Schäden beseitigen zu lassen oder den Neuaufbau des ganzen Hauses zu bezahlen. Sie entschied sich für das zweite; als sie nach Fertigstellung vom Eigentümer mit der actio in rem verso die Differenz von Alt- und Neuwert verlangte, mußte sie sich entgegenhalten lassen, daß der Versicherungsnehmer aus dem Versicherungsvertrag das Recht herleiten könne, den Mehrwert zu behalten[1368]. Bezeichnender-

---

[1365] Planiol-Esmein, a. a. O.; Goré, Nr. 121.

[1366] Die Entscheidung des Kassationshofs aus dem Jahre 1892 ist überholt; im obigen Sinne entscheiden Req., DH 1939.1.779; Civ., D. 1899.1. 105; Civ., D. 1940.1.15; Req., DP 1940.1.52; Mazeaud II, Nr. 704; Planiol-Esmein, Nr. 759; Ripert-Boulanger II, Nr. 1282; Colin-Capitant II, Nr. 1323; Goré, Nr. 123; Demogue III, Nr. 162.

[1367] Siehe zum Ausdruck Colin-Capitant II, Nr. 1321; ferner Ripert, Anm. DC 1944, 18.

[1368] Goré, Nr. 121; in der Entscheidung Req., DP 1904.1.181, findet sich freilich eine andere Begründung, über die noch (unten S. 249) zu sprechen sein wird.

weise unterschied deshalb Esmein[1369] die „cause de l'appauvrissement“ und „de l'enrichissement“, die beide aus vertraglichen Bestimmungen herrühren können; zumindest bei der cause de l'enrichissement muß es sich um die objektive Wirkung des Vertrags als tatsächlicher Gegebenheit handeln[1370], nicht also um eine Frage der Zweckerreichung des Entreicherten. In diesem Sinne betrachtet auch Goré[1371] das Bestehen eines Vertrages als eine der Tatsachen, bei deren Vorliegen das Recht direkt und unmittelbar die Bereicherung billigt. Die Bereicherung rechtfertigt sich danach also nicht aus dem Gesichtspunkt der Zweckerreichung, wie es bei Ableitung der cause aus Art. 1108, 1131 C. civ. der Fall wäre, sondern wegen der Kraft, die die objektive Rechtsordnung einem gültigen Vertrag beilegt.

An der Methode der objektiven Betrachtung der Vermögensverschiebung vom Standpunkt der gesamten Rechtsordnung her ändert sich im Grunde auch dann nichts, wenn man mit Rouast[1372] unter der cause ein Äquivalent versteht, das Bereicherung und Entreicherung „neutralisiere“. Auch bei der Frage nach dem Vorliegen eines Äquivalents kann man nicht, wie es der cause bei der Leistung entspräche, fragen, ob die Zuwendung oder der sonstige Vermögensverlust „sans cause“ sind, sondern es entscheidet, ob sich der Bereicherte mit oder ohne Äquivalent bereichert hat. In dem erörterten Beispiel der Arbeiten, die ein Unternehmer im Auftrag des Pächters am Pachtgrundstück vorgenommen hat, schließt deshalb Rouast aus der Tatsache, daß nach dem Pachtvertrag die Arbeiten dem Pächter zur Last fallen sollten, daß der Eigentümer sich nicht ohne „contre-partie“ bereichert habe[1373]. Die Darstellung Rouasts bleibt freilich nicht frei von Widersprüchen: Für die Frage, ob ein Äquivalent vorliegt, stellt Rouast einmal[1374] auf die Vorstellung des Entreicherten ab; später aber läßt er es ausreichen, wenn das Äquivalent „wirklich existiert[1375]“. Immerhin handelt es sich auch bei der von Rouast geforderten Existenz eines Gegenwerts wiederum um eine objektive Tatsache, die den Bereicherungsanspruch auslösen bzw. verhindern soll.

Diese objektive Beurteilung der Rechtfertigung einer Bereicherung hat dazu geführt, daß der Erfolg der action de in rem verso manchmal nur davon abhängt, inwieweit eine Bereicherung billigenswert erscheint, ohne daß es auf die Zweckerreichung eines der Beteiligten oder die juristische Rechtfertigung der Entreicherung eigentlich an-

---

[1369] Planiol-Esmein, Nr. 757, 759, 760; kritisch zu dieser Betrachtungsweise Ripert, Règle Morale, Nr. 139.

[1370] Renard, Rev. Trim. 1920, S. 273.

[1371] A. a. O., Nr. 121.

[1372] Rouast, Rev. Trim. 1922, S. 63 ff.

[1373] Rouast, a. a. O., S. 65.

[1374] A. a. O., S. 73.

[1375] A. a. O., S. 79; kritisch hierzu auch Ripert, Règle Morale, Nr. 139.

kommt. Dies macht folgende Entscheidung eines Gerichts aus neuerer Zeit[1376] in überraschender Weise deutlich:

Der Kläger hatte seinen mittellosen Vater zehn Jahre lang bis zu dessen Tode in seinem Haushalt aufgenommen und unterhalten. Er verlangte nach dem Tode des Vaters von seinem Bruder die Hälfte der von ihm aufgewendeten Beträge, obwohl ihn weder er noch der Vater während der letzten zehn Jahre zur Unterhaltszahlung aufgefordert hatten.

Eine gesamtschuldnerische Haftung in solchen Fällen kennt das französische Recht nicht[1377]. Das Gericht stellte nun fest, daß die Entreicherung des Klägers eine cause gehabt habe, da er zur Zahlung verpflichtet gewesen sei; dennoch habe sich der Beklagte zu Unrecht auf Kosten des Klägers bereichert, da bei der Festsetzung der vom Kläger geschuldeten Unterhaltszahlungen die möglichen Beiträge des Beklagten nicht berücksichtigt worden seien. In der Anmerkung zu dieser Entscheidung stellt Ripert fest, daß der Beklagte, der niemals zur Leistung von Unterhalt aufgefordert worden war, nunmehr zur Geldzahlung verpflichtet sei, obwohl er — hätte man ihn dazu aufgefordert — wie der Kläger auch in Natur hätte leisten können. Solange im übrigen der Vater bei dem Kläger im Haushalt lebte und alles hatte, was er brauchte, bestand möglicherweise gar keine Unterhaltsverpflichtung des Beklagten, durch deren Erfüllung durch den Kläger der Beklagte bereichert sein konnte. Ripert bezweifelt daher im Ergebnis, das die Bereicherung „sans cause“ war.

Die Entscheidung gibt insofern zu denken, als sie von einer überraschenden Großzügigkeit in der Behandlung der Tatbestandsmerkmale der action de in rem verso zeugt, so z. B. durch die Annahme, daß zwar die Entreicherung eine cause gehabt habe, nicht aber die Bereicherung. Die Neigung, die action letztlich doch nur zur Erzielung billiger Ergebnisse durch Korrektur der Starrheit mancher Vorschriften[1378] zu benutzen, besteht also offensichtlich noch immer. Auch diese Tendenz muß aber bei der Würdigung dessen, was unter der „juste cause“ zu verstehen ist, berücksichtigt werden.

bb) Die cause „ex lege“

Neben der auf einen Vertrag zurückgehenden „juste cause“ steht die „cause ex lege[1379]“. Hier handelt es sich um nichts anderes als um die gesetzliche Vorschrift, die zu einer Bereicherung geführt hat, also die „source légitime[1380]“. Bei dieser Rechtfertigungswirkung des Gesetzes liegt es auf der Hand, daß es auf den Willen oder den Zweck

[1376] Trib. Civ. Bar -le-Duc, 1943, DC 1944.18, mit Anmerkung von Ripert.

[1377] Ripert, Anmerkung DC 1944.18.

[1378] Ripert, a. a. O.

[1379] Goré, Nr. 115; Mazeaud II, Nr. 705.

[1380] Mazeaud, a. a. O.; vgl. auch Colin-Capitant II, Nr. 1321.

der Beteiligten nicht ankommt[1381]. Ein Beispiel ist die Bereicherung, die der Schuldner durch die Verjährung seiner Schuld erlangt: Es versteht sich, daß diese nicht mehr ausgeglichen werden kann; die neue Rechtslage ist endgültig[1382]. Ebensowenig kann der Schädiger, der auf Grund der Vorschriften über die „responsabilité civile" den Neuwert einer gebrauchten Sache ersetzen muß, die Wertdifferenz mit der action de in rem verso herausverlangen: Die gesetzliche Vorschrift ist die cause der Bereicherung[1383]. Gedanken, die im deutschen Recht dazu geführt haben, den gutgläubigen Erwerb auch bereicherungsrechtlich dem Verlierer gegenüber als gerechtfertigt anzusehen, kehren in ähnlicher Weise im Zusammenhang mit der cause wieder: Der Erwerb eines Grundstücks durch Ersitzung (usucapion) und der einer beweglichen Sache durch gutgläubigen Besitz (Art. 2279 C. civ.) können nicht mit der action de in rem verso rückgängig gemacht werden[1384].

Dem durch eine cause ex lege gerechtfertigen Erwerb steht der Erwerb durch Naturereignis sehr nahe. Bei angeschwemmten Erdmassen, manchen zugelaufenen Haustieren u. dgl. erkennt das Gesetz einen Rechtserwerb des neuen Besitzers an (Art. 556, 557, 561, 564); dieser Rechtserwerb ist auch nicht mit der Bereicherungsklage angreifbar[1385].

Zu unterscheiden von diesem auch mit der action nicht anfechtbaren Rechtserwerb sind aber jene Erwerbsformen, in denen der Bereicherte oder jemand anders durch eine Handlung seine dingliche Rechtsposition erweitert oder verbessert hat. Hier hat das Gesetz eine Ersatzpflicht des Rechtserwerbers angeordnet (Art. 554 C. civ.), so beispielsweise beim Erwerb von mit der Hauptsache vereinigten Nebensachen durch den Eigentümer der Hauptsache. Die dieser Vorschrift zugrundeliegenden Gedanken dürften der Interessenbewertung in § 951 BGB entsprechen. Insoweit kann also ein Rechtsgrund für den Erwerb nicht anerkannt werden.

cc) Handeln auf eigene Gefahr

Ein letzter Gedanke, der die Rechtsprechung und die Wissenschaft gelegentlich dazu geführt hat, einen durch Vertrag oder gesetzliche Vorschrift nicht gerechtfertigten Erwerb dennoch zu billigen, besteht darin, daß der Entreicherte auf eigene Gefahr, d. h. mit dem Risiko einer durch keinen Vorteil aufgewogenen Entreicherung, gehandelt hat. Wer eine Zuwendung, ohne dazu verpflichtet zu sein, auf die

---

1381 Grauer, a. a. O., S. 71.

1382 Mazeaud II, Nr. 705; Goré, Nr. 115; Grauer, S. 71.

1383 Mazeaud, a. a. O.

1384 Mazeaud II, Nr. 708; Goré, Nr. 115.

1385 Goré, Nr. 118; Rouast, a. a. O., S. 46; Renard, a. a. O., S. 272.

Gefahr hin macht, daß er nichts dafür bekommt, dürfe nicht, wenn letzterer Fall tatsächlich eintritt, seine Zuwendung herausverlangen oder einen Ersatz beanspruchen können[1386]. Diesen Gesichtspunkt hat die Rechtsprechung gelegentlich sogar dort herangezogen, wo eigentlich ein Vertrag als Behaltenstitel vorlag; so zur Abweisung der Klage der Versicherungsgesellschaft, die das abgebrannte Haus des Versicherungsnehmers hatte neu aufbauen lassen[1387]. Das Handeln im eigenen Interesse, also ohne Rücksicht auf irgendeine Gegenleistung, gibt aber völlig außerhalb von Vertragsbeziehungen einen Rechtsgrund sui generis ab: Wenn ein Bauer zum Schutz seiner Grundstücke vor Überschwemmung einen Deich baut, der dann auch seinen Nachbarn zugutekommt, so kann er dennoch von niemanden einen Beitrag zu seinen Aufwendungen verlangen, da er ausschließlich im eigenen Interesse handelte[1388]. Derselbe Gedanke findet auch in dem oben[1389] mitgeteilten Rechtsstreit der Eisenbahngesellschaft gegen die Gemeinde Arles Anwendung: Hier mag die Gesellschaft zwar den Bau der Bahnlinie begonnen haben, weil sie auf den öffentlichen Zuschuß rechnete, doch hat sie vorwiegend in ihrem eigenen Interesse gehandelt. Deshalb hat sie keinen Bereicherungsanspruch gegen die Gemeinde[1390].

Bei der Anwendung dieses Rechtsgrundsatzes ist aber Vorsicht geboten: Ein Handeln hauptsächlich im eigenen Interesse hindert einen Ansprch gegen den mittelbar dadurch Begünstigten natürlich dann nicht, wenn der Handelnde dem Begünstigten eine Ausgabe erspart hat, die dieser sonst hätte machen müssen[1391]. Daher konnte ein Unternehmer, der auf eigene Faust eine notwendige Beleuchtung an einer städtischen Straße angebracht hatte, von der Stadt Ersatz seiner Aufwendungen verlangen[1392].

dd) Ergebnis zu 2

Das Ergebnis der Untersuchung der verschiedenen als cause in Betracht kommenden Tatbestände läßt sich etwa dahin zusammenfassen, daß vertragliche Abmachungen, Gesetzesvorschriften, sogar Gesichtspunkte der objektiven Risikoverteilung gleichwertig nebeneinander stehen. Man kann daher theoretisch mit Goré[1393] die direkte

---

[1386] Planiol-Esmein, Nr. 760; Aubry et Rau, § 577, 2; Ripert, Règle Morale, Nr. 145; Rouast, Rev. Trim. 1922, S. 71.

[1387] Oben S. 245.

[1388] Planiol-Esmein, Nr. 760 m. N.; Rouast, Rev. Trim. 1922, S. 71.

[1389] Oben S. 243.

[1390] Rouast, a. a. O., S. 72; Grauer, a. a. O., S. 73.

[1391] Goré, a. a. O., Nr. 59.

[1392] Rouast, Rev. Trim. 1922, S. 53 m. N.

[1393] A. a. O., Nr. 121.

oder indirekte Rechtfertigung einer Bereicherung durch die Rechtsprechung unterscheiden, muß aber jedesmal den Gesamtinhalt der zwischen Be- und Entreicherten bestehenden, auf Gesetz oder Vertrag beruhenden Beziehungen überprüfen, um zu erfahren, ob eine Bereicherung wirklich „sans cause" stattgefunden hat. Darauf läuft letztlich auch die auf den ersten Blick abweichende Meinung Riperts[1394] hinaus: Man müsse jeweils untersuchen, ob der Bereicherte die (moralische) Verpflichtung, sich nicht auf Kosten eines anderen zu bereichern, verletzt habe. Dies tue er aber immer dann, wenn er sich nicht durch ein „moyen juridique régulier" (Vertrag, quasi-contrat) oder auf Grund einer gesetzlichen Vorschrift bereichert habe[1395]. Es bleibt also auch insoweit bei dem objektiven Charakter der cause[1396].

Jeder Versuch, diesen cause-Begriff von einem der ihn tragenden Gedanken her zu definieren, muß an dieser Vielschichtigkeit und zudem an der oben[1397] erwähnten Tendenz zur Billigkeitsrechtsprechung scheitern[1398]. Es käme sonst doch nur zu unbestimmten und weiten Begriffen wie „source régulière[1399] oder zu der Rückverweisung auf das, was die Römer unter iusta causa verstanden haben sollen[1400].

3. Absence de toute autre action

Nach einer Formulierung von Aubry und Rau[1401], die der Kassationshof übernommen hat[1402], soll die action de in rem verso nur zum Zuge kommen, wenn kein anderer gesetzlich vorgesehener Anspruch eingreift. Dieser Satz umfaßt zwei Grundfälle: Die action scheidet zunächst dann aus, wenn der Entreicherte mit einem anderen Anspruch zum Ziel kommen kann; fraglich ist aber, ob die Ausschlußwirkung eines gesetzlich geregelten Anspruchs auch dann gilt, wenn die Voraussetzungen dieses Anspruchs aus rechtlichen oder tatsächlichen Gründen *nicht* vorlagen. Bei letzteren sind wiederum die tatsächlichen Gründe, die auf ein Tun oder Unterlassen des Anspruchsinhabers zurückgehen, besonders zu beachten. Im Großen und Ganzen läßt sich die Antwort auf den genannten Fragenkomplex dahin zusammenfassen, daß der Entreicherte mit der action de in rem verso dann nicht mehr vorgehen kann, wenn er entweder einen anderen

---

1394 Règle Morale, Nr. 142.
1395 RIPERT, a. a. O., Nr. 144.
1396 Vgl. auch GRAUER, a. a. O., S. 72.
1397 Oben S. 247.
1398 Ähnlich GRAUER, a. a. O., S. 69.
1399 MAZEAUD II, Nr. 702; COLIN-CAPITANT II, Nr. 1321.
1400 MAZEAUD, a. a. O.; RIPERT-BOULANGER II, Nr. 1280.
1401 § 578, 4.
1402 Cass., S. 1918.1.41; D. 1920.1.102; Cass., Gaz. Pal. 1941.1.14.

Anspruch hat oder einen solchen aus Rechtsgründen oder durch sein Verschulden verloren hat[1403]. Läßt sich der gesetzlich geregelte Anspruch aus tatsächlichen Gründen, die der Inhaber nicht zu vertreten hat, z. B. bei Zahlungsunfähigkeit des Schuldners, nicht durchsetzen, so soll die actio de in rem verso unberührt bleiben.

aa) Konkurrenz zu bestehenden Ansprüchen

Der Gedanke der Subsidiarität wird erstens herangezogen, um das Verhältnis des Bereicherungsanspruchs zu den gesetzlich geregelten Ansprüchen zu bestimmen. Das Ergebnis lautet, daß jeder etwa bestehende Anspruch aus Vertrag, quasi-contrat, délit oder quasi-délit die action de in rem verso ausschließt[1404]. Was das Zurücktreten hinter Deliktansprüchen[1405], Ansprüchen aus quasi-contrat und quasi-délit betrifft, so stellt die Subsidiarität ein echtes zusätzliches Erfordernis der action dar. Im Hinblick auf die Subsidiarität hinter Vertragsansprüchen handelt es sich dagegen um nichts anderes als die Bejahung einer juste cause[1406].

Diese Behauptung läßt sich m. E. nachweisen an Hand der Entscheidungen, die in diesem Zusammenhang mit der sog. „subsidiarité" operiert haben oder eine Verurteilung aus dem Gesichtspunkt des enrichissement injuste vom Fehlen eines sonst geregelten Anspruchs abhängig gemacht haben. Diese Fälle kommen freilich selten vor, da meist der gesetzlich geregelte Anspruch leichter zu begründen und zu beweisen ist und deshalb natürlich vorgezogen wird[1407]. Immerhin berichtet Goré[1408] folgende Entscheidung: Die Klägerin hatte dem Rechtsvorgänger der Beklagten Inhaberpapiere überlassen, und zwar auf Grund irgendwelcher, nicht näher bezeichneter Vertragsbeziehungen. Als sie nun, ohne auf die Art der Vertragsbeziehungen einzugehen, die Papiere von den Erben mit der action de in rem verso zurückverlangte, wies das Gericht die Klage mit der Begründung ab, die Klägerin könne aus Vertrag vorgehen; im übrigen genüge der bloße Beweis der Übergabe der Papiere nicht als Beweis der Rechtsgrundlosigkeit der Bereicherung. Es bedarf kaum einer weiteren Begründung, daß der ausschlaggebende Grund für die Klageabweisung hier nichts anderes war als die Möglichkeit, daß die Bereicherung wegen der Existenz vertraglicher Beziehungen eine „cause légitime" hatte und deshalb nicht der Rückforderung unterlag.

[1403] Rouast, Rev. Trim. 1922, S. 89; ähnlich Mazeaud II, Nr. 705—709.

[1404] Cass., D. 1920.1.102; Rouast, a. a. O., S. 86 ff.

[1405] Bestritten; siehe Planiol-Esmein, Nr. 763; Goré, a. a. O., Nr. 193, 194.

[1406] Vgl. Goré, Nr. 96; ähnlich Ripert, Règle Morale, Nr. 144: „La personne enrichie a le droit absolu de conserver l'enrichissement."

[1407] Rouast, Rev. Trim. 1922, S. 84.

[1408] A. a. O., Nr. 190 m. w. N.

Ebenso deutlich kommt die Identität des Subsidiaritätsprinzips und des causa-Erfordernisses in folgendem, ebenfalls von Goré[1409] mitgeteilten Beispiel, zum Ausdruck: Ein Pächter gab vor Ablauf des Pachtvertrages den Besitz des Pachtgrundstückes auf und einigte sich über die Einzelheiten der Vertragsabwicklung mit dem Verpächter. Als er danach vom Verpächter wegen „enrichissement injuste" den Wert der von ihm geleisteten Arbeiten verlangte, wies das Tribunal Civil de Grenoble seine Klage ab, da seine Rechte aus Vertrag den Bereicherungsansprüchen vorgingen. Auch hier hatte nämlich der Verpächter die durch die Arbeiten erzielte Wertsteigerung des Grundstücks nicht ohne Rechtsgrund bekommen.

bb) Konkurrenz zu verlorenen Ansprüchen

Eine andere Spielart der Regel der Subsidiarität ist der Satz, daß der verschuldete Verlust eines gesetzlichen Anspruchs sowie der Versuch, eine gesetzliche Regel zu umgehen[1410] (fraude à la loi) auch die action de in rem verso vernichte. Was den verschuldeten Verlust eines anderen Anspruchs betrifft, so unterscheidet man: Wenn durch die Nachlässigkeit des Anspruchsinhabers ein rechtlicher Grund entsteht, der den Anspruch undurchsetzbar macht, wie z. B. Verjährung, so ist schon aus diesem Grunde die Bereicherung objektiv gerechtfertigt[1411]. Auch dann, wenn der Anspruchsinhaber es versäumt hat, die zur Durchsetzung seines Anspruchs nötigen formellen Voraussetzungen zu schaffen, geht ihm gleichzeitig die action de in rem verso verloren[1412]. Auch hierbei dürfte es sich um nichts anderes handeln als die Wirkung der gesetzlichen Vorschriften, die die Einhaltung der Formalitäten fordern, also um eine Rechtfertigung der Bereicherung durch die objektive Rechtsordnung[1413].

Eine große Rolle spielen hier Fehler des Entreicherten in der Sicherung seines Anspruchs. Hierher gehört es, wenn der Kläger den formellen, strengen Vorschriften des Code civil über den Beweis seiner Klagebehauptungen nicht genügen kann. Kann er deswegen einen Anspruch „de droit commun" nicht durchsetzen, so darf er nicht die Beweisregeln durch die gesetzlich nicht einmal vorgesehene action de in rem verso überspielen[1414]. Dasselbe gilt, wenn jemand sich auf die action beruft, um die Folgen einer materiellen oder prozessualen

[1409] A. a. O., Nr. 190.

[1410] Rouast, Rev. Trim. 1922, S. 86; Goré, a. a. O., Nr. 60; Demogue III, Nr. 175.

[1411] Goré, Nr. 160; vgl. auch Nr. 190 a. E.

[1412] Goré, Nr. 167; Rouast, a. a. O., S. 86 ff.

[1413] Goré, Nr. 171.

[1414] Demogue III, Nr. 175 m. N.; Rouast, a. a. O., S. 85.

Verwirkung (déchéance, forclusion), einer Verjährung oder die Rechtskraft eines Urteils zu umgehen[1415]. Man kann dies alles auf das Verbot der Gesetzesumgehung zurückführen[1416]; diese Deutung steht aber im Einklang mit unserem Schluß, daß die Gerichte sich auf die rechtfertigende Wirkung gesetzlicher Vorschriften berufen konnten und es im Grunde — z. T. in Gestalt des Ausdrucks „subsidiarité" — auch getan haben.

Zu diesem Schluß zwingt ebenfalls die praktisch offenbar recht wichtige Rechtsprechung zur Tragweite des Art. 1793 C. civ.: Danach kann ein Architekt oder Bauunternehmer, der sich zur Errichtung eines Bauwerks gegen Zahlung eines Pauschalbetrages verpflichtet hat, weder wegen Preis- oder Kostenerhöhungen, noch wegen Änderungen oder zusätzlicher Leistungen zum geplanten Bau eine Erhöhung seiner Vergütung verlangen, es sei denn, diese Änderungen oder Zusätze seien mit ihrem Preis schriftlich mit dem Bauherrn festgelegt worden. Wenn nun der Unternehmer, ohne sich auf eine besondere schriftliche Vereinbarung stützen zu können, eine über den Pauschalbetrag hinausgehende Summe mit der action de in rem verso verlangt, so kann seine Klage keinen Erfolg haben[1417]. Die Entscheidung des Kassationhofs von 1934[1418] stützt sich zwar noch darauf, daß der Kläger einen durch Art. 1793 C. civ. ausdrücklich verbotenen Anspruch unzulässigerweise in das Gewand der action de in rem verso gekleidet habe, spricht aber damit doch auch der gesetzlichen Vorschrift die Bedeutung eines abschließenden Behaltenstitels für den Bereicherten zu.

cc) Konkurrenz von Ansprüchen verschiedener Personen

Wenn es bisher gelang, das Erfordernis der subsidiarité im wesentlichen auf die Rechtfertigungswirkung von Vertrag oder Gesetz zurückzuführen, so daß sich insoweit eine deutliche Parallele zur „juste cause" einerseits und zum Rechtsgrund im Sinne der Bereicherung „in sonstiger Weise" in § 812 BGB andererseits ergeben hat, so läßt sich diese Parallele auch im folgenden Fall der Überlagerung von Ansprüchen gegen verschiedene Personen im wesentlichen fortführen. Es handelt sich um folgendes Problem: Der Empfänger einer vermögensmehrenden Zuwendung, beispielsweise der Pächter, der Saatgut erhält, der Bauherr, dem Arbeit geleistet wird, gibt diese Bereicherung an einen Dritten (den Verpächter, den Verkäufer des Grundstücks, der den Kauf rückgängig gemacht hat) weiter. Der Lieferant kann seine Vertragsansprüche nicht durchsetzen, da der

---

1415 Goré, Nr. 188, 189.

1416 Esmein, Urteilsanmerkung, S. 1941.1.122.

1417 Rouast, Rev. Trim. 1922, S. 85; Demogue III, Nr. 175.

1418 DH 1934.587.

Empfänger zahlungsunfähig ist. Er will daher gegen den letztlich Begünstigten vorgehen. Die h. M.[1419] läßt dies zu, wenn die Bereicherung des Drittempfängers ungerechtfertigt war[1420]. Letzteres war z. B. der Fall, als der Verkäufer eines Grundstücks den Kauf — übrigens wegen Nichtzahlung des Kaufpreises — rückgängig gemacht und sich auf diese Weise in den Genuß der vermögensmehrenden Zuwendung an den Käufer gesetzt hatte. Der Vertrag zwischen ihm und dem Käufer — der bekanntlich als Rechtsgrund genügt hätte[1421] — gab ihm nicht das Recht zum Behalten der Bereicherung. Soll der Verpächter, der wegen Zahlungsunfähigkeit des Pächters auf Barzahlung des gelieferten Saatguts in Anspruch genommen wird, dem Verkäufer gegenüber haften, so ist also Voraussetzung, daß der Verpächter dem Pächter gegenüber nicht zum entschädigungslosen Behalten der Bereicherung berechtigt war[1422].

Eine weitere, in diesem Zusammenhang jedoch selten erwähnte Voraussetzung ist, daß die Weitergabe der Bereicherung vom ersten Empfänger an den endgültig Bereicherten die Kausalbeziehung (rapport de causalité, oben S. 241 ff.) nicht unterbricht, was z. B. bei der Verwendung eines Darlehns zur Bezahlung eigener Schulden der Fall ist[1423]. Doch lag es sowohl bei der Lieferung von Saatgut als auch bei den Arbeiten am Grundstück nahe, daß die Vorteile dem Eigentümer zugutekommen würden. Nach dieser „Adäquanztheorie[1424]" wird man hier eine genügend enge Beziehung zwischen Be- und Entreicherung zu bejahen haben[1425].

Wenn unter den soeben genannten Umständen die actio de in rem verso trotz des Bestehens eines rechtlich einwandfreien Vertragsanspruchs durchgreift, so kann man diese Entscheidung als in gewisser Weise dem Prinzip der Subsidiarität gerade widersprechend ansehen[1426]. Die Lösung entspricht hingegen unserer Behauptung, daß der Gedanke der „subsidiarité" auf der Rechtfertigungswirkung von vertraglichen oder gesetzlichen Bestimmungen beruht: Wesentliche Voraussetzung des direkten Durchgriffs ist, daß der Bereicherte sich nicht auf einen Vertrag mit der Mittelsperson oder auf eine andere cause berufen kann. Dies bedeutet freilich, daß gar nicht die Zahlungsunfähigkeit des Mittelsmannes, sondern die Rechtsgrund-

---

[1419] Req., Gaz. Pal. 1940.2.115 (= S. 1941.1.121 mit zust. Anm. Esmein); Mazeaud II, Nr. 707; Goré, Nr. 181, mit Nachweis der abweichenden Meinungen; Rouast, a. a. O., S. 89.

[1420] Goré, Nr. 178; Esmein, S. 1941.1.121, 122.

[1421] Siehe oben S. 245.

[1422] Anm. zu Gaz. Pal. 1940.2.115; vgl. ferner Lyon, S. 1934.2.219.

[1423] Cass., D. 1904.1.391; Renard, Rev. Trim. 1920, S. 261.

[1424] Siehe oben S. 242.

[1425] So auch Renard, Rev. Trim. 1920, S. 266 ff.

[1426] Dagegen Esmein, Anm. S. 1941.1.121.

losigkeit der Bereicherung den direkten Anspruch des Entreicherten auslöst. Folgerichtig müssen die beiden Ansprüche des Entreicherten gegen seinen Vertragspartner und den Dritten unberührt nebeneinander stehen, auch im Falle der Zahlungsunfähigkeit des Vertragspartners[1427]. Die sog. Subsidiarität verhindert nicht, daß Ansprüche aus Vertrag und Bereicherung gegen verschiedene Personen bestehen[1428], da überhaupt nichts dagegen spricht, daß jemand wegen eines Wertverlustes auf verschiedenen Gründen beruhende Ansprüche gegen mehrere Personen hat[1429].

dd) Ergebnis zu 3

Es dürfte nach den vorangegangenen Untersuchungen kein allzu kühner Schluß sein, wenn man dem Erfordernis der Subsidiarität neben der als direkte oder indirekte Rechtfertigung durch die Rechtsordnung verstandenen cause kaum noch selbständige Bedeutung beimißt. Die Subsidiarität wirkt sich nur noch in dem ohnehin bestrittenen[1430] Zurücktreten der action de in rem verso hinter Deliktansprüchen und dem Anspruch auf Geschäftsführung (gestion d'affaires) aus. Daß das paiement de l'indu einen Sonderfall der action darstellt, wurde bereits gesagt[1431]; von einer Subsidiarität der action de in rem verso im Sinne des Zurücktretens hinter diesen Anspruch kann daher auch keine Rede sein.

Im Verhältnis „subsidiarité — cause" hat auch Esmein[1432] ausdrücklich unseren Schluß anerkannt (man könne die verschiedenen Gedanken der Subsidiarität unter dem Ausdruck „cause valable" zusammenfassen). Er geht diesen m. E. konsequenten Weg nur deshalb nicht, um nicht die Einheitlichkeit des cause-Begriffs mit dem allgemeinen cause-Begriff der Art. 1108; 1131 C. civ., zu verwischen. Da freilich, wie wir oben untersucht haben, diese Einheitlichkeit gar nicht besteht, steht der Gleichsetzung von „cause de l'enrichissement" und „subsidiarité" nichts mehr im Wege, wenn nur — wie Esmein selber annimmt[1433] — die action de in rem verso auch neben Deliktsansprüchen und Ansprüchen aus Geschäftsführung ohne Auftrag besteht. Damit ist aber gleichzeitig gesagt, daß die „subsidiarité" nur zur cause im Sinne der action de in rem verso, nicht aber zu der davon verschiedenen cause des Vertragsrechts Verbindung aufweist.

1427 Planiol-Esmein, Nr. 763.
1428 Planiol-Esmein, a. a. O.
1429 Esmein, Anm. S. 1941.1.122.
1430 Siehe oben S. 251 und Anm. 1405 ebenda.
1431 Oben S. 237.
1432 Anm. S. 1941.122.
1433 Planiol-Esmein, Nr. 763.

NEUE KÖLNER RECHTSWISSENSCHAFTLICHE ABHANDLUNGEN

Heft 1: **Über die Grundlagen des Strafprozesses mit besonderer Berücksichtigung des Beweisrechts.** Von Dr. Ursula Westhoff. X, 173 Seiten. 1955. DM 14,—

Heft 2: **Gesetzesumgehung im deutschen Internationalen Privatrecht.** Von Dr. Gustav Römer. XV, 182 Seiten. 1955. DM 15,—

Heft 3: **Der Begriff der Gerechtigkeit in der aristotelischen Rechts- und Staatsphilosophie.** Von Dr. Peter Trude. XVIII, 178 Seiten. 1955. DM 14,70

Heft 4: **Versuch einer kritischen Analyse der Rechtslehre Rudolf von Iherings.** Von Dr. Wilhelm Wertenbruch. XIV, 112 Seiten. 1955. DM 9,60

Heft 5: **Die Abgrenzung von Tatbestands- und Verbotsirrtum bei Blankettstrafgesetzen.** Von Dr. Heinz-Günter Warda. XII, 49 Seiten. 1955. DM 6,—

Heft 6: **Der Anwendungsbereich des Unterschlagungstatbestandes (§ 246 StGB).** Von Dr. Heinz Post. XII, 64 Seiten. 1956. DM 6,—

Heft 7: **Der Betriebsinhaberwechsel.** Zugleich ein Beitrag zur Lehre von Arbeitsverhältnis und Betrieb. Von Dr. Dieter Grell. XVI, 174 Seiten. 1957. DM 18,—

Heft 8: **Einseitige Kollisionsnormen als Grundlage des Internationalen Privatrechts.** Von Dr. Rudolf Wiethölter. XVI, 123 Seiten. 1956. DM 10,80

Heft 9: **Probleme aus dem strafprozessualen Recht der Wiedereinsetzung in den vorigen Stand.** Von Dr. Elmar Kalthoener. XX, 113 Seiten. 1957. DM 11,50

Heft 10: **Die Rechtswidrigkeit klinischer Sektionen.** Von Dr. Horst Trockel. XVI, 180 Seiten. 1957. DM 12,—

Heft 11: **Die Grenzen der Zulässigkeit des öffentlich-rechtlichen Vertrages.** Eine Untersuchung über den Begriff des öffentlich-rechtlichen Vertrages und die Systematik seiner Erscheinungsformen sowie über die Grenzen der Zulässigkeit unter besonderer Berücksichtigung der sogenannten Katasterabkommen der gewerblichen Berufsgenossenschaften. Von Dr. Jürgen Salzwedel. 2., durch einen Nachtrag erweiterte Auflage. In Vorbereitung

Heft 12: **Entscheidungen des Revisionsgerichts in der Sache selbst.** Von Dr. Karl Bode. XII, 62 Seiten. 1958. DM 7,20

Heft 13: **Das Problem der weichenden Erben im Anerbenrecht.** Von Dr. Bernold Bendel. 101 Seiten. 1959. DM 9,50

Heft 14: **Rolande als Rechtssymbole.** Der archäologische Bestand und seine rechtshistorische Deutung. Von Dr. Antonius David Gathen. XXIV, 121 Seiten. 1960. DM 13,50

Heft 15: **Der Begriff des Nachteils bei den strafprozessualen Verschärfungsverboten.** Von Dr. Joachim Ganske. XX, 113 Seiten. 1960. DM 12,80

Heft 16: **Logik und Axiologie der analogen Rechtsanwendung.** Von Dr. Theodor Heller. XIX, 145 Seiten. 1961. DM 18,—

Fortsetzung auf der 3. Umschlagseite

Fortsetzung der 2. Umschlagseite

Heft 17: **Die Teilnahme an unvorsätzlicher Haupttat.** Von Dr. Horst Franzheim. 64 Seiten. 1961. DM 6,—

Heft 18: **Die Anpassung von Kollisions- und Sachnormen.** Von Dr. Jochen Schröder. 136 Seiten. 1961. DM 12,75

Heft 19: **Versuch des untauglichen Täters.** Zugleich ein Beitrag zur strafrechtlichen Lehre vom Unrecht. Von Dr. Fritz Stöger. 87 Seiten. 1961. DM 8,25

Heft 20: **Zur Zulässigkeit der Verfassungsbeschwerde gegenüber Grundrechtsverletzungen des Gesetzgebers durch Unterlassen.** Von Dr. Jakob Seiwerth. XVI, 120 Seiten. 1962. DM 15,—

Heft 21: **Die Mejora.** Geschichte und Dogmatik im spanischen und südamerikanischen Recht. Von Dr. Anno Elfgen. XVI, 158 Seiten. 1962. DM 22,—

Heft 22: **Die Neugestaltung des strafrechtlichen Staatsschutzes in der Sowjetischen Besatzungszone.** Von Dr. Brigitte Schmidthals. XII, 72 Seiten. 1962. DM 9,—

Heft 23: **Strafrechtlicher Ehrenschutz der Handelsgesellschaften.** Von Dr. Karl-Josef Flatten. XV, 60 Seiten. 1962. DM 8,—

Heft 24: **Strafbare Handlung und Zuwiderhandlung.** Versuch einer materiellen Unterscheidung zwischen Kriminal- und Verwaltungsstrafrecht. Von Dr. Hans Gerhard Michels. XIX, 130 Seiten. 1963. DM 18,—

Heft 25: **Johan Nikolaus Hert und die deutsche Statutenlehre.** Von Dr. Günter Herrmann. XVI, 176 Seiten. 1963. DM 22,—

Heft 26: **Die Bedeutung des Gesetzeszweckes im internationalen Währungs- und Devisenrecht.** Von Klaus-Alfred Ernst. XX, 90 Seiten. 1963. DM 15,—

Heft 27: **Die allgemeinen Grundsätze des Völkerrechts über Eigentumsentziehung.** Eine Untersuchung zu Art. 1 des Zusatzprotokolls zur Europäischen Menschenrechtskonvention. Von Dr. Karl-Heinz Böckstiegel. XXIV, 158 Seiten. 1963. DM 21,—

Heft 28: **Die Untersuchung des Zeugen auf seine Glaubwürdigkeit.** Von Dr. Ursula Panhuysen. XXIV, 155 Seiten. 1964. DM 21,—

Heft 29: **Die Rücknahme fehlerhafter begünstigender Verwaltungsakte.** Von Dr. Fritz Ossenbühl. 2., durch einen Nachtrag erweiterte Auflage. XXVIII, 169 Seiten. 1965. DM 24,—

Heft 30: **Die Koexistenz der Religionsgemeinschaften im Libanon.** Von Dr. Wilhelm Kewenig. XXIII, 198 Seiten. 1965. DM 26,—

Heft 31: **Die Wahl und Ernennung der gemeindlichen Wahlbeamten in der Bundesrepublik.** Von Dr. Rolf Meyer. XIV, 133 Seiten. 1964. DM 18,—

Heft 32: **Die Gefahrtragung beim Kauf (§ 446 BGB) im Rahmen des Synallagmas.** Von Dr. Paul Chr. Filios. XXIV, 98 Seiten. 1964. DM 16,—

Heft 33: **Grundfragen des Verlöbnisrechts.** Von Dr. Leo Thönnissen. XX, 177 Seiten. 1964. DM 22,—

Heft 34: **Das subjektiv-öffentliche Recht auf fehlerfreien Ermessensgebrauch.** Von Dr. Günter Kohlmann. XXIII, 104 Seiten. 1964. DM 14,—

Fortsetzung auf der 4. Umschlagseite

Fortsetzung der 3. Umschlagseite

Heft 35: **Paramoné und verwandte Texte.** Studien zum Dienstvertrag im Recht der Papyri. Von Dr. Bertrand Adams †. X, 201 Seiten. 1964. DM 28,—

Heft 36: **Die Rechtsform der Subventionen.** Von Dr. Manfred Zuleeg. 96 Seiten. 1965. DM 14,50

Heft 37: **Erwerbsabsicht und Arbeitnehmerbegriff.** Von Prof. Dr. Theo Mayer-Maly. XI, 55 Seiten. 1965. DM 8,—

Heft 38: **Die philosophisch-theologischen Hochschulen in der Bundesrepublik.** Geschichte und gegenwärtiger Rechtsstatus. Von Dr. Manfred Baldus. XII, 240 Seiten. 1965. DM 27,—

Heft 39: **Interessenwahrnehmung durch Rundfunk und Presse.** Eine strafrechtliche Untersuchung. Von Dr. Lisa Scheu. XVI, 87 Seiten. 1965. DM 12,—

Heft 40: **Chinesisches traditionelles Erbrecht.** Von Dr. Klaus Mäding. XII, 110 Seiten. 1966. DM 28,—

Heft 41: **Die Scholien zu Buch 21 Titel 1 der Basiliken.** Von Dr. Lothar Müller. X, 83 Seiten. 1966. DM 14,40

Heft 42: **Die Rechtsbeziehung zwischen dem Staat und den Evangelischen Landeskirchen in Hessen unter besonderer Berücksichtigung des Hessischen Kirchenvertrages vom 18. 2. 1960.** Von Dr. Hans-Ulrich Klose. IV, 198 Seiten. 1966. DM 34,—

Heft 43: **Querverbindungen zwischen Aufopferungsanspruch und Gefährdungshaftung einerseits und Aufopferungsanspruch und Eingriffserwerb andererseits.** Von Dr. Paul-Günter Horst. XVI, 114 Seiten. 1966. DM 15,—

Heft 44: **Zur Soziologie des Richters in der BRD.** Von Dr. Klaus Zwingmann. XX, 164 Seiten. 1966. DM 25,50

Heft 45: **Gefahrübergang, Eigentumsübergang, Verfolgungs- und Zurückbehaltungsrecht beim Kauf beweglicher Sachen im IPR.** Von Dr. Gerhard Sailer. XXIII, 152 Seiten. 1966. DM 24,50

Heft 46: **Untersuchungen über den Rücktritt vom Versuch.** Von Dr. Reinhard von Hippel. XX, 78 Seiten. 1966. DM 15,—

Heft 47: **Der Anspruch auf ein rechtsstaatliches Gerichtsverfahren.** Von Dr. Werner Pieck. XXXVI, 144 Seiten. 1966. DM 25,—

Heft 48: **Der Begehungsort im internationalen Strafrecht Deutschlands, Englands und der Vereinigten Staaten von Amerika.** Von Dr. Lothar Bergmann. XVIII, 166 Seiten. 1966. DM 28,—

Heft 49: **Gerichtliche Nachprüfung von Maßnahmen der Staatsanwaltschaft.** Von Dr. Till Kalsbach. XII, 163 Seiten. 1966. DM 27,—

Heft 50: **Das Rechtsschutzbedürfnis.** Von Dr. Bodo Stephan. XL, 186 Seiten. 1967. DM 32,—

Heft 51: **Das Waqfrecht und seine Entwicklung in der Libanesischen Republik.** Von. Dr. Herwig Bartels. XXI, 121 Seiten. 1966. DM 32,—

Heft 52: **Völkerrechtliche Kontinuitätsprobleme bei internationalen Organisationen.** Von Dr. Bernhard Döll. XXIX, 150 Seiten. 1967. DM 30,—

WALTER DE GRUYTER & CO · BERLIN 30

FSC
www.fsc.org
MIX
Papier | Fördert
gute Waldnutzung
FSC® C083411

Kolibri 360 GmbH
Ferdinand-Jühlke-Straße 7
99095 Erfurt, Deutschland
produktsicherheit@kolibri360.de